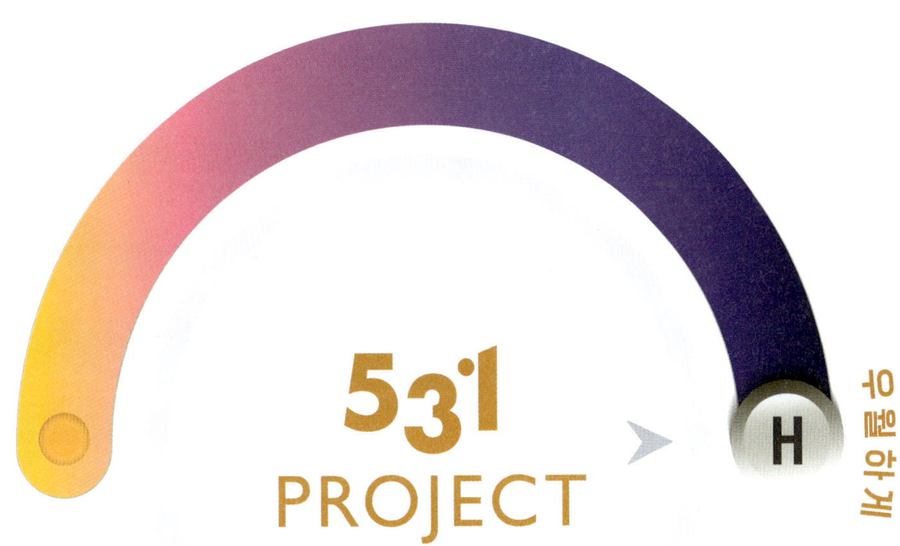

효과 빠른 **약점 처방전**

사회·문화 ㅐ

구성과 특징

531 프로젝트 사회 · 문화 H 는,

> 전체 교과 내용을 **10강**으로 분류하여 효율적 학습이 가능하도록 구성하였습니다.

> **수능 만점 획득**을 위해 시험에 자주, 어렵게 출제되는 개념과 고난도 문항을 비중 있게 수록하였습니다.

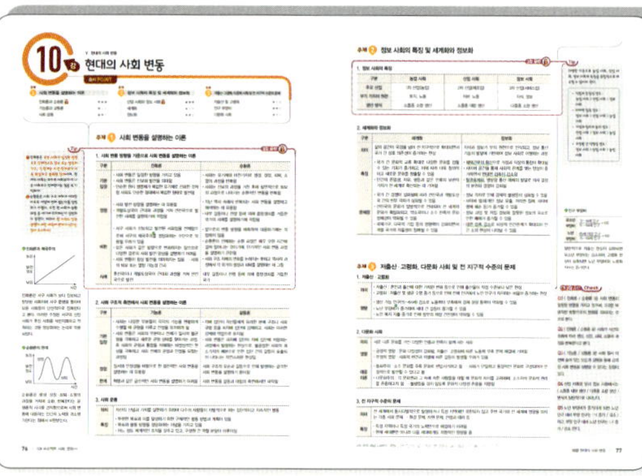

수능에 최적화된 교과 개념

❶ 출제 POINT : 각 강에서 다루는 핵심 주제와 개념 키워드, 빈출도를 한눈에 파악할 수 있도록 제시하였습니다.

❷ 핵심 개념 정리 : 교과 내용을 이해하기 쉽도록 구조화, 도표화하여 정리하였습니다.

❸ [3점] 공략 : 시험에 어렵게 출제되는 개념이 무엇인지 직관적으로 확인하고, 깊이 있게 공부할 수 있도록 자세히 정리하였습니다. 고난도 문제 풀이로 이어지는 개념 학습 Tip도 함께 제시하였습니다.

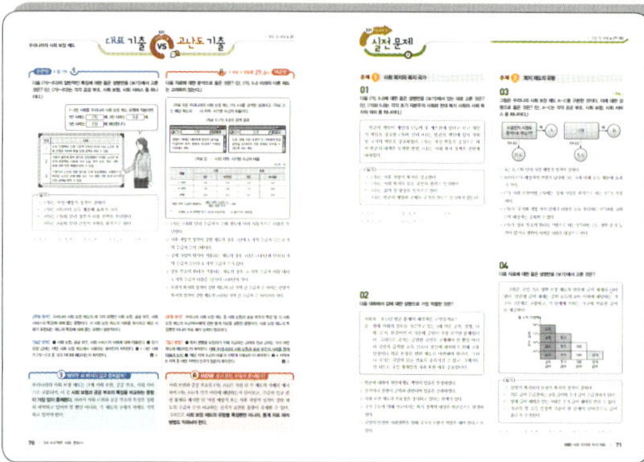

기출 분석 및 예상 문항으로 실전 대비

❶ 대표 기출 VS 고난도 기출 : 각 강에서 매 시험마다 빠짐없이 출제되는 빈출 유형과 가장 어렵게 출제되었던 고난도 유형을 비교, 분석하여 효율적이고 깊이 있는 기출 학습이 가능하도록 하였습니다.

❷ 실전 문제 : '기출 1 : 신출 3'의 비율로 수능의 출제 유형과 난이도에 맞추어 학생들에게 실질적인 도움이 될 수 있는 문항들만 엄선하여 수록하였습니다.

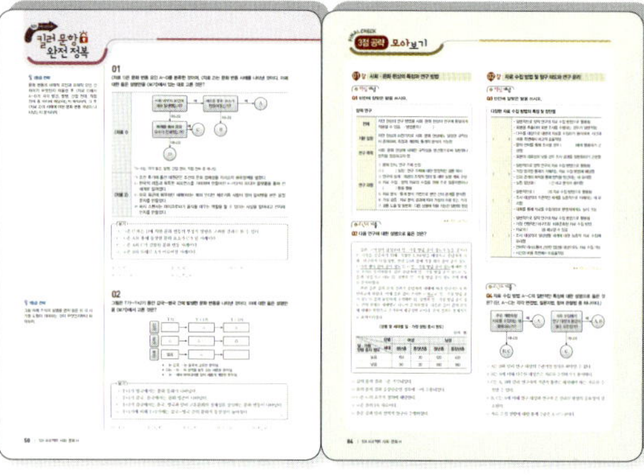

최고난도 킬러 문항까지 완벽 대비

❶ 킬러 문항 완전 정복 : 각 강에서 어렵게 출제되는 유형 및 주제에 대한 고난도 예상 문항을 수록하고, 1등급 전략을 함께 제시하여 빈틈 없이 수능 만점을 획득할 수 있도록 하였습니다.

❷ FINAL CHECK_[3점] 공략 모아보기 : 01강~10강의 [3점] 공략 개념과 고난도 기출만을 모아서 전체 내용을 한 번 더 점검할 수 있도록 하였습니다.

이 책의 차례

01강 사회·문화 현상의 특징과 연구 방법

출제 POINT

주제 1 사회·문화 현상과 자연 현상

사회·문화 현상의 특징	★★★
자연 현상의 특징	★★★
두 현상의 공통된 특징	★★★

주제 2 사회·문화 현상을 이해하는 관점

기능론	★★★
갈등론	★★★
상징적 상호 작용론	★★☆

주제 3 사회·문화 현상의 연구 방법

양적 연구	★★★
질적 연구	★★☆
가설 검증	★☆☆

주제 1 사회·문화 현상과 자연 현상

3점 공략

1. 사회·문화 현상의 특징

가치 함축성	인간의 의지나 가치가 반영되어 나타남
당위 법칙	사회의 규범적 요구가 반영되어 나타남
개연성과 확률성	원인과 결과가 확률적으로 관련을 맺고 있어 예외적 현상이 나타날 수 있음
보편성과 특수성의 공존	시대와 사회를 초월하여 동일하게 나타나는 사회·문화 현상도 있고, 시대와 사회에 따라 특수하게 나타나는 사회·문화 현상도 있음

2. 자연 현상의 특징

몰가치성	인간의 의지나 가치와 무관하게 나타남
존재 법칙	인간과 관계없이 스스로의 원리에 따라 사실 그대로 존재함
필연성과 확실성	원인에 따라 그에 상응하는 결과가 예외 없이 나타남 → 인과 관계가 명확함
보편성	시대나 장소와 관계없이 동일한 조건에서는 동일하게 나타남

3. 사회·문화 현상과 자연 현상의 공통된 특징

인과 관계	• 사회·문화 현상과 자연 현상 모두 인과 관계가 나타남 • 단, 자연 현상은 사회·문화 현상에 비해 인과 관계가 명확함
경험적 자료로 연구 가능	사회 과학은 경험적 사실을 연구 대상으로 하는 실증적 학문으로 경험적 자료로 연구가 가능함

주제 2 사회·문화 현상을 이해하는 관점

1. 거시적 관점과 미시적 관점

거시적 관점	사회·문화 현상을 이해할 때 사회 구조나 제도 등 개개인의 행위를 초월한 사회 체계에 초점을 맞추는 관점 → 기능론, 갈등론
미시적 관점	일상생활에서 이루어지는 개인 간의 상호 작용이나 개개인의 주관적인 세계에 초점을 맞추는 관점 → 상징적 상호 작용론

3점 공략

2. 기능론

전제	사회는 본질적으로 유기체와 매우 유사한 특성을 지님 → 사회 유기체설
기본 입장	• 사회는 본질적으로 조화와 균형을 이루고 있음 • 사회의 안정과 질서를 위해 사회 전체의 합의가 반영된 사회 규범이 존재함 • 사회의 다양한 부분들이 상호 의존적으로 기능을 수행하며 사회 존속에 기여함
비판	• 혁명과 같은 급격한 사회 변동을 설명하기 곤란함 • 기득권층의 이익을 대변하는 논리로 이용될 우려가 있음

Tip

❶ 사회·문화 현상과 자연 현상의 특징을 묻는 문항은 수능에서 거의 매번 1번으로 출제되고 있다. 사회·문화 현상과 자연 현상을 구분하는 가장 결정적인 차이점은 인간의 의지나 가치가 개입되어 있느냐는 것이다. 이를 기준으로 제시된 현상을 분석할 경우 쉽게 구분할 수 있다.

❷ 자연 현상은 특정 원인에 따라 반드시 그에 상응하는 결과가 예외 없이 발생하기에 인과 관계가 명확하다. 반면, 사회·문화 현상은 인과 관계가 나타나기는 하지만 예외가 존재할 수 있기에 인과 관계가 명확하다고 말하지 않는다. 따라서 '자연 현상과 달리 사회·문화 현상은 인과 관계가 나타나지 않는다.'고 하면 틀린 진술이지만, '자연 현상과 달리 사회·문화 현상은 인과 관계가 분명하게 나타나지 않는다.'고 하면 옳은 진술이다.

Tip

기능론은 사회가 본질적으로 조화와 균형을 이루고 있으나 일시적으로 균형이 깨어질 수 있으며, 이를 사회 문제로 인식한다. 그리고 다시 균형으로 돌아오는 과정을 사회 변동으로 바라본다. 이처럼 다른 단원과 관련된 기능론의 다양한 입장이 문항의 선지로 제시될 수 있다.

3. 갈등론

전제	사회는 사회적 희소가치를 둘러싼 사회 구성원들 간의 갈등과 대립의 장(場)임
기본 입장	• 지배 계급과 피지배 계급의 이익은 양립할 수 없음 • 사회 제도는 지배 계급의 이익을 보호하고, 계급 재생산을 위해 만들어 낸 수단임 • 사회 질서나 안정은 지배 계급의 강요나 억압에 의해 나타난 결과임 • 계급 간 갈등이 필연적이며, 그 갈등이 사회 변동의 원동력으로 작용함
비판	사회 현상을 지배와 피지배의 관계로 단순화하고, 사회 질서와 안정의 중요성을 경시함

4. 상징적 상호 작용론

전제	인간은 자율성을 지닌 능동적인 존재임
기본 입장	• 인간은 상황에 대한 주관적인 정의에 기초하여 행동함 • 인간은 상징을 활용하여 다른 사람들과 상호 작용을 함 • 사회·문화 현상의 의미는 그것이 발생하는 상황과 행위 주체에 따라 달라짐
비판	개인의 행위가 사회 구조나 제도의 영향에 의해 나타날 수 있음을 경시함

주제 ③ 사회·문화 현상의 연구 방법

1. 양적 연구

전제	자연 현상의 연구 방법을 사회·문화 현상의 연구에 동일하게 적용할 수 있음 → 방법론적 일원론
기본 입장	자연 현상과 마찬가지로 사회·문화 현상에도 일정한 규칙성이 존재하며, 사회·문화 현상에 대한 측정과 계량화, 통계적 분석이 가능함
연구 목적	사회·문화 현상에 내재한 규칙성을 발견함으로써 일반화나 법칙을 정립하고자 함
연구 과정	① 문제 인식, 연구 주제 선정 ② 가설 설정 : 연구 주제에 대한 잠정적인 결론 제시 ③ 연구의 설계 : 개념의 조작적 정의 및 세부 실행 계획 구상 ④ 자료 수집 : 양적 자료의 수집을 위해 주로 질문지법이나 실험법 등을 활용 ⑤ 자료 분석 : 주로 통계 분석 기법을 활용해 변인 간의 관계를 분석함 ⑥ 가설 검증 : 수집된 자료의 분석 결과에 따라 가설의 수용 또는 기각 여부 결정 ⑦ 결론 도출 및 일반화 : 다른 상황에 적용 가능한 일반화를 정립함

가설	독립 변인이 종속 변인에 미치는 영향을 파악하는 진술로 구성 → 예 '부모와의 상호 작용 정도가 낮을수록 청소년의 비행 경험 정도는 높을 것이다.'	
	독립 변인	실험을 위해 의도적으로 변화시키는 변인 → 예 '부모와의 상호 작용 정도'
	종속 변인	독립 변인의 영향을 받아 변하는 변인→ 예 '청소년의 비행 경험 정도'

2. 질적 연구

전제	사회·문화 현상은 자연 과학과는 다른 방법으로 연구해야 함 → 방법론적 이원론
기본 입장	• 계량화, 통계적 분석만으로는 인간에 의해 주관적으로 의미가 부여되고 구성되는 사회·문화 현상을 이해하기 곤란함 • 사회·문화 현상은 상황 맥락 속에서 규정되는 사회·문화 현상의 주관적 의미를 이해하는 것이 중요함
연구 목적	사회·문화 현상에 대하여 심층적으로 이해하고자 함
연구 과정	① 문제 인식 및 연구 주제의 선정 ② 연구의 설계 : 연구의 진행에 필요한 세부적인 계획을 설계 ③ 자료 수집 : 주로 참여 관찰법이나 면접법 등을 통해 자료를 수집, 비공식적 자료의 수집도 중시함 ④ 자료 해석 : 직관적 통찰과 감정 이입적 이해 기법을 통해 수집한 자료를 해석함 ⑤ 결론 도출 : 수집된 자료로부터 해석된 행위자의 주관적 세계가 갖는 의미를 종합하여 결론 도출

Tip

사회 규범에 대해 기능론은 사회 전체적 합의를 기반으로 한다고 보는 반면, 갈등론은 지배 집단의 이익을 반영한다고 본다. 이처럼 다양한 사회 현상을 기능론과 갈등론이 어떻게 바라보는지 다른 단원과 연계해서 생각할 수 있어야 한다.

Tip

양적 연구의 경우 계량화된 자료를 분석하여 가설의 수용 여부를 결정한다. 최근 들어 계량화된 자료를 제시한 후 이에 대한 분석을 요구하는 형태의 문항이 양적 연구의 소재로 출제되고 있다. 자료 분석 및 해석을 요하는 문항이 계층 이동뿐만 아니라 양적 연구에서도 출제되고 있는 것이며, 가설과 연계하여 제시된 연구 결과 자료의 의미를 정확히 분석하고 이해하는 연습이 필요하다.

🔒 **3점 공략 Check**

Q1 사회·문화 현상과 달리 자연 현상은 인과 관계가 명확하게 (나타난다 , 나타나지 않는다).

Q2 사회 제도가 사회 전체적 합의의 결과라고 보는 관점은 (㉠   )이고, 사회 제도는 지배 집단의 이익을 대변한다고 보는 관점은 (㉡   )이다.

Q3 (㉠   )은/는 자연 현상의 연구 방법을 사회·문화 현상의 연구에도 적용 가능하다고 보는 연구 방법이고, (㉡   ) 은/는 사회·문화 현상은 자연 과학과는 다른 방법으로 연구해야 한다고 보는 연구 방법이다.

Q4 가설의 설정 및 검증 과정이 필수적인 연구는 (양적 연구 / 질적 연구)이다.

밑줄 친 ㉠~㉥에 대한 설명으로 옳은 것은?

갑은 다문화 가정 자녀들의 ㉠학교생활 만족도에 ㉡차별 경험 정도가 미치는 영향을 알아보기 위한 ㉢연구를 하였다. 이를 위해 ㉣○○지역 고등학교 다문화 가정 자녀들 중 설문에 자발적으로 참여한 100명을 대상으로 설문 조사를 실시하였다. ㉤수집된 자료를 분석한 결과, 차별 경험 정도가 학교생활 만족도에 유의미한 영향을 미친다는 ㉥결론을 도출하였다. 두 변수의 관계는 그림과 같다.

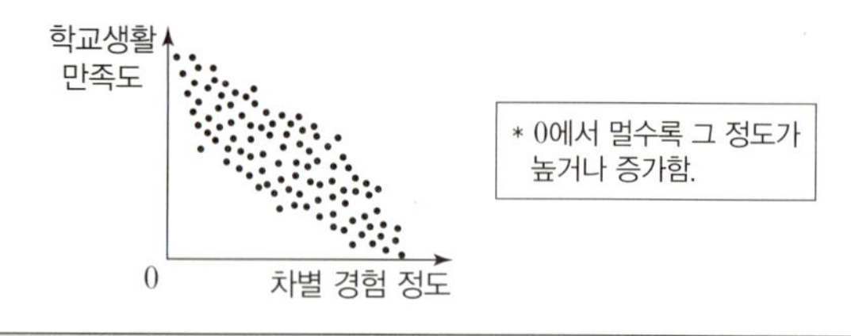

① ㉠은 독립 변수, ㉡은 종속 변수이다.
② ㉢은 질적 연구 방법에 기초하였다.
③ ㉣에 대한 연구 결과를 모집단에 일반화할 수 있다.
④ ㉤에서 ㉥을 도출하는 과정은 귀납적이다.
⑤ ㉥은 독립 변수와 종속 변수가 양(+)의 관계에 있음을 보여준다.

다음 연구에 대한 설명으로 옳은 것은?

갑은 ㉠'여성이 남성보다 일·가정 양립 중시 정도가 높을 것'이라는 가설을 검증하기 위해, 직장인 1,200명을 대상으로 응답자의 사회·인구학적 특성(성별, 연령 등)과 함께 직장 회식 참여 중시 정도, ㉡가족 행사 참여 중시 정도 등 ㉢일·가정 양립 중시 정도에 대한 설문 조사를 실시하였다. 갑은 응답자의 일·가정 양립 중시 정도를 '높음'과 '낮음'으로 나눈 뒤, 성별과 일·가정 양립 중시 정도 간의 관계를 분석하였다.

한편 을은 갑의 분석 결과가 응답자의 세대에 따라 달라지는지 확인하고자 하였다. 이에 을은 갑이 조사한 ㉣자료로 '일·가정 양립 중시 정도'를 갑과 동일하게 조작화한 뒤, 성별과 일·가정 양립 중시 정도 간의 관계를 세대별로 나누어 분석하였다. 다음은 을이 갑의 분석에 세대를 변인으로 추가하여 재구성한 표이다. 분석 결과는 통계적으로 유의미하였다.

〈성별 및 세대별 일·가정 양립 중시 정도〉

(단위 : 명)

일·가정 양립 중시 정도 \ 성별 세대	여성		남성	
	청년층	중장년층	청년층	중장년층
높음	150	30	120	420
낮음	90	30	180	180

① 갑의 분석 결과 ㉠은 기각되었다.
② 을의 분석 결과 중장년층인 경우에 ㉠이 수용되었다.
③ ㉢은 ㉡의 조작적 정의에 해당한다.
④ ㉣은 을의 1차 자료이다.
⑤ 을은 갑과 달리 연역적 연구를 수행하였다.

[유형 분석] 사회·문화 현상에 대한 연구 방법을 기반으로 한 문항으로, 연구 결과에 대한 자료는 간단하게 제시되어 있으며, 자료에 대한 분석을 요구하는 선지는 ⑤ 하나이고, 나머지 선지는 연구 방법에 대한 개념 및 연구 과정에 대해 묻고 있다.

[유형 분석] ❶ 선지 ①, ②의 옳고 그름을 파악하기 위해서는 제시된 자료 분석 결과를 이해할 수 있어야 하며, 선지 ③~⑤는 연구 방법 및 제시문에 대해 묻고 있다. ❷ 대표 기출에 비해 자료 분석 결과가 직관적으로 이해되지 않는데, 제시된 연구에 대한 안내를 바탕으로 연구 분석 결과의 의미를 파악해야 하는 고난도 문항이다.

[접근 방법] 선지 ①~④를 해결하기 위해서는 양적 연구 방법의 특징에 대한 이해가 요구된다. 독립 변수, 종속 변수, 일반화 등 기본적 개념을 연구 사례에 적용시킬 수 있어야 한다. 선지 ⑤를 해결하기 위해서는 제시된 그림의 의미를 이해할 수 있어야 한다. 그림에 따르면 두 변수 간에는 부(−)의 관계가 나타나고 있다.

답 ④

[접근 방법] 대표 기출에 비해 연구에 대한 제시문이 상당히 길며, 하나의 연구가 아니라 갑과 을 두 사람의 연구가 각각 제시되어 있다. 먼저 제시문을 꼼꼼히 읽어 갑과 을의 연구를 이해할 수 있어야 하며, 이를 계량화된 자료와 연계하여 가설의 기각 및 수용 여부를 판단해야 한다.

답 ①

WHY 왜 빠지지 않고 출제될까?

사회·문화 현상의 연구 방법은 수능 및 모의평가에서 항상 출제되는 핵심 주제이다. 사회·문화 과목은 사회학의 개념으로 우리 사회를 바라보고 이해할 수 있는 역량을 향상시키는 것을 목적으로 한다. 따라서 사회·문화 현상의 연구 방법을 이해하고 이를 적용하는 것은 사회·문화 교과에서 추구하는 핵심 성취 기준이기에 수능에서 항상 출제된다.

HOW 킬러 문항, 어떻게 출제될까?

기존에는 양적 연구와 질적 연구의 특징을 중심으로 각각의 연구 방법이 적용된 연구 사례에 대한 이해 정도를 주로 물었으나, 최근 들어 양적 연구의 자료 분석 결과를 제시한 후 이에 대한 이해 정도가 문항 풀이에 반드시 필요한 형태로 문항의 유형이 변형되고 있다. 특히, **분석 결과에 대한 이해를 위해서는 제시된 계량화된 자료를 분석할 수 있어야 한다는 점에서 자료 분석 및 해석 역량이 요구된다.**

실전 문제

주제 ① 사회 · 문화 현상과 자연 현상

01

| 수능 |

밑줄 친 ㉠~㉢과 같은 현상의 일반적 특징에 대한 설명으로 옳은 것은?

① ㉠과 같은 현상은 ㉡과 같은 현상과 달리 당위 법칙을 따른다.
② ㉡과 같은 현상은 ㉢과 같은 현상과 달리 확률의 원리가 적용된다.
③ ㉢과 같은 현상은 ㉠, ㉡과 같은 현상과 달리 가치 함축적이다.
④ ㉠과 같은 현상은 보편성이, ㉡, ㉢과 같은 현상은 보편성과 특수성이 나타난다.
⑤ ㉠, ㉢과 같은 현상은 ㉡과 같은 현상에 비해 인과 관계가 분명하다.

02

밑줄 친 ㉠~㉣과 같은 현상의 일반적 특징에 대한 옳은 설명만을 〈보기〉에서 고른 것은?

> 이상 기온으로 인하여 올해는 전년도에 비해 ㉠농업 생산량이 감소할 것이라는 연구 결과가 나왔다. ○○ 연구원의 보고서에는 급격한 ㉡기온 상승이 농작물의 생육을 저해함에 따라 올해 농업 생산량은 전년에 비해 최대 10% 감소할 것이며, 생육부진으로 ㉢농작물의 품질 또한 낮아질 것이라고 전망하고 있다. ○○ 연구원은 농가 소득 또한 크게 감소할 수 있기에 이에 대한 ㉣정부의 적극적 지원 방안 마련이 시급하다는 의견을 제시하였다.

[보기]

ㄱ. ㉠과 같은 현상은 ㉡과 같은 현상과 달리 가치 함축적이다.
ㄴ. ㉡과 같은 현상은 ㉢과 같은 현상과 달리 존재 법칙을 따른다.
ㄷ. ㉢과 같은 현상은 ㉣과 같은 현상과 달리 확률성의 원리를 따른다.
ㄹ. ㉣과 같은 현상은 ㉠과 같은 현상과 달리 인과 관계가 분명하게 나타난다.

① ㄱ, ㄴ　　② ㄱ, ㄷ　　③ ㄴ, ㄷ　　④ ㄴ, ㄹ　　⑤ ㄷ, ㄹ

03

밑줄 친 ㉠~㉣과 같은 현상의 일반적 특징에 대한 질문에 모두 옳게 응답한 학생은?

질문	갑	을	병	정	무
㉠과 같은 현상은 몰가치적인가?	○	○	×	○	×
㉡과 같은 현상은 보편성이 강하게 나타나는가?	○	×	×	○	○
㉢과 같은 현상은 존재 법칙을 따르는가?	×	×	○	○	○
㉣과 같은 현상은 동일 조건하에서 동일 결과가 발생하는가?	×	○	○	×	○

(○ : 예, × : 아니요)

① 갑　　② 을　　③ 병　　④ 정　　⑤ 무

04

밑줄 친 ㉠~㉣과 같은 현상의 일반적 특징에 대한 설명으로 옳은 것은?

> 정부는 독감 환자가 ㉠작년의 2배 수준으로 급격히 확산 중이라고 발표하였다. 독감은 ㉡고열과 함께 기침 등의 호흡기 증상을 유발하는 질환으로, 독감 환자가 기침이나 재채기를 할 때 분비되는 ㉢호흡기 비말을 통해서 사람에서 사람으로 전파된다. 의사 협회는 우리 몸에는 병을 치유할 수 있는 자생력이 내재되어 있으므로 가급적 ㉣외출을 삼가고 충분한 휴식을 취하여 독감을 예방할 것을 권고하였다.

① ㉠과 같은 현상은 ㉡과 같은 현상과 달리 존재 법칙의 지배를 받는다.
② ㉡과 같은 현상은 ㉢과 같은 현상과 달리 가치 함축적이다.
③ ㉢과 같은 현상은 ㉣과 같은 현상과 달리 경험적 자료를 통한 연구가 가능하다.
④ ㉣과 같은 현상은 ㉠과 같은 현상과 달리 확률성의 원리가 적용된다.
⑤ ㉠, ㉣과 같은 현상은 ㉡, ㉢과 같은 현상과 달리 개연성의 원리가 적용된다.

05

| 평가원 |

그림은 사회·문화 현상을 바라보는 관점 A~C를 구분한 것이다. 이에 대한 설명으로 옳은 것은? (단, A~C는 각각 기능론, 갈등론, 상징적 상호 작용론 중 하나이다.)

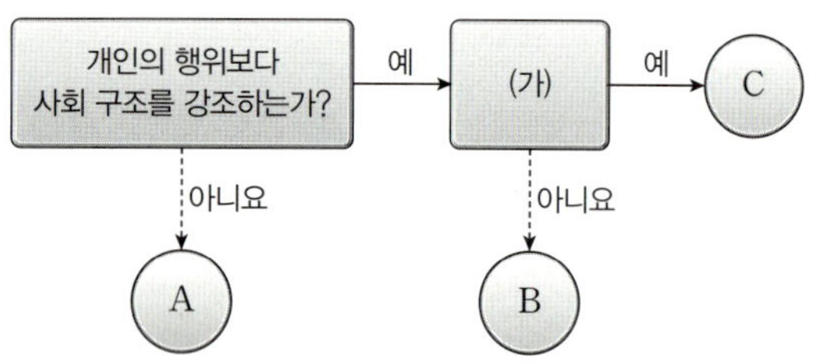

① A는 사회의 각 부분이 상호 의존적으로 연관되어 있다고 본다.

② (가)가 '사회적으로 공유된 가치와 합의를 중요시하는가?'라면, B는 C와 달리 인간을 자율성을 지닌 능동적 존재로 본다.

③ (가)가 '사회 구조를 지배와 피지배의 관계로 설명하는가?'라면, C는 B와 달리 집단 간의 대립을 균형 회복을 위한 일시적 과정으로 본다.

④ B가 사회 제도를 지배 집단의 이익을 위한 것으로 보는 관점이라면, (가)에는 '사회를 유기체와 같은 존재로 인식하는가?'가 들어갈 수 있다.

⑤ C가 사회는 스스로 균형을 유지하려는 속성을 지닌다고 보는 관점이라면, (가)에는 '사회적 갈등을 필연적 현상으로 이해하는가?'가 들어갈 수 있다.

06

다음 대화에서 사회·문화 현상을 바라보는 갑, 을의 관점에 대한 옳은 설명만을 〈보기〉에서 고른 것은?

〈보기〉

ㄱ. 갑의 관점은 개인의 능동성과 자율성을 중시한다.

ㄴ. 을의 관점은 사회가 유기체와 같다고 전제한다.

ㄷ. 갑의 관점과 달리 을의 관점은 서로 다른 경제적 위치에 속한 구성원 간의 관계를 대립적으로 이해한다.

ㄹ. 갑의 관점과 을의 관점 모두 사회 구조나 제도의 영향을 중시한다.

① ㄱ, ㄴ   ② ㄱ, ㄷ   ③ ㄴ, ㄷ   ④ ㄴ, ㄹ   ⑤ ㄷ, ㄹ

07

표는 사회·문화 현상를 바라보는 관점 A~C를 질문에 따라 구분한 것이다. 이에 대한 옳은 설명만을 〈보기〉에서 고른 것은? (단, A~C는 각각 갈등론, 기능론, 상징적 상호 작용론 중 하나이다.)

질문	A	B	C
사회 문제를 사회 구조적 차원에서 접근하는가?	예	예	아니요
사회 구성원 간 갈등을 필연적 현상으로 간주하는가?	아니요	예	아니요
(가)	아니요	아니요	예

〈보기〉

ㄱ. A는 사회를 지배-피지배 관계 중심으로 바라본다.

ㄴ. B는 사회 구성원 간 상호 의존적 역할 수행을 강조한다.

ㄷ. C는 사회 현상의 의미가 구성원 간 상호 작용 양상에 따라 다르게 나타난다고 본다.

ㄹ. (가)에는 '사회 구성원의 자율성과 능동성을 중시하는가?'가 들어갈 수 있다.

① ㄱ, ㄴ   ② ㄱ, ㄷ   ③ ㄴ, ㄷ   ④ ㄴ, ㄹ   ⑤ ㄷ, ㄹ

08

다음 대화에 대한 설명으로 옳은 것은? (단, A~C는 각각 갈등론, 기능론, 상징적 상호 작용론 중 하나이다.)

교사 : 사회·문화 현상을 바라보는 관점 A~C에 대해 말해 볼까요?

갑 : '개인들이 구성해내는 주관적 생활 세계를 중시하는가?'라는 질문으로는 A와 B를 구분할 수 없습니다.

을 : '사회 규범이 지배 집단의 합의에 따라 만들어졌다고 보는가?'라는 질문으로 A와 C를 구분할 수 있습니다.

병 : [(가)   ]라는 질문으로 B와 C를 구분할 수 있습니다.

교사 : 세 학생 모두 정확히 이해하고 있네요.

① A는 사회적으로 공유된 가치와 합의를 중시한다.

② B는 인간을 능동적이고 적극적인 행위 주체로 전제한다.

③ C는 사회 각 부분이 사회 존속을 위해 상호 의존한다고 본다.

④ B는 A와 달리 갈등을 일시적 불균형 상태로 간주한다.

⑤ (가)에 '사회 구조가 개인에게 미치는 영향을 간과하는가?'는 들어갈 수 없다.

주제 ③ 사회·문화 현상의 연구 방법

09

| 평가원 |

밑줄 친 ㉠~㉣에 대한 설명으로 옳은 것은?

연구 주제 : 다문화 교육이 고등학생의 다문화 수용성에 미치는 영향

- 가설 설정
  - ㉠ 가설 : 다문화 교육을 받은 고등학생이 받지 않은 고등학생에 비해 다문화 수용성이 높을 것이다.

- ㉡ 자료 수집
  - 연구 참여에 동의한 ○○고등학교 학생 60명을 무작위로 각각 30명씩 A, B 두 집단으로 나누고, 두 집단 모두를 대상으로 다문화 수용성 지수를 측정하는 ㉢ 설문 조사를 실시함.
  - ㉣ A 집단에는 다문화 교육을 3개월간 실시하고, ㉤ B 집단에는 다문화 교육을 실시하지 않음.
  - 이후 A, B 두 집단 모두를 대상으로 다문화 수용성 지수를 측정하는 ㉥ 설문 조사를 실시함.

- ㉦ 자료 분석
  - 수집한 자료를 분석한 결과, 가설을 채택함.

- ㉧ 결론
  - 고등학생의 다문화 수용성 제고를 위해서는 다문화 교육을 실시해야 한다.

---

① ㉠에서 독립 변인은 '다문화 교육의 효과'이다.

② ㉢에서 1차 자료를, ㉥에서 2차 자료를 수집하였다.

③ ㉣은 실험 집단, ㉤은 통제 집단이다.

④ ㉦에 따르면, ㉤은 ㉣과 달리 다문화 수용성이 낮아졌다.

⑤ ㉡ → ㉦ → ㉧으로 가는 과정은 연역적이다.

10

표는 질문에 따라 사회·문화 현상의 연구 방법 A, B를 구분한 것이다. 이에 대한 옳은 설명만을 〈보기〉에서 고른 것은? (단, A, B는 각각 양적 연구와 질적 연구 중 하나이다.)

질문	A	B
연구 대상자가 구성해내는 생활 세계의 연구에 초점을 두는가?	예	아니요
연구 현상을 계량화하여 측정할 수 있도록 조작적으로 정의하는 과정을 거치는가?	아니요	예
(가)	예	아니요

보기

ㄱ. A는 방법론적 일원론에 기반한다.

ㄴ. B는 변인 간의 관계 파악을 목적으로 한다.

ㄷ. A에 비해 B는 연구 결과의 일반화가 용이하다.

ㄹ. (가)에는 '경험적 자료를 활용하여 연구를 진행하는가?'가 들어갈 수 있다.

---

① ㄱ, ㄴ   ② ㄱ, ㄷ   ③ ㄴ, ㄷ   ④ ㄴ, ㄹ   ⑤ ㄷ, ㄹ

11

밑줄 친 ㉠~㉦에 대한 옳은 설명만을 〈보기〉에서 있는 대로 고른 것은?

○○교육청은 교실 내 ㉠LED등 설치가 학생들의 ㉡학습 환경에 미치는 영향을 조사하기 위해 LED등 ㉢시범 설치 학교를 두 곳 선정하여 조명 개선 사업 전후의 ㉣교실 내 밝기, 수업 중 학생들의 집중 정도 등을 조사한 후 인근에 위치한 다른 ㉤학교 두 곳과의 차이를 비교하였다. 또한 조명 개선 사업의 영향을 파악하기 위해 ㉥선진국의 통계 자료를 확인하였다.

보기

ㄱ. ㉠은 종속 변인, ㉡은 독립 변인이다.

ㄴ. ㉢은 실험 집단, ㉤은 통제 집단이다.

ㄷ. ㉣은 종속 변인을 조작적으로 정의한 것이다.

ㄹ. ㉥은 연구 수행을 위해 수집한 2차 자료이다.

---

① ㄱ, ㄴ   ② ㄱ, ㄷ   ③ ㄷ, ㄹ

④ ㄱ, ㄴ, ㄹ   ⑤ ㄴ, ㄷ, ㄹ

12

밑줄 친 ㉠~㉧에 대한 설명으로 옳은 것은?

사회학자 갑은 ㉠부모와의 상호 작용의 정도가 낮을수록 ㉡청소년의 비행 경험 정도가 높아진다는 ㉢가설을 수립한 후, 도시 지역의 남자 ㉣고등학생 500명과 ㉤여자 고등학생 500명을 무작위로 추출하여 자신의 비행 횟수, ㉥부모와의 하루 대화 시간 등을 포함하는 설문 조사를 실시하였다. ㉦수집한 자료의 분석 결과 갑의 가설은 ㉧수용되었다.

---

① ㉠은 종속 변인, ㉡은 독립 변인이다.

② ㉣은 모집단, ㉤은 표본에 해당한다.

③ ㉥은 실제성이 높은 현장 자료를 얻기 용이한 자료 수집 방법으로 수집되었다.

④ ㉦은 2차 자료에 해당한다.

⑤ ㉧을 통해서도 ㉡을 일반화하기는 어렵다.

01

다음 자료에 대한 옳은 설명만을 〈보기〉에서 있는 대로 고른 것은?

- 게임 규칙 : 카드 두 장을 뽑은 후, 두 장의 카드에 적힌 내용이 모두 자연 현상과 사회·문화 현상 중 어느 한 현상의 특징에만 해당하면 카드 두 장을 가져간다.
- 게임 결과 : 갑과 을이 뽑은 카드는 다음과 같고, 갑과 을 모두 게임 규칙에 따라 카드 두 장을 가져갔다.

〈갑이 뽑은 카드〉		〈을이 뽑은 카드〉	
사회의 규범적 요구가 반영되어 발생한다.	(가)	원인과 결과 간에 일대일 대응이 성립한다.	(나)

〈보기〉

ㄱ. 갑은 인과 관계가 존재하지 않는 현상의 일반적 특징이 적힌 두 장의 카드를 뽑았다.
ㄴ. 을이 뽑은 두 장의 카드에 적혀 있는 현상은 질적 연구 방법을 적용하기에 용이하다.
ㄷ. (가)에는 '보편성과 특수성이 공존한다.'가 들어갈 수 있다.
ㄹ. (나)에 '과학적인 방법으로 연구할 수 있다.'는 들어갈 수 없다.

① ㄱ, ㄴ   ② ㄱ, ㄷ   ③ ㄷ, ㄹ
④ ㄱ, ㄴ, ㄹ   ⑤ ㄴ, ㄷ, ㄹ

02

표는 질문에 따라 사회·문화 현상을 바라보는 관점 A~C를 구분한 것이다. 이에 대한 옳은 설명만을 〈보기〉에서 있는 대로 고른 것은? (단, A~C는 각각 기능론, 갈등론, 상징적 상호 작용론 중 하나이다.)

질문	A	B	C
거시적 측면에서 사회 변동을 설명하는가?	아니요	㉠	㉡
(가)	아니요	예	아니요
(나)	㉢	㉣	㉤

〈보기〉

ㄱ. (가)에 '사회 규범이 지배 집단에 의해 규정된다고 보는가?'는 들어갈 수 없다.
ㄴ. (나)가 '사회 문제의 발생 원인을 설명할 수 있는가?'라면, ㉢과 ㉣은 ㉠과 같다.
ㄷ. ㉡과 ㉤이 같고 C가 사회 유기체설에 기반하고 있다면, (나)에는 '행위자의 능동적, 자율적 측면을 간과하는가?'가 들어갈 수 있다.
ㄹ. (가)가 '사회는 스스로 균형을 유지하는 속성을 지닌다고 보는가?'이고, (나)가 '사회를 구성하는 집단 간의 대립 관계에 주목하는가?'라면, ㉢과 ㉣은 모두 '아니요'이다.

① ㄱ, ㄴ   ② ㄱ, ㄷ   ③ ㄷ, ㄹ
④ ㄱ, ㄴ, ㄹ   ⑤ ㄴ, ㄷ, ㄹ

03

밑줄 친 ㉠~㉨에 대한 설명으로 옳은 것은?

> 고등학교 사회 교사 갑은 학생들의 ㉠ 학교 만족도에 ㉡ 학생 자치 활동이 미치는 영향을 알아보기 위한 연구를 진행하였다. 갑은 자신이 ㉢ 재직 중인 학교의 전교생 중 성별, 학년별, 성적별 비율에 따라 ㉣ 100명을 추출하였다. 그리고 이들을 대상으로 질문지를 통해 ㉤ 학교 내 인간관계, 수업 환경 등에 대한 만족도를 조사한 후 ㉥ 학생 자치 활동 참여 집단과 ㉦ 미참여 집단으로 구분하여 자료를 분석하였다. 그 결과 ㉧ 학생 자치 활동 참여 집단의 만족도가 더 높게 나타났다.

① ㉠은 독립 변인, ㉡은 종속 변인이다.
② ㉢은 모집단, ㉣은 표본 집단이다.
③ ㉤은 종속 변인을 조작적으로 정의한 것이다.
④ ㉥은 실험 집단, ㉦은 통제 집단이다.
⑤ ㉧으로 보아 갑의 가설은 수용되었을 것이다.

04

다음 연구에 대한 옳은 설명만을 〈보기〉에서 있는 대로 고른 것은?

> 사회학자 갑은 청소년의 교우 관계에 SNS가 미치는 영향을 알아보고자, SNS를 적극적으로 사용하는 청소년이 그렇지 않은 청소년보다 교우 관계가 좋을 것이라는 가설을 수립하였다. 이를 조사하기 위해 ㉠ 도시 및 농촌 지역에서 중·고등학교 10곳을 무작위로 선정하여 질문지를 통해 조사를 실시하였다. 조사 내용은 지난 ㉡ 일주일간 SNS 사용 시간, ㉢ 고민을 나눌 수 있는 친구의 수이며, 수집된 자료의 분석 결과는 다음과 같다.

(단위 : 명)

구분	SNS 사용 시간 많음		SNS 사용 시간 적음	
	중학생	고등학생	중학생	고등학생
친구 많음	300	650	450	400
친구 적음	700	350	550	600

〔보기〕
ㄱ. ㉠으로 인해 표본의 대표성이 확보되었다.
ㄴ. ㉡, ㉢은 모두 개념의 조작적 정의에 해당한다.
ㄷ. 분석 결과는 갑의 가설을 지지하는 근거가 된다.
ㄹ. 분석 결과를 고등학생으로 한정하면 갑의 가설은 수용된다.

① ㄱ, ㄴ   ② ㄱ, ㄷ   ③ ㄴ, ㄹ
④ ㄱ, ㄷ, ㄹ   ⑤ ㄴ, ㄷ, ㄹ

02강 자료 수집 방법 및 탐구 태도와 연구 윤리

출제 POINT

주제 1 자료 수집 방법

질문지법, 실험법 🔒	★★★
면접법, 참여 관찰법 🔒	★★★
문헌 연구법	★★☆

주제 2 사회·문화 현상의 탐구 태도 및 연구 윤리

성찰적 태도, 객관적 태도	★☆☆	가치 개입과 가치 중립	★★☆
개방적 태도	★★☆	연구 윤리	★★☆
상대주의적 태도	★★☆		

주제 1 자료 수집 방법

Tip

질문지법은 주로 표본을 대상으로 이루어지는데, 연구 결과를 일반화하기 위해서는 **표본이 모집단을 대표할 수 있어야 한다.** 예를 들어 모집단이 청소년인데 표본이 고등학생뿐이라면, 아무리 표본의 수가 많더라도 표본의 대표성이 낮으므로 연구 결과를 일반화하기 어렵다. 표본의 대표성이 함정으로 종종 출제되고 있다.

3점 공략 🔒

1. 질문지법

의미	조사 주제에 부합하도록 미리 작성해 놓은 질문지를 조사 대상자에게 제시하여 자료를 수집하는 방법
특징	• 일반적으로 양적 연구의 자료 수집 방법으로 활용됨 • 구조화·표준화된 자료 수집 방법에 해당함 • 표본을 추출하여 표본 조사를 수행하는 경우가 일반적임 • 최근에는 전화 설문 조사, 인터넷 설문 조사 등과 같이 문서화된 질문지 외의 다른 수단을 통해 수행하는 경우가 증가하고 있음
장점	• 다수를 대상으로 대량의 자료를 수집하기 용이하며, 시간과 비용 측면에서 비교적 효율적임 • 분석 기준이 명확하고 통계 처리가 용이하여 비교 분석 연구에 적합하고, 정확성과 객관성이 높음
단점	• 문자 언어를 통해 조사할 경우 문맹자에게 활용하기 곤란함 • 표본의 대표성이 낮을 경우 조사 결과를 일반화하기 곤란함 • 회수율, 응답률이 낮게 나타나는 경우가 많으며, 무성의하거나 악의적인 응답 가능성을 배제할 수 없음

Tip

각각의 자료 수집 방법의 특징을 비교하는 형태로 고난도 문항이 출제될 수 있으므로 여러 자료 수집 방법의 특징을 비교할 수 있어야 한다.
❶ 실험법은 (질문지법, 면접법과 달리) **언어를 사용한 상호 작용 없이도 자료를 수집할 수 있다.**
❷ **자료 수집 방법의 구조화 정도는** 일반적으로 실험법이 면접법, 참여 관찰법에 비해 높다.

3점 공략 🔒

2. 실험법

의미	인위적으로 만든 실험 상황에서 다른 변인을 통제한 후 독립 변인을 의도적으로 조작(처치)하고 그 변인에 의해 초래된 종속 변인의 변화를 측정하는 자료 수집 방법
특징	• 일반적으로 양적 연구의 자료 수집 방법으로 활용됨 • 가장 엄격한 통제가 가해지는 자료 수집 방법에 해당함
장점	• 인과 관계의 파악을 통해 법칙을 발견하는 데 유리함 • 실험 집단과 통제 집단 간 비교 분석이 용이함
단점	실험 대상이 인간이라는 점에서 윤리적 문제가 발생하기 쉬우며, 엄격하게 통제된 실험이 어려움

Tip

면접법은 대화를 통해 자료를 수집하기 때문에 자료 수집 과정에서의 언어적 상호 작용이 필수적이다. **자료 수집 과정에서 언어적 상호 작용이 필수적인 것은 면접법과 질문지법의 공통된 특징**에 해당하므로 반드시 숙지해 두어야 한다.

3점 공략 🔒

3. 면접법

의미	연구자가 조사 대상자와 대면하면서 조사 주제에 대한 질문을 통해 얻은 응답을 바탕으로 필요한 자료를 수집하는 방법
특징	• 일반적으로 질적 연구의 자료 수집 방법으로 활용됨 • 심층적인 조사를 위해 소수를 대상으로 수행하는 경우가 일반적임
장점	• 조사 대상자의 주관적인 세계를 심층적으로 이해하는 데 유리함 • 대화를 통해 자료를 수집하므로 문맹자에게도 실시 가능
단점	• 다수를 대상으로 할 경우 시간과 비용이 많이 듦 • 자료 해석 과정에 조사자의 편견이나 주관이 개입될 우려가 큼

4. 참여 관찰법

의미	조사 대상자의 일상생활 세계에 참여하여 대상자를 관찰함으로써 필요한 자료를 수집하는 방법
특징	• 일반적으로 질적 연구의 자료 수집 방법으로 활용됨 • 가장 전형적인 비구조화·비표준화된 자료 수집 방법
장점	• 자료의 실제성을 확보할 수 있음 • 조사 대상자의 일상생활 세계에 대한 심층적 자료 수집에 유리함 • 언어적 의사소통이 곤란한 집단을 대상으로도 자료 수집 가능
단점	• 시간과 비용 측면에서 비효율적이며, 예상하지 못한 상황이 발생할 경우 유연한 대처가 어려움 • 자료 해석 과정에 관찰자의 편견이나 주관이 개입할 우려가 큼

5. 문헌 연구법

의미	이미 존재하는 자료를 활용하여 필요한 정보를 수집하는 방법
특징	양적 연구와 질적 연구 모두에서 활용되며, 2차 자료의 수집용으로 주로 활용됨
장점	• 시간·비용 측면에서 효율적이며, 시간·장소 제약으로부터 비교적 자유로움 • 기존 연구 동향이나 성과 파악을 통한 참고 자료 수집에 적합함
단점	• 문헌의 정확성과 신뢰성을 확보하기 곤란한 경우가 많음 • 문헌 해석 시 연구자의 주관이 개입될 우려가 있음

주제 2 사회·문화 현상의 탐구 태도 및 연구 윤리

1. 사회·문화 현상의 탐구 태도

성찰적 태도	현상의 이면에 담겨 있는 발생 원인이나 원리, 그것이 초래할 결과 등에 대하여 적극적·능동적으로 살펴보려는 태도
객관적 태도	연구자가 자신의 주관적 가치나 편견, 이해관계 등을 배제하고 사회·문화 현상이 가진 사실로서의 특성만을 파악하는 태도
개방적 태도	• 자신의 주장과 다른 주장이 존재할 수 있음을 인정하고, 자신의 주장에 대한 비판을 허용하는 태도 • 다른 연구자의 주장이나 다른 연구의 결론을 무조건 수용하는 것이 아니라 경험적인 근거를 통해 검증하기 전에는 하나의 가설로 받아들이는 태도
상대주의적 태도	연구자 자신의 문화적 맥락이나 배경을 떠나 사회·문화 현상이 발생한 맥락이나 배경을 고려하여 연구하려는 태도

2. 가치 개입과 가치 중립

가치 개입	연구 주제 선정, 가설 설정, 연구 설계 단계 → 연구자의 연구 의도가 반영될 수밖에 없음
가치 중립	자료 수집 및 분석, 가설 검증, 결론 도출 단계 → 연구자의 가치가 개입되면 연구가 왜곡될 수 있으므로 엄격한 가치 중립이 요구됨

3. 연구 윤리

연구 대상자 관련	• 연구자는 연구와 관련하여 연구 대상자에게 동의를 얻어야 함 • 연구자는 연구 참여가 연구 대상자에게 어떤 영향을 미치는지 설명해야 함 • 연구자는 연구 대상자의 익명성을 보장해야 하며, 사생활 관련 정보 및 개인 정보를 연구 목적 이외의 용도로 활용해서는 안 됨
연구 과정 관련	• 연구자는 정직한 방법으로 자료를 수집해야 하며, 자료 분석 과정에서 의도한 결론을 이끌어내기 위해 자료를 조작(위조, 변조 등)해서는 안 됨 • 다른 연구자의 연구물을 활용하는 경우 그 출처를 정확하게 밝혀야 함
결과 공표 관련	• 연구 결과를 은폐하거나 왜곡, 축소, 과장해서는 안 됨 • 연구 성과가 사회적으로 악용되지 않도록 결과에 대하여 책임 있는 자세를 보여야 함

1차 자료와 2차 자료의 구분

1차 자료	연구자 본인이 직접 수집하여 최초로 분석하는 자료
2차 자료	동일하거나 유사한 연구 목적으로 수행된 다른 연구에서 이미 수집되고 분석된 자료

객관적 태도와 상대주의적 태도

객관적 태도	상대주의적 태도
연구자의 주관 배제를 위해 제3자의 입장에서 연구하는 태도	연구자의 주관을 떠나 연구 현상이 발생한 사회의 맥락에서 연구하는 태도
연구자의 주관적 가치를 배제한 탐구 태도라는 점에서는 공통점을 가짐	

3점 공략 Check

Q1 다수를 대상으로 대량의 자료를 수집하는 데 있어 시간과 비용 측면에서 가장 효율적인 자료 수집 방법은 (　　　　)이다.

Q2 엄격한 통제가 이루어지는 가장 구조화된 자료 수집 방법은 (　　　　)이다.

Q3 언어적 상호 작용이 요구되는 자료 수집 방법 중 문맹자를 대상으로도 자료 수집이 가능한 방법은 (　　　　)이다.

Q4 자료의 실제성 확보가 용이하며, 가장 비구조화된 자료 수집 방법은 (　　　　)이다.

Q5 연구자가 직접 수집한 자료는 ㉠(1차 자료 / 2차 자료)이고, 다른 연구에서 이미 수집되고 분석된 자료는 ㉡(1차 자료 / 2차 자료)이다.

대표 기출 ⁵³¹ PROJECT H VS 고난도 기출

순한맛 # 평가원

자료 수집 방법 A~C의 일반적인 특징에 대한 설명으로 옳은 것은? (단, A~C는 각각 면접법, 질문지법, 참여 관찰법 중 하나이다.)

모둠별 연구 주제	교사 의견
분단 비용과 통일 비용에 대한 고등학생의 성별 인식 차이	계량화가 용이한 방법인 A를 활용해 연구해 보세요.
고등학생이 생각하는 남북 통일의 의미	언어적 상호 작용이 필수적인 B를 활용하세요. 이때, 정서적 교감을 형성하는 것이 중요합니다.
고등학교 사회 수업에서 이루어지는 통일 교육의 실제	C를 활용하면 실제성이 높은 생생한 자료를 수집할 수 있습니다.

① A는 B에 비해 문맹자에게 사용하기에 유리하다.

② B는 A에 비해 자료 수집 과정에서 연구자의 주관이 개입될 가능성이 낮다.

③ B는 C에 비해 예상치 못한 상황을 통제하기가 곤란하다.

④ C는 A에 비해 일상을 심층적으로 파악하기에 용이하다.

⑤ B, C는 모두 양적 연구에서 주로 활용된다.

[유형 분석] 제시된 연구 주제와 이에 대한 교사의 의견을 바탕으로 A~C에 해당하는 자료 수집 방법을 특정한 후 각각의 자료 수집 방법의 특징을 비교하는 문항이다.

[접근 방법] A는 계량화가 용이한 방법이라는 점에서 질문지법으로 쉽게 특정된다. B는 정서적 교감의 형성과 언어적 상호 작용이 필수적이라는 점에서 면접법임을 알 수 있으며, C는 실제성이 높은 자료를 수집할 수 있다는 점에서 참여 관찰법으로 어렵지 않게 특정된다.

답 ④

？ WHY 왜 빠지지 않고 출제될까?

자료 수집 방법은 수능과 모의평가에서 한 번도 빠진 적이 없는 최다 빈출 주제이다. 자료 수집 방법에 대한 단독 문항으로 출제되기도 하지만, 양적 연구 및 질적 연구와 관련하여 선지 중 일부로 출제되기도 한다. 각각의 자료 수집 방법이 개념화되어 있고 특징이 구분되기에 문항 출제가 용이한 주제이다. 특히 질문지법과 실험법은 양적 연구에서, 면접법과 참여 관찰법은 질적 연구에서 주로 사용되는 자료 수집 방법임을 알고, 이를 토대로 자료 수집 방법의 공통점과 차이점을 파악해야 한다.

평가원 # 정답률 58.9% 매운맛

자료 수집 방법 A~C의 일반적인 특징에 대한 설명으로 옳은 것은? (단, A~C는 각각 면접법, 질문지법, 참여 관찰법 중 하나이다.)

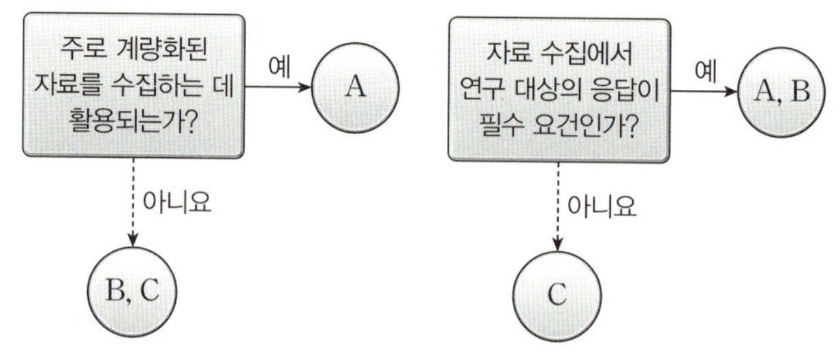

① A는 B와 달리 연구 대상의 주관적인 인식을 파악할 수 없다.

② B는 A에 비해 다수를 대상으로 자료를 수집하기가 용이하다.

③ C는 A, B와 달리 연구자의 직관적 통찰로 해석해야 하는 자료를 수집할 수 있다.

④ B, C는 A에 비해 연구 대상과 연구자 간 신뢰감 형성의 중요성이 강조된다.

⑤ 자료 수집 상황에 대한 통제 수준은 A>C>B이다.

[유형 분석] 자료 수집 방법의 공통된 특징에 대한 이해가 요구되는 문항으로, 대표 기출에 비해 A~C가 특정되기 위해 공통된 특징이 무엇인지에 대한 사고가 필요하며, 선지의 난도가 대표 기출에 비해 높다.

[접근 방법] A는 계량화된 자료를 수집하는 데 활용된다는 점에서 질문지법으로 특정된다. 연구 대상의 응답이 필수적인 자료 수집 방법은 질문지법과 면접법이고, 참여 관찰법은 연구 대상의 응답을 반드시 요구하지 않는다. 따라서 B는 면접법, C는 참여 관찰법이다.

답 ④

？ HOW 킬러 문항, 어떻게 출제될까?

일반적으로 3가지 정도의 자료 수집 방법의 특징을 비교하는 형태로 문항이 출제된다. 기출을 충분히 학습한다면 어떤 선지가 제시되더라도 옳고 그름을 판단할 수 있을 것이다. 난도가 높아진다면 선지가 아니라 자료 수집 방법을 특정하는 과정에서 보다 높은 사고력을 요구하는 형태로 출제될 수 있다. 직관적으로 각각의 자료 수집 방법이 특정되지 않도록 제시문이나 자료를 꼬아서 출제될 경우 체감 난도가 높아지게 된다.

실전 문제

주제 ① 자료 수집 방법

01

| 수능 |

A~D의 일반적 특징에 대한 설명으로 옳은 것은? (단, A~D는 각각 면접법, 문헌 연구법, 질문지법, 참여 관찰법 중 하나이다.)

연구 사례	자료 수집 방법
갑은 소방관 스트레스 완화 방안에 대한 연구를 위해 상담 사례집 내용을 분석하여 스트레스 유형을 분류하고, 비구조화된 질문으로 소방관들과 심층 면담을 하여 그들의 스트레스 경험을 조사하였다.	A, C
을은 소방관 근무 만족도 연구에 필요한 설문 문항 개발을 위해 선행 연구를 검토하여 질문 내용을 구성하고, 30개의 구조화된 문항을 통해 소방관 500명을 대상으로 근무 만족도에 대해 조사하였다.	B, C
병은 소방관 안전 실태 연구를 위해 6개월간 소방관들과 함께 생활하며 그들이 겪는 위험 상황을 관찰하고, 정서적 교감이 형성된 소방관 15명과 깊은 대화를 통해 현장에서 느끼는 위험 요인에 대해 조사하였다.	A, D

① C는 A에 비해 시간과 장소의 제약이 크다.
② D는 B에 비해 수집된 자료를 통계적으로 처리하기가 용이하다.
③ A, D는 B에 비해 연구자의 가치가 개입될 가능성이 높다.
④ C는 B, D와 달리 조사 대상자와의 언어적 상호 작용이 필수적이다.
⑤ C, D는 A, B와 달리 질적 연구에만 사용 가능하다.

02

표는 자료 수집 방법 A~C를 질문에 따라 나타낸 것이다. 이에 대한 옳은 설명만을 〈보기〉에서 고른 것은? (단, A~C는 각각 면접법, 질문지법, 참여 관찰법 중 하나이다.)

질문	A	B	C
질적 자료 수집에 용이한가?	예	아니요	예
조사 대상자와의 언어적 상호 작용이 필수적인가?	아니요	예	예
(가)	아니요	예	아니요

보기

ㄱ. A는 B에 비해 예상치 못한 상황의 통제가 용이하다.
ㄴ. B는 C에 비해 일상생활을 심층적으로 파악하기 어렵다.
ㄷ. C는 A에 비해 실제성 있는 자료의 수집이 용이하다.
ㄹ. (가)에는 '대규모 집단을 대상으로 자료를 수집하기 용이한가?'가 들어갈 수 있다.

① ㄱ, ㄴ   ② ㄱ, ㄷ   ③ ㄴ, ㄷ   ④ ㄴ, ㄹ   ⑤ ㄷ, ㄹ

03

그림은 자료 수집 방법 A, B의 특징을 비교한 것이다. 이에 대한 설명으로 옳은 것은? (단, A, B는 각각 질문지법과 참여 관찰법 중 하나이다.)

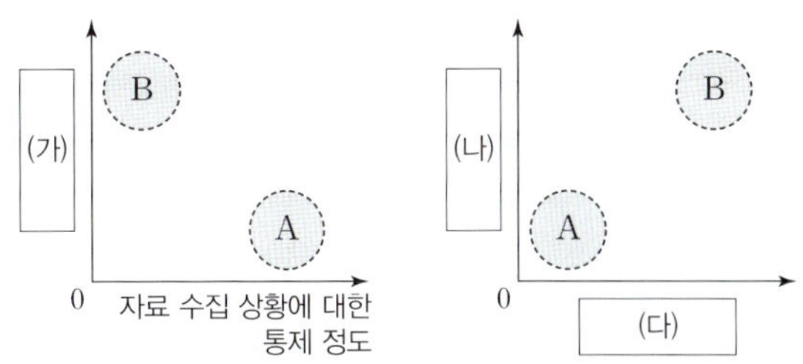

* 0에서 멀수록 그 정도가 빠름 또는 높음.

① A는 B에 비해 질적 자료 수집이 용이하다.
② B는 A에 비해 연구 대상에 대한 심층적 파악이 어렵다.
③ (가)에는 '자료의 실제성 정도'가 들어갈 수 있다.
④ (나)에는 '자료 수집에 있어 시간과 비용의 효율성'이 들어갈 수 있다.
⑤ (다)에는 '계량화된 자료 수집의 용이성'이 들어갈 수 있다.

04

다음 (가)~(라)에 들어갈 옳은 내용만을 〈보기〉에서 고른 것은? (단, A~D는 각각 면접법, 실험법, 질문지법, 참여 관찰법 중 하나이다.)

교사 : 자료 수집 방법의 특징에 대해 발표해 볼까요? 단, 자료 수집 상황에 대한 통제 수준은 A>B>C>D 순입니다.
갑 : A와 달리 B는 　(가)
을 : B와 달리 D는 　(나)
병 : D에 비해 B는 　(다)
정 : C와 D는 모두 　(라)

보기

ㄱ. (가) : 언어적 상호 작용이 필수적입니다.
ㄴ. (나) : 문맹자에게 사용하기 어렵습니다.
ㄷ. (다) : 다수를 대상으로 한 자료 수집에 용이합니다.
ㄹ. (라) : 양적 연구에서 주로 사용됩니다.

① ㄱ, ㄴ   ② ㄱ, ㄷ   ③ ㄴ, ㄷ   ④ ㄴ, ㄹ   ⑤ ㄷ, ㄹ

05

|평가원|

그림은 자료 수집 방법 A, B의 일반적인 특징을 연결한 것이다. 이에 대한 옳은 설명을 〈보기〉에서 고른 것은? (단, A, B는 각각 질문지법과 면접법 중 하나이다.)

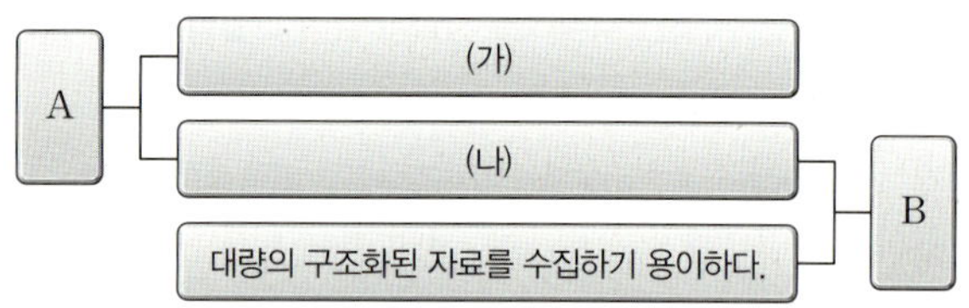

보기
ㄱ. A는 B보다 조사 대상자와의 정서적 교감을 중시한다.
ㄴ. B는 A보다 실제성이 높은 생생한 자료의 수집에 용이하다.
ㄷ. (가)에는 '조사 대상자의 반응에 유연하게 대처할 수 있다.'가 적절하다.
ㄹ. (나)에는 '인위적으로 통제된 상황에서 변수의 효과를 관찰하여 자료를 수집한다.'가 적절하다.

① ㄱ, ㄴ ② ㄱ, ㄷ ③ ㄴ, ㄷ ④ ㄴ, ㄹ ⑤ ㄷ, ㄹ

06

표는 자료 수집 방법 A~C가 적용된 사례를 나타낸 것이다. 이에 대한 설명으로 옳은 것은? (단, A~C는 각각 면접법, 실험법, 문헌 연구법 중 하나이다.)

자료 수집 방법	사례
A	점심 식사 후 낮잠 시간의 운영이 수업 집중도 향상에 미치는 영향을 파악하기 위해 전체 학급 중 절반을 대상으로 낮잠 시간을 운영하여 결과를 비교하였다.
B	낮잠 시간이 신체 바이오 리듬에 미치는 영향을 파악하기 위해 낮잠을 사회 전체적으로 장려하고 있는 서유럽의 경우를 심층적으로 조사한 다큐멘터리를 참조하였다.
C	(가)

① A는 문맹자에게 실시하기 어렵다.
② B는 질적 자료의 수집에는 사용하기 어렵다.
③ C는 설문 결과의 통계적 분석이 용이하다.
④ A는 C에 비해 자료 해석 과정에서 객관성 확보가 용이하다.
⑤ 낮잠 시간에 학생들과 함께 낮잠을 자며 낮잠의 영향을 파악하는 사례는 (가)에 들어갈 수 있다.

07

다음 (가)~(다)에 해당하는 기준으로 옳은 것은? (단, A~C는 각각 면접법, 실험법, 질문지법 중 하나이다.)

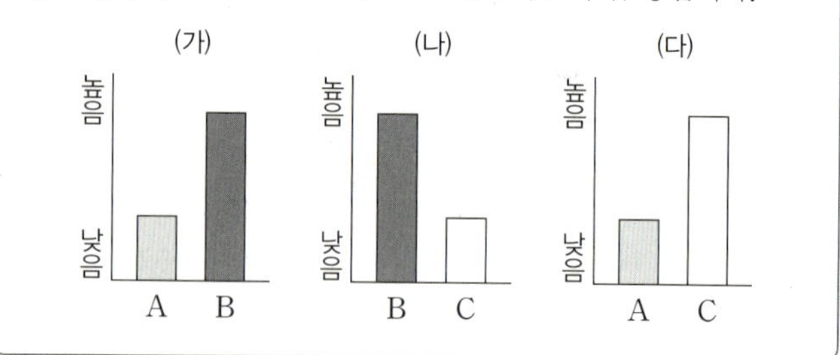

① (가) : 자료 수집 상황에 대한 통제 정도
② (나) : 일상생활의 심층적 이해 정도
③ (나) : 연구자의 주관적 가치 개입 가능성
④ (다) : 자료 수집의 비구조화 정도
⑤ (다) : 수집 자료의 통계 처리 용이성

08

그림은 자료 수집 방법 A~C를 구분한 것이다. 이에 대한 옳은 설명만을 〈보기〉에서 고른 것은? (단, A~C는 각각 실험법, 질문지법, 참여 관찰법 중 하나이다.)

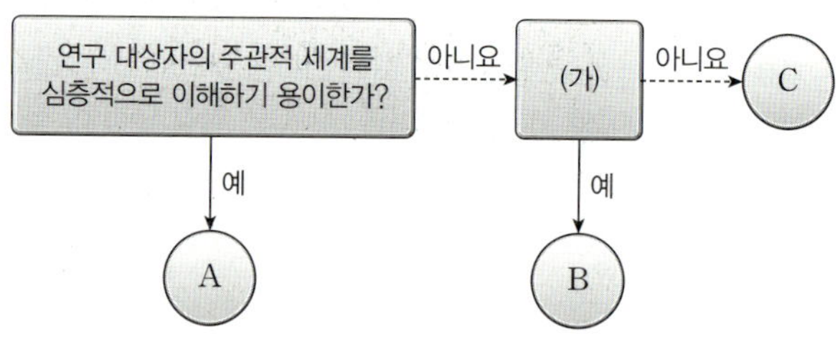

보기
ㄱ. A는 주로 변수 간의 관계 파악을 목적으로 하는 연구에서 사용된다.
ㄴ. B가 대량의 자료를 통계적으로 처리하기 용이한 방법이라면, C는 가장 엄격한 통제가 가해지는 자료 수집 방법이다.
ㄷ. (가)가 '자료 수집 과정에서 언어적 상호 작용이 필수적인가?'라면, B는 통제의 정도가 가장 높은 자료 수집 방법이다.
ㄹ. C가 시간과 비용 측면에서 효율적인 자료 수집 방법이라면, (가)에는 '문맹자를 상대로 활용이 용이한가?'가 들어갈 수 있다.

① ㄱ, ㄴ ② ㄱ, ㄷ ③ ㄴ, ㄷ ④ ㄴ, ㄹ ⑤ ㄷ, ㄹ

09

| 평가원 |

다음 사례를 연구 윤리 측면에서 적절하게 평가한 것만을 〈보기〉에서 있는 대로 고른 것은?

○ 독신세 부과를 주장하던 갑은 독신세 도입에 대한 미혼자의 인식을 연구하였다. 결혼에 호의적인 미혼자를 대상으로 조사하여, 해당 자료를 엄격하게 분석한 후 75%가 독신세 부과에 찬성한다는 결과를 발표하고 독신세 도입을 촉구하였다. 이후 결혼 정보 회사를 운영하는 친구의 요청으로 연구 결과와 함께 연구 대상의 개인 정보를 제공하였다.
○ 특정 기업의 주식을 소유한 을은 해당 기업의 주가 변동 예측 연구를 진행하였다. 해당 기업의 주식 관련 자료를 모두 수집한 후 주가 상승을 예측한 자료만 분석하여, 그중에 주가 상승 폭이 최대치로 예측된 분석 내용을 근거 자료로 제시하면서 해당 기업의 주가가 단기간에 대폭 상승할 것이라고 결과를 발표하였다.

〈보기〉

ㄱ. 자료 수집 단계에서 갑은 을과 달리 의도적으로 왜곡된 자료 수집을 하였다.
ㄴ. 자료 분석 단계에서 을은 갑과 달리 고의로 자료를 선별하여 분석하였다.
ㄷ. 결과 발표 단계에서 갑, 을 모두 자신의 이익을 추구하기 위해 분석 결과의 일부를 은폐하여 발표하였다.
ㄹ. 을은 갑과 달리 수집한 자료를 연구 외의 목적으로 유출하였다.

① ㄱ, ㄴ　　　② ㄱ, ㄹ　　　③ ㄷ, ㄹ
④ ㄱ, ㄴ, ㄷ　　　⑤ ㄴ, ㄷ, ㄹ

10

다음 글에서 강조하고 있는 사회 · 문화 현상의 연구 태도에 대한 진술로 가장 적절한 것은?

사회 · 문화 현상을 연구할 때 주의할 점 중 하나가 치우침이 없어야 한다는 것이다. 특히, 연구자 자신이 속한 집단 내의 일이라는 이유로 특정한 현상을 긍정적으로 치부해서는 안 된다. 연구자는 항상 자신이 속한 사회나 시대의 지배적인 가치가 연구자 자신도 모르는 사이에 연구자를 통해 연구 과정에 개입될 수 있음을 경계해야 한다.

① 사회 · 문화 현상을 바라보는 관점은 다양할 수 있다.
② 사회 · 문화 현상을 탐구할 때 주관적 이해관계를 배제해야 한다.
③ 사회 · 문화 현상을 탐구할 때 해당 사회의 맥락을 고려해야 한다.
④ 사회 · 문화 현상을 제대로 이해하기 위해서는 이면을 살펴봐야 한다.
⑤ 사회 · 문화 현상이 초래할 결과를 능동적으로 살펴볼 수 있어야 한다.

11

교사의 질문에 대한 학생의 응답으로 옳은 진술만을 〈보기〉에서 있는 대로 고른 것은?

〈보기〉

ㄱ. ㉠과 ㉡은 양적 연구에서 주로 나타납니다.
ㄴ. ㉡과 달리 ㉣에서는 연구자의 가치 개입이 불가피합니다.
ㄷ. ㉤과 ㉦에서는 엄격한 가치 중립이 요구됩니다.
ㄹ. 탐구 과정은 일반적으로 ㉤ → ㉡ → ㉣ → ㉦ → ㉠ → ㉢ → ㉥의 순으로 진행됩니다.

① ㄱ, ㄴ　　　② ㄱ, ㄹ　　　③ ㄷ, ㄹ
④ ㄱ, ㄴ, ㄷ　　　⑤ ㄴ, ㄷ, ㄹ

12

다음 (가), (나)에 나타난 문제점에 대한 옳은 설명만을 〈보기〉에서 있는 대로 고른 것은?

(가) 사회 교사 갑은 학교 폭력의 가해 및 피해 학생들을 대상으로 학교 폭력의 원인에 대한 심층 면접을 실시하였다. 면접은 익명으로 피해 · 가해 학생을 구분하여 진행되었고, 면접 과정에서 신상이 노출될 것을 우려한 일부 학생들이 면접 중단을 요구하였으나, 갑은 폭력 예방을 위해 면접을 강행하였다.
(나) 홍보 담당 교사 을은 학교생활 만족도 향상을 위해 학생들을 대상으로 학교생활에 대한 만족도 조사를 실시하였다. 조사 결과 학교생활에 대한 만족도는 1학년이 70%로 높았으나 2, 3학년은 20%로 낮았다. 을은 1학년의 만족도 결과만으로 학교생활 만족도 결과 보고서를 작성하여 학생들의 동의 없이 학교 홍보 자료에 활용하였다.

〈보기〉

ㄱ. (가)에서는 조사 대상자의 익명성을 보장하지 않았다.
ㄴ. (가)에서는 조사 대상자의 자발적 참여가 보장되지 않았다.
ㄷ. (나)에서는 의도한 목적 이외의 용도로 자료를 사용하였다.
ㄹ. (가)와 달리 (나)에서는 의도한 결론을 위해 자료를 조작하였다.

① ㄱ, ㄴ　　　② ㄱ, ㄹ　　　③ ㄷ, ㄹ
④ ㄱ, ㄴ, ㄷ　　　⑤ ㄴ, ㄷ, ㄹ

킬러 문항 완전 정복

01

다음 자료에 대한 옳은 설명만을 〈보기〉에서 있는 대로 고른 것은? (단, A~C는 각각 실험법, 질문지법, 면접법 중 하나이다.)

○ A와 B는 질문 [(가)]를 기준으로는 구분할 수 없으나, 질문 [(나)]를 기준으로는 구분할 수 있다.
○ B와 C는 질문 [(다)]를 기준으로 구분할 수 있다.

〔보기〕

ㄱ. (가)가 '조사 대상자와의 정서적 교감을 중시하는가?'라면, C는 A, B에 비해 일상생활을 심층적으로 파악하기 용이하다.
ㄴ. (가)가 '조사 대상자와의 언어적 상호 작용이 필수적인가?'라면, (나)에는 '자료 해석 과정에서 연구자의 편견이 개입될 가능성이 큰가?'가 들어갈 수 있다.
ㄷ. A가 실험법이고, (나)가 '조사 대상자에게서 깊이 있는 답변을 얻기 용이한가?'라면, (다)에 '대규모 집단을 대상으로 자료를 수집하기 용이한가?'는 들어갈 수 없다.
ㄹ. A가 질문지법이고, (나)가 '변수 간의 관계 파악을 목적으로 하는 연구에 주로 활용되는가?'라면, (다)에는 '직관적 통찰을 통해 사회·문화 현상을 해석하는가?'가 들어갈 수 있다.

① ㄱ, ㄴ   ② ㄱ, ㄷ   ③ ㄷ, ㄹ
④ ㄱ, ㄴ, ㄹ   ⑤ ㄴ, ㄷ, ㄹ

02

다음 질문지에 대한 평가로 옳지 <u>않은</u> 것은?

청소년 SNS 사용 실태 조사

1. 현재 재학 중인 학교는 어디인가요?
   ① 초등학교   ② 중학교   ③ 고등학교

2. SNS를 활용하는 시간은 얼마나 되나요?
   ① 1시간 이하   ② 1시간 이상 ~ 2시간 이하   ③ 2시간 이상

3. 주로 어떤 스마트 기기를 이용하여 SNS에 접속하나요?
   ① 스마트폰   ② 테블릿 PC   ③ 노트북

4. 적절한 SNS 활동은 교우 관계에 긍정적 영향을 준다고 합니다. SNS 활동 시간을 제한하고자 하는 정부 정책에 대해 어떻게 생각하시나요?
   ① 찬성한다.   ② 반대한다.

① 특정 응답을 유도하는 문항이 있다.
② 선택지가 포괄적이지 않은 문항이 있다.
③ 두 가지 내용을 동시에 묻는 문항이 있다.
④ 응답에 필요한 정보가 누락된 문항이 있다.
⑤ 선택지가 상호 배타적이지 않은 문항이 있다.

03

다음 자료에 대한 옳은 설명만을 〈보기〉에서 있는 대로 고른 것은? (단, A~C는 각각 실험법, 면접법, 참여 관찰법 중 하나이다.)

교사 : 자료 수집 방법 A~C에 대해 발표해 볼까요?
갑 : A는 B와 달리 조사 대상자와의 언어적 상호 작용이 요구됩니다.
을 : B는 A에 비해 변인 처치에 따른 집단 간의 비교 분석이 용이합니다.
병 : B는 C에 비해 자료 수집 상황에 대한 통제 정도가 높습니다.
정 : ___________________(가)___________________
교사 : 세 사람은 옳게 발표하였지만, ㉠ 한 사람의 발표 내용은 옳지 않습니다.

┌ 보기 ┐
ㄱ. ㉠은 '을'이다.
ㄴ. A는 B에 비해 비표준화된 자료 수집 방법이다.
ㄷ. B는 C에 비해 인과 관계의 파악이 용이한 자료 수집 방법이다.
ㄹ. (가)에는 'C는 B에 비해 자료 해석 과정에서 객관성 확보가 용이하다.'가 들어갈 수 없다.

① ㄱ, ㄴ　　　　　② ㄱ, ㄹ　　　　　③ ㄴ, ㄷ
④ ㄱ, ㄷ, ㄹ　　　　⑤ ㄴ, ㄷ, ㄹ

04

자료 수집 방법을 활용한 다음 게임에 대한 설명으로 옳은 것은?

상자 안에는 자료 수집 방법의 일반적인 특징이 적힌 5장의 카드가 있다. 갑과 을은 각각 3장의 카드를 연이어 뽑으며, 갑이 카드 3장을 뽑고 뽑은 카드를 다시 상자에 넣은 후 을이 카드 3장을 뽑는다. 뽑은 카드에 기재된 내용이 '1개의 자료 수집 방법의 특징에만 해당하면 1점, 2개의 자료 수집 방법의 특징에 해당하면 2점'과 같이 해당하는 자료 수집 방법의 개수만큼 점수가 부여된다. 단, 자료 수집 방법은 면접법, 실험법, 질문지법, 참여 관찰법만 고려하고, 게임은 3장의 카드로 획득한 점수가 가장 많은 사람이 이긴다.

〈카드 1〉	〈카드 2〉	〈카드 3〉
질적 연구에 주로 사용된다.	문맹자를 대상으로 활용하기 용이하다.	언어적 상호 작용이 필수적이다.

〈카드 4〉	〈카드 5〉
수집된 자료를 통계적으로 처리하기 용이하다.	통제된 상황에서 변수의 효과를 측정하고자 한다.

① 3장의 카드 조합으로 얻을 수 있는 최소 점수는 4점이다.
② 3장의 카드 조합으로 얻을 수 있는 최대 점수는 6점이다.
③ 면접법에 해당하는 모든 카드로 얻을 수 있는 점수는 4점이다.
④ 실험법에 해당하는 모든 카드로 얻을 수 있는 점수는 6점이다.
⑤ 갑이 〈카드 1〉, 〈카드 3〉, 〈카드 4〉를 뽑았다면 을이 이길 수 있는 조합은 2가지이다.

03 강 사회적 존재로서의 인간

출제 POINT

주제 ① 인간의 사회화

사회화 기관의 구분	★★☆
주요 사회화 기관 🔓	★★★
사회화의 유형	★☆☆

주제 ② 지위와 역할

귀속 지위 🔓	★★★	역할 행동 🔓	★★★
성취 지위 🔓	★★★	제재와 보상 🔓	★★★
역할 🔓	★★★	역할 갈등 🔓	★★★

주제 ① 인간의 사회화

1. 사회화 기관의 구분

사회화 내용에 따라 구분	1차적 사회화 기관	• 기초적인 수준의 사회화를 담당하는 기관 → 기본적 인성과 자아 정체성 형성에 영향을 미침 • 사례 : 가족, 또래 집단 등
	2차적 사회화 기관	• 전문적인 지식과 기능의 사회화를 담당하는 기관 • 사례 : 기업, 학교, 대중 매체 등
설립 목적에 따라 구분	공식적 사회화 기관	• 사회화를 목적으로 설립된 기관 → 공식적이고 체계적으로 사회화가 이루어짐 • 사례 : 학교, 직업 훈련소 등
	비공식적 사회화 기관	• 사회화를 목적으로 설립되지는 않았으나, 부수적으로 사회화 기능을 수행하는 기관 • 사례 : 가족, 또래 집단, 직장, 대중 매체 등

○ 1차적 사회화

인생의 초기에 일어나는 기본적인 사회화로, 원초적 사회화와 비슷한 의미로 사용된다. 유아나 어린아이를 사회적 존재로 변화시키기 위해 이루어지는 규범이나 기능, 언어의 전수 과정을 의미하며, 역할 모방이나 놀이를 통한 행동 방식의 학습을 통해 이루어지기도 한다.

Tip

사회화의 경우 사회화에 대한 개념을 묻는 문항보다는 사회·문화 현상을 바라보는 관점과 연계하여 출제될 경우 난도가 높아질 수 있다.
• 기능론은 사회화를 통해 동일한 문화를 공유함으로써 사회의 유지 및 통합에 기여한다고 본다.
• 갈등론은 사회화를 통해 지배 집단에 유리한 가치가 전수됨으로서 불평등 구조가 재생산된다고 본다.
• 상징적 상호 작용론은 사회화가 이루어지는 과정과 사회화가 개인에게 갖는 의미를 강조한다.

3점 공략 🔓

2. 주요 사회화 기관

가족	• 가장 중요하고 기초적인 사회화 기관 • 인성의 기본 틀을 형성하고, 이렇게 형성된 인성과 자아 개념은 평생에 걸쳐 영향을 미침
또래 집단	또래 집단과의 상호 작용을 통해 집단 생활에 필요한 규칙, 질서 의식 등을 습득하며, 개인의 자아 정체성 형성에 많은 영향을 미침
학교	• 사회화를 목적으로 만들어진 대표적인 공식적 사회화 기관 • 체계적, 전문적으로 사회화가 이루어짐
대중 매체	• 텔레비전, 영화, 신문, 인터넷 등 여러 매체로 많은 양의 정보를 전달 • 개인의 가치관이나 태도에 영향을 미침
직장	업무에 필요한 지식과 기술, 조직 생활에 필요한 규범 등을 습득

3. 인간의 성장 과정과 사회화

구분	주요 사회화 기관	주요 사회화 내용
유아기	가족	기본적인 욕구 충족 및 정서적 반응 방식 습득
아동기	가족, 또래 집단	타인과의 상호 작용을 위한 언어, 규칙, 가치관 습득
청소년기	또래 집단, 학교 등	사회생활에 필요한 지식과 기술 습득, 진로 및 직업 선택
성년기	직장, 대중 매체 등	소속 집단에서 요구되는 새로운 지식과 기술 및 생활양식 습득

○ 재사회화

재사회화는 이미 습득한 사회화의 내용이 변화한 상황에 부적합한 경우를 전제로 한다. 이미 습득한 사회화 내용을 새로운 내용으로 대체하는 경우가 재사회화이다.

4. 사회화의 유형

예기 사회화	미래에 속하게 되거나 속하기를 기대하는 집단에서 요구되는 행동 양식을 미리 학습하는 과정
재사회화	사회 변화나 새로운 환경에 적응하기 위해 이전과는 다른 지식이나 규범, 가치 및 행동 양식 등을 습득하는 과정

3점 공략

1. 지위

(1) **의미** : 한 개인이 소속 집단이나 사회 속에서 차지하는 위치

(2) **종류**

귀속 지위	개인의 능력이나 노력과는 관계없이 선천적, 자연적으로 갖게 되는 지위 예 남성, 여성, 막내딸, 노인 등
성취 지위	개인의 의지나 노력에 의해 후천적으로 얻게 되는 지위 예 아버지, 어머니, 교사 등

(3) **특징**

① 개인은 여러 개의 지위를 동시에 가지며, 시간이 흐르면서 지위는 변함

② 현대 사회로 접어들면서 귀속 지위보다 성취 지위의 중요성이 더욱 커짐

Tip

시간의 흐름에 따라 일정한 연령에 도달하면 저절로 얻게 되는 지위도 귀속 지위에 해당한다. 예를 들어 청소년, 성인, 노인 등은 태어나면서부터는 아니나 자연스러운 시간의 흐름에 따라 얻게 되는 지위이므로 귀속 지위에 속한다.

3점 공략

2. 역할과 역할 행동

역할	일정한 지위에 대해 사회적으로 기대되는 행동 양식
역할 행동 (역할 수행)	• 개인이 자신에게 주어진 역할을 수행하는 구체적인 행동 방식 → 동일한 지위에 대해서도 개인에 따라 역할 행동은 다양하게 나타남 • 역할 행동이 사회적 기대에 부합되면 보상을 받고 어긋나면 제재를 받음 → 보상과 제재는 역할이 아니라 역할 행동에 따라 주어지는 것임

Tip

지위가 동일하다면 역할 또한 동일하나, 지위가 동일하더라도 역할 행동은 개개인에 따라 다를 수 있다. 그리고 개개인의 역할 행동이 사회적으로 기대되는 방식으로 나타나도록 하기 위해 보상과 제재가 이루어진다.

3점 공략

3. 역할 갈등

(1) **의미** : 한 개인에게 요구되는 역할들이 충돌하여 나타나는 심리적 갈등 → 단순히 A와 B 중 무엇을 고를까 하는 고민이 아니라, 두 가지 이상의 역할 간 충돌로 인한 고민이 나타나야지만 역할 갈등에 해당함

(2) **특징**

① 사회가 다원화되어 한 개인이 갖는 지위와 그에 따른 역할이 다양해지면서 역할 갈등이 증가함

② 역할 갈등은 개인에게 심리적 압박감을 주고, 심한 경우 소속 집단이나 사회에 대한 부적응을 초래할 수 있음

(3) **유형**

지위가 두 가지 이상인 경우	한 개인이 두 가지 이상의 지위를 가지고 있어 각각의 지위에 따른 서로 다른 역할이 동시에 요구됨에 따라 발생하는 심리적 갈등 예 어머니로서 아이를 돌봐야 하는데 회사원으로서 급박하게 처리해야 할 업무가 생겨 고민하고 있는 워킹맘의 상황
지위가 하나인 경우	한 개인이 가지고 있는 하나의 지위에 서로 상반된 역할이 동시에 요구됨에 따라 발생하는 심리적 갈등 예 학교 선생님으로서 학생들의 의견과 선택을 존중하고 싶으나, 권위적인 학교 조직의 구성원으로서 학교의 방침을 학생들에게 강제해야 하는 상황

4. 역할 갈등의 해결

개인적 방안	개인의 신념과 가치관을 바탕으로 역할의 우선순위를 매겨 더 중요하다고 생각되는 역할부터 수행함
사회적 방안	• 다수에게 지속적으로 나타나는 역할 갈등에 대해서는 역할 간 중요성에 대한 사회적 합의를 마련할 필요가 있음 • 한 개인이 무리 없이 여러 가지 역할을 동시에 수행할 수 있도록 제도적 장치와 지원 방안을 마련해야 함

Tip

역할 갈등에 해당하지 않는 사례를 제시하고 역할 갈등인지 여부를 묻는 등 역할 갈등 여부를 판단할 수 있어야 한다. 역할 갈등을 구분하는 가장 핵심적 기준은 역할의 충돌이 나타나야 한다는 것이다.

3점 공략 Check

Q1 (기능론 / 갈등론)은 사회화를 통해 불평등한 계층 구조가 확대 재생산된다고 본다.

Q2 과거와 달리 현재 사회에서는 (귀속 지위 / 성취 지위)의 중요성이 커지고 있다.

Q3 일정한 지위에 대해 사회적으로 기대되는 행동 양식은 ㉠(역할 / 역할 행동)이고, 지위에 대한 기대를 각 개인이 구체적 행동 방식으로 나타낸 것은 ㉡(역할 / 역할 행동)이다.

Q4 (역할 / 역할 행동)이 사회적 기대에 부합되면 보상을 받고, 어긋나면 제재를 받는다.

Q5 한 개인에게 요구되는 ㉠(지위 / 역할)의 충돌로 인하여 나타나는 심리적 갈등을 ㉡(   )이라고 한다.

대표 기출 VS 고난도 기출
PROJECT H 531

순한맛　# 수능

밑줄 친 ㉠~◎에 대한 설명으로 옳은 것은?

> 갑은 ㉠ 광고 회사 재직 중 세계 일주 여행을 결심하였다. 장기 휴가에 대해 상사에게 어떻게 말할지 ㉡ 고민하던 갑은 다니던 회사를 ㉢ 퇴직하기로 결정하였다. 갑은 자신의 퇴직에 대해 부모님과 ㉣ 갈등을 겪었으나 결국 여행을 떠났다. 여행 중 블로그에 올린 글과 사진을 모아 포토 에세이집을 출간한 갑은 ㉤ 출판 시장에서 좋은 반응을 얻으면서 큰 ㉥ 소득을 올렸다. 이를 계기로 마침내 갑은 ㉦ 청소년 시절부터 꿈꿔 왔던 ◎ 베스트셀러 작가가 되었다.

① ㉠은 2차적 사회화 기관이자 공식적 사회화 기관이다.
② ㉡은 ㉣과 달리 갑의 역할 갈등이다.
③ ㉢은 ㉥과 달리 갑의 역할 행동에 대한 제재이다.
④ ㉤은 ◎으로서의 갑의 역할 행동이다.
⑤ ㉦은 자연적으로 주어진 귀속 지위이다.

[유형 분석] 지위와 역할에 대한 문항은 구체적 사례를 제시한 후 특정 단어에 ㉠~◎ 등의 기호를 표기하여 밑줄을 긋고, 밑줄 친 부분에 대해 관련 교과 개념을 적용하는 형태로 거의 대부분 출제되고 있다.

[접근 방법] ❶ 귀속 지위와 성취 지위를 분명하게 구분지을 수 있어야 한다. ❷ 역할과 역할 행동이라면 어떤 지위에 따른 역할과 역할 행동인지 구분할 수 있어야 한다. ❸ 역할 행동에 대한 보상과 제재가 있을 뿐, 역할에 대한 보상이나 제재는 없음을 알아야 한다. ❹ 개인의 단순한 심리적 갈등과 역할 갈등을 이해하고 분별할 수 있어야 한다.

답 ⑤

👤 WHY 왜 빠지지 않고 출제될까?

지위와 역할, 역할 갈등, 사회화는 하나의 문항에서 주로 함께 출제되고 있으며, 출제 유형 또한 거의 유사하게 반복되고 있다. 한 사회 구성원으로서의 지위와 역할이 무엇인지 이해하고, 그에 따른 역할 행동을 제대로 수행하고 있는지를 파악하는 것은 사회·문화 교과의 주요 성취 기준이기에 앞으로도 빠짐없이 출제될 것으로 예상된다.

　# 평가원 # 정답률 **37.7%**　매운맛

밑줄 친 ㉠~㉦에 대한 설명으로 옳은 것은?

> ㉠ 영화배우 갑은 극중 인물과의 동일시를 위해 극중 인물의 삶을 직접 체험하는 것으로 유명하다. 몸이 불편한 화가 역할을 위해 촬영 전부터 휠체어에서 생활하거나 북미 지역의 원주민 역할을 위해 ㉡ 직접 사냥한 고기만으로 식사를 하기도 하였다. 한번은 영화 속 원수인 상대 배우에게 실제로 적대감을 드러내 동료에게 ㉢ 비난을 받기도 하였다. ㉣ 배역에 대한 지나친 몰입으로 촬영이 끝난 후에 극심한 ㉤ 정체성의 혼란을 겪은 갑은 돌연 은퇴를 선언하였다. 그는 ㉥ 영화 제작사 임원 자리 제안을 거절하고 화가가 되겠다며 ㉦ 예술 대학원에 입학하였다.

① ㉠, ㉣은 모두 갑의 성취 지위이다.
② ㉡은 ㉠으로서 갑의 역할 행동이다.
③ ㉢은 갑의 역할에 대한 제재이다.
④ ㉤은 갑이 경험한 역할 갈등이다.
⑤ ㉥, ㉦은 모두 공식적 사회화 기관이다.

[유형 분석] 지위와 역할 관련 문항의 유형은 대표 기출과 고난도 기출이 유사하다. 이와 같은 유형의 경우 개별 선지 구성을 통해 난도 조절이 이루어진다.

[접근 방법] 사회·문화는 최고난도로 출제되는 세대 간 이동 및 계층 구조 분석 문항에 충분한 시간을 보장하기 위해 난도가 낮은 문항의 경우 정답을 빨리 찾고 넘어가는 경향이 있다. 이 문항의 경우 선지 ①의 오답률이 정답률보다 높다. 선지 ①만 읽고 정답 마킹을 하고 다음 문항으로 넘어간 학생이 많았을 것이다. 적어도 전체 선지를 읽을 수 있는 시간 배분 연습이 필요하다.

답 ②

🔒 HOW 킬러 문항, 어떻게 출제될까?

지위와 역할 관련 가장 높은 오답률을 보인 문항 중 하나이다. 쉽게 생각하여 선지를 끝까지 읽지 않고 넘어감에 따라 오답률이 역설적으로 높게 나타난 것이다. 지위와 역할 문항은 제시문과 선지만 꼼꼼히 읽는다면 충분히 정답을 찾을 수 있기에 모든 문항을 적어도 마지막 선지까지 풀어볼 수 있도록 시간 배분의 연습을 반복적으로 하는 것이 킬러 문항에 대한 최선의 대응 방안이다.

주제 ❶ 인간의 사회화

01
| 평가원 |

〈자료 1〉의 밑줄 친 ㉠~㉣을 〈자료 2〉의 (가)~(다)로 옳게 분류한 것은?

〈자료 1〉

A국에서 ㉠대학을 다니던 갑은 난민 신청 절차를 거쳐 B국으로 입국하였다. B국에서 갑은 경제 및 의료 지원 프로그램을 운영하는 ㉡'○○ 난민 지원 센터'로부터 정착을 위한 서비스를 제공받고 있다. ㉢신문에서 A국과 관련된 기사를 볼 때마다 갑은 고향에 두고 온 ㉣가족이 떠올라 잠을 이루지 못한다. 하지만 갑은 낯선 B국에 정착하기 위하여 노력하고 있다.

〈자료 2〉

질문＼사회화 기관	(가)	(나)	(다)
사회화를 목적으로 설립되었는가?	예	아니요	아니요
기초적 수준의 사회화를 담당하는가?	아니요	아니요	예

	(가)	(나)	(다)
①	㉠	㉡	㉢, ㉣
②	㉠	㉡, ㉢	㉣
③	㉡	㉢	㉠, ㉣
④	㉢	㉡, ㉣	㉠
⑤	㉠, ㉡	㉢	㉣

02

다음 대화를 아래 표의 (가)~(라)와 관련지어 옳게 설명한 것은?

교사 : 자신의 사회화에 대한 경험을 이야기해 볼까요?
갑 : 학원에서 저의 취약 과목인 수학 공부를 하였습니다.
을 : 컴퓨터 관련 자격증을 취득한 친구와 함께 등산을 하며 컴퓨터에 대한 전문적 지식을 배웠습니다.
병 : 희망하는 대학에 대해 알아보고자 인터넷을 통해 다양한 정보를 찾아보았습니다.

구분	1차적 사회화 기관	2차적 사회화 기관
공식적 사회화 기관	(가)	(나)
비공식적 사회화 기관	(다)	(라)

① 갑은 (다)에 속하는 사회화 기관에서 사회화를 경험하였다.
② 을은 (가)에 속하는 사회화 기관을 통해 재사회화를 경험하였다.
③ 병은 (나)에 속하는 사회화 기관을 활용하여 (라)에 속하는 사회화 기관을 살펴보았다.
④ 갑~병의 대화에 나타난 사회화 기관 중 (나)에 속하는 곳은 2개이다.
⑤ 갑~병의 대화에 나타난 사회화 기관 중 (라)에 속하는 곳은 1개이다.

03

표는 사회화 기관을 질문에 따라 구분한 것이다. 이에 대한 옳은 설명만을 〈보기〉에서 고른 것은?

구분		사회화를 목적으로 설립되었는가?	
		예	아니요
기초적 수준의 사회화를 담당하는가?	예	㉠	㉡
	아니요	㉢	㉣

〈보기〉

ㄱ. 재사회화는 일반적으로 ㉠에서 이루어진다.
ㄴ. 또래 집단은 ㉡에 해당한다.
ㄷ. 직업 훈련원은 ㉢에 해당한다.
ㄹ. ㉣에 해당하는 기관은 영유아기 인성 형성에 영향을 미친다.

① ㄱ, ㄴ   ② ㄱ, ㄷ   ③ ㄴ, ㄷ   ④ ㄴ, ㄹ   ⑤ ㄷ, ㄹ

04

사회화를 바라보는 갑, 을의 관점에 대한 옳은 설명만을 〈보기〉에서 고른 것은?

갑 : 사회화를 통해 우리 사회에서 요구하는 가치와 질서, 문화를 습득하게 되며, 이를 통해 구성원 개개인이 제 역할을 수행할 수 있게 된다.
을 : 사회화를 통해 배우게 되는 가치라는 것은 결국 지배 집단의 이익에 부합하는 것이다. 그러다보니 사회화로 인해 불평등한 계층 구조가 더욱 공고해지게 된다.

〈보기〉

ㄱ. 갑의 관점은 사회화를 통해 사회 통합과 안정이 유지된다고 본다.
ㄴ. 갑의 관점은 사회화가 진행되는 상황적 맥락의 이해에 초점을 맞춘다.
ㄷ. 을의 관점은 사회화 내용에 계층 간 유불리가 존재함을 강조한다.
ㄹ. 을의 관점은 사회화를 통해 능력에 따른 계층 이동이 가능하다고 본다.

① ㄱ, ㄴ   ② ㄱ, ㄷ   ③ ㄴ, ㄷ   ④ ㄴ, ㄹ   ⑤ ㄷ, ㄹ

05

(가)~(다)에 들어갈 적절한 질문만을 〈보기〉에서 고른 것은?

A는 설립 목적 외 부수적으로 사회화 기능을 수행하는 기관이며, B는 전문적 지식과 기능을 전수하는 기관이다. 표는 사회화 기관의 유형 A, B를 질문 (가)~(다)에 따라 구분한 것이다.

구분	A	B
(가)	예	아니요
(나)	아니요	예
(다)	예	예

〈보기〉
ㄱ. (가) - 대면 접촉을 통한 상호 작용이 필수적인가?
ㄴ. (나) - 직업 교육원이나 대학이 사례에 해당하는가?
ㄷ. (나) - 영유아 시기 인성 형성에 큰 영향을 미치는가?
ㄹ. (다) - 대중 매체나 기업이 사례에 해당하는가?

① ㄱ, ㄴ   ② ㄱ, ㄷ   ③ ㄴ, ㄷ   ④ ㄴ, ㄹ   ⑤ ㄷ, ㄹ

06

그림은 사회화 기관 A~C를 질문에 따라 구분한 것이다. 이에 대한 설명으로 옳은 것은?

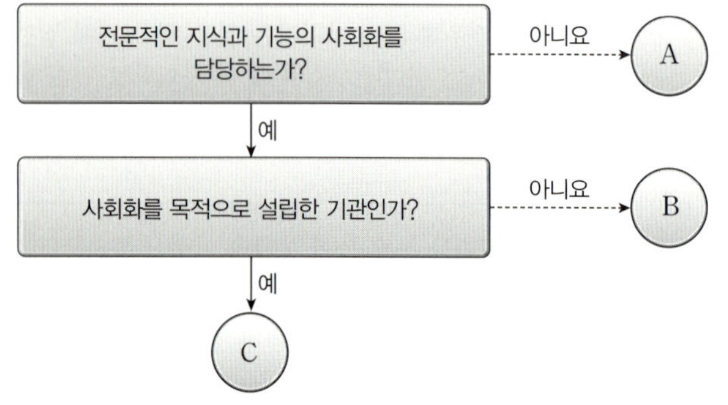

① A는 2차적 사회화를 담당한다.
② B에는 가족, 또래 집단이 해당한다.
③ C는 공식적이고 체계화된 사회화를 담당한다.
④ B는 A와 달리 원초적 사회화를 주로 수행한다.
⑤ C는 B와 달리 재사회화 수행이 가능하다.

07

| 평가원 |

밑줄 친 ㉠~㉟에 대한 설명으로 옳은 것은?

부부 소방관인 갑과 갑의 ㉠ 남편은 큰 화재를 진압한 공로가 인정되어 정부로부터 ㉡ 표창을 받았고, 여러 ㉢ 방송사로부터 출연 요청도 받았다. 방송 출연을 원했던 갑의 남편과 달리 세간의 이목이 집중되는 것이 부담스러웠던 갑은 남편과 ㉣ 갈등을 겪기도 했으나, ㉤ 막내딸의 중재로 화해하고 결국 부부가 방송에 출연하였다. 현재 갑은 남편의 정년퇴직을 기념하기 위해 부부 동반 해외여행을 준비 중이고, 막내딸은 오랜 시간 준비해 온 ㉥ 소방 공무원 채용 면접 시험을 앞두고 있다. 갑은 자신의 응원을 기대하는 막내딸의 면접일과 해외여행 기간이 겹쳐 어떻게 해야 할지 ㉦ 고민 중이다.

① ㉠과 ㉥은 모두 귀속 지위이다.
② ㉡은 ㉠으로서의 역할 행동에 대한 보상이다.
③ ㉢은 2차적 사회화 기관이자 공식적 사회화 기관이다.
④ ㉥은 ㉥의 예기 사회화에 해당한다.
⑤ ㉦은 ㉣과 달리 갑의 역할 갈등에 해당한다.

08

밑줄 친 ㉠~㉤에 대한 옳은 설명만을 〈보기〉에서 고른 것은?

○○전자에서 근무하는 갑은 회사의 살림살이를 총괄하는 ㉠ 재무팀장으로 열심히 생활하고 있으며, 그러한 공로를 인정받아 작년에는 ㉡ 모범 임직원 표창을 수상하기도 하였다. 올해에는 회계 담당 팀장의 갑작스런 입원으로 인해 지난주부터 ㉢ 회계팀장과 재무팀장을 겸하고 있다. 갑은 재무팀 직원들과 ㉣ 정기 회의를 하며 부서 업무를 수행하고 있는데 갑작스럽게 회계팀 업무 관련 외부 고위 인사가 방문하여 어떤 일을 먼저 처리해야 할지 ㉤ 고민하고 있다.

〈보기〉
ㄱ. ㉠, ㉢은 모두 갑의 성취 지위이다.
ㄴ. ㉡은 갑의 역할에 대한 보상이다.
ㄷ. ㉤은 갑의 역할 갈등에 해당한다.
ㄹ. ㉣은 ㉢으로서 갑의 역할 행동에 해당한다.

① ㄱ, ㄴ   ② ㄱ, ㄷ   ③ ㄴ, ㄷ   ④ ㄴ, ㄹ   ⑤ ㄷ, ㄹ

09 | 평가원 |

다음 사례에 대한 옳은 분석만을 〈보기〉에서 있는 대로 고른 것은?

> ○ IT 회사의 앱 개발 팀장인 갑은 자신이 개발한 앱으로 인해 많은 부와 명예를 누리고 있다. 갑은 첫 출산을 앞두고 예비 부모 교실에 참석하면서 남편과 자녀 양육 분담을 계획하였다. 하지만 남편의 갑작스러운 해외 발령으로 자녀 양육에 대해 남편과 갈등을 겪었다.
> ○ 가난한 집안의 장남인 을은 원하던 회사에 합격해 입사 전 신입 사원 연수를 받았다. 입사 이후 회사 생활에 회의를 느낀 을은 회사를 계속 다닐지 창업을 할지 고민하다가, 동료와 함께 창업 후 경영인상을 수상하는 등 기업의 대표로서 승승장구하고 있다.

〈보기〉
ㄱ. 갑은 을과 달리 역할 수행에 따른 보상을 받았다.
ㄴ. 을은 갑과 달리 성취 지위와 귀속 지위에 따른 역할 갈등을 경험하였다.
ㄷ. 갑, 을 모두 예기 사회화를 경험하였다.
ㄹ. 갑, 을 모두 비공식적 사회화 기관에서 일하고 있다.

① ㄱ, ㄴ ② ㄱ, ㄷ ③ ㄷ, ㄹ
④ ㄱ, ㄴ, ㄹ ⑤ ㄴ, ㄷ, ㄹ

10

밑줄 친 ㉠~㉣에 대한 설명으로 옳은 것은?

> 할아버지와 ㉠ 아버지가 모두 의사인 의사 집안의 ㉡ 장남으로 태어난 갑은 매 학기 ㉢ 학업 우수상을 받을 만큼 성적이 우수한 고등학생이다. 부모님은 ㉣ □□ 의과 대학에 입학하여 ㉤ 의사가 되길 바라고 있으며, 갑 또한 부모님의 기대에 부응하고자 ㉥ 매일 늦은 시간까지 공부에 매진하고 있다. 하지만, ㉦ 아동 돌봄 센터에서 봉사활동을 하며 가르침의 즐거움을 알게 된 후 ㉧ 교사로서의 삶 또한 살고 싶어 한다. 수시 원서 접수를 앞두고 갑은 의대와 사범대 중 어디에 원서를 넣어야 할지 ㉨ 고민하고 있다.

① ㉠, ㉡은 모두 귀속 지위이다.
② ㉢은 ㉤으로서 갑의 역할 행동에 대한 보상이다.
③ ㉣과 달리 ㉦은 공식적 사회화 기관에 해당한다.
④ ㉥은 ㉧으로서 갑의 역할 행동이다.
⑤ ㉨은 갑의 역할 갈등에 해당하지 않는다.

11

다음은 어느 가족 구성원의 소개이다. 이에 대한 옳은 설명만을 〈보기〉에서 고른 것은?

갑	저는 병의 아버지이자 ○○고등학교에서 30년째 교사로 근무하고 있습니다. 지난해에는 그동안의 노력을 인정받아 교장으로 승진하였습니다.
을	저는 병의 어머니이자 주민 자치 센터에서 자치위원을 맡아 활동하고 있습니다. 아들인 병이 교사가 되길 바라지만, 정작 아들은 가수가 되겠다고 고집하고 있어 매일 갈등을 겪고 있습니다.
병	저는 갑과 을의 아들이자 고3 학생으로, 학교 밴드 동아리 회장을 맡고 있습니다. 음악 대학으로 진학하고 싶으나, 사범대 진학을 희망하는 어머니로 인해 고민이 많습니다.

〈보기〉
ㄱ. 갑은 역할 행동에 대한 보상을 받았다.
ㄴ. 갑과 병은 공식적 사회화 기관에 속해 있다.
ㄷ. 을과 달리 병은 역할 갈등을 겪고 있다.
ㄹ. 갑~병 모두 자신의 성취 지위와 귀속 지위를 소개하였다.

① ㄱ, ㄴ ② ㄱ, ㄷ ③ ㄴ, ㄷ ④ ㄴ, ㄹ ⑤ ㄷ, ㄹ

12

다음 대화에 대한 옳은 설명만을 〈보기〉에서 있는 대로 고른 것은?

〈보기〉
ㄱ. 갑은 하나의 지위에 상반된 역할이 동시에 요구됨에 따른 갈등을 겪고 있다.
ㄴ. 을은 성취 지위와 귀속 지위에 따른 역할이 충돌하고 있다.
ㄷ. 을은 갑과 달리 역할 수행에 대한 제재와 보상을 고려하고 있다.
ㄹ. 갑, 을은 모두 공식적 사회화 기관에 속해 있다.

① ㄱ, ㄴ ② ㄱ, ㄷ ③ ㄴ, ㄹ
④ ㄱ, ㄷ, ㄹ ⑤ ㄴ, ㄷ, ㄹ

01

다음 자료에 대한 옳은 설명만을 〈보기〉에서 고른 것은?

○ A시의 ㉠ 주민 복지 센터에서는 자녀 출산 예정인 부부를 대상으로 출산 후 아이를 양육하는 방법에 대해 미리 배우는 ㉡ 프로그램을 개설하여 운영하고 있다. A시는 이 프로그램을 통해 초보 부모들이 육아 과정에서 경험할 수 있는 어려움이 줄어들 것이라 기대하고 있다.

○ B시의 ㉢ 노인 복지 센터에서는 '5G 기술을 이용한 VR, AR'이라는 주제로 대강당에서 ㉣ 교양 강좌를 운영하고 있다. B시는 스마트폰을 능숙하게 다루는 노인들에게도 다소 낯선 주제인 VR, AR에 대한 강의를 통해 노인들도 5G 기술을 보다 효과적으로 사용할 것이라 기대하고 있다.

〈보기〉

ㄱ. ㉡에 나타나 사회화는 앞으로 필요한 행동 양식을 미리 학습하는 과정이다.
ㄴ. ㉣에 나타난 사회화는 온라인을 활용해 비대면 방식으로 진행된다.
ㄷ. ㉠과 달리 ㉢은 비공식적 사회화 기관이자 2차적 사회화 기관이다.
ㄹ. ㉡과 달리 ㉣에 나타난 사회화는 예기 사회화가 아니라 재사회화에 해당한다.

① ㄱ, ㄴ   ② ㄱ, ㄹ   ③ ㄴ, ㄷ   ④ ㄴ, ㄹ   ⑤ ㄷ, ㄹ

02

밑줄 친 ㉠~㉾에 대한 설명으로 옳은 것은?

10년 동안 ㉠ 의과 대학에서 ㉡ 교수로 학생들을 가르치던 갑은 여유로운 삶을 살고자 아내와 상의하여 대학을 퇴사하였다. 퇴사 후 ㉢ 병원 개원을 준비하던 중 평소 알고 지내던 방송국 ㉣ PD의 추천으로 ㉤ 건강에 대해 조언을 담당하는 ㉥ 패널로 ㉦ 의학 전문 프로그램에 출연을 하게 되었다. 첫 방송에서부터 뛰어난 입담으로 시청자들에게 인기를 끌게 되자 갑은 ㉧ 고정 출연자로 발탁이 되었고, 갑의 활약으로 프로그램의 인기 또한 높아지게 되었다. 이후 사회자로 여러 ㉨ 방송 프로그램에서 뛰어난 진행 실력을 선보인 갑은 역량을 인정받아 연말의 연예 대상 시상식에서 ㉩ 신인상을 수상하였다.

① ㉠과 ㉨은 '2차적 사회화 기관인가?'라는 질문을 통해 구분할 수 있다.
② ㉢은 ㉡으로서 갑의 역할 행동이다.
③ ㉡, ㉣, ㉥ 모두 갑의 성취 지위이다.
④ ㉤은 ㉥으로서 갑의 역할이다.
⑤ ㉧은 ㉥에 대한 보상이며, ㉩은 ㉨에 대한 보상이다.

03

다음 사례에 대한 옳은 설명만을 〈보기〉에서 있는 대로 고른 것은?

> ○ 소방관으로 10년째 근무 중인 갑은 평소 성실한 근무 태도로 올해 초 표창장을 받았다. ○○지역에서 발생한 전염병으로 인해 환자 수송을 담당할 소방관의 자원을 받는다는 소식을 듣고 소방관으로서 누구보다 먼저 나서 국민의 안전에 보탬이 되고 싶었으나, 중환자실에 입원한 어머니의 병간호를 맡아줄 사람이 없어 고민 중이다. 한편, 정부는 자원한 소방관들을 대상으로 레벨 D 수준 방호복의 착용 방법 등 전염병 예방에 대한 교육을 실시할 예정이다.
> ○ 을은 임용고사에 합격한 후 예비 교사를 대상으로 한 신임 교사 연수를 받던 중 만난 동료 병과 결혼하여 가정을 꾸리게 되었다. 결혼 후 을은 병과 함께 학교를 계속 다닐지 아니면 창업을 할지를 두고 고민하였는데, 경제적 안정을 위해 병은 교사로서 학교를 다니고 을만 퇴직하여 창업을 하게 되었다. 창업 초기에는 여러 가지 어려움을 많이 겪었으나 이제는 사업이 본궤도에 올라 성장하고 있으며, 최근 을은 올해의 벤처 기업상을 수상하기도 하였다.

보기

ㄱ. 갑은 을과 달리 역할 갈등을 경험하였다.
ㄴ. 병은 을과 달리 공식적 사회화 기관에서 일하고 있다.
ㄷ. 갑, 병은 모두 역할 수행에 따른 보상을 받았다.
ㄹ. 갑, 을, 병 모두 예기 사회화를 경험하였다.

① ㄱ, ㄴ 　② ㄱ, ㄷ 　③ ㄷ, ㄹ
④ ㄱ, ㄴ, ㄹ 　⑤ ㄴ, ㄷ, ㄹ

04

밑줄 친 ㉠~㉣에 대한 설명으로 옳은 것은?

> ○ 갑은 ○○ 전자의 ㉠ 인사 담당 팀장으로 근무하고 있다. 오늘 부모님의 칠순을 맞아 친지들을 초대한 잔치 자리를 가지고자 ㉡ 식당을 예약하고 퇴근을 준비하던 중 신입 사원 연수를 받던 직원이 큰 부상을 당하였다는 보고를 받고 담당 팀장으로서 현장에 가봐야 할지, 아니면 부모님의 칠순 잔치 자리에 가야 할지 ㉢ 고민 중이다.
> ○ 을은 부모님을 모시면서 두 아이를 키우는 가장이다. 그동안 아이 양육을 맡아주신 부모님께서는 이제 아이들이 조금 성장하였으니 ㉣ 교외의 전원주택으로 다 같이 이사 가기를 바라고 있다. 그런데 을의 아내는 ㉤ 청소년이 된 아이들의 사교육을 위해서 지금보다 좀 더 도심 지역으로 이사 가기를 바라고 있어 을은 ㉥ 고민 중이다.

① ㉠, ㉤은 모두 성취 지위이다.
② ㉡은 ㉠으로서 갑의 역할 행동이다.
③ ㉢은 하나의 지위에서 발생하는 역할 갈등이다.
④ ㉣은 남편으로서 을의 역할 행동이다.
⑤ ㉥은 서로 다른 지위에서 발생하는 역할 갈등이다.

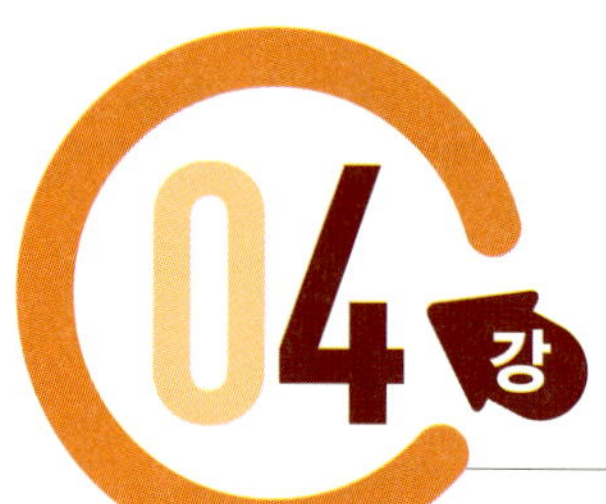

04강 사회 집단과 사회 조직 및 일탈 행동

출제 POINT

주제 1 사회 집단과 사회 조직
- 사회 집단의 유형  ★★★
- 공식 조직, 비공식 조직, 자발적 결사체 ★★★
- 관료제 VS 탈관료제 ★☆☆

주제 2 개인과 사회의 관계를 바라보는 관점
- 사회 실재론  ★★★
- 사회 명목론 ★★★

주제 3 일탈 행동
- 아노미 이론 ★★★
- 차별 교제 이론 ★★★
- 낙인 이론 ★★★

주제 1 사회 집단과 사회 조직

Tip

❶ 가족과 같이 1차 집단이면서 공동 사회에 해당하는 경우도 있지만, 1차 집단의 성격이 강한 이익 사회의 경우도 존재한다. 예를 들어 동호회의 경우 1차 집단의 성격이 강하지만, 선택 의지에 의해 결합되었으므로 이익 사회에 해당한다. '1차 집단 = 공동 사회'가 아니라는 점을 꼭 알아두어야 한다.

❷ 개인이 소속되어 있다고 반드시 내집단인 것은 아니며, 개인이 소속되어 있지 않다고 반드시 외집단인 것은 아니다. 내집단, 외집단, 준거 집단의 구분은 객관적인 기준으로 분류하는 것이 아니라, 개인의 주관적인 인식과 태도에 달려 있음을 이해해야 한다.

3점 공략

1. 사회 집단

접촉 방식에 따라	1차 집단	• 구성원 간의 직접적인 대면 접촉을 통해 전인격적인 관계를 맺는 집단 • 비공식적 제재 방식(도덕, 관습 등)을 통한 통제가 나타남
	2차 집단	• 수단적 만남과 간접적 접촉이 이루어지는 집단 → 특정한 목적을 달성하기 위해 구성되어 목적 지향적이며 공식적인 인간관계가 나타남 • 공식적인 규범(법률, 규칙 등)을 통한 통제가 일반적임
결합 의지에 따라	공동 사회	• 구성원의 본질 의지에 의해 자연 발생적으로 형성된 집단 • 결합 자체가 집단의 목적으로, 친밀하고 전인격적인 관계가 중심이 됨
	이익 사회	• 특정한 목적을 달성하기 위하여 선택 의지에 의해 결합된 집단 • 수단적인 인간관계가 주로 나타남
소속감에 따라	내집단	• 개인이 소속되어 있으며, 강한 소속감과 일체감을 느끼는 집단 • 자아 정체감 형성, 사회생활에 필요한 판단과 행동의 기준이 됨
	외집단	• 개인이 속해 있지 않으며, 배타적 감정, 경쟁 의식 등을 갖는 집단 • 소속되어 있지 않은 모든 집단이 외집단인 것은 아님
준거 집단		(소속 여부와 무관하게) 한 개인이 자신의 신념이나 태도 등을 정하는 기준으로 삼거나 행동이나 판단의 근거로 여기는 집단

Tip

어떤 조직이 공식 조직, 비공식 조직, 자발적 결사체 중 어디에 해당하는지를 정확히 구분할 수 있어야 한다.

❶ 모든 사내 동호회는 자발적 결사체에 해당한다.

❷ 모든 자발적 결사체가 비공식 조직은 아니다. 자발적 결사체 중에는 공식 조직이 존재하기도 하고, 공식 조직 중에서도 자발적 결사체가 존재하기도 한다.

3점 공략

2. 사회 조직

공식 조직	구성원의 지위와 책임이 명확하게 규정되고, 정해진 절차에 의해 특정 목적을 달성하기 위한 조직
비공식 조직	공식 조직에 속한 구성원들이 조직 내에서 구성원 간의 친밀한 인간관계에 바탕을 두고 자발적으로 형성한 사회 집단
자발적 결사체	• 의미 : 공통의 관심사나 목표를 가진 사람들이 자발적으로 결성한 집단 • 종류 : 친목 집단(동호회, 동창회 등), 이익 집단, 시민 단체 • 특성 : 가입과 탈퇴가 비교적 자유로우며, 1차 집단의 특성이 강한 집단과 2차 집단의 특성이 강한 집단이 있음

---

❷ 관료제의 특징과 한계

관료제의 특징은 산업 사회에서 대규모 조직의 효과적 운영을 위한 장점으로 기능하였다. 그러나 사회 변동이 빠르게 나타나는 정보 사회에서는 변화에 효과적으로 대응하기 어렵다는 한계가 나타남에 따라 탈관료제가 등장하게 되었다.

3. 관료제와 탈관료제

관료제	• 구성원 간의 서열화된 위계를 바탕으로 명시적인 규범과 절차를 갖춘 대규모 조직의 운영 원리 • 수직적으로는 계층화되고 수평적으로는 기능상 분업 체계를 이루고 있음 • 특징 : 업무의 세분화와 전문화, 규약과 절차에 따른 업무 수행, 엄격한 위계질서 등
탈관료제	• 구성원의 창의성과 자율성을 보장하는 새로운 조직 형태 • 등장 배경 : 사회가 빠르게 변동하는 정보 사회로 진입하면서 엄격한 위계질서와 경직성을 지닌 관료제의 한계가 드러남에 따라 등장

3점 공략

1. 사회 실재론

전제	• 사회는 개인의 외부에 실제로 존재하며, 독자적인 특성을 지니고 있음 • 사회는 개인들의 합 이상이며, 개인은 사회를 구성하는 요소에 불과함
입장	• 사회는 안정적인 구조를 이루고 있고 개인으로 환원될 수 없는 고유한 성격을 지니고 있음 • 사회 문제의 원인은 잘못된 사회 구조나 사회 제도에 있으며, 개인보다 사회의 우월성을 강조함 → 개인의 행동과 의식은 실재하는 사회에 의해 구속됨
한계	• 전체를 위한 개인의 희생을 정당화하고 조장할 우려가 있음 • 인간의 주체적이고 능동적인 행위를 설명하기 어려움

> **Tip**
>
> 사회 실재론과 사회 명목론의 차이점을 비교하여 구분할 수 있어야 한다. 예를 들어 사회 문제의 해결 방안에 대해 사회 실재론은 사회 제도의 개선을 강조하는 반면, 사회 명목론은 개인의 의식 개선을 중시한다. 이처럼 상반되는 두 관점의 입장을 여러 측면에서 비교하고 구분할 수 있어야 한다.

3점 공략

2. 사회 명목론

전제	• 사회는 실제로 존재하지 않으며, 개인들의 집합체에 붙여진 이름에 불과함 • 사회는 개인의 이익을 실현시켜 주는 수단에 불과함
입장	• 사회와 관계없이 개인의 행동은 자신의 자율적인 의지에 따라 이루어짐 • 사회 현상의 분석 단위로 개인의 의식, 정서, 심리 상태를 중시함 • 사회 문제의 원인은 개인의 잘못된 의식에 있으며, 사회보다 개인의 우월성을 강조함
한계	• 극단적인 개인주의로 흐를 우려가 있음 • 개인의 행위에 대해 사회 구조나 사회 제도가 미치는 영향력을 간과함

> **Tip**
>
> '사회의 특성은 고스란히 개개인의 특성으로 환원된다.'는 진술은 사회 명목론과 사회 실재론 중 사회 명목론에 부합한다. 그 이유는 사회가 개인을 떠나 별도의 고유한 특성을 갖는 존재가 아니라고 보기 때문이다. 이처럼 사회 명목론, 사회 실재론과 관련한 진술 중 반복적으로 출제되는 내용은 암기해 둘 필요가 있다.

주제 **3** 일탈 행동

3점 공략

1. 아노미 이론

뒤르켐의
아노미 이론
	• 급속한 사회 변동으로 인해 초래된 무규범 상태에서 일탈 행동이 발생함
	  ↳ 기존의 사회 규범이 약화되고 새로운 가치관이 미처 정립되지 못한 경우
	  ↳ 기존의 규범과 새로운 규범이 혼재되면서 도덕적으로 혼란스러운 경우
	• 대책 : 사회 규범의 통제력 회복, 새로운 가치관의 확립

머튼의 아노미 이론	• 문화적 목표를 달성할 수 있는 제도적 수단이 충분하게 제공되지 않은 상태에서 비합법적 수단으로 목표를 달성하려고 할 때 일탈 행동이 발생함 • 대책 : 문화적 목표를 이룰 수 있는 제도적 수단의 확대 또는 마련

2. 차별 교제 이론

내용	• 일탈 행동은 타인과의 상호 작용 과정에서 학습됨 • 일탈 행동을 빈번하게 일으키는 사람들과 접촉하는 과정에서 일탈의 기술을 학습하고 일탈 동기를 내면화하며, 이를 정당화하는 태도까지 학습하게 됨
대책	일탈자와의 접촉 차단, 정상적인 사회 집단과의 교류 촉진 등

3. 낙인 이론

내용	• 일탈 행동을 규정하는 객관적 기준이 없다고 봄 • 특정 개인이나 집단이 일탈자로 규정되는 과정과 사회적 여건에 주목 • 1차적 일탈을 한 사람에 대해 계속하여 일탈 행동을 할 것이라는 낙인을 찍게 되면 부정적 자아가 형성되고 이는 2차적 일탈을 초래하는 요인으로 작용함
대책	사회적 낙인에 대한 신중한 접근

> **Tip**
>
> ❶ 아노미 이론은 나머지 두 이론과 달리 사회 구조의 측면에서 일탈 행동을 설명한다.
>
> ❷ 차별 교제 이론은 나머지 두 이론과 달리 일탈자와의 접촉을 통해 일탈 행동을 학습하게 된다고 본다.
>
> ❸ 낙인 이론은 나머지 두 이론과 달리 일탈을 규정하는 객관적 기준이 없다고 본다.

3점 공략 Check

Q1 동호회는 결합 의지에 따라 분류하면 (공동 사회 / 이익 사회)에 해당한다.

Q2 비공식 조직은 공통의 관심사를 가진 사람들이 자발적으로 결성한 집단이라는 점에서 (　　　)에 해당한다.

Q3 자발적 결사체 중 1차 집단의 특성이 강한 집단은(친목 단체 / 시민 단체)이다.

Q4 사회 계약설과 맥락을 같이하는 관점은 (사회 실재론 / 사회 명목론)이다.

Q5 일탈 행동을 규정하는 객관적 기준이 없다고 보는 것은 (　　　)이다.

대표 기출 VS 고난도 기출
PROJECT H · 531

일탈 이론 A~C에 대한 설명으로 옳은 것은? (단, A~C는 각각 낙인 이론, 머튼의 아노미 이론, 차별 교제 이론 중 하나이다.)

○ 갑은 일탈 행동이 주변 일탈자와의 상호 작용 속에서 학습되는 것이라고 보는 A에 근거하여, 비행 청소년의 교우 관계와 비행 간의 관계를 분석하였다.
○ 을은 일탈자에 대한 사회적 반응에 주목하여 일탈 행동의 반복 현상을 설명하는 B에 근거하여, 비행 청소년이 일탈 행동 이후 경험한 주변 사람의 반응을 조사하였다.
○ 병은 일탈 행동이 문화적 목표와 적법한 수단 사이에 괴리가 존재할 때 발생한다고 보는 C에 근거하여, 사회적 긴장으로 인해 청소년이 느끼는 좌절감이 비행으로 연결되는 과정을 관찰하였다.

① A는 일탈 행동을 계급 갈등의 산물로 본다.
② B는 규범을 위반한 행동이 모두 일탈로 규정되는 것은 아니라고 본다.
③ C는 일탈자의 부정적 자아 형성 과정에 초점을 맞춘다.
④ B는 C와 달리 일탈 행동을 사회적 병리 현상으로 인식한다.
⑤ C는 A와 달리 일탈 행동이 사회화되는 과정에 주목한다.

[유형 분석] ❶ 구체적 사례를 제시한 후 이에 해당하는 일탈 이론을 특정하여 각각의 일탈 이론에 대한 옳은 설명을 찾는 문제로, 가장 일반적인 일탈 이론 관련 문항 유형에 해당한다. 고난도 문항에 비해 쉽게 일탈 이론을 특정할 수 있다.
❷ 일탈 이론 A~C가 특정되지 않는 문항의 경우 일탈 이론 A~C를 특정하는 것이 가장 우선이다. 고난도 문항의 경우 카드 게임이나 형성 평가의 형식으로 제시된 내용에 대한 다양한 추론 및 분석을 요구하는 유형으로 출제되고 있다.

[접근 방법] 문항에서 전제하고 있는 일탈 이론 중 제시된 사례에 해당하는 일탈 이론을 찾은 후 각각의 일탈 이론에 해당하는 특징을 비교하기 위해서는 개별 일탈 이론의 특징 및 적용 가능한 사례를 정확히 이해하고 있어야 한다. 답 ②

다음은 일탈 이론 A~C에 대한 수행 평가 및 교사의 채점 결과이다. 이에 대한 옳은 설명만을 〈보기〉에서 있는 대로 고른 것은? (단, A~C는 각각 낙인 이론, 머튼의 아노미 이론, 차별 교제 이론 중 하나이다.)

〈수행 평가 과제〉

학생	과제 내용
갑	A와 구분되는 B의 특징 3가지 서술하기
을	B와 구분되는 C의 특징 3가지 서술하기
병	C와 구분되는 A의 특징 3가지 서술하기

〈각 학생의 서술 및 교사의 채점 결과〉

학생	서술 내용	점수
갑	1. 차별적인 제재가 일탈 행동의 원인이라고 본다. 2. 일탈 행동이 발생하는 과정에서 나타나는 상호 작용에 주목한다. 3. 일탈자로 규정하는 것에 대한 신중한 접근이 필요하다고 본다.	2점
을	1. 사회 규범의 통제력 회복을 일탈 행동의 근본적인 해결 방안으로 본다. 2. 일탈 행동의 원인을 부정적 자아 정체성 형성에서 찾는다. 3. 일탈 행동을 규정하는 객관적 기준이 존재한다고 본다.	㉠
병	1. 정상적인 사회 집단과의 교류가 일탈 행동을 억제한다고 본다. 2. 일탈 행동에 대한 사회적 반응이 지속적인 일탈 행동의 원인이라고 본다. 3. ______(가)______	1점

*교사는 각 서술별로 채점하고, 서술 하나가 맞을 때마다 1점씩 부여함.

보기
ㄱ. ㉠은 2점이다.
ㄴ. (가)에는 '일탈 행동은 비행 집단과의 접촉을 통해 학습된다고 본다.'가 들어갈 수 있다.
ㄷ. B는 최초의 일탈 행동보다 반복적 일탈 행동에 초점을 맞춘다.
ㄹ. C는 일탈 행동 예방 방안으로 소외 계층에 대한 교육 지원, 직업 훈련 프로그램 제공을 지지할 것이다.

① ㄱ, ㄴ ② ㄱ, ㄹ ③ ㄷ, ㄹ
④ ㄱ, ㄴ, ㄷ ⑤ ㄴ, ㄷ, ㄹ

[접근 방법] 갑의 진술을 통해 A~C를 특정한 이후 을의 점수를 추론하고, 병의 점수를 바탕으로 (가)에 옳지 않은 진술이 들어가야 함을 파악할 수 있어야 한다. 답 ③

WHY 왜 빠지지 않고 출제될까?

일탈 이론은 수능 및 모의평가에서 한 번도 빠짐없이 출제되고 있는 핵심 빈출 주제이다. 사례 제시, 표 분석, 카드 게임 등 다양한 형태로 출제가 가능하기에 출제자 입장에서 비교적 출제가 용이하며, 사회과 교육에서도 중요하게 다루고 있는 내용 요소이기에 앞으로도 지속적으로 출제될 가능성이 아주 높다.

HOW 킬러 문항, 어떻게 출제될까?

일탈 이론은 해당 시험의 난도 조절에 활용되기 쉬운 평가 요소이다. 난도를 높이고자 한다면 일탈 이론을 특정하기 어렵거나, 일탈 이론의 특징을 혼동하기 쉽게 선지를 구성할 것이다. 이 문항의 경우 뒤르켐과 머튼의 아노미 이론을 하나의 선지에서 물음으로써 함정을 만들었다.

실전 문제

주제 ① 사회 집단과 사회 조직

01

밑줄 친 ㉠~㉘에 대한 옳은 설명만을 〈보기〉에서 있는 대로 고른 것은?　　|수능|

> ★★ 영화제에서 ㉠ 가족 희비극 '○○○'이 최우수 작품상을 수상했다. 이 영화는 ㉡ 빈곤층에 속한 한 가족의 이야기를 웃기면서도 슬프게 다뤄 ㉢ 평론가 협회로부터 호평을 받았다. 감독 갑은 시사회장에서 주연 및 조연 배우뿐 아니라 ㉣ 보조 출연자들 그리고 ㉤ 관객들에게 감사의 마음을 전했다. 특히 이 작품은 표준 근로 계약을 준수하며 제작되어 화제가 되었는데, 방송 작가 ㉥ 노동조합은 이 소식을 전하며 환영의 뜻을 밝혔다. 수상 직후 갑에게는 다수의 ㉦ 대학 연극영화학과 및 영화 동호회 등에서 강연 요청이 쇄도하고 있다.

> ┌ 보기 ┐
> ㄱ. ㉡은 ㉠과 달리 2차 집단이다.
> ㄴ. ㉢은 ㉣과 달리 사회 조직이다.
> ㄷ. ㉤, ㉥은 모두 관심사나 목표를 공유하는 자발적 결사체이다.
> ㄹ. ㉥, ㉦은 모두 공식 조직이다.

① ㄱ, ㄷ　　　② ㄴ, ㄷ　　　③ ㄴ, ㄹ
④ ㄱ, ㄴ, ㄹ　　⑤ ㄱ, ㄷ, ㄹ

02

표는 사회 집단을 질문에 따라 구분한 것이다. 이에 대한 옳은 설명만을 〈보기〉에서 있는 대로 고른 것은?

질문		전인격적 접촉이 나타나는가?	
		㉠	㉡
본질 의지에 의해 형성되었는가?	㉠	가족	B
	㉡	A	C

*㉠, ㉡은 각각 '예', '아니요' 중 하나이다.

> ┌ 보기 ┐
> ㄱ. ㉠은 '예', ㉡은 '아니요'이다.
> ㄴ. C에서는 일반적으로 공식적 통제가 이루어진다.
> ㄷ. A의 사례에는 영유아기의 또래 집단이 있다.
> ㄹ. B는 A와 달리 구성원의 가입과 탈퇴가 자유롭다.

① ㄱ, ㄴ　　　② ㄴ, ㄷ　　　③ ㄷ, ㄹ
④ ㄱ, ㄴ, ㄹ　　⑤ ㄱ, ㄷ, ㄹ

03

다음 대화에 나타난 사회 집단과 사회 조직의 유형 A~C에 대한 설명으로 옳은 것은?

> 교사 : 사회 집단과 사회 조직의 유형 A~C에 대해 발표해 볼까요?
> 갑 : A의 성립은 B를 전제로 합니다.
> 을 : A의 구성원은 모두 B의 구성원에 해당합니다.
> 병 : 결합 의지에 따라 구분할 때 A와 B는 모두 C로 분류됩니다.
> 교사 : 세 학생 모두 정확히 발표하였습니다.

① 가족과 달리 종친회는 C에 해당한다.
② 학교는 B, 학교의 교무부는 A에 해당한다.
③ A는 B에 비해 공식적 통제가 일반적이다.
④ B는 A와 달리 자발적 결사체에 해당한다.
⑤ A는 2차 집단의 성격이, B는 1차 집단의 성격이 강하다.

04

밑줄 친 ㉠~㉥에 대한 설명으로 옳은 것은?

> ㉠ ○○고등학교 3학년에 재학 중인 갑은 매주 금요일 하교 후에 □□구청에서 운영하는 ㉡ 지역 아동 센터에서 봉사활동을 하고 있으며, 주말에는 같은 중학교 출신 친구들끼리 조직한 ㉢ 농구 동호회 활동을 하며 체력을 기르고 있다. 한편 갑의 아버지는 △△기업 ㉣ 재무팀에서 근무하고 있으며, 주말이면 △△기업 ㉤ 산악 동호회 사람들과 함께 등산을 즐기고 있다. ㉥ 가족 모두 바쁘기에 일요일 저녁은 함께 모여 식사하는 시간으로 정해두었다.

① ㉠은 ㉡, ㉣과 달리 공식 조직에 해당한다.
② ㉡, ㉢은 모두 사람들의 자발적 참여로 결성된 집단이다.
③ ㉢과 달리 ㉤은 공식 조직 내에서 형성된 조직이다.
④ ㉣과 ㉤ 모두 공식 조직 내에서 인간관계에 바탕을 두고 형성된 조직이다.
⑤ ㉥은 ㉢, ㉤과 달리 목적 지향적 관계에 기초한 집단이다.

05

표는 사회 조직 유형 A, B의 일반적 특징을 질문에 따라 구분한 것이다. 이에 대한 설명으로 옳은 것은? (단, A, B는 각각 관료제와 탈관료제 중 하나이다.)

질문	A	B
의사 결정 권한의 집중보다 분산을 지향하는가?	예	아니요
(가)	아니요	예
(나)	예	아니요

① A는 B에 비해 경력에 따른 보상 정도를 중시한다.
② B는 A에 비해 문서화된 규칙에 대한 의존 정도가 낮다.
③ B는 A에 비해 변화하는 사회 환경에 대한 유연한 대처가 용이하다.
④ (가)에는 '조직 운영의 효율성을 추구하는가?'가 들어갈 수 있다.
⑤ (나)에는 '조직 운영에서 안정성보다 유연성을 중시하는가?'가 들어갈 수 있다.

06

|수능|

다음에 나타난 개인과 사회의 관계를 바라보는 관점에 부합하는 진술만을 〈보기〉에서 고른 것은?

> 모든 사회에는 세대에서 세대로 전수되며 집단적 삶의 통일성과 연속성의 기반이 되는 공통적인 관념과 감정들이 존재한다. 그것들은 심리학적 성격을 갖는데 개인적 차원이 아닌 사회적 차원으로 접근할 수 있다. 왜냐하면 종교적 전통, 정치적 세계관, 언어 등의 현상은 개인적 차원을 훨씬 넘어서기 때문이다. 이러한 관념 및 감정들은 실질적인 사회적 삶과 관련되며 개인은 그것들을 존중하고 준수하도록 요구받는다.

〈보기〉
ㄱ. 개인은 사회 속에서만 존재의 의미를 갖는다.
ㄴ. 사회는 개인의 외부에서 독자적으로 작동한다.
ㄷ. 조직의 역량은 구성원들의 능력을 합한 것과 같다.
ㄹ. 사회는 개인의 이익을 실현해 주는 수단에 불과하다.

① ㄱ, ㄴ ② ㄱ, ㄷ ③ ㄴ, ㄷ ④ ㄴ, ㄹ ⑤ ㄷ, ㄹ

07

다음 (가), (나)에 나타난 개인과 사회의 관계를 바라보는 관점에 대한 설명으로 옳은 것은?

> (가) 한 사회를 구성하는 개개인이 아무리 도덕적이라 하더라도 그런 개인들이 모여 만들어진 사회의 도덕성 여부는 별개의 문제가 된다. 개개인과는 다른 집단으로서의 논리와 입장이 생김으로써 사회는 비도덕적이 될 수도 있다.
>
> (나) 한 사회가 직면한 사회 문제의 해결을 위해서는 단순히 제도와 법률의 개선뿐만 아니라 사회를 구성하고 있는 개개인의 인식 개선이 필요하다. 결국 중요한 것은 사회를 구성한 개개인이기에 인식 개선이 우선되어야 한다.

① (가)의 관점은 개인의 발전이 사회의 발전이라고 본다.
② (가)의 관점은 개인에 대한 사회 구조의 영향력을 간과한다.
③ (나)의 관점은 개인이 사회에 의해 구조화된 행동을 한다고 본다.
④ (나)의 관점은 사회를 개인들로 환원하여 설명할 수 있다고 본다.
⑤ (가)의 관점은 개인의 능동성을, (나)의 관점은 개인의 독립성을 강조한다.

08

그림은 개인과 사회의 관계를 보는 관점 A, B를 질문에 따라 분류한 것이다. 이에 대한 옳은 설명만을 〈보기〉에서 있는 대로 고른 것은?

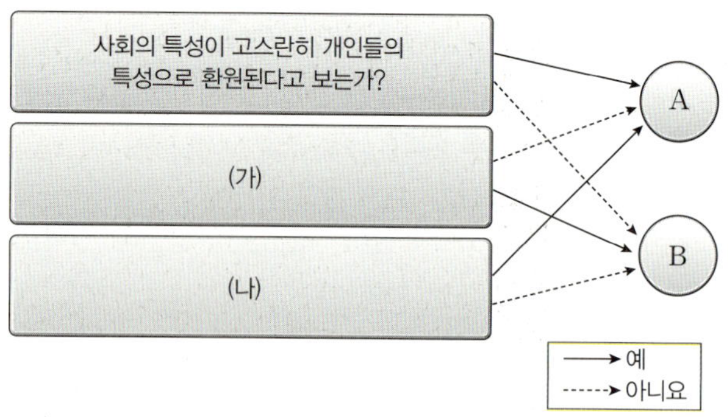

〈보기〉
ㄱ. A는 개인의 자유 의지가 허구적 개념이라고 본다.
ㄴ. B는 개인이 사회 구조에 대해 불가항력적이라고 본다.
ㄷ. (가)에는 '사회를 개인들의 총합 그 이상이라고 보는가?'가 들어갈 수 없다.
ㄹ. (나)에는 '개인들의 속성이 사회의 속성을 결정한다고 보는가?'가 들어갈 수 있다.

① ㄱ, ㄷ ② ㄴ, ㄷ ③ ㄴ, ㄹ
④ ㄱ, ㄴ, ㄹ ⑤ ㄱ, ㄷ, ㄹ

주제 ③ 일탈 행동

09
| 평가원 |

표는 일탈 이론 A~C를 비교한 것이다. 이에 대한 설명으로 옳은 것은?

구분	A	B	C
원인	급격한 사회 변동과 전통적 규범의 통제력 약화	(가)	(나)
대책	(다)	일탈에 대해 우호적인 집단과의 교류 차단	일탈자로 규정하는 것에 대한 신중한 접근

① (가)에는 '문화적 목표를 달성하기 위한 합법적 수단의 부족'이 적절하다.
② (나)에는 '일탈자로부터 일탈 행동의 모방'이 적절하다.
③ (다)에는 '대립하는 집단 간 갈등의 해소'가 적절하다.
④ A는 C와 달리 일탈 행동을 규정하는 객관적 기준이 없다고 본다.
⑤ B는 A와 달리 타인과의 상호 작용이 일탈 행동에 미치는 영향을 중시한다.

10

표는 일탈 이론 A~C를 질문에 따라 구분한 것이다. 이에 대한 옳은 설명만을 〈보기〉에서 고른 것은? (단, A~C는 각각 낙인 이론, 뒤르켐의 아노미 이론, 차별 교제 이론 중 하나이다.)

질문	예	아니요
일탈 행동의 원인을 사회 구조적 측면에서 설명하는가?	A	B, C
(가)	B	A, C
일탈 행동을 규정하는 객관적 기준이 존재한다고 보는가?	A, B	C

┌ 보기 ┐
ㄱ. A는 일탈 행동이 상호 작용을 통해 학습된다고 본다.
ㄴ. B는 일탈 행동이 사회 규범의 부재로 발생한다고 본다.
ㄷ. C는 일탈 행동 자체보다 그에 대한 사회적 반응을 중시한다.
ㄹ. (가)에는 '정상 집단과의 교류 확대를 해결 방안으로 제시하는가?'가 들어갈 수 있다.

① ㄱ, ㄴ ② ㄱ, ㄷ ③ ㄴ, ㄷ ④ ㄴ, ㄹ ⑤ ㄷ, ㄹ

11

일탈 행동을 바라보는 갑~병의 이론적 관점에 대한 설명으로 옳은 것은?

┌─────────────────────────────────┐
갑 : 학교 폭력을 저지른 학생들 대부분은 불량 청소년들과 어울리는 가운데 비행을 자연스럽게 배우게 되고 학교 폭력에 둔감해지는 경향을 보이고 있습니다.
을 : 학교 내 비행을 저지른 학생들 중 상당수는 성적만을 중시하는 학교 문화에서 높은 성적을 얻을 수 있는 방법이 없음에 따른 좌절감에 비행을 저지르고 있습니다.
병 : 한 번의 작은 잘못을 저지른 학생에 대한 지나친 사회적 낙인이 주홍글씨가 되어서 그 학생을 또 다른 비행으로 몰아넣고 있습니다.
└─────────────────────────────────┘

① 갑의 관점은 차별적 제재를 일탈 행동의 원인으로 강조한다.
② 을의 관점은 상호 작용을 통한 2차적 일탈의 발생에 초점을 둔다.
③ 병의 관점은 사회 규범의 통제력 회복을 해결 방안으로 제시한다.
④ 갑의 관점과 달리 을의 관점은 일탈을 규정하는 객관적 기준이 존재하지 않는다고 본다.
⑤ 갑의 관점과 병의 관점은 모두 일탈 행동의 발생 과정에서 나타나는 상호 작용에 주목한다.

12

그림은 일탈 이론 A~C를 질문에 따라 구분한 것이다. 이에 대한 옳은 설명만을 〈보기〉에서 있는 대로 고른 것은? (단, A~C는 각각 낙인 이론, 차별 교제 이론, 뒤르켐의 아노미 이론 중 하나이다.)

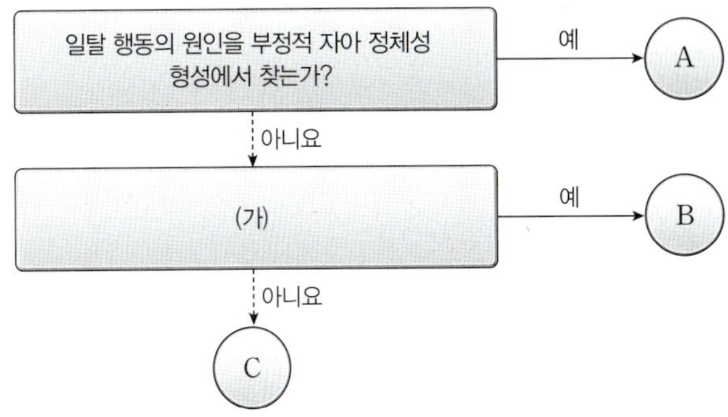

┌ 보기 ┐
ㄱ. A는 일탈자로 규정하는 것에 대한 신중한 접근이 필요하다고 본다.
ㄴ. (가)에는 '일탈 행동 자체보다 그에 대한 사회적 반응을 중시하는가?'가 들어갈 수 없다.
ㄷ. B가 일탈 행동의 대책으로 사회 규범의 통제력 회복을 중시한다면, (가)에는 '급격한 사회 변동이 일탈을 야기한다고 보는가?'가 들어갈 수 있다.
ㄹ. (가)가 '타인과의 상호 작용이 일탈 행동의 발생 과정에 미치는 영향을 중시하는가?'라면 B는 C와 달리 일탈 행동을 규정하는 객관적 기준이 존재한다고 본다.

① ㄱ, ㄷ ② ㄱ, ㄹ ③ ㄴ, ㄹ
④ ㄱ, ㄴ, ㄷ ⑤ ㄴ, ㄷ, ㄹ

킬러 문항 완전 정복

1등급 전략

A와 B를 특정하지 못하기에 제시된 상황에서 갑~병 중 누구의 진술이 옳지 않은지 찾아야 정답을 도출할 수 있는 문항이다. 또한 '한 사람'만 옳지 않게 응답하였다는 조건 처리 등 혼란의 여지가 많은 문항으로, 정확한 판단이 요구된다.

01

다음 자료에 대한 옳은 설명만을 〈보기〉에서 있는 대로 고른 것은?

> 교사 : 개인과 사회의 관계를 바라보는 관점 A, B에 대해 이야기해 볼까요?
> 갑 : A는 B와 달리 사회를 떠난 개인은 존재 의미를 가지지 못한다고 봅니다.
> 을 : B는 A와 달리 공익은 사회 구성원 모두의 이익을 합한 값 그 이상이라고 봅니다.
> 병 :   (가)
> 교사 : 세 명 중 ⊙ <u>한 사람만 옳지 않게</u> 이야기하였습니다.

〈보기〉

ㄱ. ⊙은 '병'이 될 수 없다.
ㄴ. ⊙이 갑이라면, A는 사회의 특성이 구성원의 특성으로 고스란히 환원된다고 본다.
ㄷ. ⊙이 을이라면, B는 개개인의 행위를 사회적 조건에 의해 설명 가능한 것으로 본다.
ㄹ. (가)에 'A는 B와 달리 사회 문제의 해결을 위해 의식 개선보다 제도 개선을 우선시해야 한다고 봅니다.'가 들어간다면, ⊙은 '을'이다.

① ㄱ, ㄴ   ② ㄱ, ㄷ   ③ ㄷ, ㄹ
④ ㄱ, ㄴ, ㄹ   ⑤ ㄴ, ㄷ, ㄹ

1등급 전략

제시된 내용을 바탕으로 ⊙, ⓒ을 특정하고, 이를 활용하여 A~C의 비교 가능한 부분을 파악해야 정답을 찾을 수 있는 문항으로, 특정할 수 있는 부분과 특정할 수 없는 부분을 구분할 수 있는 역량이 필요하다.

02

그림은 일탈 이론 A~C를 구분한 것이다. 이에 대한 설명으로 옳은 것은? (단, A~C는 각각 낙인 이론, 차별 교제 이론, 뒤르켐의 아노미 이론 중 하나이다.)

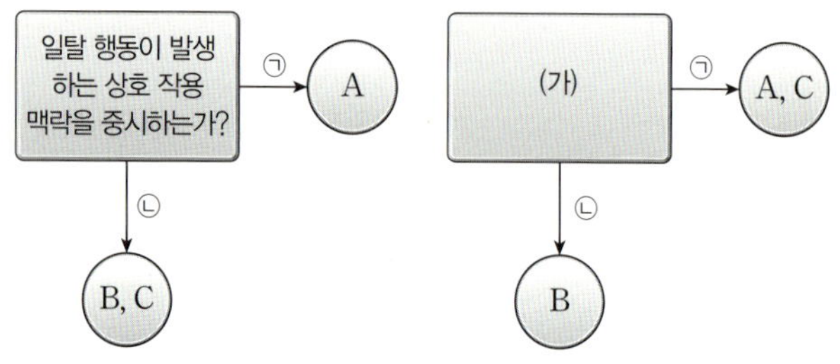

① ⊙은 '예', ⓒ은 '아니요'이다.
② A는 B와 달리 차별적 제재를 일탈 행동의 원인으로 본다.
③ B는 C와 달리 일탈자의 접촉 차단을 일탈에 대한 대책으로 본다.
④ C는 A와 달리 사회 구조적 차원에서 발생하는 일탈 행동을 설명하기 용이하다.
⑤ (가)가 '일탈 행동을 규정하는 객관적 기준이 존재하지 않는다고 보는가?'라면, B는 C와 달리 부정적 자아의 형성으로 일탈 행동이 반복된다고 본다.

03

표는 질문에 따라 사회 집단의 유형 A~C의 일반적 특징을 구분한 것이다. 이에 대한 설명으로 옳은 것은? (단, A~C는 각각 공식 조직, 비공식 조직, 자발적 결사체 중 하나이다.)

질문	A	B	C
구성원의 가입과 탈퇴가 자유로운가?		예	
2차 집단보다 1차 집단의 성격이 강하게 나타나는가?	예		
(가)	아니요	예	예

* 음영으로 표기된 부분은 응답이 보이지 않도록 가린 것이다.

① C의 응답 중 '예'의 개수는 모두 2개이다.

② A는 B와 달리 본질 의지에 의해 형성된다.

③ B의 구성원은 항상 C의 구성원이 된다.

④ C는 A에 비해 공식적 규칙과 절차를 통한 통제가 일반적이다.

⑤ (가)에는 '과업 지향적이고 수단적 인간관계가 지배적으로 나타나는가?'가 들어갈 수 있다.

04

표는 A~C에 해당하는 사회 집단의 사례를 갑과 을이 기록한 것이다. 이에 대한 옳은 설명만을 〈보기〉에서 있는 대로 고른 것은? (단, A~C는 각각 공식 조직, 비공식 조직, 자발적 결사체 중 하나이다.)

구분	갑	을
A	○○전자 노동조합	㉡
B	○○전자 재무팀	㉢
C	㉠	㉣

〈보기〉

ㄱ. 갑의 기록이 옳다면 C의 구성원은 모두 B의 구성원에 해당한다.

ㄴ. 갑의 기록이 옳다면 '□□마을 조기 축구회'는 ㉠, ㉡, ㉣에 모두 들어갈 수 있다.

ㄷ. 갑이 A와 B에 해당하는 사례를 서로 바꾸어 기록했다면, C는 B와 달리 가입과 탈퇴가 자유롭다.

ㄹ. 갑이 B와 C에 해당하는 사례를 서로 바꾸어 기록했다면, 시민 단체는 ㉢과 ㉣에 모두 들어갈 수 있다.

① ㄱ, ㄴ　　　② ㄱ, ㄹ　　　③ ㄴ, ㄷ

④ ㄱ, ㄷ, ㄹ　　　⑤ ㄴ, ㄷ, ㄹ

05강 문화의 이해 및 하위문화와 대중문화

출제 POINT

주제 1 문화의 이해

문화의 의미와 속성	★★★
문화를 바라보는 관점	★☆☆
문화를 이해하는 태도	★★★

주제 2 하위문화

하위문화	★★☆
주류 문화	★☆☆
반(反)문화	★★☆

주제 3 대중문화와 대중 매체

대중 매체의 유형	★★★
대중문화	★☆☆

◆ 문화가 아닌 인간의 행동

인간의 모든 행동이 문화에 해당하는 것은 아니다. 유전적 요인에 의한 행동이나 구성원 다수가 공유하지 않는 개인적인 습관이나 버릇, 선천적으로 타고난 것 등은 문화로 보기 어렵다.

주제 1 문화의 이해

1. 문화의 의미

좁은 의미의 문화	고상하거나 세련된 것, 고급스러운 것 등 특별한 의미를 가지고 있는 사회적 생활 양식 → 문화인, 문화 상품, 문화 공연, 문화생활 등
넓은 의미의 문화	한 사회나 집단에서 나타나는 언어, 의식주, 가치 및 규범 등 인간의 모든 사회적 생활 양식 → 대중문화, 민족 문화, 지역 문화, 청소년 문화 등

Tip

❶ 제시된 사례에 부각된 속성을 특정한 후 해당 속성에 대해 묻는 형태로 주로 출제되고 있으며, 난도가 높아질 경우 사례를 두 가지 제시한 후 공통된 속성을 찾는 형태로 출제되고 있다.

❷ 문화의 속성 중에서 특히 공유성과 전체성은 단골 소재이므로 공유성 및 전체성과 관련된 기출 선지들을 정리해 둘 필요가 있다.

3점 공략

2. 문화의 속성

학습성	문화는 선천적, 유전적으로 나타나는 행동이 아니라 후천적 학습에 의해 형성되는 생활 양식임
공유성	문화는 한 사회의 구성원 다수가 공통적으로 가지고 있는 생활 양식으로 사고와 행동의 동질성을 형성하여 타인의 행동을 예측하고, 이해할 수 있게 해줌으로써 원활한 사회적 상호 작용을 가능하게 함
전체성 (총체성)	• 문화는 여러 구성 요소들이 상호 유기적으로 결합된 하나로서의 전체 또는 체계이므로 부분이 아닌 전체로서 의미를 가짐 • 문화 요소 간 상호 연관성으로 인해 한 부분의 변동은 다른 부분의 연쇄적인 변동을 초래함
변동성	문화는 시간이 흐르면서 그 형태나 내용, 의미가 변화하는 생활 양식임
축적성	문화는 세대 간 전승되면서 새로운 요소가 추가되어 점점 더 풍부해지는 생활 양식임

3. 문화를 바라보는 관점

총체론적 관점	문화의 각 구성 요소는 상호 유기적인 관계를 맺으면서 하나의 전체를 이루고 있기에, 특정한 문화 요소를 이해하기 위해서는 다른 문화 요소나 전체와의 관련 속에서 문화의 의미를 파악해야 함
비교론적 관점	문화는 보편성과 특수성을 동시에 지니고 있기에, 서로 다른 시대와 사회의 문화를 비교함으로써 공통점과 차이점을 파악할 수 있음 → 자기 문화를 보다 객관적이고 명료하게 이해할 수 있음
상대론적 관점	문화는 그것이 발생한 사회의 역사적·환경적·사회적 맥락 속에서 의미와 가치를 지니기에, 해당 문화를 향유하는 사회 구성원들의 입장에서 문화의 고유한 의미를 파악해야 함

Tip

❶ 문화를 이해하는 태도는 각 태도에 대한 개념화된 지식을 물을 수 있고, 세 가지 태도의 공통점과 차이점을 도출할 수 있으므로 다양한 문항 출제가 가능하다.

❷ 질문을 제시한 후 '예', '아니요'에 따라 해당하는 태도를 묻는 형태로 고난도 문항이 출제되므로 각 문화 이해 태도의 특징과 공통점 및 차이점을 정확히 알고 있어야 한다.

3점 공략

4. 문화를 이해하는 태도

자문화 중심주의	• 자기 문화는 우수하고 타 문화는 열등하다고 평가하는 문화 이해 태도 • 자기 문화에 대한 자부심을 심어줌으로써 사회 통합을 유도할 수 있으나, 다른 문화와의 마찰과 갈등을 유발할 수 있음
문화 사대주의	• 타 문화의 우수성을 내세워 자기 문화를 낮게 평가하는 문화 이해 태도 • 적극적인 선진 문물의 수용으로 자국의 문화 발전에 기여할 수는 있으나, 자기 문화의 정체성을 상실할 우려가 있음
문화 상대주의	• 문화를 우열 평가가 아닌 이해의 대상으로 간주하며, 각 문화가 해당 사회의 맥락에서 갖는 고유한 의미를 존중하려는 문화 이해 태도 • 문화적 다양성을 보존하는 데 기여함

3점 공략

1. 하위문화의 의미와 특징 및 기능

의미	• 주류 문화 : 한 사회에서 지배적인 영향을 끼치는 문화로, 집단 및 영역과 상관없이 구성원들이 전반적으로 공유하는 문화 • 하위문화 : 한 사회 내에서 특정 집단의 구성원들 또는 특정 영역의 사람들만 공유하는 문화
특징	• 전체 사회의 범주를 어떻게 규정하느냐에 따라 하위문화의 범주는 상대적임 • 다양한 사회 집단의 출현으로 현대 사회에서는 많은 하위문화가 나타나고 있음 • 한 사회의 특정 하위문화 요소를 대다수 구성원들이 공유하게 되면 주류 문화 요소로 변화함 • 한 사회의 주류 문화는 그 사회 내에 존재하는 모든 하위문화를 합한 것이 아님 • 특정 하위문화를 공유하는 구성원들 또한 주류 문화 요소를 공유하고 있음
기능	• 전체 사회에 역동성, 다양성을 제공함 • 특정 집단의 정체성을 형성함으로써 구성원의 소속감 고취에 기여함 • 집단 간 갈등을 초래하여 사회 통합을 저해할 우려가 있음

2. 하위문화의 유형

지역 문화	다양한 지역 내에서 나타나는 고유한 생활 양식과 사고 방식 예 영남 문화, 충청 문화, 호남 문화
세대 문화	공통의 경험을 바탕으로 형성된 일정 범위의 연령층이 공유하는 문화 예 청소년 문화, 노인 문화
반(反)문화	• 한 사회의 지배적인 문화에 대해 저항하거나 대립하는 문화 • 시대와 사회에 따라 반문화에 대한 규정은 달라짐 예 조선 말의 천주교, 미국의 히피 문화

3점 공략

1. 대중 매체

(1) 의미 : 대중을 상대로 정보 전달의 매개 역할을 하는 수단

(2) 유형

구분	일방향 매체	쌍방향 매체
내용	신문, 잡지, 라디오, 영화, TV 등 전통적인 대중 매체	SNS 등과 같이 인터넷을 이용한 뉴미디어
특징	• 정보 생산자와 소비자가 뚜렷하게 구분됨 • 정보 소비자가 수동적임 • 정보 생산자의 전문성이 높고, 익명성은 낮음	• 정보 생산자와 소비자의 구분이 모호함 • 정보 소비자가 정보 생산에 적극적으로 참여 가능함 • 정보의 복제와 재가공이 용이함

2. 대중문화의 의미와 기능

의미	한 사회 내에 존재하는 다양한 집단을 초월하여 불특정 다수가 공유하면서 향유하는 문화
순기능	• 오락 및 여가 문화로서 기능하여 삶의 활력소를 제공 • 고급문화의 대중화로 평균적인 문화 수준의 향상 및 문화 민주주의를 실현 • 시민 의식의 성숙으로 민주주의 정착에 기여
역기능	• 문화의 상업화와 획일화를 조장할 우려가 있음 • 지나친 상업성 추구로 인하여 대중문화의 질적 저하를 초래할 우려가 있음 • 지배층의 대중 조작 수단으로 악용되거나, 대중의 정치적 무관심을 초래함

3. 대중문화와 대중 매체의 관계

대중문화 수용의 창구	대중 매체를 통해 대중문화를 수용함으로써 동시대 구성원들에게서 비슷한 대중문화가 나타남
대중문화의 창출	뉴미디어와 같은 새로운 대중 매체의 등장으로 대중이 대중문화의 생산자 역할까지 수행함에 따라 새로운 형태의 대중문화가 창출됨

3점 공략 Check

Q1 (　　　)는 문화를 세련된 것, 고급스러운 것 등 특별한 의미를 가진 사회적 생활 양식으로 바라본다.

Q2 타인의 행동을 예측하고, 이해할 수 있게 해줌으로써 사회적 상호 작용의 토대가 되는 문화의 속성은 (　　　)이다.

Q3 문화를 평가가 아닌 이해의 대상으로 바라보는 문화 이해 태도는 (　　　)이다.

Q4 한 사회 내에 특정 영역의 사람들만이 공유하는 문화를 ⊙(　　　)라고 하며, 이 중 지배적인 문화에 저항하는 문화를 ⓒ(　　　)라고 한다.

Q5 신문, 잡지와 달리 SNS는 정보 생산자와 소비자의 구분이 모호한 (일방향 / 쌍방향) 매체이다.

대표 기출 VS 고난도 기출
531 PROJECT H

순한맛 # 평가원

갑~병이 가진 문화 이해 태도에 대한 설명으로 옳은 것은?

갑: △△ 지역 ○○ 부족은 가족이 죽으면 장례 비용을 마련할 때까지 몇 년 동안 시신을 집안에 두었다가 나중에 매장하는 풍습이 있어. 이러한 풍습은 시신이 잘 썩지 않는 △△ 지역의 자연적 조건과 장례를 성대하게 치를수록 내세에 더 좋은 곳으로 간다는 ○○ 부족의 믿음에서 비롯된 것으로 이해할 수 있어.

을: 우리나라처럼 조상을 양지바른 곳에 모시고 묘를 잘 관리하는 전통에 비추어 볼 때, 조상의 시신을 방치하는 것은 조상에 대한 모독일 뿐만 아니라 비위생적이라고 생각해. ○○ 부족의 장례 문화는 바뀌어야지.

병: 내가 알고 있는 A국에서는 이미 화장(火葬)이 보편적인 장례 풍습으로 정착되었어. 화장은 토지 낭비를 막고 시신을 위생적으로 관리할 수 있는 선진적인 장례 문화야. ○○ 부족이나 우리에게 남아있는 매장 풍습은 하루 빨리 화장으로 완전히 대체되어야 해.

① 갑의 태도는 을의 태도와 달리 문화 간에 우열이 존재한다고 본다.
② 을의 태도는 갑의 태도에 비해 타 문화 수용에 적극적이다.
③ 을의 태도는 병의 태도에 비해 문화의 다양성 확보에 유리하다.
④ 병의 태도는 을의 태도와 달리 집단 구성원의 결속력을 높이는 데 기여한다.
⑤ 을, 병의 태도는 모두 특정 사회의 문화를 기준으로 타 문화를 평가할 수 있다고 본다.

수능 # 정답률 77% 매운맛

표는 문화 이해의 태도 A~C를 질문 (가)~(다)에 따라 구분한 것이다. 이에 대한 옳은 설명만을 〈보기〉에서 고른 것은? (단, A~C는 각각 문화 사대주의, 문화 상대주의, 자문화 중심주의 중 하나이다.)

태도＼질문	(가)	(나)	(다)
A	예	아니요	예
B	예	아니요	아니요
C	아니요	예	아니요

〈보기〉

ㄱ. A가 자문화 중심주의라면, (가)에는 '국수주의적 태도로 인해 문화 다양성을 거부하는가?'가 들어갈 수 있다.
ㄴ. B가 자문화 중심주의, C가 문화 사대주의라면, (다)에는 '타 문화를 일방적으로 추종하는가?'가 들어갈 수 있다.
ㄷ. (가)가 '문화 간 우열을 평가할 수 있다고 보는가?'라면, (나)에는 '개별 사회가 향유하고 있는 문화의 고유한 가치를 존중하는가?'가 들어갈 수 있다.
ㄹ. (나)가 '자기 문화의 정체성을 상실할 우려가 있다는 비판을 받는가?'이고, (다)가 '자기 문화의 가치만을 중시하는가?'라면, B는 문화 상대주의이다.

① ㄱ, ㄴ　　② ㄱ, ㄷ　　③ ㄴ, ㄷ　　④ ㄴ, ㄹ　　⑤ ㄷ, ㄹ

[유형 분석] 문화 이해 태도와 관련된 사례를 제시한 후 그에 해당하는 문화 이해 태도를 특정하여 각각의 문화 이해 태도를 비교하는 문항으로, 문화 이해 태도와 관련된 가장 전형적인 유형이다.

[접근 방법] 사회·문화 교과에서 제시하는 문화 이해의 태도는 3가지이다. 따라서 갑~병의 문화 이해 태도를 자문화 중심주의, 문화 사대주의, 문화 상대주의 중 하나로 특정한 후 각각의 특징을 대입하면 정답을 찾을 수 있다.

답 ⑤

[유형 분석] 제시된 표가 빈칸으로만 구성된 문항으로 주어진 자료만으로 문화 이해의 태도를 특정할 수 없기에, 〈보기〉에 제시되어 있는 질문을 하나씩 표에 대입하여 옳고 그름을 파악해야 하는 유형이다. 시간이 많이 소요될 수 있기에 유의해야 한다.

[접근 방법] 문항 자체의 난도가 높지는 않으나 〈보기〉의 질문을 하나씩 대입하는 과정에서 시간이 많이 소요될 경우 다른 고난도 문항의 풀이에 지장을 줄 수 있다. 따라서 빠르게 대입하고 사고하여 선택하는 연습을 평소에 해두어야 한다.

답 ⑤

WHY 왜 빠지지 않고 출제될까?

문화 이해의 태도는 자문화 중심주의, 문화 사대주의, 문화 상대주의 이렇게 3가지 개념이 특정되어 있는 평가 요소이기에 다양한 형태로 변형되어 출제 가능하다. 예를 들어 개념이 특정된다는 점에서 공통점이 있는 일탈 이론 문항에 일탈 이론 대신 문화 이해의 태도를 대입하여도 문항 출제가 가능한 것이다. 변형이 자유롭기에 반복적으로 다양한 난도로의 출제 또한 용이하다.

HOW 킬러 문항, 어떻게 출제될까?

문화 이해의 태도의 개념 자체는 어렵지 않다. 따라서 **킬러 문항으로 출제가 된다면 복잡한 사고를 요구하는 형태로 문항이 구성될 가능성이 높다.** 위에서 제시한 고난도 문항의 경우에도 A~C가 특정되지 않기에 〈보기〉를 질문에 하나하나 대입할 때마다 새롭게 사고를 해야 한다는 점에서 많은 시간이 요구될 수 있다. 기출 및 고난도 문항을 활용한 반복적 연습으로 순간적 사고력 및 판단력을 향상시킬 필요가 있다.

주제 ① 문화의 이해

01

| 수능 |

표는 문화의 속성 A~C가 부각된 사례를 나타낸 것이다. 이에 대한 설명으로 가장 적절한 것은? (단, A~C는 각각 공유성, 전체성, 축적성 중 하나이다.)

속성	사례
A	세탁기 발명으로 가사 노동 부담이 줄어들자 여성의 사회 진출이 증가하였고 사회적 지위도 향상되었다.
B	북아메리카에서 유럽계 여성에게 단발은 자유의 상징으로 여겨졌지만. 원주민 여성에게 단발은 상중(喪中)임을 의미했다.
C	(가)

① 문화를 구성하는 요소들이 유기적으로 연결되어 있음을 의미하는 것은 A이다.

② 문화가 다음 세대로 계승되면서 점점 새로운 요소가 늘어남을 의미하는 것은 B이다.

③ 문화가 구성원의 사고와 행동을 구속함을 의미하는 것은 C이다.

④ 기성 세대가 청소년들이 만들어 사용하는 줄임말의 의미를 알지 못하는 것은 B가 아닌 A에 해당하는 사례이다.

⑤ 재외 동포 2세가 한국을 방문하였으나 한국어를 몰라 의사소통의 불편함을 경험하는 사례는 (가)에 들어갈 수 있다.

02

다음 두 사례에 공통적으로 부각되는 문화의 속성에 대한 옳은 설명만을 〈보기〉에서 있는 대로 고른 것은?

○ IT 기술의 발전으로 누구나 스마트폰을 사용하게 되자. 스마트폰 어플리케이션을 이용한 음식 배달이 하나의 문화로 자리 잡았으며, 이제는 누구나 전화 대신 어플리케이션으로 음식을 주문하고 있다.

○ 맞벌이 가구. 1인 가구의 증가로 간편식에 대한 수요가 증가하고, 음식 냉장 배달 기술이 발전함에 따라 잠들기 전 요리를 주문하고 아침 일찍 간편식을 배달받는 식생활 문화를 다수의 사람이 누리고 있다.

〈보기〉
ㄱ. 원활한 사회적 상호 작용의 토대로 작용한다.
ㄴ. 상대방의 행동을 예측하고 대응할 수 있게 한다.
ㄷ. 다음 세대로 문화가 전승되면서 풍부한 요소를 갖추게 된다.
ㄹ. 한 부분의 변화가 다른 부분에 영향을 주어 변동을 일으킨다.

① ㄱ, ㄹ   ② ㄴ, ㄷ   ③ ㄷ, ㄹ
④ ㄱ, ㄴ, ㄷ   ⑤ ㄱ, ㄴ, ㄹ

03

표는 문화 이해의 태도 A~C를 질문에 따라 구분한 것이다. 이에 대한 설명으로 옳은 것은? (단, A~C는 각각 자문화 중심주의, 문화 사대주의, 문화 상대주의 중 하나이다.)

질문	A	B	C
문화를 평가의 대상으로 바라보는가?	예	아니요	예
자기 문화의 정체성을 상실할 우려가 있는가?	예	아니요	아니요

① A는 각 사회가 지니는 문화의 고유한 가치를 존중한다.

② B는 자기 문화가 우월하다는 믿음으로 타 문화를 판단한다.

③ C는 문화 간 우열을 정하는 기준이 존재하지 않는다고 본다.

④ B는 A에 비해 문화의 다양성을 보존하는 데 용이하다.

⑤ C는 A에 비해 선진 문물의 적극적 수용으로 문화 발전에 기여할 수 있다.

04

다음 갑과 을의 문화 연구의 관점에 대한 옳은 설명만을 〈보기〉에서 고른 것은?

교사 : 최근 OECD가 발표한 청소년 행복지수에 따르면 우리나라 청소년의 행복 수준이 상당히 낮게 나타나고 있습니다. 그 이유가 무엇인지에 대한 조사 계획을 발표해 보겠습니다.
갑 : 저는 입시 중심의 교육 제도, 경쟁 중심의 사회·문화 등을 종합하여 우리나라 청소년의 삶에 대한 만족도가 왜 낮은지 살펴볼 예정입니다.
을 : 저는 청소년 행복지수가 높은 북유럽 국가들과 우리나라 청소년들이 향유하는 문화의 공통점과 차이점을 비교해 보고자 합니다.

〈보기〉
ㄱ. 갑의 관점은 문화를 부분이 아닌 전체로 파악하고자 한다.
ㄴ. 갑의 관점은 문화가 보편성과 특수성을 지니고 있음을 전제한다.
ㄷ. 을의 관점은 다른 문화를 거울삼아 자기 문화를 이해하는 데 유용하다.
ㄹ. 을의 관점은 서로 다른 문화가 지닌 고유한 의미를 파악하기 용이하다.

① ㄱ, ㄴ   ② ㄱ, ㄷ   ③ ㄴ, ㄷ   ④ ㄴ, ㄹ   ⑤ ㄷ, ㄹ

05

다음 자료에 대한 설명으로 옳은 것은? (단, A~C는 각각 자문화 중심주의, 문화 사대주의, 문화 상대주의 중 하나이다.)

> ○ '문화의 다양성 신장에 기여하는가?'라는 질문으로 A와 B를 구분할 수 없다.
> ○ ⬚ (가) ⬚ 라는 질문으로 B와 C를 구분할 수 있다.
> ○ B는 A와 달리 자문화의 정체성을 상실할 우려가 있다.

① A는 B와 달리 타 문화 수용에 적극적이다.

② B는 C와 달리 모든 문화의 고유한 가치를 존중한다.

③ C는 A와 달리 문화에 대한 우열 비교가 가능하다고 본다.

④ B는 A, C와 달리 문화 제국주의로 변질될 가능성이 높다.

⑤ (가)에는 '문화를 평가의 대상으로 바라보는가?'가 들어갈 수 있다.

주제 2 하위문화

06

| 수능 |

A~C의 일반적인 특징에 대한 설명으로 옳은 것은? (단, A~C는 각각 전체 문화, 반문화, 반문화의 성격이 없는 하위문화 중 하나이다.)

질문	A	B	C
한 사회 내에서 일부 구성원들만 공유하는 문화인가?	예	예	아니요
한 사회의 지배적인 문화를 거부하거나 저항하는 문화인가?	예	아니요	아니요

① A는 B와 달리 기존의 지배적인 문화를 대체하기도 한다.

② B는 A와 달리 주류 집단에 의해 일탈로 규정되기도 한다.

③ A를 공유하는 구성원은 C의 문화 요소 중 일부를 공유한다.

④ A, B는 C와 달리 해당 문화를 향유하는 구성원들 공통의 정체성 형성에 기여한다.

⑤ B, C는 A와 달리 사회에 따라 상대적으로 규정된다.

07

다음 자료에 대한 옳은 설명만을 〈보기〉에서 고른 것은? (단, A, B는 각각 주류 문화와 하위문화 중 하나이다.)

> 그림은 문화 양상 A와 B를 나타낸 것으로, 문화 요소 ◆을 공유하는 문화는 A, 문화 요소 △를 공유하는 문화는 B에 해당한다. 단, 문화 요소 △는 음영으로 표시된 집단에서만 공유되고 있다.
>
> 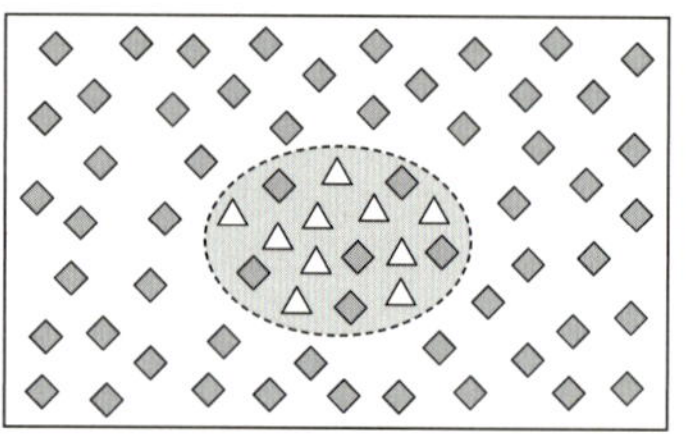

〈보기〉
- ㄱ. 한 사회 내의 모든 B의 합은 A이다.
- ㄴ. 사회 변화에 따라 B는 A가 되기도 한다.
- ㄷ. B를 향유하는 구성원들 또한 A의 문화 요소를 향유한다.
- ㄹ. 사회가 다원화될수록 B는 A로 수렴되는 경향을 보인다.

① ㄱ, ㄴ ② ㄱ, ㄷ ③ ㄴ, ㄷ ④ ㄴ, ㄹ ⑤ ㄷ, ㄹ

08

그림에 대한 옳은 설명만을 〈보기〉에서 고른 것은? (단, A~C는 각각 주류 문화, 반문화, 반문화의 성격이 없는 하위문화 중 하나이다.)

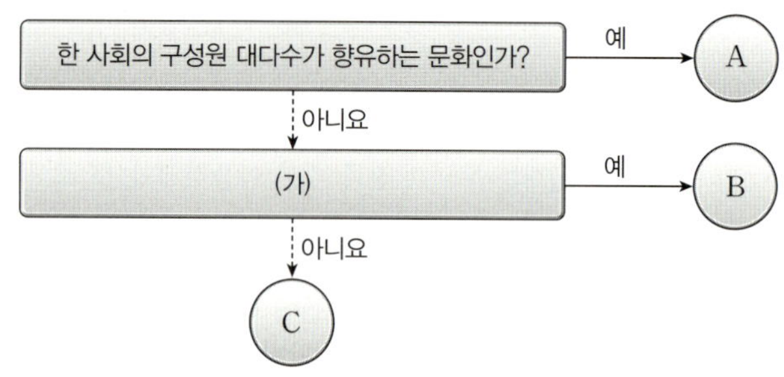

〈보기〉
- ㄱ. B와 C 모두 기존 문화에 다양성을 제공한다.
- ㄴ. B 또는 C를 공유하는 구성원은 A를 공유하는 구성원에 포함된다.
- ㄷ. (가)가 '지배적 문화를 수용하는 문화인가?'라면, C와 달리 B는 사회 변화에 따라 A가 되기도 한다.
- ㄹ. (가)가 '주류 문화에 저항하는 성격을 띠고 있는가?'라면, B는 C와 달리 갈등을 초래하여 사회 통합을 저해한다.

① ㄱ, ㄴ ② ㄱ, ㄷ ③ ㄴ, ㄷ ④ ㄴ, ㄹ ⑤ ㄷ, ㄹ

주제 **3** 대중문화와 대중 매체

09

그림은 대중 매체 A~C를 일반적인 특징에 따라 구분한 것이다. 비교 기준에 따른 비교 결과로 옳은 것은? (단, A~C는 각각 뉴 미디어, 영상 매체, 인쇄 매체 중 하나이다.)

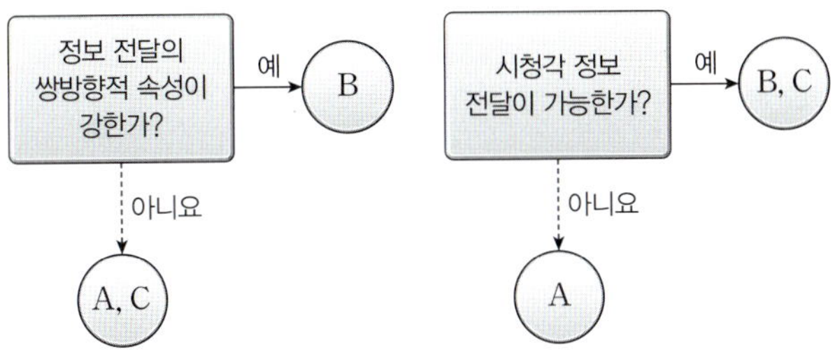

	비교 기준	비교 결과
①	정보 전달의 신속성	A > C
②	정보 생산자의 익명성	C > B
③	정보 복제와 재가공의 용이성	A > B
④	정보에 대한 문맹자의 접근 가능성	C > A
⑤	정보 전달자와 수용자 간 구분의 명확성	B > A

11

표는 대중 매체 A~C의 일반적인 특징을 비교한 것이다. 이에 대한 설명으로 옳은 것은? (단, A~C는 각각 종이 신문, TV, SNS 중 하나이다.)

구분	A	B	C
정보 확산의 속도	++	+	++
정보 재가공의 용이성	+	+	++

* +의 개수가 많을수록 강함 또는 높음을 나타냄

① A는 B에 비해 정보 확산의 공간적 제약이 크다.
② B는 C와 달리 쌍방향적 정보 전달이 가능하다.
③ C는 A와 달리 복합 감각 정보의 전달이 가능하다.
④ B는 A, C에 비해 정보 확산 경로가 다양하다.
⑤ C는 A, B에 비해 정보 생산자와 소비자 간 경계가 모호하다.

10

그림은 대중 매체 A, B의 일반적인 특징을 비교한 것이다. 이에 대한 옳은 설명만을 〈보기〉에서 고른 것은? (단, A, B는 각각 뉴미디어, 인쇄 매체 중 하나이다.)

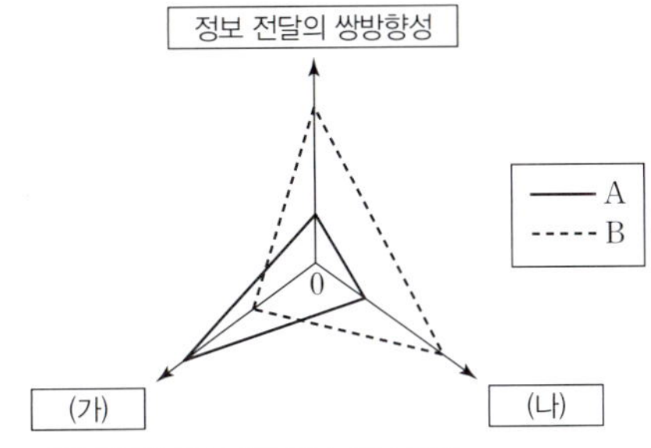

* 0에서 멀수록 그 정도가 높거나 강함.

보기
ㄱ. A는 B에 비해 정보 전달의 속도가 빠르다.
ㄴ. A와 B 모두 비동시적 정보 수용이 가능하다.
ㄷ. (가)에는 '정보의 복제의 용이성'이 들어갈 수 있다.
ㄹ. (나)에는 '정보 생산자와 소비자 간 상호 작용성'이 들어갈 수 있다.

① ㄱ, ㄴ   ② ㄱ, ㄷ   ③ ㄴ, ㄷ   ④ ㄴ, ㄹ   ⑤ ㄷ, ㄹ

12

다음 교사의 질문에 대한 학생의 옳은 답변만을 〈보기〉에서 있는 대로 고른 것은?

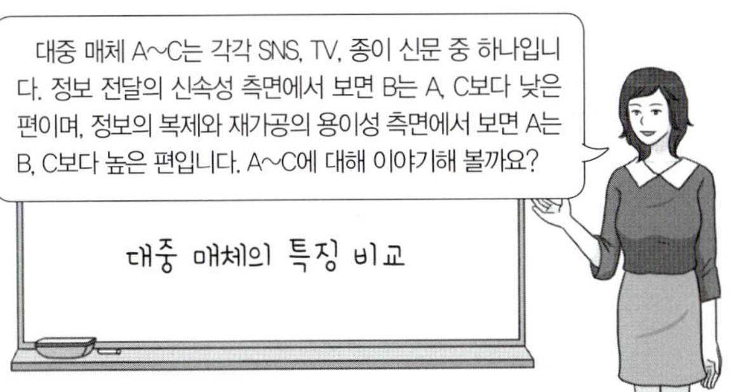

보기
ㄱ. A는 B와 달리 쌍방향으로 정보 전달이 가능합니다.
ㄴ. B는 C에 비해 생동감 있는 정보 전달이 용이합니다.
ㄷ. C는 A와 달리 시각 정보에 대한 의존도가 높습니다.
ㄹ. C는 A, B와 달리 수용자별로 정보 획득의 동시성이 나타납니다.

① ㄱ, ㄷ   ② ㄱ, ㄹ   ③ ㄴ, ㄷ
④ ㄱ, ㄴ, ㄹ   ⑤ ㄴ, ㄷ, ㄹ

킬러 문항 완전 정복

1등급 전략

1등급 전략

A가 특정되어 있지 않는 문제로, A에 따라 갑과 을이 획득할 수 있는 점수를 산출해야 정답을 찾을 수 있다. 제시된 자료를 바탕으로 선지에 대한 판단을 하기 위한 자료를 생성할 수 있는 역량이 요구되는 문항이다.

01

다음 자료에 대한 옳은 설명만을 〈보기〉에서 있는 대로 고른 것은? (단, A는 자문화 중심주의, 문화 사대주의, 문화 상대주의 중 하나이다.)

> 표는 문화 이해의 태도 A에 대한 질문에 갑, 을이 답변한 내용을 나타낸 것이다. 갑, 을은 각각의 질문에 옳게 답변하였을 경우 1문항당 1점을 얻으며, 얻을 수 있는 최대 점수는 3점이다.

질문	답변	
	갑	을
문화 제국주의로 변질될 가능성이 있는가?	예	아니요
문화 간 우열의 판단이 가능하다고 보는가?	아니요	예
모든 문화가 고유한 가치를 지닌다고 보는가?	예	예

보기
- ㄱ. 갑이 획득한 점수가 1점이라면, 을이 획득한 점수는 2점이다.
- ㄴ. 갑이 획득한 점수가 최대일 때 을이 획득한 점수는 갑보다 낮다.
- ㄷ. A가 문화 다양성 신장에 유리한 문화 이해 태도라면 갑과 을의 점수는 같다.
- ㄹ. A가 자기 문화의 정체성을 상실할 수 있는 문화 이해 태도라면 갑보다 을의 점수가 높다.

① ㄱ, ㄴ ② ㄱ, ㄷ ③ ㄷ, ㄹ
④ ㄱ, ㄴ, ㄹ ⑤ ㄴ, ㄷ, ㄹ

1등급 전략

제시된 자료의 내용을 바탕으로 개념을 빠르게 특정할 수 있어야 한다. 이를 위해서는 튼튼한 교과 기본 개념을 토대로 제시된 자료에 대한 빠른 응용력이 필요하다.

02

다음 대화에 대한 설명으로 옳은 것은? (단, A~C는 각각 공유성, 변동성, 전체성 중 하나이다.)

> 교사 : 청소년 놀이 문화에 대한 탐구 보고서 작성 계획을 발표해 보겠습니다.
> 갑 : 저는 성인과 비교하여 청소년 놀이 문화를 조사함으로써 청소년들이 공통적으로 가지고 있는 생활 양식을 알아보고자 합니다.
> 을 : 저는 오늘날 청소년의 놀이 문화에 영향을 미친 요인들을 IT 기술의 발달, 경제 수준의 향상과 연관하여 조사해 보고자 합니다.
> 병 : 저는 20대, 30대, 40대 어른들을 인터뷰하여 시대별로 과거 청소년의 놀이 문화와 지금을 비교하면서 특징을 찾아보고자 합니다.
> 교사 : 갑의 탐구 보고서에서는 A가, 을의 탐구 보고서에서는 B가, 병의 탐구 보고서에서는 C가 부각될 것 같군요. 세 학생 모두 발표를 잘 하였습니다.

① A는 문화가 부분이 모여 전체로서 체계를 이룬다고 본다.
② B는 문화가 고정된 것이 아니라 지속적으로 변화한다고 본다.
③ C는 문화가 원활한 사회적 상호 작용의 토대가 된다고 본다.
④ 문화가 구성원의 사고와 행동을 구속함은 B가 아닌 A와 관련 있다.
⑤ 문화를 구성하는 요소들이 유기적으로 연결되어 있음은 A가 아닌 C와 관련 있다.

03

다음 자료에 대한 설명으로 옳지 <u>않은</u> 것은?

〈 갑국의 문화에 대한 조사 보고서 〉

○ 갑국은 A, B, C 지역으로만 구성되어 있으며, 각 지역의 구성원들은 지역 문화를 향유하고 있다. 각 지역별 문화 요소는 표와 같다.

지역	A	B	C
문화 요소	a	b	c

○ 갑국의 모든 구성원은 거주하는 지역과 관계없이 문화 요소 d를 공유하고 있다.
○ 갑국 내에서 정치, 경제적으로 가장 소외된 C 지역에는 소수의 구성원만 거주하고 있으며, 다른 지역과 달리 이들은 갑국의 지배적 가치에 대해 부정하고 저항하는 모습을 보인다.

---

① 갑국 내 a, b, c를 모두 더할 경우 d와 일치하게 된다.
② b는 하위문화, d는 주류 문화에 해당하는 문화 요소이다.
③ c를 향유하는 구성원 또한 d를 향유하는 구성원에 포함된다.
④ A 지역은 반문화의 성격이 없는 하위문화, C 지역은 반문화를 향유한다.
⑤ A 지역과 B 지역에서도 c를 향유하게 될 경우 c는 주류 문화에 해당하는 문화 요소가 된다.

04

다음 대화에 대한 옳은 설명만을 〈보기〉에서 있는 대로 고른 것은? (단, A~C는 각각 종이 신문, TV, SNS 중 하나이다.)

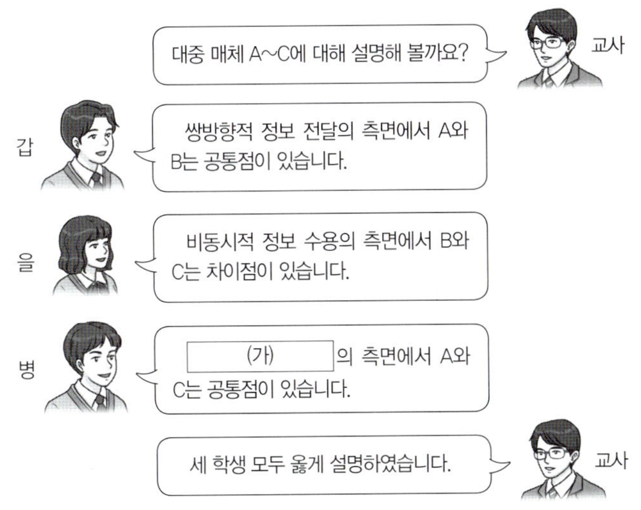

┌ 보기 ┐
ㄱ. A는 C에 비해 정보 생산자의 익명성이 낮다.
ㄴ. B는 A에 비해 깊이 있는 정보 전달이 불리하다.
ㄷ. C는 B에 비해 정보 생산자의 전문성이 높다.
ㄹ. (가)에는 '복합 감각 정보의 전달'이 들어갈 수 없다.

① ㄱ, ㄴ   ② ㄱ, ㄷ   ③ ㄷ, ㄹ
④ ㄱ, ㄴ, ㄹ   ⑤ ㄴ, ㄷ, ㄹ

06강 문화 변동의 양상과 대응

출제 POINT

주제 1 문화 변동의 의미와 요인

문화 변동의 의미	★☆☆
문화 변동의 내재적 요인	★★★
문화 변동의 외재적 요인	★★★

주제 2 문화 변동의 양상

문화 동화	★★★
문화 병존	★★★
문화 융합	★★★

주제 3 문화 변동으로 인한 문제점과 대응책

새로운 문화에 대한 수용 및 거부	★☆☆
문화 지체	★★☆
아노미 현상	★☆☆

주제 1 문화 변동의 의미와 요인

1. 문화 변동의 의미 : 새로운 문화 요소의 등장이나 다른 문화 체계와의 접촉을 통해 한 사회의 문화 체계에 변화가 나타나는 현상

Tip

❶ 발명은 반드시 기술이나 물질적인 것에서만 일어나는 것이 아니며, 종교나 이념과 같이 관념 문화나 제도 문화도 발명의 대상이 된다.

❷ 모든 발견과 발명이 문화 변동의 요인이 되는 것은 아니다. 새로운 곤충이 발견되고 개인적 호기심이나 필요에 따라 어떤 발명품이 만들어졌다고 하더라도, 이것이 사회 구성원 다수에게 받아들여지지 못하여 실생활을 바꾸지 못하는 경우에는 문화 변동을 유발하지 못한다.

3점 공략

2. 문화 변동의 요인

(1) 내재적 요인 : 발견, 발명

발견	이미 존재하고 있었으나 알려지지 않았던 사물이나 원리 등을 찾아내는 행위나 그 결과물 예 불, 전기, 지하자원 등		
발명	존재하지 않았던 기술이나 사물 등을 만들어 내는 행위나 그 결과물 예 바퀴, 자동차, 컴퓨터 등		
	1차적 발명	기존에는 존재하지 않았던 문화 요소를 새롭게 만들어 내는 것 예 활의 발명, 바퀴의 발명 등	
	2차적 발명	기존에 존재했던 문화 요소를 활용하여 새로운 문화 요소를 만들어 내는 것 예 활을 이용한 현악기의 발명, 바퀴를 이용한 수레의 발명 등	

(2) 외재적 요인(문화 전파) : 직접 전파, 간접 전파, 자극 전파

직접 전파	• 문화 요소를 제공하는 사회와 그것을 수용하는 사회 구성원들 간의 직접적인 접촉 과정에서 문화 요소가 전달되어 정착되는 현상 • 교역, 전쟁, 정복, 부족 간 혼인 등에 의해 나타나는 문화 요소의 전파 예 중국으로부터 한자와 불교가 전해진 것 등
간접 전파	• 문화 요소를 제공하는 사회와 그것을 수용하는 사회 구성원들 간의 직접적인 접촉이 아닌 매개체를 통해 간접적으로 문화 요소가 전달되어 정착되는 현상 • 대중 매체 등에 의해 나타나는 문화 요소의 전파 예 드라마, 영화 등을 통해 서구적인 가치관이 동양에 전파되는 것 등
자극 전파	• 서로 다른 문화 체계 간에 문화 요소와 관련된 추상적인 개념이나 아이디어가 전파되어 새로운 문화 요소의 발명이 이루어지는 현상 • 다른 사회에서 아이디어를 얻어 새로운 문화 요소 발명 예 신라의 이두 문자 등

주제 2 문화 변동의 양상

1. 강제성 및 자발성에 따른 구분

강제적 문화 접변	정복 등과 같은 상황에서 물리적 강제력에 기초하여 지배적 입장에 있는 사회의 문화 요소가 피지배 사회에 강제적으로 이식되어 나타나는 문화 변동 예 일제 강점기의 창씨개명, 신사 참배 강요 등
자발적 문화 접변	바람직하거나 필요하다고 느껴 스스로 다른 사회의 문화 요소를 자기 사회의 문화 체계 속으로 받아들임으로써 나타나는 문화 변동 예 한국인들이 일상적인 복장으로 전통 한복 대신 서구의 복식을 받아들인 것

2. 변동 결과에 따른 구분

문화 동화 (문화 대체)	한 사회의 문화 요소가 다른 사회의 문화 체계 속에 흡수되어 정체성을 상실하는 현상 예 아메리카 인디언 부족들이 백인 문화와 접촉하면서 자기 문화를 상실한 것
문화 병존 (문화 공존)	서로 다른 사회의 문화 요소가 한 사회의 문화 체계 속에서 나란히 존재하는 현상 예 우리나라에 불교, 개신교, 천주교 등이 종교 문화로서 함께 존재하고 있는 것
문화 융합	서로 다른 문화 요소들이 결합하여 기존 문화 요소들의 성격을 지니면서도 기존 문화 요소들과 다른 성격을 지닌 제3의 문화를 형성하는 현상 예 멕시코 지역 토착 원주민의 전통과 에스파냐의 정복 문화가 결합하여 메스티소 문화가 나타난 것

3. 문화 동화, 문화 병존, 문화 융합의 특징 비교

구분	문화 동화	문화 병존	문화 융합
외래 문화 요소가 변형되지 않고 정착되었는가?	예	예	아니요
자기 문화의 정체성을 상실하였는가?	예	아니요	아니요
문화의 다양성 보존에 유리한가?	아니요	예	예
새로운 문화 요소가 만들어졌는가?	아니요	아니요	예

4. 문화 접변의 결과 분석

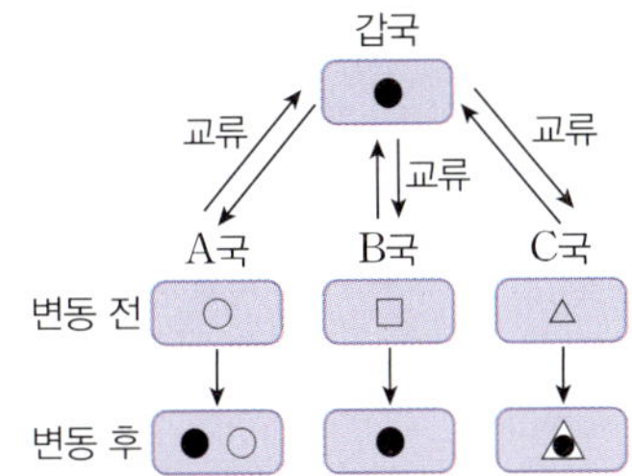

* ☐ 안의 기호는 각국의 문화 요소이며,
▲는 ●와 △가 혼합되어 나타난 것임.

- A국은 갑국과 A국 두 개의 문화 요소가 나란히 나타나므로 문화 병존에 해당한다.
- B국은 고유의 문화 요소가 사라지고 갑국의 문화 요소로 대체되었으므로 문화 동화에 해당한다.
- C국은 갑국과 C국의 문화 요소가 결합하여 새로운 제3의 문화 요소가 형성되었으므로 문화 융합에 해당한다.

주제 ❸ 문화 변동으로 인한 문제점과 대응책

1. 새로운 문화에 대한 대응의 양상

새로운 문화에 대한 수용	• 외부 사회로부터 전파되거나 새롭게 등장한 문화 요소를 긍정적으로 평가하거나 필요하다고 인식하여 자기 사회의 문화 체계 속에 정착시킴 • 일반적으로 사상이나 관념, 종교 등의 비물질문화보다 기술과 같은 물질문화의 경우 자연스럽고 적극적인 수용이 이루어질 가능성이 높음
새로운 문화에 대한 거부	• 외부 사회로부터 전파되거나 새롭게 등장한 문화 요소가 위협이 된다고 평가하거나 자기 문화의 정체성을 훼손한다고 인식하는 경우 그것을 거부함으로써 전통문화를 유지하려 함 • 일반적으로 강제적 문화 접변이 시도되는 경우에 나타날 가능성이 높음

2. 문화 변동으로 인한 문제점

문화적 정체성 상실	급격하게 유입되는 새롭고 이질적인 문화를 무분별하게 수용하고 추종하면 자기 문화의 고유한 정체성을 상실할 수 있음
문화 지체	물질문화의 빠른 변동 속도를 비물질문화의 변동 속도가 뒤따르지 못하여 나타나는 문화 요소 간의 부조화 현상으로서 각종 사회 병리적인 문제를 초래할 수 있음
아노미 현상	급속한 문화 변동으로 인해 기존의 전통적인 규범의 통제력이 약화되고, 이를 대체할 새로운 규범이 미처 확립되지 않아 사회적 혼란이 발생할 수 있음

Tip

문화 융합은 외래문화와 기존의 문화가 결합하여 새로운 성격을 가진 제3의 문화가 나타나는 현상이므로, 자문화의 정체성이 유지되지 않는다고 착각하는 경우가 있다. 문화 동화에서는 자문화의 정체성이 상실되지만, 문화 병존과 문화 융합에서는 자문화의 정체성이 유지된다는 점을 꼭 기억하자!

3점 공략 Check

Q1 문화 변동의 (내재적 요인 / 외재적 요인)에는 발명과 발견이 있고, 문화 변동의 (내재적 요인 / 외재적 요인)에는 전파가 있다.

Q2 간접 전파는 문화 요소를 제공하는 사회와 그것을 수용하는 사회 구성원 간 (직접적 접촉 / 매개체)에 의해 문화 요소가 전달되어 정착되는 현상이다.

Q3 물질문화의 빠른 변동 속도를 비물질문화의 변동 속도가 뒤따르지 못하여 나타나는 문화 요소 간의 부조화 현상을 (문화 지체 / 아노미)라고 한다.

Q4 우리나라에 불교가 전래된 후 전통적 민간 신앙인 칠성신을 모시는 칠성각이 절과 결합함으로써 새로운 불교 문화가 나타난 것은 (   )의 사례이다.

Q5 (자극 전파 / 문화 융합)은(는) 타 문화에서 아이디어를 얻어 기존에 없던 새로운 문화 요소가 만들어지는 현상이며, (자극 전파 / 문화 융합)은(는) 외래문화와 기존의 문화가 결합되어 새로운 문화가 형성되는 현상이다.

대표 기출 531 PROJECT H VS 고난도 기출

(가), (나)에 나타난 문화 변동에 대한 분석으로 가장 적절한 것은?

> (가) '크루아상(croissant)'은 원래 오스트리아에서 먹기 시작한 빵이다. 이슬람 국가인 오스만 제국의 공격을 막아 낸 오스트리아인들이 적국에게 모욕감을 주려고 이슬람 상징인 초승달 모양의 빵을 만들어 먹은 데서 유래했다고 한다. 이후 프랑스 왕세자와 혼인한 오스트리아의 공주 마리 앙투 아네트가 자국의 제빵사를 데려오면서 이 빵이 프랑스에 널리 전해졌다.
>
> (나) 베트남 음식인 '바인 미(bánh mì)'는 프랑스의 식민지 시절에 전래된 프랑스빵 바게트에서 유래하였다. 처음 베트남인들은 바게트를 고급 음식으로 여겨 연유에 찍어 먹었다. 이것이 이후에 '바인 미'로 불리게 되었고, 바게트에 베트남 고유의 음식으로 속을 채워 먹기 시작하면서 지금과 같은 새로운 형태의 대중적인 먹거리로 변화하였다.

① (가)에는 문화 동화의 사례가 나타나 있다.
② (나)에는 문화 융합의 사례가 나타나 있다.
③ (가)에는 (나)와 달리 간접 전파의 사례가 나타나 있다.
④ (나)에는 (가)와 달리 자극 전파의 사례가 나타나 있다.
⑤ (가), (나)에는 모두 강제적 문화 접변의 사례가 나타나 있다.

[유형 분석] 문화 변동의 양상인 문화 병존, 문화 동화, 문화 융합에 대한 문제는 수능과 모평에 매년 출제되고 있다. 특히, 문화 변동의 내재적 요인(발견, 발명) 또는 외재적 요인(직접 전파, 간접 전파, 자극 전파)과 연관지어 출제되는 경우가 많다.

[접근 방법] ❶ 선지에 나타난 문화 변동 개념의 특징을 떠올린다. ❷ 제시된 (가), (나)에 선지에서 언급하고 있는 문화 변동 개념이 나타나 있는지 파악하고, 나타났다면 어떤 부분이 근거가 되는지 찾아서 밑줄을 그어본다.

🖉 ②

문화 변동의 요인 중 외재적 요인인 전파는 직접 전파, 간접 전파, 자극 전파로 구성되는데, 각 유형별 관련 사례를 구분하는 데 학생들이 어려움을 느끼는 경우가 많다. 또한 문화 전파가 문화 변동을 가져올 때 문화 동화, 문화 병존, 문화 융합이 나타날 수 있는데, 해당 사례 역시 학생들이 구분하는 데 어려움을 느끼는 경우가 많다. 따라서 **각 문화 변동 관련 개념을 학습하는 데 있어 사례를 중심으로 학습하는 것이 중요**하다.

다음 자료에 대한 옳은 분석만을 〈보기〉에서 있는 대로 고른 것은?

> 다음은 문화 변동의 요인을 (가)~(다)로 구분하고, 이를 통해 갑국과 을국의 문화 변동 사례를 분석한 자료이다. 갑국과 을국은 상호 교류 이외에 다른 제3의 국가와는 교류를 하지 않았다. 단, (가)~(다)는 각각 발명, 직접 전파, 자극 전파 중 하나이다.
>
> 〈문화 변동의 요인〉
>
> | 구분 | (가) | (나) | (다) |
> |---|---|---|---|
> | 문화 변동의 외재적 요인인가? | 아니요 | 예 | 예 |
> | 타 문화로부터 아이디어를 얻어 새로운 문화 요소가 만들어졌는가? | 아니요 | 예 | 아니요 |
>
> 〈갑국과 을국의 문화 변동〉

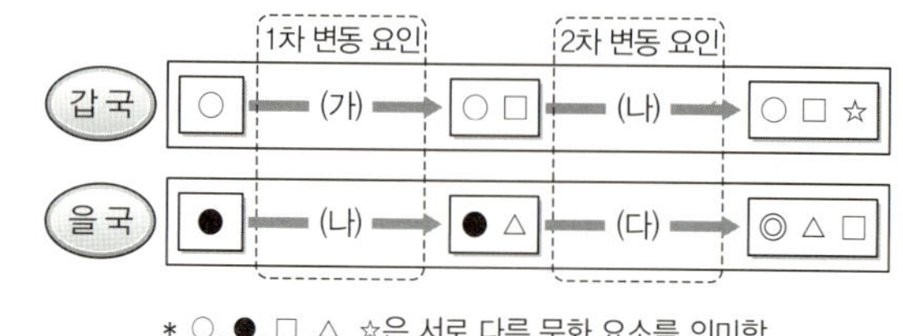

> * ○, ●, □, △, ☆은 서로 다른 문화 요소를 의미함.
> ** ◎는 ○와 ●가 결합하여 나타난 제3의 문화 요소임.

〈보기〉

ㄱ. (가)는 발명, (나)는 직접 전파이다.
ㄴ. 을국에서는 (다)로 인한 문화 융합이 나타났다.
ㄷ. 갑국에서 창조된 문화 요소가 을국으로 전달되었다.
ㄹ. 을국은 1차, 2차 변동에서 모두 갑국의 영향을 받았다.

① ㄱ, ㄴ　　② ㄱ, ㄹ　　③ ㄴ, ㄷ
④ ㄱ, ㄷ, ㄹ　　⑤ ㄴ, ㄷ, ㄹ

[유형 분석] 문화 변동의 요인을 (가)~(다)로 제시하고, 해당 문화 변동 요인을 파악한 뒤에 갑, 을 두 국가 간 1차 변동 요인과 2차 변동 요인의 결과로 어떠한 문화 변동이 나타났는지 구별해야 하는 문항이다.

[접근 방법] ❶ (가)~(다)가 각각 무엇에 해당하는지 파악한다. 이때 해당 문화 변동 요인의 사례를 떠올려 본다. ❷ 갑국과 을국 간 교류를 통해 나타난 문화 변동 개념에는 무엇이 있는지 떠올려 본다.

🖉 ⑤

❶ 문화 변동의 요인인 발명, 발견, 직접 전파, 간접 전파, 자극 전파를 A~D 등으로 가린 후 해당 개념의 특징을 묻는 질문을 그림 또는 표로 구성하여 제시한다. ❷ A~D에 해당하는 문화 변동의 요인이 무엇인지 파악하는 과정이 끝나면 그 다음에는 두 국가 또는 세 국가 간 문화 변동 과정을 그림으로 제시한 후 해당 국가에서 나타난 문화 변동의 양상(문화 동화, 문화 병존, 문화 융합)을 묻는 문항이 주로 출제된다. ❸ 국가 간 문화 변동 과정을 표 또는 제시문으로 구성하여 출제될 수 있으므로, 문화 변동 관련 개념의 의미를 정확히 파악해 두고 있어야 한다.

실전 문제

주제 ① 문화 변동의 의미와 요인

01

| 평가원 |

다음 〈자료 1〉의 A~D에 해당하는 문화 변동의 요인을 〈자료 2〉의 (가)~(라)에 옳게 연결한 것은? (단, A~D는 각각 발견, 발명, 직접 전파, 자극 전파 중 하나이다.)

〈자료 1〉
○ B, D를 통해 기존에 없었던 문화 요소가 창조된다.
○ B, C는 A, D와 달리 타 문화와의 접촉으로 발생한다.

〈자료 2〉
　갑국의 선조들은 자연에서 광물을 ☐☐(가)☐☐ 하였고, 이를 활용하여 금속 그릇을 ☐☐(나)☐☐ 하였다. 이 금속 그릇은 갑국의 상인들에 의해 을국에 ☐☐(다)☐☐ 되었다. 이 과정에서 을국 사람들은 갑국의 금속 그릇에서 아이디어를 얻어 새로운 금관 악기를 만들게 되었는데, 이는 ☐☐(라)☐☐의 사례로 볼 수 있다.

	(가)	(나)	(다)	(라)
①	A	B	C	D
②	A	D	C	B
③	B	C	A	D
④	B	D	C	A
⑤	D	A	C	B

02

표는 문화 변동 요인 A~C를 구분한 것이다. 이에 대한 옳은 설명만을 〈보기〉에서 있는 대로 고른 것은? (단, A~C는 각각 발견, 자극 전파, 직접 전파 중 하나이다.)

구분	A	B	C
외부와 완전히 단절된 사회의 문화 변동 요인이 될 수 있는가?	예	아니요	아니요
외래 문화 요소에 착안하여 새로운 문화 요소를 만들어 내는가?	아니요	예	아니요

〈보기〉
ㄱ. 존재하고 있었으나 알려지지 않았던 사물이나 원리 등을 찾아내는 행위는 A에 해당한다.
ㄴ. C는 문화 요소를 제공하는 사회의 일방적인 의지에 의해 이루어진다.
ㄷ. C와 달리 B는 한 사회에 새로운 문화 요소를 추가시키는 요인이다.
ㄹ. A는 문화 변동의 내재적 요인, B와 C는 문화 변동의 외재적 요인이다.

① ㄱ, ㄴ　　② ㄱ, ㄹ　　③ ㄴ, ㄷ
④ ㄱ, ㄷ, ㄹ　　⑤ ㄴ, ㄷ, ㄹ

03

그림은 문화 변동의 요인 A~C를 분류한 것이다. 이에 대한 옳은 설명만을 〈보기〉에서 있는 대로 고른 것은? (단, A~C는 각각 발명, 직접 전파, 자극 전파 중 하나이다.)

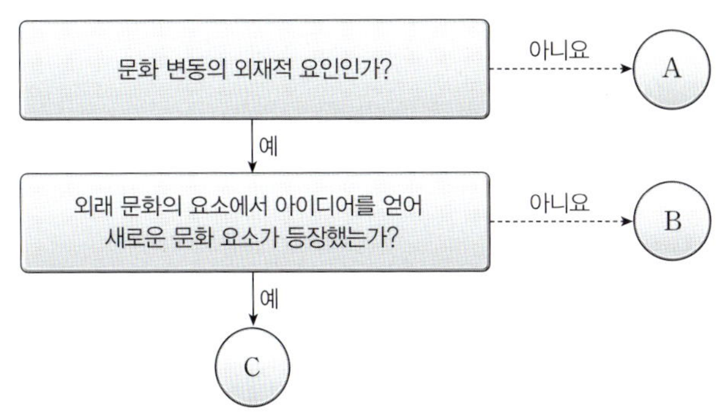

〈보기〉
ㄱ. 다른 나라의 종교 교리를 응용하여 신흥 종교가 창설된 경우는 A로 인한 것이다.
ㄴ. 자국을 식민 지배한 나라의 언어에 의해 자국 언어가 대체된 경우는 B로 인한 것이다.
ㄷ. 이웃 나라의 음식 문화가 인터넷을 통해 전해져 자국 내에서 인기를 끈 경우는 C로 인한 것이다.
ㄹ. 인쇄 기술이 개발되어 도서 제작에 활용한 경우는 A, 다른 나라의 인쇄 기술자가 전해준 인쇄 기술로 인해 도서 보급이 확대된 경우는 B로 인한 것이다.

① ㄱ, ㄴ　　② ㄱ, ㄹ　　③ ㄴ, ㄹ
④ ㄱ, ㄴ, ㄷ　　⑤ ㄴ, ㄷ, ㄹ

주제 ② 문화 변동의 양상

04

다음 자료에 대한 설명으로 옳은 것은?

○ A~C는 각각 문화 동화, 문화 병존, 문화 융합 중 하나이며, ㉠, ㉡은 각각 '예', '아니요' 중 하나이다.
○ '갑국 내에서 토착 종교와 외래 종교가 독립적으로 나란히 존재하는 것을 사례로 들 수 있는가?'에 대해 A, C는 ㉠, B는 ㉡의 대답을 한다.
○ '을국 국민들이 자신들의 전통 새우 요리법과 병국의 음식 재료인 크림을 결합하여 새로운 새우 요리를 만든 것을 사례로 들 수 있는가?'에 대해 B, C는 ㉠, A는 ㉡의 대답을 한다.

① ㉠은 '예', ㉡은 '아니요'이다.
② A는 문화 병존이다.
③ B는 기존 문화의 정체성 상실을 초래한다.
④ C는 강제적 문화 접변에 의해서는 나타나지 않는다.
⑤ B는 C와 달리 문화 접변이 일어난 사회의 문화 다양성을 높이는 데 기여한다.

05

| 평가원 |

표는 문화 접변의 결과 A, B를 비교한 것이다. 이에 대한 설명으로 옳은 것은?

구분	A	B
의미	(가)	한 사회의 문화가 다른 사회의 문화로 흡수되어 정체성을 상실하는 현상
사례	온돌을 사용하던 우리나라의 난방 방식과 서양식 주거 문화의 실용적 요소가 접목되어 바닥 난방식 아파트가 만들어짐	(나)

① A는 B와 달리 외래 문화의 유입에도 기존 문화의 정체성이 유지된다.

② A와 B의 구분 기준은 '외래 문화의 강제적 이식 여부'이다.

③ A, B 모두 외래 문화가 변형되지 않은 상태로 남아 있다.

④ (가)에는 '서로 다른 문화가 한 문화 체계 안에서 나란히 존재하는 현상'이 들어갈 수 있다.

⑤ (나)에는 '우리나라에 고추가 유입되어 백김치 대신 빨간 김치가 보편화됨'이 들어갈 수 있다.

06

다음 자료에 대한 설명으로 옳은 것은?

그림은 갑국의 음식 문화가 을국과 병국에 전파되어 나타난 문화 변동 결과를 나타낸다. 단, a~c는 서로 다른 음식 문화 요소이며, d는 a, c의 성격을 지니면서도 a, c와 다른 새로운 성격을 지닌 제3의 음식 문화 요소이다.

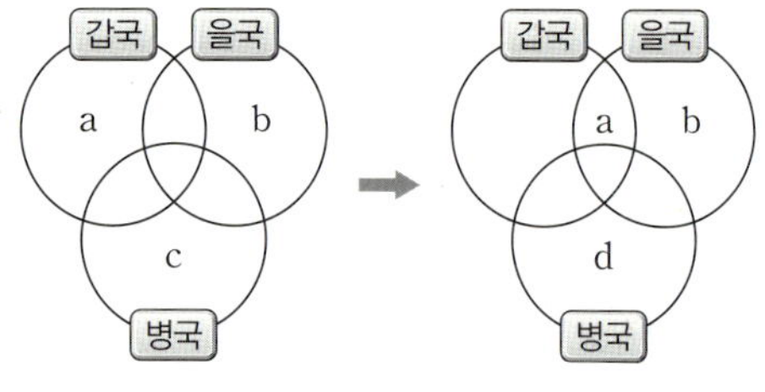

① 갑국에서는 문화 동화가 나타났다.

② 병국에서는 내재적 변동의 결과로 새로운 음식 문화가 탄생하였다.

③ 갑국과 을국 간의 문화적 동질성이 약화되었다.

④ 을국과 달리 병국에서는 문화 병존이 나타났다.

⑤ 을국과 병국 모두에서 자문화의 정체성이 상실되지 않았다.

07

그림은 문화 변동의 양상 A~C를 분류한 것이다. 이에 대한 옳은 설명만을 〈보기〉에서 있는 대로 고른 것은? (단, A~C는 각각 문화 동화, 문화 병존, 문화 융합 중 하나이다.)

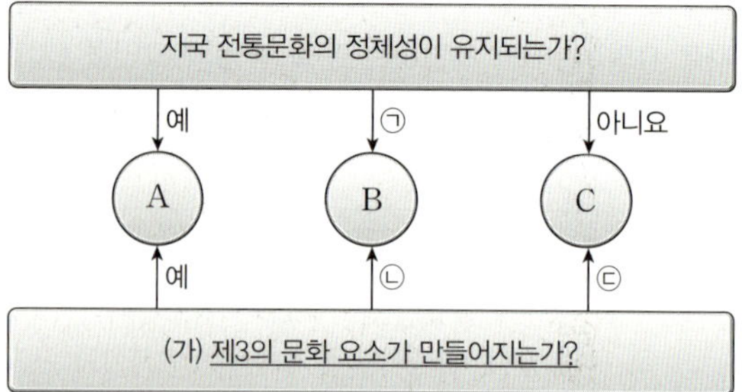

〈보기〉

ㄱ. ㉠은 '예', ㉡은 '아니요'이다.

ㄴ. A는 주로 자극 전파에 의해 나타난다.

ㄷ. C는 A, B와 달리 강제적 문화 접변의 결과이다.

ㄹ. (가)가 '외래문화가 변형되지 않은 상태로 정착되는가?'로 대체되면, ㉢에 들어갈 응답은 달라진다.

① ㄱ, ㄴ   ② ㄱ, ㄹ   ③ ㄴ, ㄷ

④ ㄱ, ㄷ, ㄹ   ⑤ ㄴ, ㄷ, ㄹ

08

다음 (가), (나)에 나타난 문화 변동의 양상을 구분할 수 있는 질문만을 〈보기〉에서 있는 대로 고른 것은?

(가) 갑국은 을국을 지배하면서 갑국의 종교를 강요하였다. 그 결과 시간이 흐르면서 을국에서는 그들 고유의 토속 신앙이 사라지고 갑국 종교만이 자리잡게 되었다.

(나) 병국 사람들은 정국 사람들과 교류하면서 그들의 육식 문화를 적극적으로 받아들였고 그 과정에서 돈가스가 탄생하였다. 돈가스는 돼지고기를 재료로 한다는 점에서 육식이지만, 정국 음식과 달리 기존의 병국의 튀김음식처럼 튀겨 반찬으로 쌀밥과 함께 즐겨먹는 음식이 되었다.

〈보기〉

ㄱ. 외래문화 요소가 변형되지 않고 정착되었는가?

ㄴ. 문화 변동 과정에서 자문화의 정체성이 상실되었는가?

ㄷ. 새롭게 등장한 문화 요소를 자발적으로 수용하였는가?

ㄹ. 외래문화 요소에서 영감을 얻어 새로운 문화 요소를 만들었는가?

① ㄱ, ㄴ   ② ㄱ, ㄹ   ③ ㄷ, ㄹ

④ ㄱ, ㄴ, ㄷ   ⑤ ㄴ, ㄷ, ㄹ

09

다음 자료에 대한 옳은 설명만을 〈보기〉에서 고른 것은?

○ 갑국~정국에서는 모두 문화 전파에 의한 문화 변동이 나타났으며, 을국~정국의 문화 변동 결과는 각각 문화 동화, 문화 병존, 문화 융합 중 하나이다.
○ 갑국과 달리 을국, 병국, 정국에서는 의복의 직접 전파 또는 간접 전파에 의해 문화 변동이 나타났다.
○ 갑국, 병국, 정국에서와 달리 을국에서는 의복 부문에서 문화 동화가 나타났다.
○ 을국, ____(가)____에서와 달리 정국, ____(나)____에서는 새로운 의복이 만들어졌다.

보기
ㄱ. (가)는 병국이고, (나)는 갑국이다.
ㄴ. 갑국에서는 외부 문화 요소로부터 아이디어를 얻는 문화 전파가 나타났다.
ㄷ. 을국과 정국에서는 모두 자국 내 전통문화 요소의 정체성을 상실하는 문화 변동이 나타났다.
ㄹ. 병국에서는 문화 융합, 정국에서는 문화 병존이 나타났다.

① ㄱ, ㄴ　　② ㄱ, ㄷ　　③ ㄴ, ㄷ　　④ ㄴ, ㄹ　　⑤ ㄷ, ㄹ

10

〈자료 2〉의 (가)~(다)에 나타난 문화 접변의 양상을 〈자료 1〉의 A~C에서 옳게 고른 것은? (단, A~C는 각각 문화 동화, 문화 병존, 문화 융합 중 하나이다.)

〈자료 1〉

구분	A	B	C
새로운 문화 요소가 나타났는가?	예	아니요	아니요
자국의 전통 문화 요소가 외부 문화 요소로 대체되었는가?	아니요	아니요	예

〈자료 2〉
(가) 미국의 식민 지배를 받은 이후 필리핀 사람들은 타갈로그어와 함께 영어를 공용어로 사용한다.
(나) 멕시코 지역 토착 원주민의 전통과 에스파냐의 정복 문화가 결합하여 메스티소 문화가 나타났다.
(다) 메이지 유신 이후 서구적 생활 방식을 수용한 일본 사람들은 기모노 대신 양복을 입고, 머리카락을 서양식으로 잘랐다.

	(가)	(나)	(다)		(가)	(나)	(다)
①	A	B	C	②	A	C	B
③	B	A	C	④	B	C	A
⑤	C	B	A				

11

| 평가원 |

다음 두 사례에 대한 공통적인 설명으로 가장 적절한 것은?

○ 요즘 스마트 기기에 저장된 생체 정보, 신용 카드 정보 등을 통해 온·오프라인 상거래에서 간편 결제 서비스를 이용하는 사람들이 증가하고 있다. 그런데 간소화된 지불 절차를 악용하여 불필요한 결제를 유도하는 등 다른 사람에게 금전적 피해를 입히는 신종 범죄도 발생하고 있다.
○ 최근 '먹방', '신제품 리뷰' 등 다양하고 유용한 정보를 제공하여 수익을 창출하는 1인 방송이 늘어나고 있다. 그런데 누구나 쉽게 제작하여 경제적 이익을 얻을 수 있다는 점을 악용하여 선정적이고 폭력적인 콘텐츠가 그대로 방송되는 부작용도 발생하고 있다.

① 물질문화의 발명으로 인해 세대 간 갈등이 증가하였음을 보여준다.
② 지배적인 문화의 질적 저하로 인해 반문화가 확산되었음을 보여준다.
③ 문화 요소 간 변동 속도의 차이로 인해 병리적인 현상이 나타났음을 보여준다.
④ 대중문화의 확산으로 인해 문화의 상업화와 획일화가 심화되었음을 보여준다.
⑤ 정보 통신 기술의 발달로 인해 하위문화가 전체 문화로 변화되었음을 보여준다.

12

다음 대화에서 을이 우려하고 있는 문화 변동의 문제점에 대한 설명으로 가장 적절한 것은?

① 물질문화가 비물질문화보다 변동 속도가 느려서 나타난다.
② 문화 요소 간의 균형 있는 발전을 강조하는 자세가 필요하다.
③ 전통적 규범의 약화에 따른 가치관의 혼란이 원인이 되어 나타난다.
④ 해결책으로는 외래문화에 대한 경계와 문화적 정체성 유지가 강조된다.
⑤ 환경 오염 문제에 대한 경각심은 높아졌지만, 이를 해결할 기술이 발달하지 못한 상태를 사례로 들 수 있다.

킬러 문항 완전 정복

01

〈자료 1〉은 문화 변동 요인 A~D를 분류한 것이며, 〈자료 2〉는 문화 변동 사례를 나타낸 것이다. 이에 대한 옳은 설명만을 〈보기〉에서 있는 대로 고른 것은?

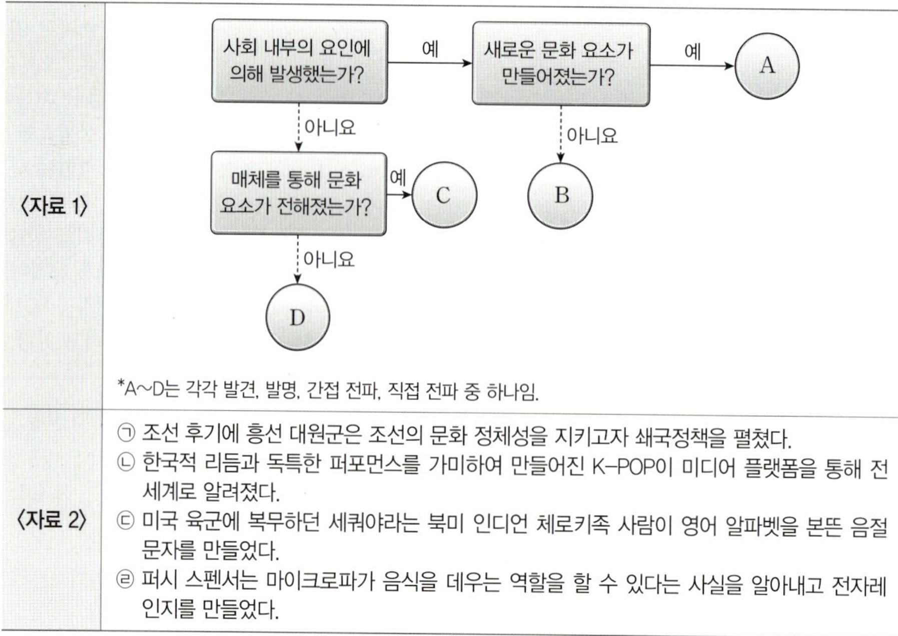

〈자료 2〉
- ㉠ 조선 후기에 흥선 대원군은 조선의 문화 정체성을 지키고자 쇄국정책을 펼쳤다.
- ㉡ 한국적 리듬과 독특한 퍼포먼스를 가미하여 만들어진 K-POP이 미디어 플랫폼을 통해 전 세계로 알려졌다.
- ㉢ 미국 육군에 복무하던 세쿼야라는 북미 인디언 체로키족 사람이 영어 알파벳을 본뜬 음절 문자를 만들었다.
- ㉣ 퍼시 스펜서는 마이크로파가 음식을 데우는 역할을 할 수 있다는 사실을 알아내고 전자레인지를 만들었다.

〈보기〉
- ㄱ. ㉠은 C 또는 D에 의한 문화 변동의 부정적 영향을 고려한 결과로 볼 수 있다.
- ㄴ. ㉡은 A를 통해 등장한 문화 요소가 C가 된 사례이다.
- ㄷ. ㉢은 A와 C가 결합된 문화 변동 사례이다.
- ㄹ. ㉣은 B를 토대로 A가 이루어진 사례이다.

① ㄱ, ㄷ ② ㄱ, ㄹ ③ ㄴ, ㄷ
④ ㄱ, ㄴ, ㄹ ⑤ ㄴ, ㄷ, ㄹ

02

그림은 T기~T+2기 동안 갑국~병국 간에 발생한 문화 변동을 나타낸 것이다. 이에 대한 옳은 설명만을 〈보기〉에서 고른 것은?

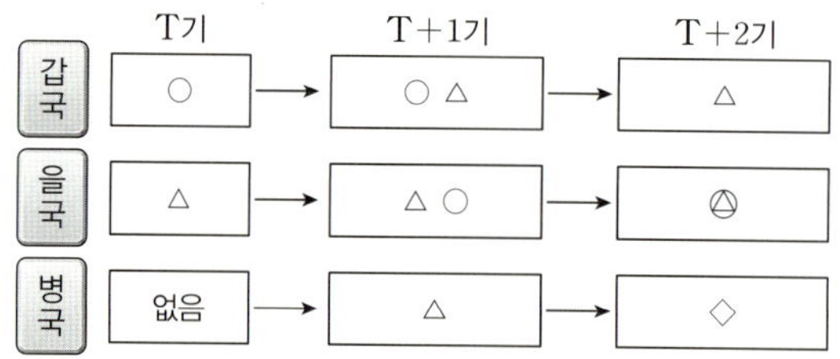

〈보기〉
- ㄱ. T+1기 병국에서는 문화 동화가 나타났다.
- ㄴ. T+1기 갑국, 을국에서는 문화 병존이 나타났다.
- ㄷ. T+2기 갑국에서는 을국, 병국과 달리 고유문화의 정체성을 상실하는 문화 변동이 나타났다.
- ㄹ. T+1기에 비해 T+2기에는 갑국~병국 간의 문화적 동질성이 높아졌다.

① ㄱ, ㄴ ② ㄱ, ㄷ ③ ㄴ, ㄷ ④ ㄴ, ㄹ ⑤ ㄷ, ㄹ

03

⟨자료 1⟩은 문화 변동 요인 A~D를 분류한 것이며, ⟨자료 2⟩는 갑국과의 교류로 인한 을국의 문화 변동을 나타낸다. 이에 대한 설명으로 옳은 것은? (단, A~D는 각각 발명, 간접 전파, 직접 전파, 자극 전파 중 하나이다.)

⟨자료 1⟩

구분	A	B	C	D
변동의 요인이 외부로부터 오는가?	아니요	㉠	㉡	예
외부 사회의 문화 요소에서 아이디어를 얻어 새로운 문화 요소를 만들었는가?	아니요	㉢	㉣	아니요
서로 다른 사회 구성원들 간의 직접적인 접촉 과정에서 문화 요소가 전달되었는가?	아니요	예	아니요	아니요

⟨자료 2⟩

분야	갑국 고유의 문화 요소	전파 방법	을국의 문화 체계 (변동 전)	을국의 문화 체계 (변동 후)
종교	○, □	전쟁	●, ■	○, □, ◉
음악	◇, △	대중 매체	◆, ▲	◆, ▲, ◇, △
의복	□	교역	◎	◎, ▱, ▤

* ◉는 ○의 성격과 ●의 성격을 모두 지니면서도 새로운 성격을 갖는 문화임.

① ㉠, ㉢은 '예'이고, ㉡, ㉣은 '아니요'이다.
② 갑국의 음악 문화 요소는 B에 의해 을국에 전달되었다.
③ 갑국의 종교 문화 요소는 D에 의해 을국에 전달되었다.
④ 을국은 의복 분야에서 A, C가 나타나지 않았다.
⑤ 을국은 종교 분야에서 문화 융합, 음악 분야에서 문화 병존이 발생하였다.

1등급 전략
우선 ⟨자료 1⟩에서 A~D가 각각 발명, 간접 전파, 직접 전파, 자극 전파 중 무엇에 해당하는지 파악하고, ㉠~㉣에 들어갈 답을 찾자. 그 후 ⟨자료 2⟩에 나타난 문화 변동을 설명할 수 있는 개념이 A~D 중 무엇인지 파악하자.

04

표는 t기~t+4기 동안 갑국~병국 간에 발생한 문화 변동을 나타낸 것이다. 이에 대한 설명으로 옳은 것은?

시기	문화 변동 내용
t기	고유한 문자가 없었던 을국과 병국은 갑국의 문자를 모방하여 각각 a문자와 b문자를 만들었다.
t+1기	갑국은 을국을 정복한 후 갑국의 의복 문화를 을국에 강제로 이식하였다. 갑국에 포로로 잡혀간 을국 사람들을 통해 갑국에서는 을국의 음식 문화가 유행하였다.
t+2기	을국을 침략한 병국은 을국의 도공들을 병국으로 끌고 가서 가마를 축조하고 도자기를 제작하여 자국의 도자기 문화를 발달시켰다.
t+3기	병국은 갑국과 을국을 정복하여 병국의 언어와 종교를 강요하였지만, 갑국과 달리 을국은 자신들의 언어와 종교 문화를 유지하였다.
t+4기	인터넷을 통해 을국의 대중음악을 접한 갑국과 병국 대다수의 사람들이 을국의 대중음악을 즐겼다.

① t기는 t+2기와 달리 내재적 요인에 의한 문화 변동이 나타났다.
② t기 을국과 병국에서는 문화 융합, t+3기 갑국에서는 문화 동화가 나타났다.
③ t+1기 갑국과 t+2기 병국에서는 모두 구성원의 자발성에 기초한 문화 변동이 나타났다.
④ t+1기와 t+3기에는 직접 전파, t+2기와 t+4기에는 간접 전파가 나타났다.
⑤ 갑국, 을국, 병국은 모두 강제적 문화 접변을 경험하였다.

1등급 전략
그림으로 문화 변동 전후를 제시하는 문항과 달리 표를 통해 문화 변동 상황을 시기별로 제시하고 있는 문항이다. 표의 내용을 꼼꼼하게 읽어 각 시기별 문화 변동 양상을 파악하자.

07강 사회 불평등 현상

출제 POINT

주제 ① 사회 계층화 현상에 관한 이론		주제 ② 사회 불평등 현상을 이해하는 관점		주제 ③ 다양한 사회 불평등 현상	
계급 이론	★★★	기능론적 관점	★★★	절대적 빈곤과 상대적 빈곤	★★☆
계층 이론	★★★	갈등론적 관점	★★★	성 불평등	★☆☆
				사회적 소수자	★☆☆

주제 ① 사회 계층화 현상에 관한 이론

1. 사회 계층화 현상

(1) **의미** : 사회 구성원 간 불평등이 일정한 요인에 따라 범주화되고, 범주화된 사람들 간에 구조적 서열이 존재하는 현상으로서, 사회 불평등 현상이 일정한 틀이나 체계를 갖추어 나타나는 현상

(2) **양상** : 시대와 사회를 초월하여 계층화는 일반적으로 나타나는 현상이지만 그 요인과 범주화되는 양상은 시대와 사회에 따라 다양하게 나타남

Tip

❶ 계급 이론은 '불연속적'으로 계급을 구분하며, 계층 이론은 '연속적'으로 계층을 구분한다는 점에 주목하자!

❷ 생산 수단의 소유 여부에 따라 이분법적으로 계급을 구분하는 계급 이론은 현대 사회에서 나타나는 지위 불일치 현상을 설명하기에 적절하지 않다는 점을 기억하자!

3점 공략 

2. 계급 이론과 계층 이론

구분	계급 이론	계층 이론
사상가	마르크스	베버
의미	사회 계급을 경제적 요인인 생산 수단의 소유 여부에 따라 나눔	사회 계층을 경제적 요인은 물론 사회적 요인 및 정치적 요인 등 다양한 요인에 의해 서열화된 집단으로 구분함
구분 기준	생산 수단의 소유 여부에 따라 지배 계급(부르주아, 자본가)과 피지배 계급(프롤레타리아, 노동자)으로 구분함 → 일원론적 관점	경제적 계급, 사회적 위신, 정치적 권력 등 다양한 요인에 따라 상층, 중층, 하층으로 구분함 → 다원론적 관점
특징	• 계급 간의 지배와 피지배 관계로 인해 갈등과 대립이 불가피함 • 이분법적·불연속적으로 계급을 구분함(지배 계급 ↔ 피지배 계급) • 같은 계급에 속한 사람들 간에는 계급 의식이 강하게 나타나고, 다른 계급에 대해서는 적대감을 보임 • 사회 이동의 가능성이 매우 제한되어 있음을 강조함 • 계급 간 생산 수단을 둘러싼 갈등·대립 관계가 사회 변혁의 원동력이라고 봄	• 각 계층의 구분은 단순한 분류의 의미만을 지니고 있음 • 복합적·연속적으로 계층을 상층, 중층, 하층으로 구분함 • 동일 계층에 속한 사람들 간의 계층 의식이 미약하고 다른 계층에 대해 적대감이 약함 • 다원화된 현대 사회의 불평등을 범주화하여 설명하기에 적합함 • 현대 사회의 지위 불일치 현상을 설명하기에 적합함
비판	• 사회 불평등 현상을 지나치게 단순화하고 경제적 요인에 다른 불평등 요인이 종속된다고 단정 짓는다고 봄 • 노동자 계급 내에서 발생하는 연대 의식도 명확하지 않거나 나타나지 않는 경우도 있다고 봄	• 상층, 중층, 하층 등으로 계층적 위치를 나누는 기준이 모호함 • 사회 불평등 현상을 결정하는 가장 근본적인 원인은 경제적 측면에 있음에도 사회 불평등 현상을 세 가지 요인으로 나누어 분석하는 것은 사회 불평등 현상의 근본적인 원인을 경시하는 것이라고 봄

계급 이론 의미 도식 내 텍스트:

계층 이론 의미 도식 내 텍스트:

3점 공략

구분	기능론적 관점	갈등론적 관점
전제	• 사회의 수많은 직업들은 기능적 중요도가 다름 • 차등적 보상 체계에 따라 더 중요한 직업을 수행하는 사람들에게 사회적 희소가치가 더 많이 배분됨 • 사회 불평등은 불가피한 현상임	• 사회에 존재하는 직업의 기능적 중요도에는 차이가 없음 • 지배 집단이 자신들에게 유리하게 특정 직업에 더 높은 가치를 부여하고 더 많은 사회적 희소가치를 가져감
자원 배분의 기준	• 개인의 노력, 능력, 업적 등 사회 전체적으로 합의된 정당한 기준으로 배분됨 • 더 어렵고 중요한 일을 하는 사람에게 더 많은 자원이 배분됨	• 권력, 재산, 가정 배경 등 지배 집단만의 합의가 반영되고 지배 집단에게 유리한 기준임 • 직업의 중요도가 아니라 지배 집단의 권력과 강제에 의해 배분됨
사회적 기능	• 개인에게 성취동기를 부여하고 구성원 간 경쟁을 유발함으로써 사회가 효율적으로 작동하는 데 기여함 • 각 지위나 직업을 담당하는 데 필요한 능력을 갖춘 인재들이 적재적소에 배치됨으로써 사회 전체의 효율성이 향상될 수 있음	• 사회적 희소가치가 개인의 능력과 무관하게 분배됨으로써 피지배 집단 구성원의 계층 상승을 억압함 • 불평등한 계층 구조를 재생산하거나 고착화함으로써 사회적 갈등과 대립 관계를 형성하는 요인이 됨 • 개인과 사회가 최선의 기능을 하는 데 방해가 되어 사회 발전을 저해함
한계	자원 배분에 있어 권력 관계나 가정 배경에 대한 현실적 영향력을 간과한다는 비판을 받음	개인의 능력이 사회적 지위 변동에 미치는 영향력을 간과한다는 비판을 받음

Tip

기능론적 관점은 사회 불평등 현상이 보편적이고 불가피한 현상이라고 보는 반면, 갈등론적 관점은 사회 불평등 현상이 보편적이지만 불가피한 현상은 아니라고 본다는 것에 유의하자!

❷ 갈등론에서 말하는 계급 재생산

• 계급 재생산이란 부모의 계급을 자녀가 세습하여 기존의 지배와 피지배의 관계가 세대를 이어가며 지속되는 현상을 의미한다.
• 갈등론에서는 지배 계급이 계급 재생산을 위해 사회적 희소가치의 분배 기준을 자신에게 유리하게 만들어 피지배 계급에 강제한다고 본다.

주제 ③ 다양한 사회 불평등 현상

1. 빈곤 문제

구분	절대적 빈곤	상대적 빈곤
의미	인간이 최소한의 생활을 유지하는 데 필요한 자원이나 소득이 부족한 상태	다른 사람들보다 자원이나 소득을 적게 가져 사회 구성원 다수가 누리고 있는 일반적인 생활 수준을 영위하지 못하는 상태
특징	• 산업화 과정에서 감소하는 경향이 있지만, 여전히 많은 사회에서 절대적 빈곤에 처한 가구가 존재함 • 주로 저개발 국가에서 두드러지게 나타남	• 생활 수준이 향상되더라도 소득 격차가 커지면 상대적 빈곤 문제가 심화되며, 이 경우 상대적 박탈감과 사회 분열을 가져올 수 있음 • 주로 급속한 산업화로 빈부 격차가 심화된 국가에서 부각됨
빈곤선	우리나라에서는 소득이 최저 생계비 미만인 가구를 절대적 빈곤 가구로 파악함	우리나라에서는 소득이 중위 소득의 50% 미만인 가구를 상대적 빈곤 가구로 파악함

❷ 중위 소득

전체 가구를 소득순으로 나열하였을 때, 한가운데 위치하는 가구의 소득을 의미한다.

2. 성 불평등 문제

발생 요인	성별 분업, 차별적 사회화, 남성 중심의 사회 구조
해결 방안	양성 평등 의식 함양, 양성평등 정착을 위한 제도 마련

3. 사회적 소수자 문제

의미	신체적 또는 문화적 특징으로 인해 사회의 다수 구성원들로부터 구분되어 불평등한 처우를 받는 사람들 → 수적으로 반드시 소수(少數)를 의미하는 것은 아님
특성	• 소수자 집단의 성원이라는 이유만으로 차별의 대상이 됨 • 주류 집단에 비해 사회적 자원의 획득에서 불리한 위치에 있음 • 스스로 차별받는 집단의 성원이라는 인식 또는 소속감을 가짐 • 신체적 또는 문화적으로 다른 집단과 구별되는 뚜렷한 차이를 가짐 • 시대와 장소에 따라 사회적 소수자를 규정하는 기준이 다르며, 다양한 기준에 의해 사회적 소수자로 규정될 수 있음

❻ 3점 공략 Check

Q1 일원론을 바탕으로 사회 계층화 현상을 설명하는 이론은 (계급 이론 / 계층 이론)이다.

Q2 사회 불평등 현상을 연속적인 서열화 상태로 보는 이론은 (계급 이론 / 계층 이론)이다.

Q3 표의 ㉠~㉘에 '예' 또는 '아니요'의 답을 쓰시오.

구분	기능론	갈등론
(1) 직업에 중요도가 있는가?	㉠	㉡
(2) 사회 불평등은 불가피한 현상인가?	㉢	㉣
(3) 사회 불평등은 보편적인 현상인가?	㉤	㉥
(4) 자원 배분에 있어 가정 배경이 개인의 능력보다 중요한가?	㉦	㉧

대표 기출 VS 고난도 기출

531 PROJECT H

순한맛 # 수능

다음은 사회 불평등 현상을 설명하는 이론 A, B를 기준으로 갑~무를 조사한 자료이다. 이에 대한 분석으로 옳은 것은? (단, A, B는 각각 계급 이론, 계층 이론 중 하나이다.)

〈A에 따른 조사 자료〉

구분	갑	을	병	정	무
생산 수단 소유 여부	미소유	미소유	소유	미소유	소유

〈B에 따른 조사 자료〉

구분	갑	을	병	정	무
재산 정도	상	하	상	중	상
위신 정도	중	하	상	하	하
권력 정도	상	하	상	하	상

① 계급 이론에 따르면 을, 정은 서로 다른 계급으로 구분된다.
② 계층 이론에 따르면 을, 병 간 권력 정도의 차이는 재산 정도의 차이에 의해 결정된다.
③ 갑, 병, 무는 공통의 계급적 연대 의식을 공유한다.
④ 계층적 위치에서 사회적 측면과 정치적 측면 간 지위 불일치가 나타나는 사람은 2명이다.
⑤ B는 A와 달리 사회 불평등 현상을 이분법적으로 파악한다.

[유형 분석] 계급 이론과 계층 이론의 이론별 입장 차이를 묻는 문항에서 발전하여 가상의 조사 자료를 제시한 뒤 해당 자료를 분석하는 형태로 변형된 문항이다. 생산 수단의 소유 여부에 따라 계층을 구분하는 이론은 계급 이론임에 유의하자.

[접근 방법] ❶ 생산 수단의 소유 여부에 의해서만 계급을 구분하는 이론이 무엇인지 파악하자. 이를 통해 A와 B가 각각 어디에 해당하는지 파악할 수 있다. ❷ B에 따른 조사 자료에서 갑~무의 계층별 위계가 일치하는 부분과 불일치하는 부분을 파악한 뒤 선지의 진위를 구별하자.

답 ④

WHY 왜 빠지지 않고 출제될까?

사회 불평등 현상을 바라보는 관점(기능론, 갈등론)과 사회 불평등 현상을 설명하는 이론(계급 이론, 계층 이론) 모두 각 관점(또는 이론)의 입장 차이를 구별하여 비교하는 방식으로 출제되는 경우가 많았다. 그러나 최근 들어 **가상의 인물들의 계층을 경제적 측면, 정치적 측면, 사회적 측면 등에서 표 또는 그림으로 제시한 뒤 자료 해석 선지와 이론적 특징을 파악하는 선지를 결합하는 문항이 출제**되고 있다.

평가원 # 정답률 58.7% 매운맛

다음 자료에 대한 옳은 설명만을 〈보기〉에서 있는 대로 고른 것은?

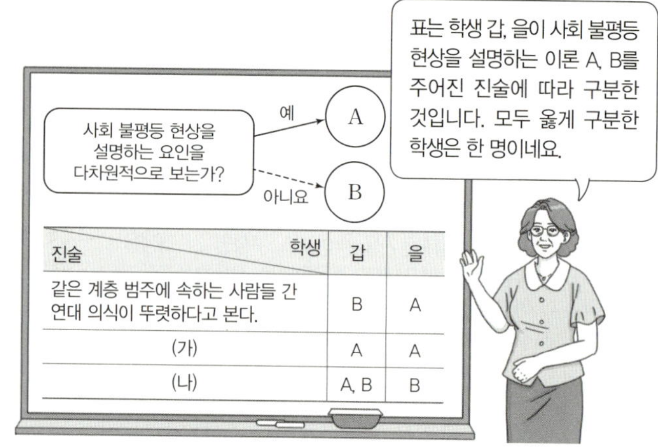

진술 \ 학생	갑	을
같은 계층 범주에 속하는 사람들 간 연대 의식이 뚜렷하다고 본다.	B	A
(가)	A	A
(나)	A, B	B

〈보기〉

ㄱ. 진술에 따라 A, B를 모두 옳게 구분한 학생은 을이다.
ㄴ. A는 B와 달리 지위 불일치 현상을 설명하기에 용이하다.
ㄷ. (가)에는 '계층을 연속적인 위계 관계로 파악한다.'가 들어갈 수 있다.
ㄹ. (나)에는 '경제적 요인을 사회 불평등 현상의 원인으로 고려한다.'가 들어갈 수 있다.

① ㄱ, ㄴ ② ㄱ, ㄹ ③ ㄴ, ㄷ
④ ㄱ, ㄷ, ㄹ ⑤ ㄴ, ㄷ, ㄹ

[유형 분석] 계급 이론과 계층 이론의 입장 차이를 그림과 표로 구분하여 묻는 유형의 문항이다. 사회 불평등 현상의 발생 요인을 일차원적으로 보는 이론은 계급 이론, 다차원적으로 보는 이론은 계층 이론임에 유의하자.

[접근 방법] ❶ 사회 불평등 현상의 발생 요인을 다차원적으로 보는 이론이 무엇인지 파악하자. ❷ 같은 계층 범주에 속하는 사람들 간 연대 의식을 강조하는 이론은 무엇인지 파악하자. ❸ A, B가 계급 이론과 계층 이론 중 각각 어디에 해당하는지 파악한 뒤 선지의 진위를 판단하자.

답 ⑤

HOW 킬러 문항, 어떻게 출제될까?

❶ 계급 이론과 계층 이론의 경우 각 이론의 입장 차이를 구분하는 질문을 표 또는 그림으로 제시하는 경우가 많은데, 해당 유형의 문항에 대비하기 위해서는 **기능론, 갈등론, 계급 이론, 계층 이론의 각 입장별 기본 전제 및 한계점을 정확히 숙지**하고 있어야 한다. ❷ 사회 불평등 현상을 바라보는 기능론과 갈등론은 최근 각 입장을 그래프 형태로 제시하는 문항이 출제되고 있다. 예를 들어 '개인의 노력 수준'과 '개인의 보상 수준' 간 정(+)의 관계가 성립한다고 보는 관점은 무엇인지를 묻는 경우가 있다.

주제 ① 사회 계층화 현상에 관한 이론

01
| 평가원 |

다음은 사회 불평등 현상을 설명하는 이론 A, B에 따라 갑~정을 분류한 것이다. 이에 대한 옳은 분석만을 〈보기〉에서 있는 대로 고른 것은?

〈A에 따른 구분〉

구분 기준	자본가	노동자
생산 수단	갑, 을	병, 정

〈B에 따른 구분〉

구분 기준	상층	중층	하층
재산	을	갑	병, 정
위신	을	갑, 병, 정	–
권력	을	갑, 병	정

〈보기〉
ㄱ. A는 B와 달리 사회 불평등 현상을 불연속적으로 구분되어 있는 상태로 본다.
ㄴ. A, B는 모두 경제적 요소를 사회 불평등의 요인으로 본다.
ㄷ. 갑은 정과 달리 지위 불일치 현상을 설명하기에 적절한 사례이다.
ㄹ. 갑과 병은 계급 의식을 공유하고, 을과 정 간에는 적대감이 존재한다.

① ㄱ, ㄴ ② ㄱ, ㄷ ③ ㄷ, ㄹ
④ ㄱ, ㄴ, ㄹ ⑤ ㄴ, ㄷ, ㄹ

02

다음 (가)~(다)에 들어갈 수 있는 질문으로 옳은 것은?

A, B는 각각 계급 이론과 계층 이론 중 하나이다. A는 생산 수단의 소유 여부가 사회 불평등 구조를 결정한다고 보는 B를 비판한다. 그림은 질문 (가)~(다)에 따라 A, B를 비교한 것이다.

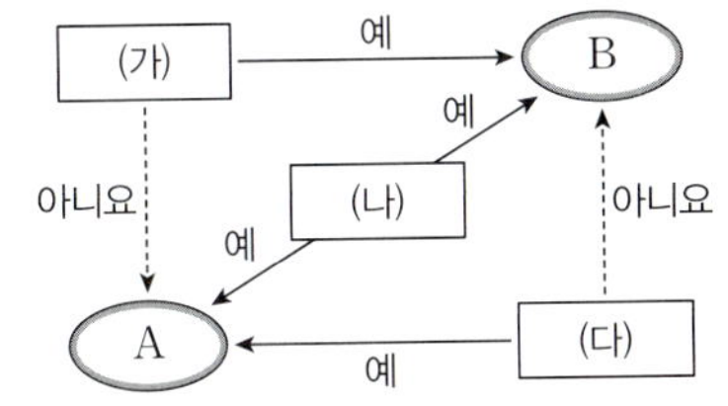

① (가) – 사회 불평등 현상은 보편적인 현상이라고 보는가?
② (가) – 사회 불평등 현상은 연속적으로 구분되어 있는 상태라고 보는가?
③ (나) – 경제적 불평등과 정치적 불평등의 발생 원인이 다르다고 보는가?
④ (다) – 동일한 계급에 속한 구성원들 간 연대 의식이 반드시 강한 것은 아니라고 보는가?
⑤ (다) – 특정 집단에 대한 지배와 통제가 저항을 초래하므로 집단 간 갈등은 불가피하다고 보는가?

03

다음 자료에 대한 옳은 설명만을 〈보기〉에서 고른 것은?

○ 표는 계층 이론을 근거로 실시한 갑~병의 주관적 계층 의식과 실제 계층의 조사 결과를 나타낸다.

〈주관적 계층 의식〉				〈실제 계층〉			
구분	재산	위신	권력	구분	재산	위신	권력
갑	상층	상층	상층	갑	상층	하층	중층
을	중층	상층	하층	을	하층	중층	하층
병	하층	하층	중층	병	중층	중층	상층

○ 각 측면에서의 계층이 상층이면 3점, 중층이면 2점, 하층이면 1점을 부여한다.

〈보기〉
ㄱ. 병의 경우 주관적 계층 의식의 점수 합계보다 실제 계층의 점수 합계가 크다.
ㄴ. 주관적 계층 의식의 점수 합계와 실제 계층의 점수 합계의 차이는 갑보다 을이 작다.
ㄷ. 을과 달리 병은 주관적 계층 의식에서 지위 불일치를 경험하고 있다.
ㄹ. 계급 이론에 따르면 실제 계층에서 을과 병은 같은 계급 의식을 공유한다.

① ㄱ, ㄴ ② ㄱ, ㄷ ③ ㄴ, ㄷ ④ ㄴ, ㄹ ⑤ ㄷ, ㄹ

04

다음 (가), (나)에 해당하는 적절한 질문만을 〈보기〉에서 있는 대로 고른 것은?

사회 불평등 현상을 설명하는 이론 A는 생산 관계에 초점을 맞춘 B의 경제 결정론적 시각을 비판하며 다양한 요인에 의해 사회 불평등 현상이 발생한다고 주장한다.

A와 B를 구분할 수 있는 질문	A와 B를 구분할 수 없는 질문
(가)	(나)

〈보기〉
ㄱ. (가) – 계층을 연속적이고 서열화된 개념으로 규정하는가?
ㄴ. (가) – 사회적 희소가치의 차등 분배로 인해 사회 불평등이 발생하는가?
ㄷ. (나) – 정치·사회·문화의 불평등이 경제적 불평등에 종속되는가?
ㄹ. (나) – 경제적 요인에 의해 발생하는 사회 불평등 현상을 인정하는가?

① ㄱ, ㄴ ② ㄱ, ㄹ ③ ㄷ, ㄹ
④ ㄱ, ㄴ, ㄷ ⑤ ㄴ, ㄷ, ㄹ

05

| 수능 |

다음은 사회 불평등 현상을 바라보는 관점을 나타낸 자료이다. 이에 대한 설명으로 옳은 것은?

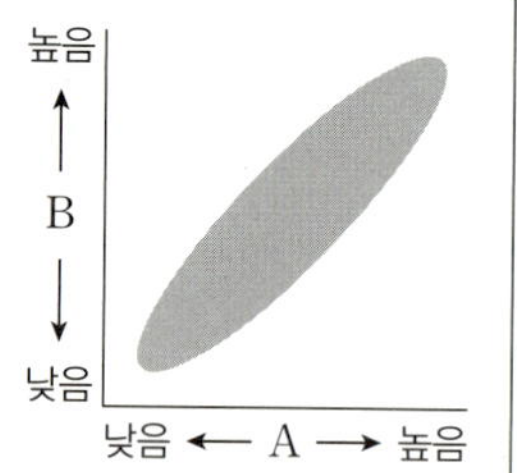

사회에서 가치 있다고 생각하는 자리를 자격 있는 사람으로 채우기 위해서는 더 많은 보상을 제공해야 한다. 따라서 사회 불평등 현상은 어느 사회에서나 나타난다. 이를 그림으로 표현하면 오른쪽과 같다.

① 사회 불평등 현상을 보편적이지만 제거해야 할 대상이라고 본다.

② 사회적 지위나 직업에는 중요도에 따른 위계 체계가 존재한다고 본다.

③ 지배 집단과 피지배 집단 간의 대립 관계에서 사회 불평등 현상을 이해한다.

④ A가 '부모의 경제적 지위'라면, B는 '자녀의 사회적 성공 가능성'이 적절하다.

⑤ A가 '희소가치의 균등 분배 수준'이라면, B는 '개인의 성취 동기'가 적절하다.

06

다음 자료에 대한 설명으로 옳은 것은?

○ 사회 불평등 현상을 바라보는 관점인 A에 따르면 사회 불평등은 직업별 중요도의 차이에 따른 차등 보상의 결과로서, 사회 전체를 위해 필요한 현상이라고 본다.

○ A의 관점에서는 (가) 와 (나) 간에는 정(+)의 관계가, (다) 와 (라) 간에는 부(−)의 관계가 나타난다고 본다.

① A는 빈곤이 불공정한 분배 구조 탓이라고 본다.

② A는 사회 불평등이 보편적인 현상이라는 점을 간과한다.

③ A는 사회 전체의 합의에 기초한 소득 분배 기준은 존재하지 않는다고 본다.

④ (가)에는 '소득의 균등 분배 정도'가, (나)에는 '사회의 발전 가능성'이 들어갈 수 있다.

⑤ (다)에는 '상층 자녀의 노력 수준'이, (라)에는 '그 사람의 세대 간 이동 가능성'이 들어갈 수 있다.

07

그림은 어느 학교의 서술형 평가 문항과 학생 갑, 을의 답안 내용 및 채점 결과이다. 이에 대한 설명으로 옳은 것은?

서술형 평가	○○고등학교 3학년

○문제 : A와 구별되는 B의 특징을 2개만 쓰시오. (단, A와 B는 각각 기능론과 갈등론 중 하나이다.) [옳은 내용 1개당 2점씩 총 4점]

갑의 답안 내용	점수
• 차등적 보상 체계가 사회 발전에 기여하지 못한다고 본다. • [(가)]	2

을의 답안 내용	점수
• 사회 불평등 현상의 불가피성을 강조한다. • 사회 불평등은 사회 분화에 따른 합리적 결과라고 본다.	0

① A는 균등 배분을 통한 성취동기의 자극을 강조한다.

② B는 사회 전체적으로 합의된 기준에 따라 사회적 희소가치가 배분된다고 본다.

③ B는 A에 비해 세대 간 이동의 가능성을 낮게 본다.

④ (가)에는 '서로 다른 계급의 이익이 양립할 수 없다고 본다.'가 들어갈 수 있다.

⑤ (가)에는 '사회가 기득권층의 지배를 바탕으로 유지된다고 본다.'가 들어갈 수 있다.

08

사회 불평등 현상을 바라보는 관점 A, B를 구분할 수 있는 질문만을 〈보기〉에서 고른 것은?

A : 모든 사람에게는 기회가 모두 균등하게 제공된다. 그러나 기회가 균등하게 제공되어도 그 결과는 달라진다. 이는 개인의 능력이나 노력 등 사회 전체적으로 합의된 정당한 기준에 따른 차등 보상으로 사회 불평등이 발생하기 때문이다.

B : 모든 사람에게 기회가 균등하게 제공된 것도 아니며 개인의 능력이나 노력의 차이 때문에 사회 불평등 현상이 나타나는 것은 더욱 아니다. 사회 불평등은 기득권자들이 사회적 희소가치를 독점하는 사회 구조 때문에 발생한다.

〔보기〕

ㄱ. 사회적 가치는 희소하다고 보는가?

ㄴ. 거시적 관점에서 사회 불평등 현상을 이해하는가?

ㄷ. 사회 불평등을 보편적이고 불가피한 현상으로 보는가?

ㄹ. 사회적 희소가치는 사회 전체의 필요와 합의에 의해 배분된다고 보는가?

① ㄱ, ㄴ   ② ㄱ, ㄷ   ③ ㄴ, ㄷ   ④ ㄴ, ㄹ   ⑤ ㄷ, ㄹ

주제 ③ 다양한 사회 불평등 현상

09

| 평가원 |

다음 자료에 대한 분석으로 옳은 것은? (단, 갑국과 을국 각각에서 전체 가구 수는 2016년 이후 변동이 없으며, 모든 가구의 구성원 수는 동일하다.)

○ 갑국과 을국은 모두 가구 소득이 최저 생계비 미만인 가구를 절대적 빈곤 가구로, 중위 소득의 50% 미만인 가구를 상대적 빈곤 가구로 분류한다.
○ 갑국은 절대적 빈곤 가구에 생계비를 지원하고, 을국은 상대적 빈곤 가구에 교육비를 지원한다.
○ 2016년에 을국의 최저 생계비는 중위 소득의 50%였으며, 갑국, 을국 모두 전체 가구의 30%가 절대적 빈곤 가구였다.
○ 갑국, 을국 모두 수급 자격 가구와 수급 가구는 일치한다.

(단위 : %)

구분		2017년	2018년
갑국	수급 자격 상실 비율	7	8
	수급 자격 취득 비율	3	4
을국	수급 자격 상실 비율	10	10
	수급 자격 취득 비율	5	5

* 수급 자격 상실 비율(%) = $\dfrac{\text{금년도 수급 자격 상실 가구 수}}{\text{전년도 수급 가구 수}} \times 100$

** 수급 자격 취득 비율(%) = $\dfrac{\text{금년도 수급 자격 취득 가구 수}}{\text{전년도 비(非)수급 가구 수}} \times 100$

---

① 갑국은 객관적 지표를, 을국은 주관적 지표를 통해 수급 자격 가구를 결정한다.
② 을국은 갑국에 비해 보편적 복지 이념에 부합하는 빈곤 대책을 채택하고 있다.
③ 2016년과 2017년 갑국의 최저 생계비는 동일하다.
④ 2017년과 달리 2018년에 갑국은 전년 대비 생계비 수급 가구 수가 증가하였다.
⑤ 2017년과 달리 2018년에 을국은 전년 대비 교육비 수급 가구 수가 증가하였다.

10

표는 갑국의 빈곤율을 나타낸다. 이에 대한 옳은 분석만을 〈보기〉에서 고른 것은? (단, 갑국 전체 가구 수는 매년 증가하였다.)

(단위 : %)

구분	2004년	2009년	2014년	2019년
전체 가구에서 1인 가구가 차지하는 비율	18.4	18.9	19.2	20
전체 가구에서 빈곤 가구가 차지하는 비율	11.1	12.4	12.4	12.6
전체 1인 가구 중 빈곤 1인 가구가 차지하는 비율	10.5	11.9	15.7	21

〈보기〉

ㄱ. 2019년에 빈곤 가구 중 1인 가구는 30%를 넘지 않는다.
ㄴ. 2004년 대비 2009년 1인 가구 증가율보다 전체 가구 증가율이 높다.
ㄷ. 2인 이상 가구의 빈곤율은 2014년보다 2009년이 높다.
ㄹ. 1인 가구 중 빈곤 가구 수는 2019년이 2004년의 2배를 넘는다.

① ㄱ, ㄴ ② ㄱ, ㄷ ③ ㄴ, ㄷ ④ ㄴ, ㄹ ⑤ ㄷ, ㄹ

11

다음 자료에 대한 옳은 설명만을 〈보기〉에서 고른 것은? (단, A, B는 각각 상대적 빈곤과 절대적 빈곤 중 하나이다.)

교사 : 빈곤의 유형 A, B에 대해 발표해 볼까요?
갑 : 가구당 최저 생계비를 높게 설정할수록 A에 따른 빈곤율은 높아집니다.
을 : B는 다른 사람들보다 자원이나 소득을 상대적으로 적게 가져 사회 구성원 다수가 누리는 생활 수준을 누리지 못하는 상태를 의미합니다.
병 : 우리나라에서는 중위 소득의 50% 미만인 경우가 B에 해당합니다.
정 : A는 B와 달리 객관적인 기준에 의해 규정됩니다.
교사 : ㉠한 사람을 제외하고 모두 옳게 발표했습니다.

〈보기〉

ㄱ. ㉠은 병이다.
ㄴ. 갑은 절대적 빈곤, 을은 상대적 빈곤에 대해 발표하였다.
ㄷ. A의 비율이 하락하면, B의 비율은 상승한다.
ㄹ. 중위 소득이 최저 생계비보다 작으면, B에 해당하는 가구는 모두 A에 해당할 수 있다.

① ㄱ, ㄴ ② ㄱ, ㄷ ③ ㄴ, ㄷ ④ ㄴ, ㄹ ⑤ ㄷ, ㄹ

12

다음 자료에 대한 옳은 분석만을 〈보기〉에서 고른 것은?

갑국에서 절대적 빈곤 가구는 소득이 최저 생계비 미만인 가구를, 상대적 빈곤 가구는 소득이 중위 소득의 50% 미만인 가구를 말한다. 그림은 갑국 전체 가구의 구성을 나타낸다. 단, 갑국에서 가구별 구성원 수는 같고, 최저 생계비와 중위 소득의 50% 금액이 다르면 절대적 빈곤 가구 수와 상대적 빈곤 가구 수도 다르다.

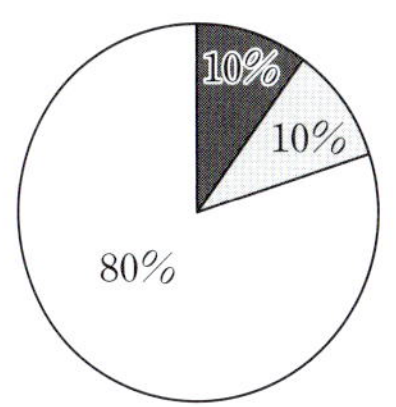

■ 절대적 빈곤과 상대적 빈곤 모두에 해당하는 가구
□ 절대적 빈곤에는 해당하지 않고 상대적 빈곤에만 해당하는 가구
□ 절대적 빈곤과 상대적 빈곤 모두에 해당하지 않는 가구

〈보기〉

ㄱ. 중위 소득이 최저 생계비의 2배보다 크다.
ㄴ. 소득이 최저 생계비 이상인 가구가 전체 가구의 90%이다.
ㄷ. 절대적 빈곤 가구 중 상대적 빈곤 가구의 비율이 50%이다.
ㄹ. 절대적 빈곤 가구에만 해당하는 가구보다 상대적 빈곤 가구에만 해당하는 가구가 적다.

① ㄱ, ㄴ ② ㄱ, ㄷ ③ ㄴ, ㄷ ④ ㄴ, ㄹ ⑤ ㄷ, ㄹ

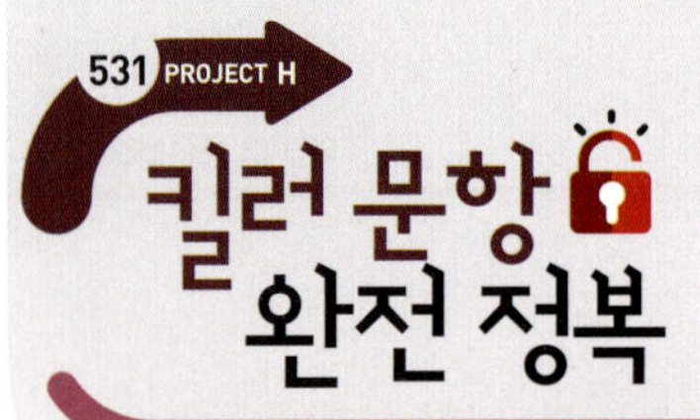

1등급 전략

갑~정이 받은 점수가 발생할 수 있는 경우를 표로 그려 파악하자.

01

다음 자료에 대한 옳은 설명만을 〈보기〉에서 고른 것은?

○ ⓐ 경제적 계급 측면, ⓑ 사회적 위신 측면, ⓒ 정치적 권력 측면에서 갑, 을, 병의 계층을 파악하는데, ⓐ~ⓒ 중 상층이면 3점, 중층이면 2점, 하층이면 1점을 부여한다.
○ ⓐ에서의 계층은 갑이 상층, 을이 중층, 병이 하층이며, 점수 합계는 갑이 9점, 을이 6점, 병이 4점이다. 단, 계층은 상층, 중층, 하층으로만 구분된다.

> ┌ 보기 ┐
> ㄱ. 지위 불일치가 나타날 수 있는 사람은 최대 3명이다.
> ㄴ. ⓐ~ⓒ에서의 계층 모두 갑이 을, 병보다 높다.
> ㄷ. ⓐ~ⓒ에서의 계층이 모두 다른 사람은 최대 1명이다.
> ㄹ. 을과 병이 ⓑ에서의 계층이 같다면, ⓒ에서의 계층은 을이 병보다 높다.

① ㄱ, ㄴ   ② ㄱ, ㄷ   ③ ㄴ, ㄷ   ④ ㄴ, ㄹ   ⑤ ㄷ, ㄹ

1등급 전략

계급 이론과 계층 이론의 특징을 정리한 후 갑~정의 진술이 각각 어떤 이론의 특징에 해당하는지 파악하자.

02

다음 자료에 대한 설명으로 옳은 것은?

> 교사 : A와 B는 각각 계급 이론과 계층 이론 중 하나입니다. A와 구별되는 B의 특징에 대해서 발표해 볼까요?
> 갑 : 계층 의식을 중시합니다.
> 을 : ⬚⬚⬚⬚⬚⬚⬚ (가) ⬚⬚⬚⬚⬚⬚⬚
> 병 : 계급을 자본가와 노동자로 구분합니다.
> 정 : 지위 불일치 현상을 설명하기에 적합합니다.
> 교사 : 네 명 중 세 사람이 옳게 발표했습니다.

① A는 B와 달리 불연속적·이분법적으로 계층을 구분한다.
② B는 A와 달리 사회적 희소가치가 차등 분배된다고 전제한다.
③ A와 B 모두 계층화 현상이 필수 불가결하다고 주장한다.
④ (가)에 '경제적 요인이 계층 결정에 영향을 끼친다고 봅니다.'가 들어갈 수 있다.
⑤ (가)에 '다양한 요인에 의해 사회 불평등이 발생할 수 있다고 봅니다.'는 들어갈 수 없다.

03

다음 자료는 사회 불평등 현상을 바라보는 갑, 을의 관점을 나타낸다. 이에 대한 설명으로 옳은 것은?

> 갑 : 사회 불평등 현상은 특정 집단이 자신들의 이익을 지키기 위해 만든 분배 구조에 따라 나타납니다. 그로 인해 우리 사회에는 이 그림과 같은 현상이 강화되고 있습니다.
>
> 을 : 이 그림을 보십시오. 사회 불평등 현상을 통해 성취동기는 자극되고 사회적 효율성은 극대화됩니다.

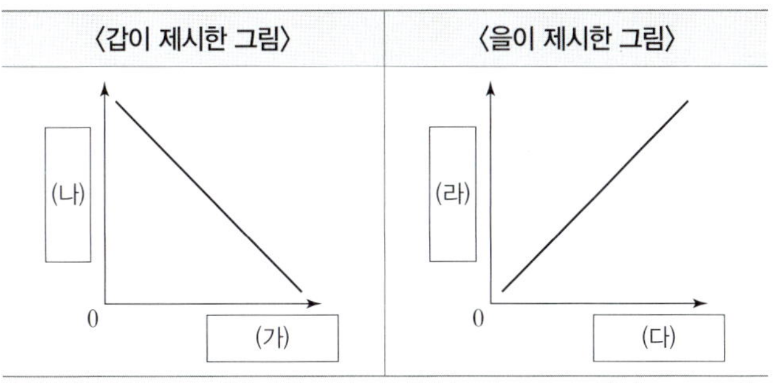

① 갑의 관점은 사회 불평등이 사회 유지와 발전에 기여한다고 본다.
② 갑의 관점과 달리 을의 관점은 사회 불평등을 보편적인 현상으로 본다.
③ 을의 관점과 달리 갑의 관점은 가정 배경이나 권력의 현실적 영향력을 간과한다는 비판을 받는다.
④ (가)가 '부모의 사회·경제적 지위'이면, (나)에는 '자녀의 사회적 성공 가능성'이 들어갈 수 있다.
⑤ (다)가 '하층 자녀의 노력 수준'이면, (라)에는 '하층 자녀의 상승 이동 가능성'이 들어갈 수 있다.

04

다음 자료에 대한 옳은 분석만을 〈보기〉에서 고른 것은?

> ○ 갑국의 전체 가구 수는 100만 가구로 변함이 없고, 가구당 구성원 수도 변함이 없다.
> ○ 표는 갑국의 연도별 빈곤 관련 지표를 나타낸다. 단, 빈곤층 가구 수는 2017년과 2018년이 같다.

구분	2018년	2019년
빈곤층 가구 수(만 가구)	⊙	32
빈곤 탈출률(%)	40	20
빈곤 진입률(%)	10	20

* 빈곤 탈출률 : 이전 연도에 빈곤층이었던 가구 중 해당 연도에 빈곤층이 아닌 가구의 비율
** 빈곤 진입률 : 이전 연도에 빈곤층이 아니었던 가구 중 해당 연도에 빈곤층인 가구의 비율

┌ 보기 ┐
ㄱ. ⊙에 들어갈 숫자는 '20'이다.
ㄴ. 빈곤층 탈출 가구 수는 2019년이 2018년보다 많다.
ㄷ. 2018년의 빈곤층 가구 중 40%는 2017년도에는 비빈곤층 가구였다.
ㄹ. 2019년의 비빈곤층 가구 중 2018년에도 비빈곤층 가구인 비율은 90% 미만이다.

① ㄱ, ㄴ　　② ㄱ, ㄷ　　③ ㄴ, ㄷ　　④ ㄴ, ㄹ　　⑤ ㄷ, ㄹ

08강 사회 이동과 사회 계층 구조

출제 POINT

주제 1 사회 이동

수평 이동과 수직 이동	★★☆
개인적 이동과 구조적 이동	★★☆
세대 내 이동과 세대 간 이동	★★☆

주제 2 사회 계층 구조

개방적 계층 구조와 폐쇄적 계층 구조	★★★
피라미드형과 다이아몬드형 계층 구조 🔒	★★★
타원형과 모래시계형 계층 구조	★★☆

⭕ 구조적 이동의 사례

• 전쟁 : 평시에 비해 전시에는 군인의 일률적인 상승 이동이 나타날 가능성이 높다.
• 혁명 : 프랑스 대혁명 결과 성직자나 귀족은 하강 이동을, 평민은 상승 이동을 경험하였다.

⭕ 피라미드형 계층 구조

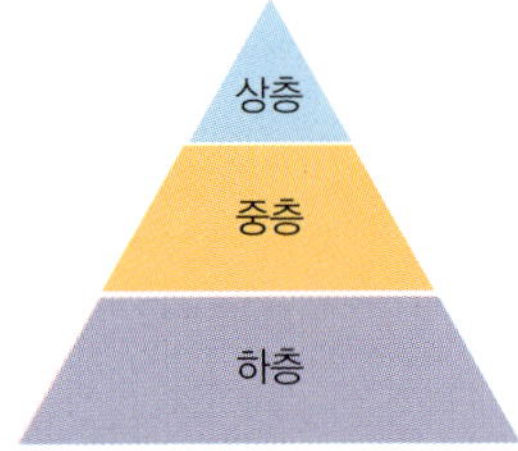

⭕ 다이아몬드형 계층 구조

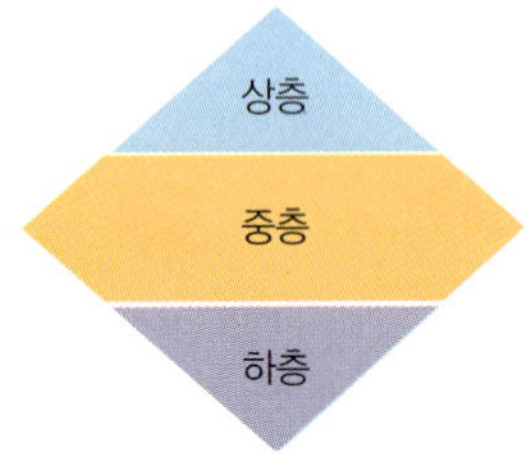

⭕ 타원형 계층 구조

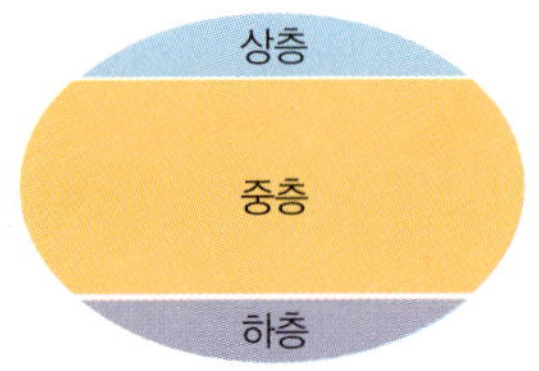

⭕ 모래시계형 계층 구조

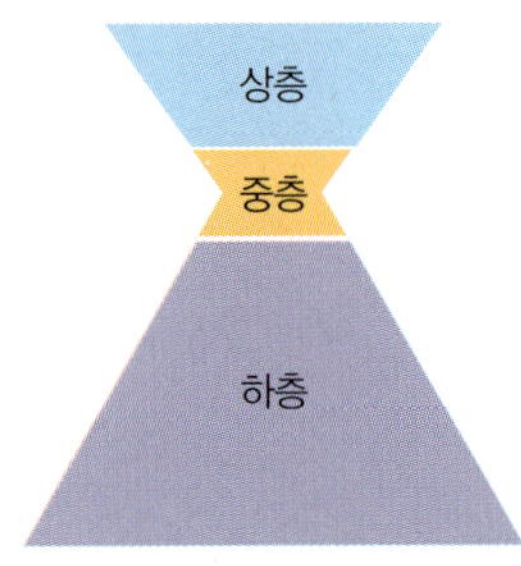

주제 1 사회 이동

분류	유형	내용
이동 원인에 따른 유형	개인적 이동	계층 구조의 변화를 수반하지 않고 노력이나 능력 등 개인적 요인에 의해 발생한 계층적 위치의 변화 예 열심히 노력하여 평사원에서 회사 사장이 된 경우
	구조적 이동	전쟁, 혁명, 산업화 등 사회 구조의 변동에 따라 개인이나 집단의 계층적 위치가 변하는 것 예 조선 말기에 신분 제도가 폐지되면서 천민에서 벗어난 경우
이동 방향에 따른 유형	수평 이동	동일한 계층 내에서의 위치 변화로서 계층적 위치의 높낮이는 변하지 않은 상태에서 비슷한 위치의 다른 직업이나 소속으로 옮겨 가는 것 예 영업부 부장에서 총무부 부장이 된 경우
	수직 이동	• 계층적 위치가 위아래로 바뀌는 것 • 상승 이동 : 하위 계층에서 상위 계층으로 올라가는 것 예 노숙자에서 대기업 회장이 된 경우 • 하강 이동 : 상위 계층에서 하위 계층으로 내려가는 것 예 대기업 회장에서 노숙자가 된 경우
이동 범위 (세대 범위)에 따른 유형	세대 내 이동	개인의 한 생애 내에서 나타나는 계층적 위치의 변화 예 부지런히 일하여 작은 노점의 주인에서 중소기업 사장이 된 경우
	세대 간 이동	한 세대와 그 다음 세대 간에 걸쳐서 발생하는 계층적 위치의 변화 예 아버지는 가난한 농부이지만 그 아들은 노력하여 의사가 된 경우

주제 2 사회 계층 구조

분류	유형	내용
계층 이동 가능성에 따른 유형	폐쇄적 계층 구조	계층 간 이동이 엄격하게 제한된 계층 구조 예 봉건적 신분 사회의 계층 구조
	개방적 계층 구조	계층 간 이동 가능성이 열려 있는 계층 구조 예 현대 민주 사회의 계층 구조
계층 구성 비율에 따른 유형	피라미드형 계층 구조	• 하층의 비율이 가장 높고, 상층의 비율이 가장 낮은 계층 구조 • 하층의 비중이 높으므로 사회적 희소가치를 소수의 상층이 독점하는 현재의 사회 구조를 변화시키려는 시도가 나타날 수 있음
	다이아몬드형 계층 구조	• 중층의 비율이 상층 비율 및 하층 비율보다 높은 계층 구조 • 중층의 비중이 높으므로 사회 안정과 사회 통합에 유리함
정보 사회의 계층 구조	타원형 계층 구조	• 계층 간 소득 격차가 감소하여 중층이 대다수를 차지하는 계층 구조 • 정보화와 세계화에 대하여 낙관적인 입장에서 예측하는 계층 구조로, 중층의 비중이 높아 사회 안정을 실현하는 데 매우 유리함
	모래시계형 계층 구조	• 중층의 비율이 가장 낮고 소수의 상층과 다수의 하층으로 구성되는 계층 구조 • 정보화와 세계화에 대하여 비관적인 입장에서 예측하는 계층 구조로, 중층의 비중이 낮아 사회 양극화 문제가 심각하게 나타남

계층 이동 문제 접근 방법

1. A, B, C가 각각 상층, 중층, 하층 중 어디에 해당하는지부터 파악하자.

〈○○ 지역의 세대별 계층 간 상대적 비〉

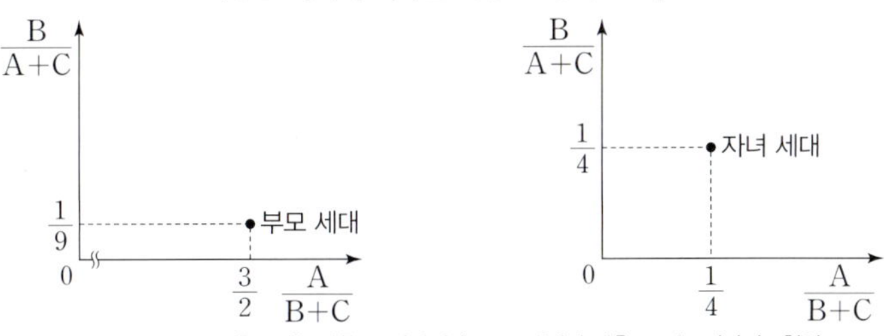

단, A~C는 각각 상층, 중층, 하층 중 하나이며, 부모 세대의 계층 구조는 피라미드형임.

먼저 자녀 세대와 부모 세대에서 A, B, C 각각의 비율을 구해야 합니다. 또한 부모 세대의 계층 구조는 피라미드형이라는 조건에서 계층 구성원의 비율이 '상층<중층<하층'임을 파악해야 합니다. 부모 세대에서 $B/(A+C)$는 $1/9$, $A/(B+C)$는 $3/2$인데, 각각 분모와 분자의 합을 10으로 통일하기 위해 $3/2$을 $6/4$으로 바꾸면 $A+C$가 9일 때 B가 1이고, $B+C$가 4일 때 A는 6이므로 C는 3이 됩니다. 따라서 $A:B:C=6:1:3$이므로 피라미드형 계층 구조가 되기 위해서는 A가 하층, B가 상층, C가 중층이 됩니다. 같은 방법으로 자녀 세대의 계층 구성 비율을 구하고 이를 종합하면 다음의 표와 같이 나타낼 수 있습니다.

(단위 : %)

구분		부모 세대			계
		상층	중층	하층	
자녀 세대	상층				20
	중층				60
	하층				20
계		10	30	60	100

2. 부모 세대와 자녀 세대의 계층 구성표의 빈칸을 채우자.

대부분의 문항에서는 자료 또는 선지로 '부모 세대 계층 대비 부모 세대와 자녀 세대의 계층 일치 비율', '부모 세대 계층 대비 부모 세대와 자녀 세대의 계층 불일치 비율', '자녀 세대 계층 대비 부모 세대와 자녀 세대의 계층 일치 비율', '자녀 세대 계층 대비 부모 세대와 자녀 세대의 계층 일치 비율', '계층 대물림 비율', '세대 간 상승 이동', '세대 간 하강 이동' 등의 표현을 사용하는데, 이러한 표현들이 계층 구성표의 각각 어디에 해당하는지 파악해야 합니다. 먼저, 다음의 표를 살펴봅시다.

(단위 : %)

구분		부모 세대			계	
		상층	중층	하층		
자녀 세대	상층	ⓐ	ⓑ	ⓒ	㉣	── 세대 간 상승 이동
	중층	ⓓ	ⓔ	ⓕ	㉤	
	하층	ⓖ	ⓗ	ⓘ	㉥	── 계층 대물림
계		㉠	㉡	㉢	100	── 세대 간 하강 이동

위의 표에서 각 기호는 다음과 같이 나타낼 수 있습니다.

구분	상층	중층	하층
부모 세대 계층 대비 부모 세대와 자녀 세대의 계층 일치 비율	ⓐ/㉠	ⓔ/㉡	ⓘ/㉢
부모 세대 계층 대비 부모 세대와 자녀 세대의 계층 불일치 비율	(ⓓ+ⓖ)/㉠	(ⓑ+ⓗ)/㉡	(ⓒ+ⓕ)/㉢
자녀 세대 계층 대비 부모 세대와 자녀 세대의 계층 일치 비율	ⓐ/㉣	ⓔ/㉤	ⓘ/㉥
자녀 세대 계층 대비 부모 세대와 자녀 세대의 계층 불일치 비율	(ⓑ+ⓒ)/㉣	(ⓓ+ⓕ)/㉤	(ⓖ+ⓗ)/㉥

Tip

세대 간 계층별 구성 비율 표 분석 방법

(단위 : %)

자녀＼부모	상층	중층	하층	계
상층	15	1	3	19
중층	2	28	28	58
하층	1	2	20	23
계	18	31	51	100

❶ 세대별 구조 유형 파악
- 부모 세대의 경우 상층 18%, 중층 31%, 하층 51%로 하층의 비율이 가장 높고 상층의 비율이 가장 낮은 피라미드형 계층 구조 나타나고 있다.
- 자녀 세대의 경우 상층 19%, 중층 58%, 하층 23%로 중층의 비율이 상층과 하층의 비율보다 높은 다이아몬드형 계층 구조가 나타나고 있다.

❷ 계층 대물림 비율 확인
- 계층 대물림은 '부모 상층-자녀 상층', '부모 중층-자녀 중층', '부모 하층-자녀 하층'인 경우로, 부모 세대의 계층과 자녀 세대의 계층이 동일한 경우를 의미한다.
- 위의 표에서 전체 중 63%(상층 15%+중층 28%+하층 20%)는 세대 간 계층이 되물림되었다.

❸ 세대 간 이동 비율 확인
- 상승 이동 : '부모 중층-자녀 상층', '부모 하층-자녀 상층 또는 중층' (*부모가 상층인 경우 하강 이동이나 계층 대물림만 가능하며, 상승 이동은 나타날 수 없다.)
- 하강 이동 : '부모 상층-자녀 중층 또는 하층', '부모 중층-자녀 하층' (*부모가 하층인 경우 상승 이동이나 계층 대물림만 가능하며, 하강 이동은 나타날 수 없다.)
- 위의 표에서 전체 중 32%는 상승 이동, 5%는 하강 이동하여 총 37%가 세대 간 이동을 하였다.

3점 공략 Check

Q1 부모의 계층은 중층이고 자녀의 계층은 상층인 경우에 나타난 사회 이동은 이동 범위에 따라 분류할 때 (세대 간 / 세대 내) 이동에 해당한다.

Q2 중층의 비율이 상층과 하층의 비율보다 낮은 계층 구조를 (   ) 계층 구조라고 한다.

Q3 다이아몬드형 계층 구조는 피라미드형 계층 구조에 비해 사회 통합에 (유리하다 / 불리하다).

대표 기출 VS 고난도 기출

· 정답 및 해설 p.30

순한맛 # 평가원

다음 자료에 대한 옳은 분석만을 〈보기〉에서 있는 대로 고른 것은?

갑국의 계층은 상층, 중층, 하층으로만 구분되며, A~C는 각각 상층, 중층, 하층 중 하나이다. 부모 세대의 계층 구성비는 A : B : C = 3 : 6 : 1이고, 모든 부모의 자녀는 1명씩이다.

〈부모 세대와 자녀 세대 간 계층 이동 현황〉

(단위 : %)

구분	A	B	C
부모 세대 계층 대비 부모 세대와 자녀 세대의 계층 일치 비율	50	25	50
자녀 세대 계층 대비 부모 세대와 자녀 세대의 계층 불일치 비율	25	50	90

* 자녀 세대 A는 부모 세대보다 계층이 낮을 수 없다.
** B는 다이아몬드형 계층 구조에서 가장 비율이 높은 계층이다.

〈보기〉

ㄱ. 세대 간 상승 이동 비율이 세대 간 하강 이동 비율보다 낮다.
ㄴ. 자녀 세대의 계층 구조는 부모 세대의 계층 구조보다 사회 통합에 유리하다.
ㄷ. 중층 부모를 둔 하층 자녀 인구는 상층 부모를 둔 중층 자녀 인구의 최대 3배이다.
ㄹ. 중층 대물림 인구 대비 상층 대물림 인구의 비는 하층 대물림 인구 대비 중층 대물림 인구의 비보다 낮다.

① ㄱ, ㄴ   ② ㄱ, ㄹ   ③ ㄴ, ㄷ
④ ㄱ, ㄷ, ㄹ   ⑤ ㄴ, ㄷ, ㄹ

[유형 분석] 부모 세대와 자녀 세대 간 계층 이동 현황 및 구성에 관한 자료를 제시하고 부모 세대와 자녀 세대 간 계층 구성 및 세대 간 이동 양상을 분석하는 문항이다.

[접근 방법] ❶ 다이아몬드형 계층 구조에서 가장 비율이 높은 계층이 무엇인지 떠올린다. ❷ A, B, C가 각각 어떤 계층에 해당하는지 파악한다. ❸ 부모 세대와 자녀 세대의 각 계층 구성 비율을 파악한 뒤 세대 간 이동 현황을 살펴본다.   답 ②

WHY 왜 빠지지 않고 출제될까?

계층 이동 자료 분석 문항은 모의고사와 수능에서 20번 문항으로 출제되어왔다. 가장 난도가 높은 문항인 동시에 풀이 방법 또한 유형화되어 있는 문항이다. 다양한 형태의 관련 문항을 풀어보면서 계층 구조 표를 작성하는 연습을 꾸준히 하도록 하자.

수능 # 정답률 31.8% 매운맛

다음 자료에 대한 분석으로 옳은 것은?

(가), (나) 사회의 계층은 A~C로만 구성되며, A~C는 각각 상층, 중층, 하층 중 하나이다. 모든 부모의 자녀는 1명씩이다.

〈부모 세대와 자녀 세대 계층 구성의 상대적 비〉

구분	(가) 사회		(나) 사회	
	부모 세대	자녀 세대	부모 세대	자녀 세대
$\dfrac{A+C}{A+B}$	$\dfrac{7}{9}$	$\dfrac{5}{8}$	$\dfrac{5}{9}$	$\dfrac{5}{7}$
$\dfrac{A+C}{B+C}$	$\dfrac{7}{4}$	$\dfrac{5}{7}$	$\dfrac{5}{6}$	$\dfrac{5}{8}$

〈자녀 세대 계층 대비 부모 세대와 자녀 세대의 계층 불일치 비율〉

(단위 : %)

구분	(가) 사회	(나) 사회
A	0	20
B	52	10
C	55	80

* 자녀 세대 B는 부모 세대보다 계층이 높을 수 없으며, C는 A보다 높은 계층임.

① (가) 사회에서 세대 간 상승 이동을 한 사람의 수는 하층 부모를 둔 자녀보다 중층 부모를 둔 자녀가 많다.
② (나) 사회는 중층 부모를 둔 자녀 중에서 세대 간 상승 이동 비율이 세대 간 하강 이동 비율보다 높다.
③ (가) 사회와 달리 (나) 사회에서는 세대 간 이동 비율이 계층 대물림 비율보다 낮다.
④ (가) 사회와 달리 (나) 사회에서 부모 세대에는 피라미드형 계층 구조가, 자녀 세대에는 다이아몬드형 계층 구조가 나타난다.
⑤ (가) 사회는 부모 세대 상층에서 자녀 세대 중층으로의 이동이, (나) 사회는 부모 세대 하층에서 자녀 세대 상층으로의 이동이 나타나지 않았다.

[유형 분석] 〈부모 세대와 자녀 세대 계층 구성의 상대적 비〉를 통해 부모 세대와 자녀 세대의 계층 구성 비율을 파악하는 데 시간이 걸리도록 구성한 문항이다.

[접근 방법] ❶ 부모 세대보다 계층이 높을 수 없는 계층이 무엇인지 파악한다. 부모 세대보다 계층이 높을 수 없다는 것은 이미 가장 낮은 계층이라는 점에 유의하자. ❷ A, B, C가 각각 어떤 계층에 해당하는지 파악한다. ❸ 부모 세대와 자녀 세대의 각 계층 구성 비율을 파악한 뒤 세대 간 이동 현황을 파악한다.   답 ②

HOW 킬러 문항, 어떻게 출제될까?

상층, 중층, 하층을 A~C로 숨기고 A~C가 각각 무슨 계층인지 파악하는 형태로 출제된다. 세대 간 이동 현황을 파악하기 위해 **'부모 세대 대비 부모 세대와 자녀 세대의 계층 일치 비율'** 또는 **'자녀 세대 대비 부모 세대와 자녀 세대의 계층 불일치 비율'**을 제시하는데, 이 때 'A 대비 B'는 $\dfrac{B}{A}$를 의미함에 유의하자.

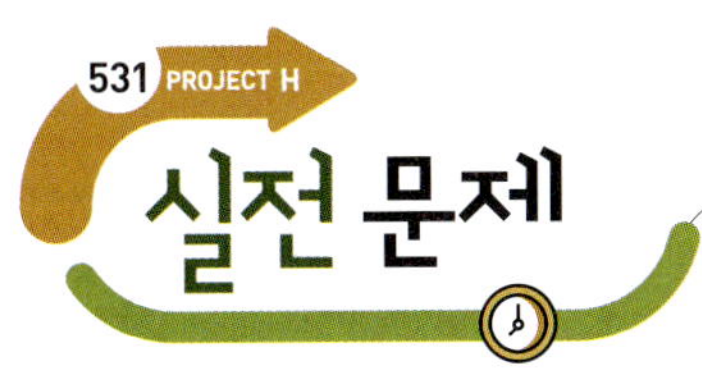

주제 ① 사회 이동

01

다음 자료에 대한 분석으로 옳은 것은?

| 수능 |

> 다음은 갑국에서 가구주 1,000명을 대상으로 ⊙ 부모의 계층과 본인의 현재 계층 간 이동 및 ⓒ 부모로부터 독립 후 본인의 최초 계층과 현재 계층 간 이동을 조사한 결과이다. (단, 계층은 상층, 중층, 하층으로만 구성된다.)
>
> 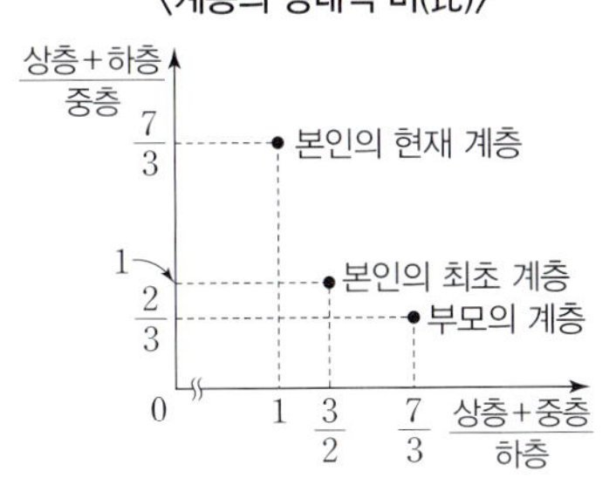
>
> 〈계층의 상대적 비(比)〉
>
> 〈계층 일치 비율〉
>
> | 구분 | A | B |
> |------|-----|-----|
> | 상층 | 80 | 100 |
> | 중층 | 50 | 52 |
> | 하층 | 80 | 90 |
>
> *A : 부모 계층 대비 부모 계층과 본인 현재 계층의 일치 비율(%)
> **B : 본인 최초 계층 대비 본인 최초 계층과 현재 계층의 일치 비율(%)

① ⊙과 ⓒ을 모두 경험한 가구주가 ⊙과 ⓒ 중 어느 하나도 경험하지 않은 가구주보다 적다.
② ⊙을 경험하고 ⓒ은 경험하지 않은 가구주가 ⊙은 경험하지 않고 ⓒ을 경험한 가구주보다 적다.
③ 세대 내 하강 이동보다 세대 내 상승 이동이 많다.
④ 현재 계층이 중층인 가구주의 최초 계층은 모두 중층이었다.
⑤ 가구주의 현재 계층 구조가 부모의 계층 구조보다 사회 통합에 유리한 계층 구조이다.

02

다음 자료에 대한 분석으로 옳은 것은?

> 사회 계층으로 상층, 중층, 하층만이 존재하는 갑국과 을국의 전체 인구가 각각 일정한 상황에서 다음과 같은 변화가 나타났다.
>
> | | |
> |------|--|
> | 갑국 | 2019년 상층 인구 비율이 전년 대비 10%p 증가하여 30%가 되었고, 중층 인구 비율은 전년 대비 10%p 감소하여 20%가 되었다. |
> | 을국 | 2019년 중층 인구 비율이 전년 대비 30%p 감소하여 20%가 되었고, 하층 인구 비율은 전년 대비 15%p 증가하여 40%가 되었다. |

① 2019년 갑국의 상층과 하층의 비율은 전년 대비 감소했다.
② 2019년 을국의 상층 인구는 전년 대비 15% 증가했다.
③ 2018년 갑국과 달리 을국은 피라미드형 계층 구조이다.
④ 2019년 갑국과 을국은 모두 모래시계형 계층 구조이다.
⑤ 상승 이동한 갑국 인구보다 하강 이동한 을국 인구가 더 많다.

주제 ② 사회 계층 구조

03

다음 자료에 대한 옳은 분석만을 〈보기〉에서 있는 대로 고른 것은?

> ○ 갑국의 계층은 상층, 중층, 하층으로만 구분되며, 모든 부모의 자녀는 1명씩이다.
> ○ 전체 자녀 중 중층 자녀 인구는 40%이다.
> ○ 중층 부모를 둔 자녀 인구는 전체 자녀 인구의 30%이다.
> ○ 부모 세대 계층 대비 부모와 자녀의 계층 일치 비율은 중층의 경우 80%이다.
> ○ 세대 간 이동을 경험한 자녀 중 중층에서 상층으로의 이동을 경험한 사람은 없었다.
> ○ 계층 구조는 부모 세대의 경우 피라미드형 계층 구조, 자녀 세대의 경우 다이아몬드형 계층 구조이다.

〈보기〉
ㄱ. 하층 비율은 부모 세대가 자녀 세대보다 높다.
ㄴ. 중층인 자녀 중 부모가 하층인 비율은 40%를 넘는다.
ㄷ. 자녀 세대에서 세대 간 상승 이동을 한 사람은 과반이다.
ㄹ. 자녀 세대 계층 대비 중층에서의 계층 대물림 비율은 60%이다.

① ㄱ, ㄴ ② ㄱ, ㄹ ③ ㄷ, ㄹ
④ ㄱ, ㄴ, ㄷ ⑤ ㄴ, ㄷ, ㄹ

04

다음 자료에 대한 옳은 설명만을 〈보기〉에서 있는 대로 고른 것은?

> 갑국의 계층은 상층, 중층, 하층으로만 구분되며, A~C는 각각 상층, 중층, 하층이다. 그림은 갑국 자녀 세대의 계층 구성 및 세대 간 이동 비율을 나타낸다. 단, 사람 모양 그림 1개는 자녀 세대 인구 중 5%를 의미한다.
>
> | A | B | C |
> |---|---|---|
>
> * 👤: 부모에 비해 계층이 낮은 자녀　** 👤: 부모에 비해 계층이 높은 자녀
> *** 👤: 부모의 계층을 세습한 자녀

〈보기〉
ㄱ. A는 B보다 낮고, B는 C보다 낮은 계층이다.
ㄴ. 자녀 세대 중 부모의 계층을 세습한 자녀의 비율은 50% 미만이다.
ㄷ. 세대 간 하강 이동을 한 자녀보다 세대 간 상승 이동을 한 자녀가 많다.
ㄹ. 자녀 세대 계층 대비 부모와 자녀의 계층 일치 비율은 하층이 중층보다 높다.

① ㄱ, ㄴ ② ㄱ, ㄷ ③ ㄷ, ㄹ
④ ㄱ, ㄴ, ㄹ ⑤ ㄴ, ㄷ, ㄹ

05

| 평가원 |

다음 자료에 대한 옳은 분석을 〈보기〉에서 고른 것은?

다음은 성인 자녀 1명을 둔 가구주 100명을 대상으로 계층 구성 및 계층 이동의 현황을 조사한 결과이다. 사회 계층은 상층, 중층, 하층으로만 구분하며, A~C는 각각 상층, 중층, 하층 중 하나이다.

〈부모 세대와 자녀 세대의 계층 구성〉

계층	부모 세대 해당 계층 대비 자녀 세대 해당 계층의 상대적 비(比)
A	1.5
B	1
C	0.8

〈부모 세대와 자녀 세대 간 계층 이동 현황〉

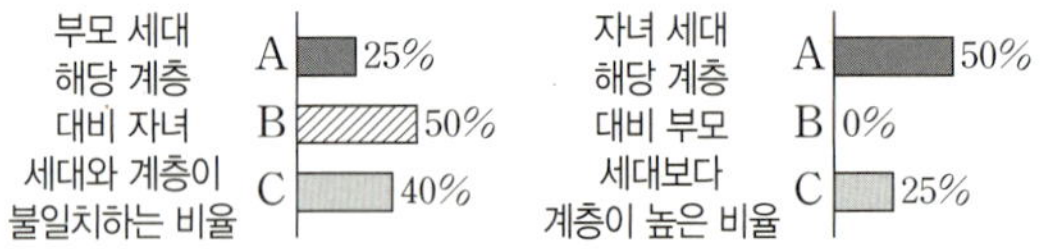

* A는 C보다 높은 계층이며, 자녀 세대의 상층과 하층 비율은 동일하다.

보기

ㄱ. 부모 세대는 다이아몬드형, 자녀 세대는 피라미드형 계층 구조이다.
ㄴ. 세대 간 계층을 대물림한 사람보다 세대 간 계층 이동한 사람이 많다.
ㄷ. 자녀 세대 계층 대비 부모 세대와 계층이 일치하는 비율은 중층이 가장 높다.
ㄹ. 세대 간 상승 이동한 사람은 세대 간 하강 이동한 사람의 2배를 넘지 않는다.

① ㄱ, ㄴ ② ㄱ, ㄷ ③ ㄴ, ㄷ ④ ㄴ, ㄹ ⑤ ㄷ, ㄹ

06

다음 자료에 대한 옳은 분석만을 〈보기〉에서 있는 대로 고른 것은?

갑국 전체 자녀 세대 중 세대 간 상승 이동 비율은 최대 40%, 세대 간 하강 이동 비율은 최대 8%이다. 단, 갑국의 계층은 상층, 중층, 하층으로만 구분되며, 모든 부모의 자녀는 1명씩이다.

〈갑국의 부모 세대와 자녀 세대의 계층 구성 비율〉

(단위 : %)

구분	부모 세대	자녀 세대
상층	㉠	20
중층	㉡	㉢
하층	60	㉣

〈부모 세대 계층 대비 자녀 세대 계층의 비(比)〉

구분	상층	중층	하층
자녀 세대/부모 세대	2	㉤	2/3

보기

ㄱ. ㉠+㉣이 ㉡+㉢보다 작다.
ㄴ. ㉤은 4/3이다.
ㄷ. 부모 세대와 달리 자녀 세대는 다이아몬드형 계층 구조이다.
ㄹ. 세대 간 계층 대물림 비율은 최소 52%이다.

① ㄱ, ㄴ ② ㄱ, ㄷ ③ ㄷ, ㄹ ④ ㄱ, ㄴ, ㄹ ⑤ ㄴ, ㄷ, ㄹ

07

교사의 질문에 대한 학생의 옳은 대답만을 〈보기〉에서 고른 것은?

갑국 자녀 세대 계층의 구성비가 상층 : 중층 : 하층 = 1 : 6 : 3 이며, 모든 부모의 자녀가 1명씩이라고 할 때, 칠판에 제시된 표를 통해 알 수 있는 내용을 말해 봅시다.

구분	상층	중층	하층
부모 세대 계층 대비 부모와 자녀의 계층 일치 비율	40%	60%	30%
자녀 세대 계층 대비 부모와 자녀의 계층 일치 비율	80%	60%	20%

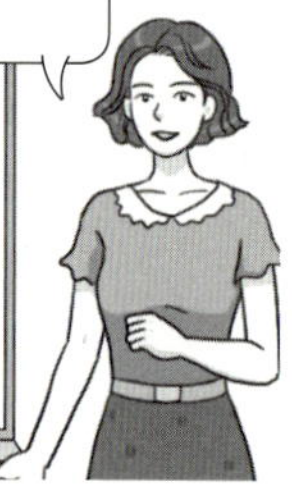

보기

ㄱ. 부모 세대는 다이아몬드형 계층 구조입니다.
ㄴ. 세대 간 상승 이동보다 하강 이동이 더 많습니다.
ㄷ. 부모 세대보다 자녀 세대의 중층 비율이 더 낮습니다.
ㄹ. 세대 간 계층 이동 비율보다 계층 유지 비율이 더 높습니다.

① ㄱ, ㄴ ② ㄱ, ㄷ ③ ㄴ, ㄷ ④ ㄴ, ㄹ ⑤ ㄷ, ㄹ

08

다음 자료에 대한 옳은 분석만을 〈보기〉에서 고른 것은?

○ 갑국의 계층은 상층, 중층, 하층으로만 구분되며, A~C는 각각 상층, 중층, 하층이고, 모든 부모의 자녀는 1명씩이다.
○ 갑국의 부모 세대 계층 구조는 피라미드형이며, 부모 세대 하층에서 자녀 세대 상층으로의 세대 간 이동은 없다.

〈부모 세대와 자녀 세대 계층의 상대적 비율〉

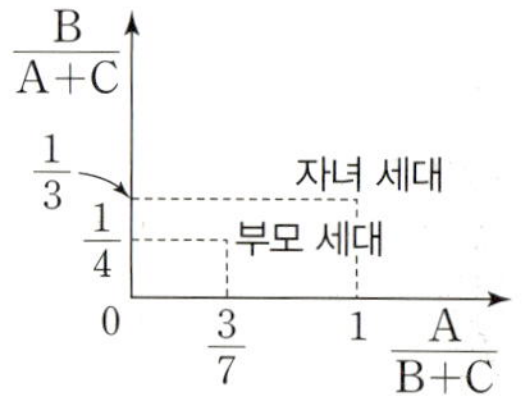

〈부모 세대와 자녀 세대 간 일치 비율〉

구분	A	B	C
부모 세대 계층 대비 부모와 자녀의 계층이 일치하는 비율	50%	75%	40%
자녀 세대 계층 대비 부모와 자녀의 계층이 일치하는 비율	30%	60%	80%

보기

ㄱ. 자녀 세대의 계층 구조는 모래시계형이다.
ㄴ. 전체 자녀의 계층 대물림 비율은 상층과 중층이 같다.
ㄷ. 세대 간 상승 이동한 자녀보다 세대 간 하강 이동한 자녀가 더 적다.
ㄹ. 부모 세대 상층에서 자녀 세대 중층으로의 세대 간 이동은 발생하지 않았다.

① ㄱ, ㄴ ② ㄱ, ㄷ ③ ㄴ, ㄷ ④ ㄴ, ㄹ ⑤ ㄷ, ㄹ

09

| 평가원 |

다음 자료에 대한 분석으로 옳은 것은?

> **〈자료 1〉 갑국의 자녀 세대 계층 구성 현황**
>
> 자녀 세대의 A 비율은 B 비율보다는 20%p 크고, C 비율보다는 30%p 크다. 자녀 세대의 계층 구조는 다이아몬드형이며, C는 B보다 높은 계층이다.

* 갑국의 모든 부모의 자녀는 1명이고, 계층은 상층, 중층, 하층으로만 구분하며, A~C는 각각 상층, 중층, 하층 중 하나임.
** %p : 백분율 간의 차이를 나타내는 단위임. 예를 들어, 20%는 10%보다 10%p 크다고 표현함.

〈자료 2〉 갑국의 세대 간 계층 이동 현황 (단위 : %)

구분 \ 계층	A	B	C
자녀 세대 계층 대비 부모 세대와 자녀 세대의 계층 불일치 비율	90	50	40
부모 세대 계층 대비 부모 세대와 자녀 세대의 계층 일치 비율	25	30	40

* 상층 부모를 둔 중층 자녀 인구는 하층 부모를 둔 상층 자녀 인구의 3배임.

① 하층 대비 상층의 비율은 부모 세대가 자녀 세대보다 높다.

② 세대 간 상승 이동한 비율이 세대 간 하강 이동한 비율보다 낮다.

③ 중층 부모를 둔 하층 자녀의 인구는 중층 부모를 둔 상층 자녀 인구의 4배이다.

④ 부모 세대의 계층 구조는 자녀 세대의 계층 구조에 비해 사회 통합에 유리하다.

⑤ 자녀 세대 계층 대비 세대 간 이동을 경험하지 않은 비율이 가장 높은 계층은 하층이다.

10

다음 자료에 대한 옳은 분석만을 〈보기〉에서 있는 대로 고른 것은?

> 부모 세대의 계층 구조는 피라미드형이며, 자녀 세대 하층에서는 세대 간 하강 이동이 나타나지 않았다. 갑국의 계층은 상층, 중층, 하층으로만 구분되며, 모든 부모의 자녀는 1명씩이다.

구분	상층	중층	하층
자녀 세대 계층 비율	$\frac{1}{5}$	$\frac{3}{5}$	$\frac{1}{5}$
자녀 세대 계층 대비 부모 세대 계층 비율	$\frac{3}{4}$	$\frac{5}{12}$	3
부모 세대 계층 대비 부모와 자녀의 계층 일치 비율	$\frac{2}{3}$	$\frac{4}{5}$	(가)

보기

ㄱ. (가)는 $\frac{1}{5}$이다.

ㄴ. 하층 자녀를 둔 중층 부모는 하층 자녀를 둔 상층 부모보다 많다.

ㄷ. 자녀 세대 계층 대비 부모와 자녀의 계층 불일치 비율은 상층이 중층보다 낮다.

ㄹ. 자녀 세대에서 세대 간 상승 이동한 사람은 세대 간 하강 이동한 사람의 9배이다.

① ㄱ, ㄴ   ② ㄱ, ㄷ   ③ ㄷ, ㄹ   ④ ㄱ, ㄴ, ㄹ   ⑤ ㄴ, ㄷ, ㄹ

11

다음 자료에 대한 옳은 분석만을 〈보기〉에서 고른 것은?

> ○ 갑국의 계층은 상층, 중층, 하층으로만 구분되며, 모든 부모의 자녀는 1명씩이다.
> ○ 자녀 세대에서 중층 인구는 '상층 인구+하층 인구'와 같고, 하층 인구는 '상층 인구×1.5'와 같다.
> ○ 상층 인구의 비율은 부모 세대와 자녀 세대가 같고, 부모 세대 중층 인구 비율과 자녀 세대 하층 인구의 비율이 같다.

(단위 : %)

자녀 세대 계층	계층 대물림 비율	세대 간 이동 비율	
		상승 이동	하강 이동
상층	60	40	0
중층	40	50	10
하층	70	0	30

보기

ㄱ. 부모 세대보다 계층 지위가 높아진 자녀 세대는 33%이다.

ㄴ. 부모 세대에서 하층 인구는 '상층 인구+중층 인구'와 같다.

ㄷ. 자녀 세대 중에서 계층을 대물림한 인구는 하층보다 중층이 많다.

ㄹ. 자녀 세대 하층 인구 중 부모가 중층인 인구는 부모가 상층인 인구의 3배이다.

① ㄱ, ㄴ   ② ㄱ, ㄷ   ③ ㄴ, ㄷ   ④ ㄴ, ㄹ   ⑤ ㄷ, ㄹ

12

다음 자료에 대한 분석으로 옳은 것은?

> ○ 갑국의 계층은 상층, 중층, 하층으로만 구분되며, A~C는 각각 상층, 중층, 하층이다. B가 상승 이동을 하면 A가 되며, B가 하강 이동을 하면 C가 된다. 또한 모든 부모의 자녀는 1명씩이다.
> ○ 부모 세대 하층에서 자녀 세대 상층으로의 세대 간 이동은 없으며, 부모 세대 상층 대비 자녀 세대 상층이 차지하는 비율은 10%이다.

〈부모 세대와 자녀 세대 계층의 상대적 비율〉

구분	부모 세대	자녀 세대
$\frac{A}{(B+C)}$	$\frac{1}{4}$	$\frac{3}{7}$
$\frac{C}{(A+B)}$	$\frac{1}{4}$	1

〈부모 세대와 자녀 세대 계층 간 일치 비율〉

구분	상층	중층	하층
부모 세대와 자녀 세대의 계층이 일치하는 비율	a	5a	7a

① a는 3이다.

② 세대 간 하강 이동이 세대 간 상승 이동보다 적다.

③ 부모 세대와 달리 자녀 세대는 다이아몬드형 계층 구조이다.

④ 자녀 세대 계층 대비 부모와 자녀의 계층 일치 비율은 상층이 가장 높다.

⑤ 부모 세대 계층 대비 자녀와 부모의 계층 불일치 비율은 중층보다 하층이 낮다.

부모 세대와 자녀 세대의 모든 계층별 비율이 특정되지 않으므로, x와 y를 사용하여 식을 만들어 문제에 접근하자.

01

다음 자료에 대한 분석으로 옳은 것은?

> ○ 갑국의 계층은 상층, 중층, 하층으로 구분되며, 모든 부모의 자녀는 1명씩이다.
> ○ 자녀 세대에서 상층 인구와 하층 인구의 합은 중층 인구와 같고, 자녀 세대 중층 중 세대 간 상승 이동한 인구는 세대 간 하강 이동한 인구의 5배이다.
> ○ 자녀 세대에서 세대 간 이동한 인구가 차지하는 비율은 60%이다.
> ○ 자녀 세대 각 계층별 인구에서 세대 간 이동한 인구가 차지하는 비율은 상층이 40%, 중층이 60%, 하층이 80%이다.

① 자녀 세대 상층은 부모 세대 상층보다 많다.
② 부모 세대 대비 부모와 자녀의 계층 일치 비율은 중층이 하층보다 낮다.
③ 자녀 세대 대비 부모와 자녀의 계층 일치 비율은 상층이 하층의 3배이다.
④ 부모 세대의 계층 구조가 자녀 세대의 계층 구조보다 사회 통합에 유리하다.
⑤ 자녀 세대에서 세대 간 상승 이동한 사람은 세대 간 하강 이동한 사람보다 적다.

세대 내 하강 이동을 경험한 비율이 없고, 세대 내 상승 이동만 경험한 계층은 하층이며, 세대 내 상승 이동과 세대 내 하강 이동을 모두 경험한 계층은 중층임에 유의하자.

02

다음 자료에 대한 옳은 분석만을 〈보기〉에서 고른 것은?

> ○ 갑국의 계층은 A~C로 구분되며, 이는 각각 상층, 중층, 하층 중 하나이다. 또한 모든 부모의 자녀는 1명씩이고, t년과 t+10년의 자녀 세대는 같은 사람으로 구성된다.
> ○ t년에 자녀 세대 계층 대비 부모 세대 계층과 자녀 세대 계층의 일치 비율은 A~C 모두 50%이다.

〈자녀 세대와 부모 세대 계층의 상대적 비(比)〉

구분	t년		t+10년
	부모 세대	자녀 세대	자녀 세대
$\frac{B+C}{A}$	1	1	4
$\frac{A+C}{B}$	$\frac{3}{2}$	$\frac{7}{3}$	1

〈t년 자녀 세대 각 계층 중 t+10년에 세대 내 수직 이동을 경험한 비율(%)〉

구분	세대 내 상승 이동	세대 내 하강 이동
A	90	0
B	40	40
C	0	20

〈보기〉

ㄱ. t년과 t+10년 계층이 같은 자녀의 비율은 25% 미만이다.
ㄴ. t년 대비 t+10년 자녀 세대의 세대 내 하강 이동이 세대 내 상승 이동보다 적다.
ㄷ. t년에 부모 세대 상층에서 자녀 세대 하층과 달리 부모 세대 중층에서 자녀 세대 상층으로의 이동은 발생하지 않았다.
ㄹ. t+10년 자녀 세대 계층 대비 t년과 t+10년 자녀 세대 계층의 불일치 비율은 중층이 가장 높다.

① ㄱ, ㄴ   ② ㄱ, ㄷ   ③ ㄴ, ㄷ   ④ ㄴ, ㄹ   ⑤ ㄷ, ㄹ

03

다음 자료에 대한 옳은 분석만을 〈보기〉에서 고른 것은? (단, 갑국의 계층은 상층, 중층, 하층으로 구분되며, 모든 부모의 자녀는 1명씩이다.)

〈자녀 세대와 부모 세대 계층 비율〉

(단위 : %)

구분	자녀 세대	부모 세대
상층	(가)	10
중층	(나)	(다)
하층	30	(라)

〈부모 세대와 자녀 세대의 계층 일치 비율〉

(단위 : %)

구분	상층	중층	하층
부모 세대 계층 대비 부모 세대와 자녀 세대의 계층 일치 비율	(마)	50	40
자녀 세대 계층 대비 부모 세대와 자녀 세대의 계층 일치 비율	25	40	(바)

〈보기〉

ㄱ. (가)가 40이면, (마)는 (바)보다 크다.
ㄴ. (다)가 40이면, 중층 부모를 둔 중층 자녀보다 하층 부모를 둔 하층 자녀가 많다.
ㄷ. (나), (라)가 모두 50이면, 세대 간 계층 일치 비율이 세대 간 계층 불일치 비율보다 작다.
ㄹ. 전체 자녀 인구에서 상층 부모를 둔 상층 자녀가 차지하는 비율은 10%보다 크다.

① ㄱ, ㄴ 　② ㄱ, ㄷ 　③ ㄷ, ㄹ
④ ㄱ, ㄴ, ㄹ 　⑤ ㄴ, ㄷ, ㄹ

1등급 전략

(가), (나) 중 하나에 들어가는 수치를 알면 자녀 세대의 계층별 구성 비율을 파악할 수 있으며, (다), (라) 중 하나에 들어가는 수치를 알면 부모 세대의 계층별 구성 비율을 파악할 수 있음에 주목하자.

04

다음 자료에 대한 분석으로 옳지 않은 것은?

○ 갑국의 계층은 상층, 중층, 하층으로만 구분되며, (가), (나)는 각각 부모 세대와 자녀 세대 중 하나이고, A~C는 각각 상층, 중층, 하층이다. 또한 모든 부모의 자녀는 1명씩이다.
○ 부모 세대 계층 대비 자녀 세대 계층의 비(比)는 상층이 가장 크고 중층이 가장 작으며, 부모 세대와 자녀 세대 모두 다이아몬드형 계층 구조이다. 또한 부모 세대 계층에서 자녀 세대 계층으로의 이동이 나타나지 않는 경우는 없다.

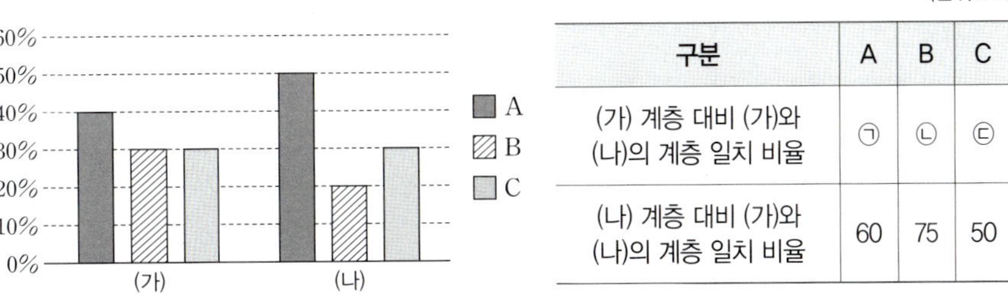

〈부모 세대와 자녀 세대의 계층 비율〉

〈부모 세대와 자녀 세대의 계층 일치 비율〉

(단위 : %)

구분	A	B	C
(가) 계층 대비 (가)와 (나)의 계층 일치 비율	㉠	㉡	㉢
(나) 계층 대비 (가)와 (나)의 계층 일치 비율	60	75	50

① ㉠, ㉡, ㉢ 중 ㉠이 가장 크다.
② 부모 세대 하층 인구는 자녀 세대 하층 인구보다 많다.
③ 세대 간 상승 이동 비율이 세대 간 하강 이동 비율보다 크다.
④ 중층 부모를 둔 하층 자녀는 중층 부모를 둔 상층 자녀의 3배이다.
⑤ 중층으로 세대 간 하강 이동한 자녀보다 중층으로 세대 간 상승 이동한 자녀가 많다.

1등급 전략

부모 세대와 자녀 세대 모두 다이아몬드형 계층 구조이므로 A가 무슨 계층에 해당하는지 파악하자.

09강 사회 복지와 복지 제도

출제 POINT

주제 ① 사회 복지와 복지 국가

사회 복지에 대한 인식 변화	★☆☆
복지 국가	★☆☆

주제 ② 복지 제도의 유형

사회 보험 🔓	★★★
공공 부조 🔓	★★★
사회 서비스 🔓	★★★

주제 ③ 복지 제도의 역할과 한계

복지 제도의 한계	★☆☆
생산적 복지	★★☆

주제 ① 사회 복지와 복지 국가

1. 사회 복지

(1) **의미** : 한 사회의 모든 구성원들이 행복하고 안정된 삶을 누리도록 하는 사회적 노력과 지원

(2) **사회 복지에 대한 인식 변화**

초기 자본주의 사회	현대 복지 사회
• 주로 빈곤층의 빈곤 문제 해결에 관심을 가짐 • 빈곤의 원인으로 개인의 무능력, 게으름 등 개인의 책임을 강조함 • 개인이나 종교 단체 등에 의한 자선 활동이 중심이 되고, 국가는 극심한 사회 혼란이나 반란을 방지하기 위한 차원에서 구제 활동을 벌이기도 함 • 빈곤층에 한정된 사회 복지이며, 사후 처방적 성격과 국가의 시혜적 성격을 가짐	• 빈곤뿐만 아니라 다양한 측면에서 삶의 질 개선까지도 목표로 함 • 빈곤의 원인으로 사회적 책임을 강조함 • 사회 복지 정책을 통해 빈곤을 예방하고 구제하고자 함 • 삶의 질 향상을 목적으로 한 사회 복지, 사전 예방적 차원의 사회 복지까지 고려하며, 사회 복지를 국민의 권리로 인식함

🔖 복지 국가의 등장 과정

엘리자베스 구빈법 (영국, 1601년)	빈곤 등에 대한 국가의 책임을 최초로 강조
비스마르크 사회 보험 제도 (독일, 1883년)	최초의 사회 보험, 질병 보험과 재해 보험법 도입
사회 보장법 (미국, 1935년)	뉴딜 정책의 일환으로 본격적인 복지 국가 지향
베버리지 보고서 (영국, 1942년)	현대적 의미의 사회 보장 제도 확립

2. 복지 국가 🔖

의미	국민의 복지 증진과 행복 추구를 위한 제도와 정책의 시행을 중요한 책무로 여기는 국가
등장 배경	자본주의 발달 과정에서 심화된 빈부 격차, 실업, 노동 조건의 악화 등 인간의 안전한 삶을 위협하는 다양한 사회적 위험의 증가
발달	세계 대공황, 제2차 세계 대전 등을 계기로 세계 각국은 모든 국민의 인간다운 생활 보장을 국가의 책무로 규정하고, 복지 제도를 적극적으로 시행하는 복지 국가를 추구함

주제 ② 복지 제도의 유형

Tip

❶ 사회 보험은 (공공 부조, 사회 서비스와 달리) 상호 부조의 원리를 기반으로 한다. 상호 부조는 가입자 모두가 비용을 공동으로 부담하여 재원 마련에 참여하고, 가입자 중 질병, 실직 등 사회적 위험에 직면한 사람을 지원하는 것을 의미한다.
❷ 강제(의무) 가입을 원칙으로 하는 사회 보험의 종류로는 국민 건강 보험 제도, 국민 연금 제도, 고용 보험 제도, 산업 재해 보상 보험 제도, 노인 장기 요양 보험 제도 등이 있다.

3점 공략 🔓

1. 사회 보험

의미	국민에게 발생하는 사회적 위험을 보험의 방식으로 대처함으로써 국민의 건강과 소득을 보장하는 제도
목적	질병, 실업, 산업 재해, 은퇴 및 노령 등으로 인하여 발생할 수 있는 사회적 위험을 공공 부문이 운영하는 보험의 방식을 통해 대비함으로써 모든 국민이 안전한 삶을 누리는 데 필요한 소득과 건강을 보장함
대상자	모든 국민
비용 부담	• 피보험자(수혜자), 기업주 또는 국가의 공동 부담 • 수혜자의 비용 부담 능력에 비례하여 보험료를 산출하는 것을 원칙으로 함
특징	• 사(私)보험과 달리 강제(의무) 가입을 원칙으로 함 • 상호 부조의 원리를 기반으로 함 • 원칙적으로 수혜 정도와 무관하게 각자의 능력에 따라 비용을 부담함 • 미래에 직면할 사회적 위험에 대처하는 사전 예방적 성격을 가짐 • 금전적 지원을 원칙으로 함 • 소득 재분배 효과가 있음

2. 공공 부조

의미	국가와 지방 자치 단체의 책임하에 생활 유지 능력이 없거나 생활이 어려운 국민의 최저 생활을 보장하고 자립을 지원하는 제도
목적	국가와 지방 자치 단체의 지원을 통해 최소한의 인간다운 생활을 보장하고 자립을 지원함
대상자	생활 유지 능력이 없거나 생활이 어려운 국민
비용 부담	국가 및 지방 자치 단체가 비용을 전액 부담함
특징	• 금전적 지원을 원칙으로 함 • 사회 보험보다 소득 재분배 효과가 큼 • 국가의 재정 부담이 증대될 우려가 있음 • 재원을 부담하는 자와 수혜자가 일치하지 않음 • 대상자 선정 과정에서 부정적 낙인이 발생할 수 있음 • 현재 직면한 사회적 위험에 대응하는 사후 처방적 성격을 가짐

Tip

❶ 공공 부조는 모든 국민이 아닌 생활 유지 능력이 없거나 생활이 어려운 국민을 대상으로 한다는 점에서 선별적 복지 이념을 바탕으로 한다는 점에 유의하자! 선별적 복지 이념은 특정 복지 혜택이 필요한 국민만을 일정한 기준에 따라서 선정하여 복지 혜택을 제공하는 것을 의미한다.

❷ 소득 재분배 효과가 가장 큰 공공 부조의 종류로는 국민 기초 생활 보장 제도, 기초 연금 제도, 의료 급여 제도, 장애인 연금 제도 등이 있다.

3. 사회 서비스

의미	보건 의료, 교육, 고용, 주거, 문화, 환경 등의 분야에서 인간다운 생활을 보장하고 상담, 재활, 돌봄, 정보의 제공, 관련 시설의 이용, 역량 개발, 사회 참여 등을 지원하는 제도
목적	국민의 삶의 질이 향상되도록 함
대상자	국가나 지방 자치 단체 및 민간 부문의 도움이 필요한 모든 국민
비용 부담	• 부담 능력이 있는 국민은 수익자 부담을 원칙으로 함 • 일정 소득 수준 이하의 국민에 대한 비용의 전부 또는 일부는 국가와 지방 자치 단체가 부담함
특징	• 비금전적 지원을 원칙으로 함 • 민간 부문도 참여할 수 있음

Tip

❶ 사회 서비스는 (사회 보험, 공공 부조와 달리) 비금전적 지원을 원칙으로 하며, 민간 부문도 참여할 수 있다.

❷ 대표적인 사회 서비스로는 노인 돌봄 종합 서비스, 산모·신생아 건강 관리 지원 사업, 가사·간병 방문 지원 사업 등이 있다.

주제 ❸ 복지 제도의 역할과 한계

1. 복지 제도의 역할

개인적 측면	현재의 사회적 위험으로부터 구제해 주고 미래의 사회적 위험에 대비할 수 있게 함으로써 개인의 최저 생활과 삶의 질을 보장함
사회적 측면	사회 문제의 원인을 제공하는 사회적 환경을 개선하고, 사회 불평등 현상을 완화하여 사회 통합에 기여함

2. 보편적 복지와 선별적 복지

보편적 복지	자격과 조건을 따지지 않고 모든 국민에게 복지 서비스를 제공하는 것 → 사회 보험
선별적 복지	기본적으로 국민이 낸 세금을 재원으로 하여 빈민과 저소득층 등 필요한 국민에게만 제한적으로 복지 서비스를 제공하는 것 → 공공 부조

3. 복지 제도의 한계와 생산적 복지

복지 제도의 한계		• 복지 제도에 대한 국민의 의존도가 높아지면 근로 의욕이 저하하여 생산성과 효율성이 떨어지기도 함 → 복지병 발생 • 복지 제도의 확대는 국가 재정에 부담을 초래하고, 이는 과도한 조세 징수로 이어져 기업의 투자와 생산을 위축시킬 수 있음
생산적 복지	의미	소외 계층이 자활 사업에 참여하거나 노동을 하는 것을 조건으로 지원해 주는 새로운 형태의 복지
	특징	• 복지와 경제적 생산성을 동시에 추구함 • 근로 능력이 있는 사람의 근로 의욕과 경제 활동 참여를 장려함 • 직업 교육 실시, 취업 지원, 근로 장려 세제 등을 통해 복지 수급자들의 자립을 지원함

3점 공략 Check

Q1 국민의 최저 생활 보장을 목적으로 하는 제도는 ㉠(공공 부조 / 사회 서비스)이고, 국민의 삶의 질 향상을 목적으로 하는 제도는 ㉡(공공 부조 / 사회 서비스)이다.

Q2 공공 부조는 사회 보험보다 수혜 대상자의 범위는 ㉠(넓고 / 좁고), 소득 재분배 효과는 ㉡(크다 / 작다).

Q3 (사회 보험 / 공공 부조)은(는) 원칙적으로 부담 능력에 따라 가입자가 비용을 부담하는 사회 보장 제도이다.

Q4 공공 부조는 현재 빈곤 등과 같은 사회적 위험에 처한 국민을 구제해 준다는 점에서 (사전 예방적 / 사후 처방적) 성격이 강하다.

Q5 ㉠(기초 연금 / 국민 연금)은 소득 인정액이 일정 수준 이하인 65세 이상의 노인에게 연금을 지급하는 제도로, ㉡(공공 부조 / 사회 보험)에 해당한다.

대표 기출 ⁵³¹ VS 고난도 기출

순한맛 # 평가원

다음 (가)~(다)의 일반적인 특징에 대한 옳은 설명만을 〈보기〉에서 고른 것은? (단, (가)~(다)는 각각 공공 부조, 사회 보험, 사회 서비스 중 하나이다.)

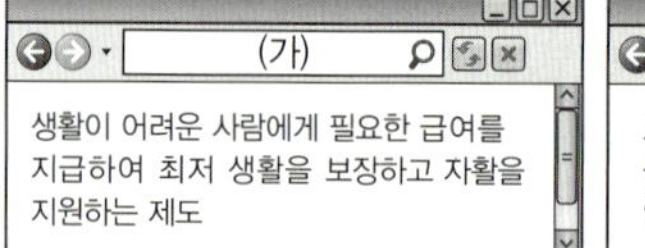

번호	사례
1	소득 인정액이 선정 기준액 이하인 65세 이상 노인은 생활 안정을 위하여 매월 일정 금액을 받을 수 있음.
2	거동이 불편해 혼자 힘으로 일상생활이 어려운 노인은 바우처 지원액을 사용해 식사 도움, 목욕 보조, 청소, 세탁 등에 대한 방문 돌봄을 받을 수 있음.
3	고령이나 노인성 질병 등으로 인해 일상생활을 수행하기 어려운 노인은 신체 활동 또는 가사 활동 지원 등의 장기 요양 급여를 받을 수 있음.

보기

ㄱ. (가)는 사전 예방적 성격이 강하다.
ㄴ. (가)는 (다)보다 소득 재분배 효과가 크다.
ㄷ. (다)는 (가)와 달리 정부가 비용 전액을 부담한다.
ㄹ. (다)는 (나)와 달리 금전적 지원을 원칙으로 한다.

① ㄱ, ㄴ ② ㄱ, ㄷ ③ ㄴ, ㄷ ④ ㄴ, ㄹ ⑤ ㄷ, ㄹ

[유형 분석] 우리나라 사회 보장 제도의 세 가지 유형인 사회 보험, 공공 부조, 사회 서비스의 특징에 대해 묻는 문항이다. 각 사회 보장 제도의 사례를 제시하고 해당 사례가 포함되는 제도의 특징에 대해 묻는 유형이 일반적이다.

[접근 방법] ❶ 사회 보험, 공공 부조, 사회 서비스의 사례에 대해 떠올린다. ❷ 장기 요양 급여는 어떤 사회 보장 제도에서 사용하는 용어인지 파악한다. ❸ 1~3번 사례가 (가)~(다) 중 각각 어디에 해당하는지 파악한다. **답 ④**

WHY 왜 빠지지 않고 출제될까?

우리나라의 사회 보장 제도는 크게 사회 보험, 공공 부조, 사회 서비스로 구분되며, 이 중 **사회 보험과 공공 부조의 특징을 비교하는 문항이 가장 많이 출제된다.** 따라서 사회 보험과 공공 부조의 특징을 정확히 파악하고 있어야 할 뿐만 아니라, 각 제도의 구체적 사례도 기억하고 있어야 한다.

매운맛 # 수능 # 정답률 29.6%

다음 자료에 대한 분석으로 옳은 것은? (단, (가), (나) 이외의 다른 제도는 고려하지 않는다.)

〈자료 1〉은 우리나라의 사회 보장 제도 (가), (나)를 검색한 결과이고, 〈자료 2〉는 해당 제도의 ○○시 지역·시기별 수급자 비율이다.

〈자료 1〉(가), (나)의 검색 결과

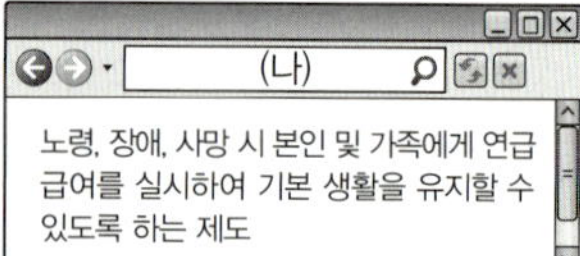

〈자료 2〉○○시의 지역·시기별 수급자 비율

(단위 : %)

구분	(가)		(나)	
	t년	t+10년	t년	t+10년
A 지역	4.8	5.0	3.4	4.0
B 지역	2.8	3.6	7.4	8.0
전체	4.4	4.3	4.2	6.0

* 해당 지역 수급자 비율(%) = $\dfrac{\text{해당 지역 수급자 수}}{\text{해당 지역 인구}} \times 100$

** ○○시에는 A, B 지역만 있고, t년과 t+10년의 ○○시 총인구는 동일함.

① (가)는 (나)와 달리 수급자가 수혜 정도에 따라 차등적으로 비용을 부담한다.
② 사후 처방적 성격이 강한 제도의 경우, t년에 A 지역 수급자 수는 B 지역 수급자 수의 4배이다.
③ 강제 가입의 원칙이 적용되는 제도의 경우, t년은 t+10년과 달리 B 지역 수급자 수보다 A 지역 수급자 수가 많다.
④ 상호 부조의 원리가 적용되는 제도의 경우, B 지역 수급자 비율 대비 A 지역 수급자 비율은 t년보다 t+10년이 작다.
⑤ 보편적 복지의 성격이 강한 제도의 t년 지역 간 수급자 수 차이는 선별적 복지의 성격이 강한 제도의 t+10년 지역 간 수급자 수 차이보다 작다.

[유형 분석] 우리나라 사회 보장 제도 중 사회 보험과 공공 부조의 특징 및 각 사회 보장 제도의 수급자(수혜자) 관련 통계 자료를 결합한 문항이다. 사회 보장 제도의 특징뿐만 아니라 자료 해석 능력이 필요하다.

[접근 방법] ❶ 최저 생활을 보장하기 위해 지급하는 급여와 연금 급여는 각각 어떤 제도에 해당하는지 파악한다. 이때 우리나라의 사회 보험과 공공 부조의 사례를 함께 떠올려 보자. ❷ '해당 지역 수급자 비율'이 어떻게 산출되는지 파악한다. ❸ A 지역과 B 지역 중 어떤 지역의 인구가 많은지 파악한다. **답 ③**

HOW 킬러 문항, 어떻게 출제될까?

사회 보험과 공공 부조를 (가), (나)로 가린 뒤 각 제도의 사례를 제시하여 (가), (나)가 각각 어디에 해당하는지 물어보고, 수급자 인구 관련 통계를 제시한 뒤 '사전 예방적 또는 사후 처방적 성격이 강한 제도의 수급자 수'를 비교하는 선지가 포함된 문항이 출제될 수 있다. 그러므로 **사회 보장 제도의 유형별 특징뿐만 아니라, 통계 자료 해석 방법도 익혀놔야 한다.**

· 정답 및 해설 p.37~39

주제 ① 사회 복지와 복지 국가

01

다음 (가), (나)에 대한 옳은 설명만을 〈보기〉에서 있는 대로 고른 것은? (단, (가)와 (나)는 각각 초기 자본주의 사회와 현대 복지 사회의 사회 복지의 의미 중 하나이다.)

> 빈곤의 책임이 개인의 무능력 및 게으름에 있다고 보고 개인적 책임을 강조한 (가)와 달리 (나)는 빈곤의 책임에 있어 사회 및 국가의 책임을 강조하였다. (가)는 자선 활동을 중심으로 하여 빈곤의 대책을 모색한 반면, (나)는 사회 복지 정책을 전면에 내세웠다.

〈보기〉
ㄱ. (가)는 사후 처방적 복지를 강조한다.
ㄴ. (가)는 사회 복지를 모든 국민의 권리로 인식한다.
ㄷ. (나)는 삶의 질 향상을 목적으로 한다.
ㄹ. (나)는 빈곤의 예방과 구제를 국가의 의무로 인식하지 않는다.

① ㄱ, ㄴ   ② ㄱ, ㄷ   ③ ㄷ, ㄹ
④ ㄱ, ㄴ, ㄹ   ⑤ ㄴ, ㄷ, ㄹ

02

다음 대화에서 갑에 대한 설명으로 가장 적절한 것은?

> 사회자 : 오늘날 빈곤 문제의 해결책은 무엇일까요?
> 갑 : 현대 사회의 진보를 가로막고 있는 5대 악은 궁핍, 질병, 나태, 무지, 불결이며 이 가운데 궁핍이 가장 심각한 문제입니다. 그러므로 국가는 궁핍한 국민을 구제해야 할 뿐만 아니라 국민의 급격한 소득 감소나 상실에 대비하기 위해 고용 안정이나 의료 보장을 위한 제도를 마련해야 합니다. 그러나 국가는 국민의 모든 필요를 충족시킬 수 없고, 그래서도 안 되므로 국민 개개인의 저축 또한 매우 중요합니다.

① 빈곤에 대하여 개인에게도 책임이 있음을 부정하였다.
② 실직이나 질병이 궁핍과 관련되어 있음을 간과하였다.
③ 사회 보험 제도의 필요성을 경시하고 있다는 한계가 있다.
④ 국가 주도에 의해 이루어지는 복지 정책의 대상을 빈곤층으로 한정하였다.
⑤ 국민의 안전한 사회생활을 위해 국가가 보완적 역할을 해야 한다고 보았다.

주제 ② 복지 제도의 유형

03

| 수능 |

그림은 우리나라 사회 보장 제도 A~C를 구분한 것이다. 이에 대한 설명으로 옳은 것은? (단, A~C는 각각 공공 부조, 사회 보험, 사회 서비스 중 하나이다.)

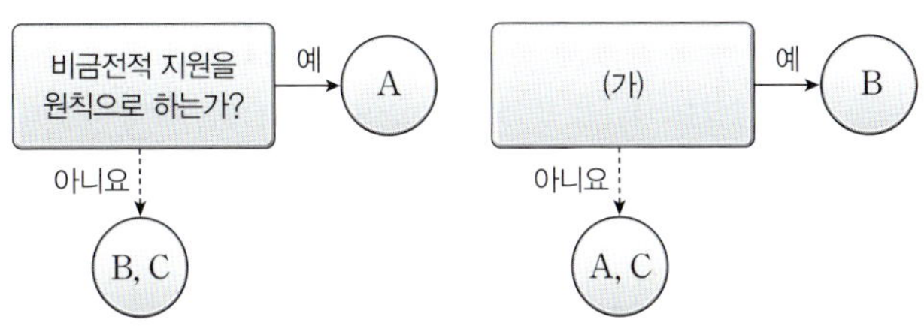

① A는 B, C와 달리 사전 예방적 성격이 강하다.
② B보다 C가 대상자의 범위가 넓다면, B는 A에 비해 소득 재분배 효과가 작다.
③ C가 사회 보험이면, (가)에는 '강제 가입을 원칙으로 하는가?'가 적절하다.
④ (가)가 '국가와 지방 자치 단체가 비용을 모두 부담하는가?'라면, A와 C의 대상자는 중복될 수 없다.
⑤ (가)가 '상호 부조의 원리를 기반으로 하는가?'라면, C는 생활 유지 능력이 없거나 생활이 어려운 사람을 대상으로 한다.

04

다음 자료에 대한 옳은 설명만을 〈보기〉에서 고른 것은?

> 그림은 국민 기초 생활 보장 제도의 맞춤형 급여 체계를 나타낸다. 맞춤형 급여 체계는 중위 소득의 50% 이하에 해당하는 가구를 4단계로 구분하고, 각 단계에 속하는 가구에 필요한 급여를 제공한다.

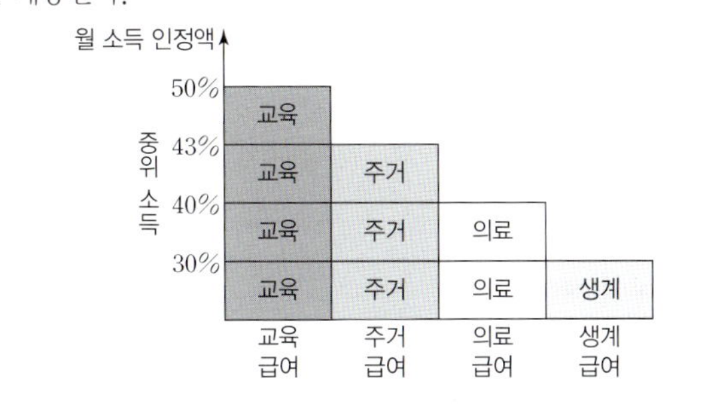

〈보기〉
ㄱ. 선별적 복지보다 보편적 복지의 성격이 강하다.
ㄴ. 의료 급여 수급권자는 교육 급여와 주거 급여 수급권자가 된다.
ㄷ. 생계 급여 혜택을 받는 사람은 주거 급여 혜택을 받을 수 없다.
ㄹ. 가구의 월 소득 인정액 기준이 한 단계씩 낮아질수록 급여 종류가 추가된다.

① ㄱ, ㄴ   ② ㄱ, ㄷ   ③ ㄴ, ㄷ   ④ ㄴ, ㄹ   ⑤ ㄷ, ㄹ

05

| 평가원 |

다음 자료에 대한 분석으로 옳은 것은?

〈자료 1〉 우리나라 사회 보장 제도의 사례

(가) 가구 소득 인정액이 기준액 이하인 가구의 최저 생활을 보장하고 자활을 지원하기 위해 국가나 지방 자치 단체가 생계, 의료 등 급여를 지급하는 제도

(나) 노령, 사망, 장애 등으로 인한 소득 상실을 보전하고 기본 생활을 지원하기 위해 가입자와 고용주 등이 분담해서 마련한 기금을 통해 연금 급여를 지급하는 제도

〈자료 2〉 A~C 지역별 전체 인구 중 (가), (나) 수급자 비율

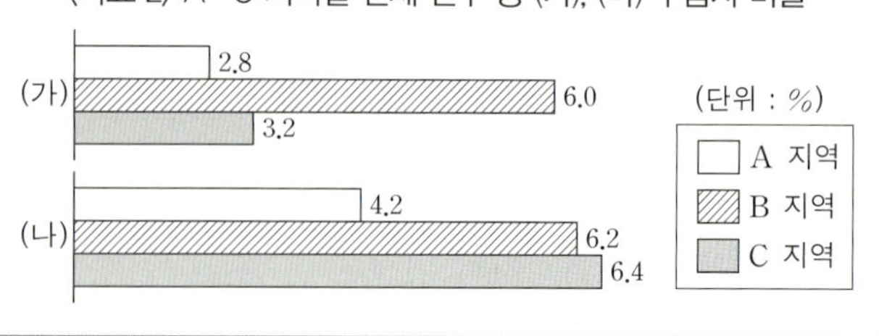

① 상호 부조의 원리가 적용되는 제도의 경우, A 지역 수급자 비율은 2.8%이다.

② 선별적 복지의 성격이 강한 제도의 경우, A~C 지역 중에서 B 지역 수급자 수가 가장 많다.

③ 소득 재분배 효과가 더 큰 제도의 경우, A~C 지역 중에서 수급자 비율이 가장 높은 지역의 수급자 비율은 6.0%를 초과한다.

④ 수혜자 부담 원칙이 적용되지 않는 제도의 경우, B 지역 수급자 수가 A 지역 수급자 수의 2배보다 많다.

⑤ 강제 가입 원칙이 적용되는 제도의 수급자 수 대비 사후 처방적 성격이 강한 제도의 수급자 수의 비는 A 지역이 C 지역보다 높다.

06

다음 자료에 대한 설명으로 옳은 것은?

표는 우리나라의 사회 보장 제도 A~C를 구분한 것이다. 단, A~C는 각각 사회 보험, 공공 부조, 사회 서비스 중 하나이다.

구분	A	B	C
비금전적 지원을 원칙으로 하는가?	㉠	㉡	㉢
국가나 지방 자치 단체가 비용을 전액 부담하는가?	예	아니요	아니요
(가)	아니요	예	아니요
(나)	아니요	예	예

① ㉠, ㉡은 '아니요', ㉢은 '예'이다.

② (가)에 '사후 처방적 성격이 강한가?'가 들어갈 수 있다.

③ (가)가 '상호 부조의 원리가 적용되는가?'이면, C는 민간 부문에 의해 제공되기도 한다.

④ (나)에 '소득 재분배 효과가 있는가?'가 들어갈 수 있다.

⑤ A, C는 B와 달리 수혜 대상자에 대한 자립과 자활 보장을 목적으로 한다.

07

그림은 사회 보험과 공공 부조의 일반적인 특징을 비교한 것이다. (가)~(다)에 들어갈 옳은 질문만을 〈보기〉에서 골라 옳게 연결한 것은?

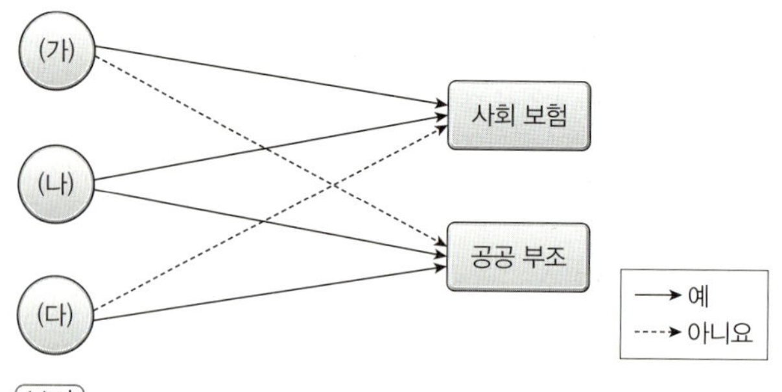

보기

ㄱ. 강제 가입의 원칙이 적용되는가?
ㄴ. 소득 재분배 효과가 발생하는가?
ㄷ. 금전적 지원을 원칙으로 하는가?
ㄹ. 수혜 대상자를 선별하여 시행하는가?

	(가)	(나)	(다)		(가)	(나)	(다)
①	ㄱ	ㄴ	ㄷ	②	ㄱ	ㄴ	ㄹ
③	ㄴ	ㄷ	ㄹ	④	ㄷ	ㄱ	ㄹ
⑤	ㄹ	ㄷ	ㄱ				

08

다음 자료에 대한 옳은 설명만을 〈보기〉에서 고른 것은?

○ (가), (나)는 각각 공공 부조, 사회 보험 중 하나이다. 단, (가)는 (나)와 달리 강제 가입의 원칙이 적용되지 않는다.

○ 표는 2019년 우리나라 A, B 지역의 65세 이상 인구 중 (가), (나)의 수급자 현황을 나타낸다. 단, 65세 이상 인구는 B 지역이 A 지역의 1.2배이다.

(단위 : %)

구분	A 지역		B 지역	
제도	(가)	(나)	(가)	(나)
수급자 비율	20	60	30	50
수급자 중 남녀 비율	남 여	남 여	남 여	남 여
	40 60	40 60	20 80	50 50

보기

ㄱ. (가)에 비해 (나)는 사후 처방적 성격이 강하다.
ㄴ. A 지역 65세 이상 인구 중 (가)의 여성 수급자 수는 B 지역 65세 이상 인구 중 (가)의 남성 수급자 수보다 적다.
ㄷ. A 지역 65세 이상 인구 중 (나)의 수급자 수와 B 지역 65세 이상 인구 중 (나)의 수급자 수는 같다.
ㄹ. B 지역 65세 이상 인구 중 (나)의 남성 수급자 수는 A 지역 65세 이상 인구 중 (나)의 남성 수급자 수보다 많다.

① ㄱ, ㄴ ② ㄱ, ㄷ ③ ㄴ, ㄷ ④ ㄴ, ㄹ ⑤ ㄷ, ㄹ

09

우리나라의 사회 보장 제도 A~C에 관한 질문에 대해 옳게 답한 학생만을 고른 것은? (단, A~C는 각각 공공 부조와 사회 보험 중 하나이다.)

A의 사례	직장을 관둔 갑(49세)은 실업 급여를 받으며 다른 일자리를 알아보고 있다.	
B의 사례	퇴직하고 생활비 마련이 어려운 을(65세)은 기초 연금을 매달 25만 원씩 받고 있다.	
C의 사례	치매를 앓고 있는 병(78세)은 요양 시설에서 생활하고 있는데, 시설 이용료의 상당 부분을 지원받고 있다.	

구분	질문	A	B	C
갑	금전적 지원을 원칙으로 하는가?	예	예	예
을	사회 연대성의 원리에 입각해 만들어졌는가?	예	아니요	예
병	수혜자 간 상호 부조의 원리를 바탕으로 하는가?	예	아니요	예
정	수혜로 인한 부정적인 낙인이 발생할 우려가 있는가?	아니요	예	예

① 갑, 을　　② 갑, 병　　③ 을, 병　　④ 을, 정　　⑤ 병, 정

10

다음에 나타난 사회 보장 제도의 공통적인 특징으로 가장 적절한 것은?

- ○ 산모 · 신생아 건강 관리사가 일정 기간 출산 가정을 방문하여 산후 관리를 지원
- ○ 갑작스러운 질병과 어려운 생활로 가사와 간병이 필요한 저소득층에게 요양보호사가 방문하여 가사와 간병 서비스를 제공
- ○ 발달 장애 자녀를 양육하고 부양하는 부모의 심리적 부담을 덜어주고, 가족 관계가 더 좋아질 수 있도록 전문적인 심리 상담을 제공
- ○ 장애와 여성이라는 이중 제약으로 교육의 기회를 갖지 못한 장애 여성에게 교육의 기회를 제공

① 금전적 지원을 원칙으로 한다.
② 의무 가입의 원칙을 적용한다.
③ 복지 수혜자와 비용 부담자가 일치한다.
④ 소득이 일정 수준 이하인 사람을 대상으로 한다.
⑤ 복지 제공에 있어서 민간 부문이 참여하기도 한다.

주제 3　복지 제도의 역할과 한계

11
| 평가원 |

다음 자료에 대한 옳은 분석 및 추론만을 〈보기〉에서 있는 대로 고른 것은?

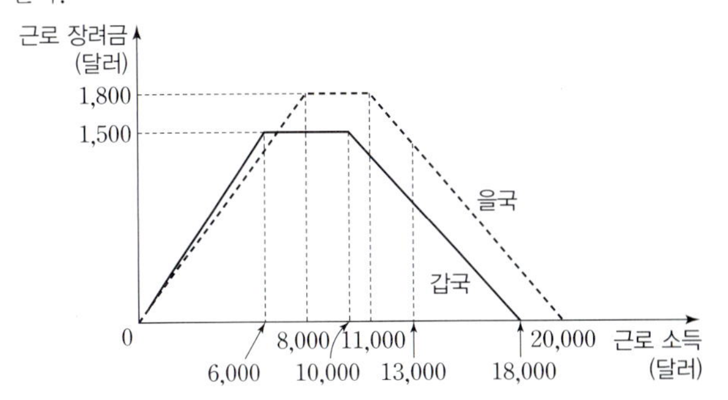

〈보기〉

ㄱ. 을국은 근로 소득이 6,000달러인 경우보다 13,000달러인 경우가 근로 장려금 지급액이 많다.
ㄴ. 근로 소득이 7,000달러인 경우, 근로 장려금 지급액은 갑국과 을국이 같다.
ㄷ. 갑국과 을국 모두 근로 의욕을 높이려는 생산적 복지 이념을 반영하고 있다.
ㄹ. 갑국과 을국 모두 근로 장려금 지급에 따른 소득 재분배 효과가 발생한다.

① ㄱ, ㄴ　　② ㄱ, ㄷ　　③ ㄴ, ㄹ
④ ㄱ, ㄷ, ㄹ　　⑤ ㄴ, ㄷ, ㄹ

12

다음 대화에 대한 설명 및 추론으로 가장 적절한 것은?

갑 : 저는 현재 우리나라의 복지 혜택이 과도하다고 봅니다. 과도한 혜택 제공으로 인해 복지 제도에만 의존하려는 도덕적 해이와 나태함이 발생하고 있습니다. 이는 개인의 근로 의욕 저하로 이어져 사회의 전반적인 생산성을 떨어뜨릴 것입니다. 따라서 정부는 복지 지출을 줄여야 합니다.
을 : 무조건 복지 지출을 줄이면 오히려 빈곤 문제가 심화됩니다. 직업 교육 제공과 취업 알선 등 다양한 지원을 통해 생활이 어려운 사람들의 자립을 유도하는 방향으로 노동과 복지를 연계하는 정책을 보다 많이 마련해야 합니다.

① 갑은 선별적 복지보다 보편적 복지를 선호할 것이다.
② 갑은 과도한 복지로 인한 복지병 유발을 우려하고 있다.
③ 을은 복지 정책으로 효율성과 형평성을 동시에 추구할 수 없다고 본다.
④ 갑은 을과 달리 생산적 복지 정책에 대해 긍정적이다.
⑤ 을은 갑과 달리 개인의 경제 활동에 대한 국가 개입에 부정적이다.

제시된 자료에서 A~C와 (가), (나)의 내용이 특정되지 않았으므로, 선지의 진위 여부를 파악할 때 실수하지 않도록 유의하자.

01

〈자료 2〉는 우리나라 사회 보장 제도의 세 가지 유형 A~C를 〈자료 1〉과 연관지어 분류한 것이다. 이에 대한 옳은 설명만을 〈보기〉에서 있는 대로 고른 것은? (단, A~C는 각각 공공 부조, 사회 보험, 사회 서비스 중 하나이다.)

〈우리나라 사회 보장 제도의 사례〉

〈자료 1〉	㉠	국민의 질병, 부상에 대한 예방, 진단, 치료, 재활, 출산, 사망 및 건강 증진에 대하여 보험 급여를 제공하는 제도
	㉡	65세 이상 노인 중 소득이 일정 수준 이하인 사람에게 생활 안정에 필요한 연금을 지급하는 제도
	㉢	산모·신생아 건강 관리사가 일정 기간 출산 가정을 방문하여 산모·신생아 관리 서비스를 제공하는 제도

〈자료 2〉 질문 \ 유형	A	B	C
(가)	예	아니요	아니요
(나)	아니요	아니요	예

〈보기〉

ㄱ. ㉠이 A에 해당하면, (가)에 '강제 가입의 원칙이 적용되는가?'는 들어갈 수 있다.
ㄴ. ㉡이 B에 해당하면, (나)에 '금전적 지원의 원칙이 적용되는가?'는 들어갈 수 없다.
ㄷ. ㉢이 C에 해당하고 (가)에 '선별적 복지의 원칙이 적용되는가?'이면, ㉠은 B에 해당한다.
ㄹ. (가)가 '상호 부조의 원칙을 기반으로 하는가?'이고 (나)가 '사후 처방적 성격을 가지는가?'이면, C는 A와 달리 소득 재분배 효과가 있다.

① ㄱ, ㄷ   ② ㄱ, ㄹ   ③ ㄴ, ㄹ
④ ㄱ, ㄴ, ㄷ   ⑤ ㄴ, ㄷ, ㄹ

제시된 표에서 A~C가 각각 어떤 제도에 해당하는지부터 파악하자.

02

다음 자료의 (가)~(다)에 들어갈 질문으로 옳은 것은?

○ 표는 A~C의 사례를 나타낸다. 단, A~C는 각각 공공 부조, 사회 보험, 사회 서비스 중 하나이다.

제도	사례
A	발달 장애인 자녀를 양육하는 갑(45세)은 보건복지부가 제공하는 전문적인 심리 상담을 받고 있다.
B	소득 인정액이 보건복지부장관이 정하여 고시하는 금액보다 낮은 을(69세)은 국가로부터 연금을 지급받고 있다.
C	회사에서 제공한 차량을 타고 출장지로 이동하던 도중 교통사고를 당해 장해를 입은 병(29세)은 장해 급여를 지급받고 있다.

○ 질문 [(가)]를 통해 A와 B를 구분할 수 있으며, 질문 [(나)]를 통해 A와 C를 구분할 수 있다. 또한 질문 [(다)]를 통해 B와 C를 구분할 수 있다.

① (가) : 강제 가입을 원칙으로 하는가?
② (나) : 수익자 부담의 원칙이 적용되는가?
③ (나) : 저소득층의 최저 생활 보장을 목적으로 하는가?
④ (다) : 상호 부조의 원리를 바탕으로 하는가?
⑤ (다) : 국가가 복지 비용 부담의 주체에 해당하는가?

03

〈자료 1〉을 토대로 〈자료 2〉에 대한 옳은 분석만을 〈보기〉에서 있는 대로 고른 것은? (단, (가), (나)는 각각 사회 보험과 공공 부조 중 하나이다.)

〈자료 1〉 표는 (가), (나)의 특징을 파악할 수 있는 질문에 대한 학생 갑~무의 대답을 나타낸다. 단, 한 학생만이 옳게 대답하였다.

학생	질문	(가)	(나)
갑	금전적 지원을 원칙으로 하는가?	×	○
을	강제 가입의 원칙이 적용되는가?	○	○
병	선별적 복지 이념을 바탕으로 하는가?	×	○
정	상호 부조의 원리를 기반으로 하는가?	×	×
무	민간 부문에 의해 제공되는 것을 원칙으로 하는가?	○	×

〈자료 2〉 표는 ○○ 지역의 (가), (나) 수급자 비율을 나타낸다. 단, ○○ 지역은 A 지역과 B 지역으로만 이루어져 있으며, 두 지역 모두 2009년에 비해 2019년에 인구가 증가하였다.

구분	2009년		2019년	
	(가)	(나)	(가)	(나)
전체	21	10	31	11
A 지역	20	10	30	10
B 지역	22	10	33	13

보기

ㄱ. (가)는 (나)와 달리 수혜자 비용 부담 원칙이 적용되지 않는다.
ㄴ. 2009년 대비 2019년의 인구 증가율은 B 지역이 A 지역의 2배이다.
ㄷ. 2019년 사전 예방적 성격이 강한 제도의 수혜자 수는 A 지역이 B 지역보다 많다.
ㄹ. 2009년 대비 2019년 사후 처방적 성격이 강한 제도의 수혜자 증가율은 A 지역이 B 지역보다 크다.

① ㄱ, ㄴ　　② ㄱ, ㄷ　　③ ㄷ, ㄹ　　④ ㄱ, ㄴ, ㄹ　　⑤ ㄴ, ㄷ, ㄹ

04

다음 자료에 대한 옳은 분석만을 〈보기〉에서 있는 대로 고른 것은?

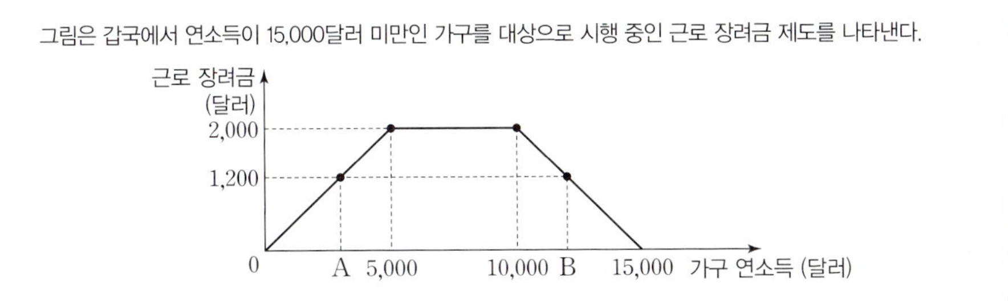

보기

ㄱ. A는 B의 25%이다.
ㄴ. 연간 가구 소득이 5,000달러 미만인 경우 연간 가구 소득이 증가할수록 연간 가구 소득 대비 근로 장려금의 비(比)는 증가한다.
ㄷ. 연간 가구 소득이 5,000달러 이상 10,000달러 미만인 경우 '근로 장려금/연간 가구 소득'은 감소한다.
ㄹ. 연간 가구 소득이 10,000달러 이상 15,000달러 미만인 경우 연간 가구 소득이 증가할수록 연간 가구 소득 증가액보다 근로 장려금 감소액이 크다.

① ㄱ, ㄷ　　② ㄱ, ㄹ　　③ ㄴ, ㄹ　　④ ㄱ, ㄴ, ㄷ　　⑤ ㄴ, ㄷ, ㄹ

10강 현대의 사회 변동

출제 POINT

주제 ① 사회 변동을 설명하는 이론

진화론과 순환론 🔒	★★★
기능론과 갈등론	★☆☆
사회 운동	★★☆

주제 ② 정보 사회의 특징 및 세계화와 정보화

산업 사회와 정보 사회 🔒	★★★
세계화	★☆☆
정보화	★★☆

주제 ③ 저출산·고령화, 다문화 사회 및 전 지구적 수준의 문제

저출산 및 고령화	★☆☆
인구 부양비	★★☆
다문화 사회	★☆☆

주제 ① 사회 변동을 설명하는 이론

❶ 진화론은 모든 사회가 일정한 방향으로 단계적으로 진보 또는 발전해 가고, 각 단계는 이전 단계보다 더욱 복잡하고 분화된 단계이며, 현재의 사회는 과거의 사회보다 더 나은 사회라고 전제한다는 점을 꼭 기억하자!

❷ 순환론은 사회 구조 자체가 어떠한 이유로 어떻게 변해 왔는지를 설명하기 어렵다. 또한 현 사회가 순환 과정 중 어디에 위치하는지 설명하지 못한다. 따라서 현 사회의 변동 방향에 대한 예측에 한계가 있다는 점에 유의하자!

1. 사회 변동 방향을 기준으로 사회 변동을 설명하는 이론

구분	진화론	순환론
기본 입장	• 사회 변동은 일정한 방향을 가지고 있음 • 사회 변동은 진보와 발전을 의미함 • 단순한 원시 생명체가 복잡한 유기체로 진화한 것처럼 사회도 단순한 형태에서 복잡한 형태로 발전함	• 사회는 유기체와 마찬가지로 생성, 성장, 쇠퇴, 소멸의 과정을 반복함 • 사회는 진보의 과정을 거친 후에 필연적으로 퇴보의 과정으로 나아가는 순환적인 변동을 반복함
장점	• 사회 발전 방향을 설명하는 데 유용함 • 개발도상국이 근대화 과정을 거쳐 선진국으로 발전한 사례를 설명하기에 적합함	• 지난 역사 속에서 반복되는 사회 변동을 설명하고 해석하는 데 유용함 • 내부 갈등이나 전쟁 등에 의해 흥망성쇠를 거듭한 국가의 사례를 설명하기에 적합함
비판	• 서구 사회가 진보되고 발전된 사회임을 전제함으로써 서구의 제국주의를 정당화하는 수단으로 악용될 우려가 있음 • 모든 사회가 같은 방향으로 변화하지는 않으므로 다양한 경로의 사회 발전 양상을 설명하기 어려움 • 사회 변동이 항상 발전을 의미하지는 않음 → 사회의 퇴보 또는 멸망 가능성 간과	• 앞으로의 변동 방향을 예측하여 대응하기에는 적합하지 않음 • 순환론이 전제하는 순환 과정은 매우 오랜 시간에 걸쳐 일어나는 것이기에, 단기적인 사회 변동 과정을 설명하기 곤란함 • 사회 구조 자체의 변화를 논하지는 못하고 역사적 과정에서 각 국가의 생성과 쇠퇴를 설명하는 데 그침
사례	후진국이나 개발도상국이 근대화 과정을 거쳐 선진국으로 발전	내부 갈등이나 전쟁 등에 의해 흥망성쇠를 거듭한 국가

🔒 3점 공략

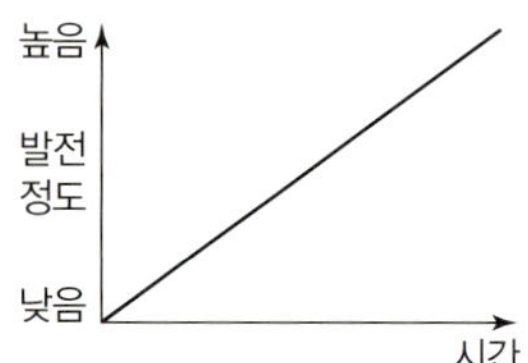
진화론과 제국주의

진화론은 서구 사회가 보다 진보되고 발달된 사회이며 서구 문명을 향하여 모든 사회들이 단선적으로 진화한다고 본다. 이러한 주장은 서구의 선진 사회가 후진 사회를 식민지화하고 착취하는 것을 정당화하는 논리로 악용되었다.

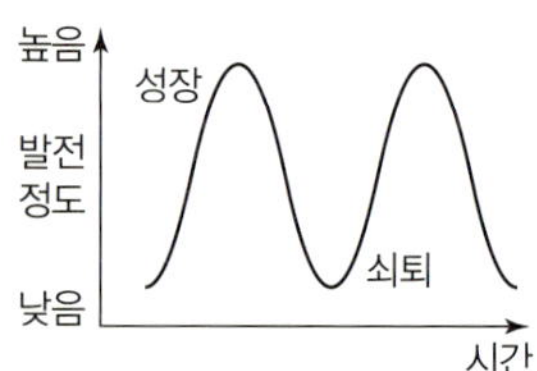
순환론의 한계

순환론은 생성–성장–쇠퇴–소멸의 과정을 거치며 순환, 반복한다는 운명론적 시각을 견지함으로써 사회 변동에 대응하는 인간의 노력을 과소평가한다는 점에서 비판받는다.

2. 사회 구조적 측면에서 사회 변동을 설명하는 이론

구분	기능론	갈등론
기본 입장	• 사회는 다양한 부분들이 각각의 기능을 원활하게 수행할 때 균형을 이루고 안정을 유지하게 됨 • 사회 변동은 사회의 부분이나 전체가 일시적 불균형을 극복하고 새로운 균형 상태를 찾아가는 과정, 즉 사회적 균형과 통합을 저해하는 비정상적인 현상을 극복하고 사회 전체의 균형과 안정을 되찾는 과정임	• 지배 집단이 자신들에게 유리한 분배 구조나 사회 규범 등을 피지배 집단에 강제하고, 사회는 이러한 강제와 억압으로 유지됨 • 사회 변동은 피지배 집단이 지배 집단에 저항하는 과정에서 발생하는 현상으로, 불공정한 사회적 희소가치의 배분으로 인한 집단 간의 갈등이 표출되어 나타나는 자연스러운 현상임
장점	질서와 안정성을 바탕으로 한 점진적인 사회 변동을 설명하는 데 유용함	사회 구조적 모순과 갈등으로 인해 발생하는 급격한 사회 변동을 설명하기 용이함
한계	혁명과 같은 급진적인 사회 변동을 설명하기 어려움	사회 변동을 갈등과 대립의 측면에서만 파악함

3. 사회 운동

의미	자신의 신념과 가치를 실현하기 위하여 다수의 사람들이 자발적으로 하는 집단적이고 지속적인 행동
특징	• 뚜렷한 목표와 이를 달성하기 위한 구체적인 활동 방법과 계획이 있음 • 목표와 활동 방향을 정당화하는 이념을 가지고 있음 • 어느 정도 체계적인 조직을 갖추고 있고, 구성원 간 역할 분담이 이루어짐

주제 ② 정보 사회의 특징 및 세계화와 정보화

3점 공략 🔒

1. 정보 사회의 특징

구분	농업 사회	산업 사회	정보 사회
주요 산업	1차 산업(농업)	2차 산업(제조업)	3차 산업(서비스업)
부가 가치의 원천	토지, 노동	자본, 노동	지식, 정보
생산 방식	소품종 소량 생산	소품종 대량 생산	다품종 소량 생산

2. 세계화와 정보화

구분	세계화	정보화
의미	삶의 공간이 국경을 넘어 전 지구적으로 확대되면서 국가 간 상호 의존성이 증가하는 현상	지식과 정보가 부의 원천으로 인식되고, 정보 통신 기술의 발달에 기반하여 정보 사회로 이행하는 과정
특징	• 국가 간 문화적 교류 확대로 다양한 문화를 접할 수 있는 기회가 증가하고, 이에 따라 더욱 창의적이고 새로운 문화를 창출할 수 있음 • 인간의 존엄성, 자유, 평등과 같은 인류의 보편적 가치가 전 세계로 확산되는 데 기여함	• 재택근무의 확산으로 가정과 직장의 통합이 확대됨 • 사이버 공간을 통해 사회적 관계를 맺는 양상이 증가하면서 면대면 접촉이 감소함 • 탈관료제화, 쌍방향 통신 매체의 발달로 의사 결정의 분권화 경향이 강화됨
문제점	• 국가 간 경쟁이 심화됨에 따라 선진국과 개발도상국 간의 빈부 격차가 심화될 수 있음 • 선진국의 문화가 일방적으로 전파되어 전 세계의 문화가 획일화되고, 약소국이나 소수 민족의 문화 정체성이 약화될 수 있음 • 국제기구, 다국적 기업 등의 영향력이 강화되면서 개별 국가의 자율성이 침해될 수 있음	• 정보 격차로 인해 경제적 불평등이 심화될 수 있음 • 사이버 범죄(개인 정보 유출, 저작권 침해, 사이버 명예 훼손 등)가 증가할 수 있음 • 정보 과잉 및 저질 정보와 잘못된 정보의 유포로 인한 폐해가 증가할 수 있음 • 대면 접촉 감소로 피상적 인간관계가 확대되어 인간 소외 현상이 나타날 수 있음

주제 ③ 저출산·고령화, 다문화 사회 및 전 지구적 수준의 문제

1. 저출산·고령화

의미	• 저출산 : 혼인과 출산에 대한 가치관 변화 등으로 인해 출산율이 적정 수준보다 낮은 현상 • 고령화 : 저출산 및 평균 수명 증가 등으로 인해 전체 인구에서 노인 인구가 차지하는 비율이 증가하는 현상
영향	• 생산 가능 인구(15~64세) 감소로 노동력이 부족해져 경제 성장 동력이 약화될 수 있음 • 노년 부양비가 증가하여 세대 간 갈등이 증가할 수 있음 • 노인 복지 지출 증가로 인해 정부의 재정 건전성이 약화될 수 있음

2. 다문화 사회

의미	서로 다른 문화를 가진 다양한 인종과 민족이 함께 사는 사회
영향	• 긍정적 영향 : 문화 다양성이 강화됨, 저출산·고령화에 따른 노동력 부족 문제 해결에 기여함 • 부정적 영향 : 사회적 편견과 차별에 따른 갈등이 발생할 우려가 있음
대응 이론	• 동화주의 : 소수 문화를 주류 문화로 편입시키려고 함 → 사회가 단일하고 동질적인 문화로 구성되어야 안정적으로 발전할 수 있다고 봄 • 다문화주의 : 각 문화권과 그 속에 속한 사람들을 대할 때 문화적 차이를 고려하며, 소수자의 문화적 권리를 존중하고자 함 → 불평등을 겪지 않도록 문화적 다양성 존중을 지향함

3. 전 지구적 수준의 문제

의미	전 세계에서 동시다발적으로 발생하거나 특정 지역에만 국한되지 않고 주변 국가와 전 세계에 영향을 미치는 각종 사회 문제 → 환경 문제, 자원 문제, 전쟁과 테러 등
특징	• 특정 지역이나 특정 국가의 노력만으로 해결하기 어려움 • 현재 세대뿐만 아니라 다음 세대에게도 치명적인 영향을 줌

Tip

다양한 기준으로 농업 사회, 산업 사회, 정보 사회의 특징을 종합적으로 비교할 수 있어야 한다.

• 직업의 동질성 정도 :
 농업 사회 > 산업 사회 > 정보 사회
• 비대면 접촉 정도 :
 정보 사회 > 산업 사회 > 농업 사회
• 가정과 일터의 분리 정도 :
 산업 사회 > 정보 사회 > 농업 사회
• 구성원 간 익명성 정도 :
 정보 사회 > 산업 사회 > 농업 사회

❷ 인구 부양비

유소년 부양비	$\dfrac{0\sim14세\ 인구}{15\sim64세\ 인구}\times100$
노년 부양비	$\dfrac{65세\ 이상\ 인구}{15\sim64세\ 인구}\times100$

일반적으로 저출산 현상이 심화되면 유소년 부양비는 감소하며, 고령화 현상이 심화되면 노년 부양비와 노령화 지수는 증가한다.

🔒 3점 공략 Check

Q1 (진화론 / 순환론)은 사회 변동이 일정한 방향을 가지고 있으며, 그것은 바람직한 방향으로의 변화를 의미하는 것으로 본다.

Q2 (진화론 / 순환론)은 사회가 시간의 흐름에 따라 생성, 성장, 쇠퇴, 소멸의 과정을 반복한다고 본다.

Q3 (기능론 / 갈등론)은 사회 질서 이면에 숨어 있는 모순과 갈등을 통해 급격한 사회 변동을 설명할 수 있다는 장점이 있다.

Q4 산업 사회와 달리 정보 사회에서는 (소품종 대량 생산 / 다품종 소량 생산) 방식이 일반적으로 나타난다.

Q5 노년 부양비가 증가하게 되면 노년 인구 대비 부양 인구는 ㉠(증가 / 감소)하고, 부양 인구 대비 노년 인구는 ㉡(증가 / 감소)한다.

대표 기출 VS 고난도 기출
531 PROJECT H

(가), (나)에 나타난 사회 변동의 방향을 바라보는 관점에 대한 설명으로 옳은 것은?

> (가) 인류 문명은 감각적 문화, 관념적 문화, 이상주의적 문화의 세 가지 문화 체계가 번갈아 출현한다. 감각적 문화는 물질주의와 향락주의가 강조되는데, 로마 제국이나 오늘날의 서구 문명이 그 예이다. 관념적 문화는 정신적이고 비물질적인 존재를 지향하는 유형인데, 기독교가 지배하던 중세 유럽 문명이 그 사례이다. 이상주의적 문화는 이들 두 가지 문화가 한데 모여 균형을 유지하면서 공존하는 유형으로, 르네상스 시기의 유럽 문명이 이에 해당한다.
>
> (나) 인류 문명은 신학적, 형이상학적, 실증적 단계를 거쳐 발전하며 각 단계마다 상이한 시대정신을 갖는다. 신학적 단계에서는 초자연적 힘이나 초월적 존재에 의존하여 지적 기준과 사회 구조가 형성된다. 형이상학적 단계에서는 이성에 기초한 추상적이고 논리적인 사고가 지배한다. 실증적 단계에서는 경험적 관찰과 합리성을 토대로 과학이 발전하고 산업화가 진행된다. 모든 문명은 완전성을 지향하는 시대정신을 향해 동일한 변동 과정을 밟는다.

① (가)의 관점은 사회의 안정과 조화를 유지하기 위해 사회 각 부분들이 조정되는 과정을 사회 변동으로 본다.

② (나)의 관점은 사회 변동이 항상 발전을 의미하지는 않는다고 본다.

③ (나)의 관점은 (가)의 관점과 달리 서구 사회가 진보된 사회임을 전제한다.

④ (가)의 관점은 급격한 사회 변동을, (나)의 관점은 점진적 사회 변동을 설명하기에 용이하다.

⑤ (가), (나)의 관점은 모두 사회가 이전보다 복잡하고 분화되는 양상으로 변동한다고 본다.

[유형 분석] 사회 변동에 관한 문항은 주로 사회 변동의 방향을 바라보는 관점, 즉 진화론과 순환론이 출제된다. 그러므로 사회 변동을 바라보는 두 관점의 차이를 명확하게 파악하고 있어야 한다.

[접근 방법] ❶ 진화론과 순환론이 사회 변동을 바라봄에 있어 어떤 차이가 있는지 떠올려본다. ❷ (가), (나)는 진화론과 순환론 중 각각 어디에 해당하며 그렇게 생각하는 근거를 제시문에서 찾아 밑줄을 그어본다.

답 ③

WHY 왜 빠지지 않고 출제될까?

사회 변동에 대한 관점은 사회 변동의 방향에 대한 차이가 존재하는 진화론과 순환론, 변동하는 사회의 구조적 특징에 대한 차이가 존재하는 기능론과 갈등론이 있지만, 모의고사 및 수능에는 대부분 진화론과 순환론이 출제된다. 그러므로 진화론과 순환론의 특징과 각 이론적 한계에 대해 정확하게 숙지하고 있어야 한다.

다음 자료에 대한 옳은 설명만을 〈보기〉에서 고른 것은?

> 교사 : 사회 변동의 방향을 바라보는 관점에는 A, B가 있습니다. 이에 대하여 발표해 보세요.
>
> 갑 : A는 사회 변동이 항상 발전을 의미하지는 않는다는 점을 간과합니다.
>
> 을 : B는 서구 사회가 진보된 사회임을 전제합니다.
>
> 병 : ____(가)____
>
> 정 : B는 미래 사회의 변동 방향에 대한 예측에 한계가 있습니다.
>
> 교사 : 한 사람을 제외하고 모두 옳게 발표했네요.

> 〈보기〉
> ㄱ. A는 사회 변동 과정에서 나타나는 사회의 쇠락을 설명하기가 용이하다.
> ㄴ. B는 운명론적 관점에서 사회 변동을 설명한다.
> ㄷ. A는 B와 달리 사회 변동의 유형이 사회마다 다르다고 본다.
> ㄹ. (가)에는 'A는 사회가 미분화된 상태에서 분화된 상태로 변동한다고 봅니다.'가 들어갈 수 있다.

① ㄱ, ㄴ   ② ㄱ, ㄷ   ③ ㄴ, ㄷ   ④ ㄴ, ㄹ   ⑤ ㄷ, ㄹ

[유형 분석] 사회 변동의 방향을 바라보는 진화론과 순환론을 A, B로 가린 뒤 A, B의 특징에 대해 옳게 진술한 것과 틀리게 진술한 것을 모두 제시하고 A, B가 진화론과 순환론 중 각각 어디에 해당하는지 묻는 문항이다.

[접근 방법] ❶ 진화론과 순환론이 사회 변동을 바라봄에 있어 어떤 차이가 있는지 떠올려본다. 이때 진화론과 순환론의 이론적 한계점도 같이 떠올려 보자. ❷ A, B를 진화론과 순환론 중 하나로 가정했을 때 갑~정 중 누구의 진술이 옳고, 틀린지 파악한다.

답 ④

HOW 킬러 문항, 어떻게 출제될까?

대표 기출과 달리 고난도 기출은 **수업 장면을 사용하여 진화론과 순환론에 대한 옳은 진술과 틀린 진술을 함께 제시하여 혼동을 유발**해 난도를 높였다. 진화론과 순환론은 이론의 특징상 사회 변동에 대한 시각차가 분명하여 제시문이나 선지 자체만으로 난도를 높이기는 어렵기 때문에 수업 장면이나 카드 게임 등 문항의 자료를 색다르게 제시하여 출제될 수 있으므로 다양한 유형에 대한 연습이 필요하다.

실전 문제

• 정답 및 해설 p.41~43

주제 ① 사회 변동을 설명하는 이론

01

| 평가원 |

사회 변동을 바라보는 관점 (가), (나)에 대한 옳은 설명을 〈보기〉에서 고른 것은? (단, (가), (나)는 각각 순환론, 진화론 중 하나이다.)

> (가) 인류 문명의 발전 속도는 지역에 따라 다르게 나타난다. 그렇지만 문명이 단순한 것에서 분화된 것으로, 미신적인 것에서 합리적인 것으로, 낡은 것에서 새로운 것으로 발전하는 경향이 일반적으로 나타난다.
>
> (나) 인류 문명은 일정한 시간 동안에는 정해진 방향을 향해 나아가는 것 같지만 곧 한계에 부딪히게 되고, 문명에 내재한 힘을 따라 다시 반대 방향을 향해 움직이게 된다. 그러나 반대 방향의 움직임 역시 오래가지 못하고 문명은 다시 본래의 방향을 향하게 된다.

〈보기〉
ㄱ. (가)는 (나)와 달리 사회 변동을 동일한 과정의 주기적 반복으로 설명한다.
ㄴ. (나)는 (가)와 달리 사회가 항상 진보하는 것은 아니라고 본다.
ㄷ. (가)는 (나)에 비해 개발도상국의 서구식 근대화 과정을 설명하기에 적합하다.
ㄹ. (나)는 (가)에 비해 변동 방향을 예측하여 대응하기에 적합하다.

① ㄱ, ㄴ ② ㄱ, ㄷ ③ ㄴ, ㄷ ④ ㄴ, ㄹ ⑤ ㄷ, ㄹ

02

다음 자료의 (가)~(라)에 들어갈 대답으로 옳은 것은? (단, A, B는 각각 순환론, 진화론 중 하나이다.)

> 사회 변동의 방향을 바라보는 관점에는 A, B가 있다. 사회 변동에 대한 단일한 방향성을 전제로 하는 A와 달리 B는 사회가 일정 기간 성장기를 거쳐 발전하다가 일정 기간 쇠퇴기를 거쳐 소멸하는 것을 반복한다고 본다. 표는 질문에 대한 A, B의 대답을 나타낸 것이다.

질문	대답	
	A	B
운명론적 시각으로 사회 변동을 바라보는가?	(가)	(나)
서구 강대국의 제국주의 침략을 정당화하는 근거가 될 수 있는가?	(다)	(라)

	(가)	(나)	(다)	(라)
①	예	예	아니요	아니요
②	예	아니요	아니요	예
③	아니요	예	예	아니요
④	아니요	예	아니요	예
⑤	아니요	아니요	예	아니요

03

사회 변동의 방향과 관련하여 다음 글의 관점에 대한 옳은 설명만을 〈보기〉에서 고른 것은?

> 사회 변동은 곧 끊임없는 발전을 의미한다고 보는 것은 사회 변동에 대한 근시안적인 이해에 불과하다. 현존하는 사회의 시작과 끝을 관찰한 적 없는 사람들은 현재의 사회가 과거보다 발전한 사회이고, 아직 나타나지 않은 미래의 사회는 현재보다 발전한 사회일 것이라는 막연한 환상에 빠져 있다. 그들도 현존하는 사회의 끝을 접하게 되면 사회는 시작과 함께 끝이 예정되어 있었음을 깨닫게 될 것이다.

〈보기〉
ㄱ. 사회 변동 과정에서 발전이 나타날 수 있음을 부정한다.
ㄴ. 현존하는 사회가 변동 과정의 어느 단계에 있는지 설명하는 데 한계가 있다.
ㄷ. 사회 변동 방향에 대한 운명론적인 입장을 비판할 수 있는 근거를 제공한다.
ㄹ. 미래에 나타날 사회 변동보다 과거에 나타난 사회 변동을 설명하는 데 적합하다.

① ㄱ, ㄴ ② ㄱ, ㄷ ③ ㄴ, ㄷ ④ ㄴ, ㄹ ⑤ ㄷ, ㄹ

04

그림은 사회 변동에 대한 구조적 관점 A, B를 분류한 것이다. 이에 대한 옳은 설명만을 〈보기〉에서 있는 대로 고른 것은? (단, A와 B는 각각 기능론과 갈등론 중 하나이다.)

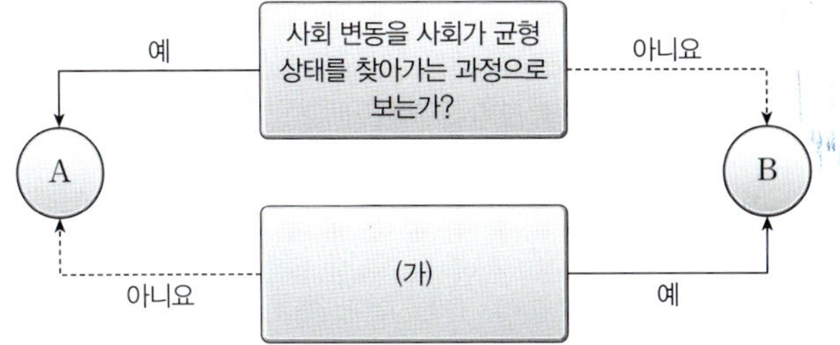

〈보기〉
ㄱ. A는 사회 변동에 대해 보수적 관점이라는 비판을 받는다.
ㄴ. A는 B에 비해 사회적 모순과 대립에 의한 사회 변동을 설명하기에 용이하다.
ㄷ. B는 A에 비해 혁명과 같은 급격한 사회 변동을 설명하기 어렵다.
ㄹ. (가)에는 '집단 간의 갈등이 사회 변동의 원동력이 된다고 보는가?'가 들어갈 수 있다.

① ㄱ, ㄴ ② ㄱ, ㄹ ③ ㄷ, ㄹ
④ ㄱ, ㄴ, ㄷ ⑤ ㄴ, ㄷ, ㄹ

05

다음 자료의 (가), (나)에 들어갈 적절한 사례만을 〈보기〉에서 고른 것은?

교사 : A는 다수가 사회 변동을 달성하거나 저지하려는 의도를 가지고 지속적이고 조직적으로 수행하는 노력을 의미합니다. A의 대표적인 사례에는 무엇이 있는지 발표해 볼까요?
갑 : ⎡⎽⎽⎽⎽⎽ (가) ⎽⎽⎽⎽⎽⎤ 를 들 수 있습니다.
을 : ⎡⎽⎽⎽⎽⎽ (나) ⎽⎽⎽⎽⎽⎤ 를 들 수 있습니다.
교사 : 갑은 틀리게 발표했지만, 을은 옳게 발표했습니다.

보기
ㄱ. (가) - 여성 참정권 확대를 위한 여성들의 투쟁
ㄴ. (가) - 길가에 쓰러진 취객을 구조하려는 사람들의 행동
ㄷ. (나) - 화장장 설치를 반대하는 해당 지역 주민의 1인 시위
ㄹ. (나) - 대체 에너지 지원 정책 마련을 촉구하는 시민들의 집회

① ㄱ, ㄴ ② ㄱ, ㄷ ③ ㄴ, ㄷ ④ ㄴ, ㄹ ⑤ ㄷ, ㄹ

주제 ② 세계화와 정보화 및 정보 사회의 특징

06
| 평가원 |

A, B 사회의 일반적인 특징에 대한 설명으로 옳은 것은? (단, A, B 사회는 각각 산업 사회와 정보 사회 중 하나이다.)

A 사회	B 사회
직장인 갑은 출근하지 않고 집에서 컴퓨터로 회사의 업무를 본다. 인터넷을 통해 직장 동료 및 협력 업체와 협의하며, 팀장 또는 CEO에게 직접 보고를 하는 등 다양한 업무를 처리한다.	직장인 을은 매일 아침 9시부터 오후 6시까지 자동차 제조 공장에서 일을 한다. 출근 후 업무 지시를 받아 하루 종일 컨베이어 벨트에 실려 오는 자동차에 타이어를 장착하는 일을 수행한다.

① A 사회는 B 사회에 비해 면대면 접촉의 비중이 더 높다.
② A 사회는 B 사회에 비해 부가 가치의 원천으로 자본과 노동을 지식보다 중시한다.
③ B 사회는 A 사회에 비해 관료제 조직의 비중이 더 높다.
④ B 사회는 A 사회에 비해 다품종 소량 생산 방식이 확대된다.
⑤ A, B 사회 모두에서는 가상공간의 등장으로 인해 소비자와 생산자 간의 공간적 제약이 극복된다.

07

다음 자료의 (가), (나)에 들어갈 내용으로 가장 적절한 것은? (단, A 사회와 B 사회는 각각 정보 사회와 산업 사회 중 하나이다.)

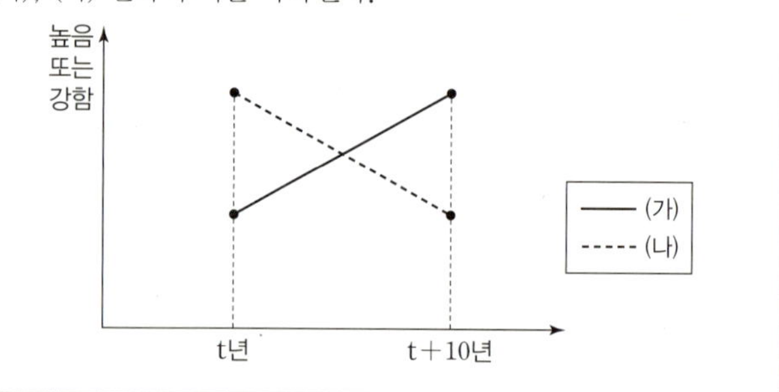

t년에 노동이 부가 가치를 창출하는 주요 원천이 되는 A 사회였던 갑국은 t+10년에 지식과 정보가 부가 가치를 창출하는 주요 원천이 되는 B 사회로 변화하였다. 그림은 갑국의 시기별 (가), (나) 변화 추이를 나타낸다.

	(가)	(나)
①	직업의 동질성 정도	가정과 일터의 분리 정도
②	비대면 접촉 가능성	사회의 다원화 정도
③	개인 정보 유출 가능성	2차 산업의 비중
④	업무 방식의 표준화 정도	산업 구조의 고도화 정도
⑤	다품종 소량 생산 방식의 비중	쌍방향 매체의 비중

08

다음 자료에 대한 설명으로 옳은 것은?

○ A, B는 각각 산업 사회, 정보 사회 중 하나이다.
○ 표는 A, B의 특징을 구분할 수 있는 질문에 대한 갑~병의 응답이다. 단, 갑은 모든 질문에 옳게 대답하였고, 을과 병은 각각 1개씩만 옳게 대답하였다.

구분	갑	을	병
다원화 정도가 높은 사회는?	A	B	A
관료제 조직의 비중이 높은 사회는?	B	B	A
(가)	㉠	㉡	㉢

① A는 B에 비해 직업의 분화 정도가 낮다.
② A는 B에 비해 정보 확산의 시·공간적 제약 정도가 높다.
③ B는 A에 비해 구성원 간 익명성이 강하다.
④ B는 A에 비해 사회적 관계를 맺는 공간적 범위가 좁다.
⑤ (가)가 '가정과 일터의 분리 정도가 높은 사회는?'이면, ㉠~㉢은 모두 B이다.

09

A, B의 일반적인 특징에 대한 옳은 설명만을 〈보기〉에서 있는 대로 고른 것은? (단, A, B는 각각 산업 사회와 정보 사회 중 하나이다.)

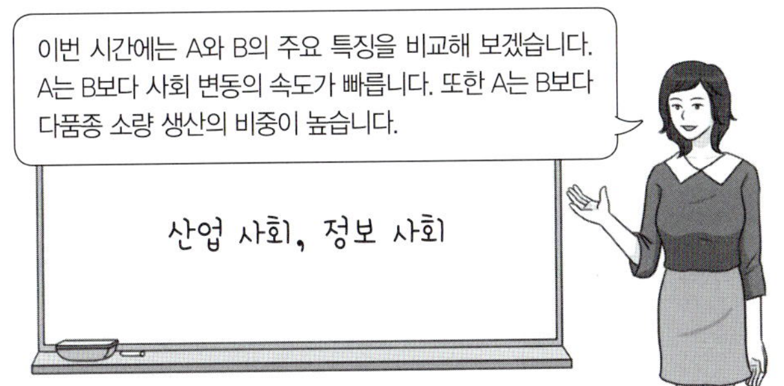

〈보기〉
ㄱ. 1인 가구의 비중은 A가 B보다 크다.
ㄴ. 3차 산업의 비중은 A가 B보다 작다.
ㄷ. 대면 접촉의 비중은 B가 A보다 작다.
ㄹ. 정보 생산자와 소비자 간 경계는 B가 A보다 명확하다.

① ㄱ, ㄴ　　　　② ㄱ, ㄹ　　　　③ ㄷ, ㄹ
④ ㄱ, ㄴ, ㄷ　　　⑤ ㄴ, ㄷ, ㄹ

주제 3 　저출산·고령화, 다문화 사회 및 전 지구적 수준의 문제

10

| 평가원 |

다음 자료에 대한 분석으로 옳은 것은?

표는 갑국과 을국의 인구 관련 통계이다. 갑국과 을국의 총인구는 t년에 동일하며, t+80년에 각각 2배로 증가하였다.

구분	갑국		을국	
	t년	t+80년	t년	t+80년
합계 출산율(명)	4.4	2.4	3.1	1.1
전체 인구 대비 0~14세 인구 비율(%)	60	30	50	20
노령화 지수	25	50	20	125

* 합계 출산율 : 여성 1명이 가임 기간(15~49세) 동안 낳을 것으로 예상되는 평균 출생아 수
** 노령화 지수 $= \dfrac{65세 이상 인구}{0~14세 인구} \times 100$
*** 전체 인구에서 노인 인구(65세 이상 인구)가 차지하는 비율이 7% 이상인 사회를 고령화 사회, 14% 이상인 사회를 고령 사회, 20% 이상인 사회를 초고령 사회라고 함.

① 갑국의 경우 15~64세 인구 대비 65세 이상 인구의 비는 t+80년이 t년보다 크다.
② 을국의 경우 t년에 비해 t+80년에 65세 이상 인구가 증가한 원인은 합계 출산율 감소이다.
③ t+80년의 15~64세 인구 비율 대비 0~14세 인구 비율은 을국이 갑국보다 크다.
④ t년과 t+80년을 비교했을 때 을국은 갑국과 달리 고령화 사회에서 초고령 사회로 변화하였다.
⑤ t년 대비 t+80년의 경우 갑국과 을국 모두 0~14세 인구 감소가 노령화 지수의 상승 원인이다.

11

다음 자료에 대한 설명으로 옳은 것은?

A는 15세~64세 인구 100명당 0~14세 인구를, B는 15세~64세 인구 100명당 65세 이상 인구를 나타낸다. 그림은 갑국의 A, B 변화를 나타낸다.

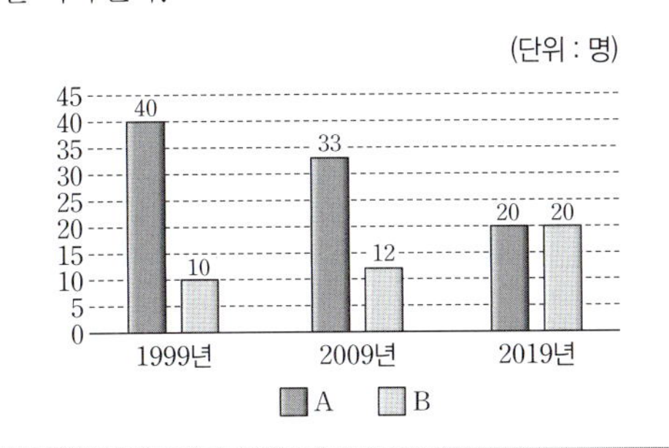

① 1999년에는 전체 인구에서 0~14세 인구와 65세 이상 인구가 차지하는 비율이 50%이다.
② 0~14세 인구 대비 65세 이상 인구의 비(比)는 1999년이 2019년보다 높다.
③ 전체 인구에서 15~64세 인구가 차지하는 비율은 2009년이 2019년보다 높다.
④ 전체 인구에서 65세 이상 인구가 차지하는 비율은 2019년이 2009년의 2배보다 작다.
⑤ 전체 인구에서 0~14세 인구가 차지하는 비율은 2009년이 1999년과 달리 30% 미만이다.

12

다음 자료에 대한 옳은 분석을 〈보기〉에서 고른 것은?

표는 갑국 인구 부양비의 연도별 변화를 나타낸다. 단, 모든 연도에서 15세~64세 인구는 변함이 없다.

(단위 : %)

구분	2017년	2018년	2019년
노년 부양비	12	ⓒ	16
유소년 부양비	㉠	㉣	16
총 부양비	㉡	36	32

* 노년 부양비 = (65세 이상 인구/15~64세 인구)×100
** 유소년 부양비 = (0~14세 인구/15~64세 인구)×100
*** 총 부양비 ={(0~14세 인구 + 65세 이상 인구)/15~64세 인구}×100

〈보기〉
ㄱ. ㉠이 20이면, 전체 인구는 2017년과 2019년이 같다.
ㄴ. ㉡이 36이면, 2017년에 전체 인구에서 0~14세 인구가 차지하는 비율은 20%를 넘는다.
ㄷ. ㉠, ⓒ이 모두 14이면, 65세 이상 인구 대비 0~14세 인구의 비(比)는 2018년이 2017년보다 크다.
ㄹ. ⓒ이 ㉣보다 작다면, 2018년 전체 인구에서 65세 이상 인구가 차지하는 비율은 14%를 넘는다.

① ㄱ, ㄴ　　② ㄱ, ㄷ　　③ ㄴ, ㄷ　　④ ㄴ, ㄹ　　⑤ ㄷ, ㄹ

순환론과 진화론의 차이를 떠올린 후 A와 B가 각각 어떤 이론에 해당하는지부터 파악하자.

01

사회 변동의 방향을 바라보는 관점 A, B에 대한 질문에 모두 옳게 응답한 학생은? (단, A, B는 각각 순환론과 진화론 중 하나이다.)

> A : 사회도 생물체와 마찬가지로 자연 선택에 의해서 점차 높은 차원의 단계로 긍정적인 변화를 하게 된다.
> B : 인류 사회의 여러 문명들은 독자적 정체성을 가지지만, 결국 생존 주기에 따라 출생, 성숙, 노쇠, 몰락의 과정을 되풀이한다.

질문 \ 학생 응답	갑		을		병		정		무	
	A	B	A	B	A	B	A	B	A	B
운명론적 관점에서 사회 변동을 바라보는가?	○	×	○	×	×	○	×	○	×	○
서구 중심적이고 단선적인 사고방식으로 사회 변동을 바라보는가?	×	○	○	×	○	×	○	×	○	×
사회 변동 방향에 대한 예측과 대응에 적합하지 못하다는 비판을 받는가?	×	○	×	○	○	×	×	○	×	○
사회 변동이 단순한 것에서 복잡한 것으로 분화되는 과정임을 간과한다는 비판을 받는가?	○	×	○	×	○	×	○	×	×	○

(○ : 예, × : 아니요)

① 갑　　　② 을　　　③ 병　　　④ 정　　　⑤ 무

제시된 그림에서 A, B, (가), (나)의 내용이 특정되지 않았으므로, 선지의 진위 여부를 파악할 때 실수하지 않도록 유의하자.

02

그림은 A와 B의 일반적 특징을 비교한 것이다. 이에 대한 설명으로 옳지 <u>않은</u> 것은? (단, A와 B는 각각 산업 사회와 정보 사회 중 하나이다.)

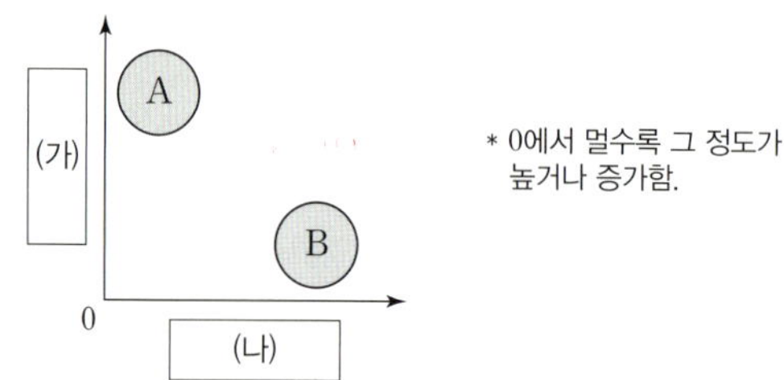

① A가 산업 사회라면, (가)에는 '사회의 다원화 정도'가 들어갈 수 없다.

② B가 정보 사회라면, (나)에는 '구성원 간 익명성 정도'가 들어갈 수 있다.

③ (가)가 '가정과 일터의 결합 정도'라면, B는 A에 비해 비대면 접촉 비중이 낮다.

④ (나)가 '직업의 이질성 정도'라면, A는 B에 비해 정보 확산의 시·공간적 제약 정도가 낮다.

⑤ (가)가 '대면 접촉 비중'이라면, (나)에는 '다품종 소량 생산 비중'이 들어갈 수 있다.

03

다음 자료에 대한 옳은 설명만을 〈보기〉에서 있는 대로 고른 것은?

○ 갑국과 을국은 각각 산업 사회, 정보 사회 중 하나에 해당한다.
○ 그림은 갑국과 을국의 일반적인 특징을 비교한 것이다.

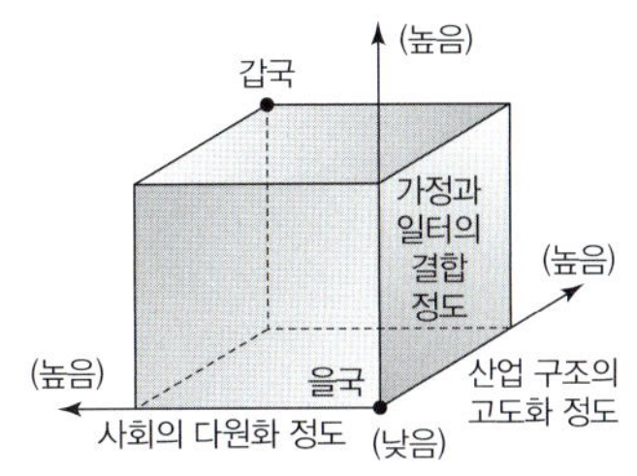

〈보기〉

ㄱ. 갑국은 을국에 비해 쌍방향 의사 소통 구조가 중시된다.
ㄴ. 갑국은 을국에 비해 사회 조직의 관료제화 정도가 높다.
ㄷ. 을국은 갑국에 비해 사회적 관계를 맺는 공간적 범위가 좁다.
ㄹ. 을국은 갑국에 비해 정보의 생산자와 소비자 간 구분이 분명하다.

① ㄱ, ㄴ   ② ㄱ, ㄹ   ③ ㄴ, ㄷ
④ ㄱ, ㄷ, ㄹ   ⑤ ㄴ, ㄷ, ㄹ

👤 1등급 전략

3차원 그래프의 세 축의 척도를 확인한 후 갑국와 을국이 어떤 사회에 해당하는지부터 파악하자.

04

다음 자료에 대한 옳은 분석만을 〈보기〉에서 있는 대로 고른 것은?

○ 갑국의 15세~64세 인구는 모든 연도에서 변함이 없으며, 2007년에는 갑국의 0~14세 인구와 65세 이상 인구가 같다.
○ 표는 갑국의 유소년 부양비와 노년 부양비의 변화를 나타낸다.

구분	2007년	2010년	2013년	2016년	2019년
노년 부양비	2a	3a	3a	a	a
유소년 부양비	2a	a	3a	3a	a

* 유소년 부양비=(0~14세 인구/15~64세 인구)×100
** 노년 부양비=(65세 이상 인구/15~64세 인구)×100

〈보기〉

ㄱ. 2016년 대비 2019년 전체 인구 증가율은 음(−)의 값이다.
ㄴ. 2010년 대비 2013년 전체 인구에서 65세 이상 인구가 차지하는 비율은 하락했다.
ㄷ. 2007년 대비 2010년 0~14세 인구 대비 65세 이상 인구의 비(比)는 상승했다.
ㄹ. 2010년 대비 2016년 15~64세 인구 대비 '0~14세 인구+65세 이상 인구'의 비(比)는 하락했다.

① ㄱ, ㄴ   ② ㄱ, ㄹ   ③ ㄴ, ㄹ
④ ㄱ, ㄴ, ㄷ   ⑤ ㄴ, ㄷ, ㄹ

👤 1등급 전략

15~64세 인구를 100명으로 가정하고 각 연령별 인구표를 연도별로 작성한 뒤 문제에 접근하자.

01강 사회·문화 현상의 특징과 연구 방법

♀ 핵심 개념

Q1 빈칸에 알맞은 말을 쓰시오.

양적 연구	
전제	자연 현상의 연구 방법을 사회·문화 현상의 연구에 동일하게 적용할 수 있음 → 방법론적 (　　　)
기본 입장	자연 현상과 마찬가지로 사회·문화 현상에도 일정한 규칙성이 존재하며, 측정과 계량화, 통계적 분석이 가능함
연구 목적	사회·문화 현상에 내재한 규칙성을 발견함으로써 일반화나 법칙을 정립하고자 함
연구 과정	① 문제 인식, 연구 주제 선정 ② (　　　) 설정 : 연구 주제에 대한 잠정적인 결론 제시 ③ 연구의 설계 : 개념의 조작적 정의 및 세부 실행 계획 구상 ④ 자료 수집 : 양적 자료의 수집을 위해 주로 질문지법이나 (　　　) 등을 활용 ⑤ 자료 분석 : 통계 분석 기법으로 변인 간의 관계를 분석함 ⑥ 가설 검증 : 자료 분석 결과에 따라 가설의 수용 또는 기각 ⑦ 결론 도출 및 일반화 : 다른 상황에 적용 가능한 일반화 정립

▶▶ 본문 p.05 참고

♀ 고난도 기출

Q2 다음 연구에 대한 설명으로 옳은 것은?

　　갑은 ㉠'여성이 남성보다 일·가정 양립 중시 정도가 높을 것'이라는 가설을 검증하기 위해, 직장인 1,200명을 대상으로 응답자의 사회·인구학적 특성(성별, 연령 등)과 함께 직장 회식 참여 중시 정도, ㉡가족 행사 참여 중시 정도 등 ㉢일·가정 양립 중시 정도에 대한 설문 조사를 실시하였다. 갑은 응답자의 일·가정 양립 중시 정도를 '높음'과 '낮음'으로 나눈 뒤, 성별과 일·가정 양립 중시 정도 간의 관계를 분석하였다.
　　한편 을은 갑의 분석 결과가 응답자의 세대에 따라 달라지는지 확인하고자 하였다. 이에 을은 갑이 조사한 ㉣자료로 '일·가정 양립 중시 정도'를 갑과 동일하게 조작화한 뒤, 성별과 일·가정 양립 중시 정도 간의 관계를 세대별로 나누어 분석하였다. 다음은 을이 갑의 분석에 세대를 변인으로 추가하여 재구성한 표이다. 분석 결과는 통계적으로 유의미하였다.

〈성별 및 세대별 일·가정 양립 중시 정도〉

(단위 : 명)

일·가정 양립 중시 정도 \ 성별 / 세대	여성		남성	
	청년층	중장년층	청년층	중장년층
높음	150	30	120	420
낮음	90	30	180	180

① 갑의 분석 결과 ㉠은 기각되었다.

② 을의 분석 결과 중장년층인 경우에 ㉠이 수용되었다.

③ ㉢은 ㉡의 조작적 정의에 해당한다.

④ ㉣은 을의 1차 자료이다.

⑤ 을은 갑과 달리 연역적 연구를 수행하였다.

02강 자료 수집 방법 및 탐구 태도와 연구 윤리

♀ 핵심 개념

Q3 빈칸에 알맞은 말을 쓰시오.

다양한 자료 수집 방법의 특징 및 장단점	
(　　　)	• 일반적으로 양적 연구의 자료 수집 방법으로 활용됨 • 표본을 추출하여 표본 조사를 수행하는 경우가 일반적임 • 다수를 대상으로 대량의 자료를 수집하기 용이하며, 시간과 비용 측면에서 비교적 효율적임 • 문자 언어를 통해 조사할 경우 (　　　)에게 활용하기 곤란함 • 표본의 대표성이 낮을 경우 조사 결과를 일반화하기 곤란함
(　　　)	• 일반적으로 양적 연구의 자료 수집 방법으로 활용됨 • 가장 엄격한 통제가 가해지는 자료 수집 방법에 해당함 • 인과 관계의 파악을 통해 법칙을 발견하는 데 유리함 • 실험 집단과 (　　　) 간 비교 분석이 용이함
(　　　)	• 일반적으로 (　　　)의 자료 수집 방법으로 활용됨 • 조사 대상자의 주관적인 세계를 심층적으로 이해하는 데 유리함 • 대화를 통해 자료를 수집하므로 문맹자에게도 실시 가능
(　　　)	• 일반적으로 질적 연구의 자료 수집 방법으로 활용됨 • 가장 전형적인 비구조화·비표준화된 자료 수집 방법 • 자료의 (　　　)을 확보할 수 있음 • 조사 대상자의 일상생활 세계에 대한 심층적 자료 수집에 유리함 • 언어적 의사소통이 곤란한 집단을 대상으로도 자료 수집 가능 • 시간과 비용 측면에서 비효율적임

▶▶ 본문 p.12~13 참고

♀ 고난도 기출

Q4 자료 수집 방법 A~C의 일반적인 특징에 대한 설명으로 옳은 것은? (단, A~C는 각각 면접법, 질문지법, 참여 관찰법 중 하나이다.)

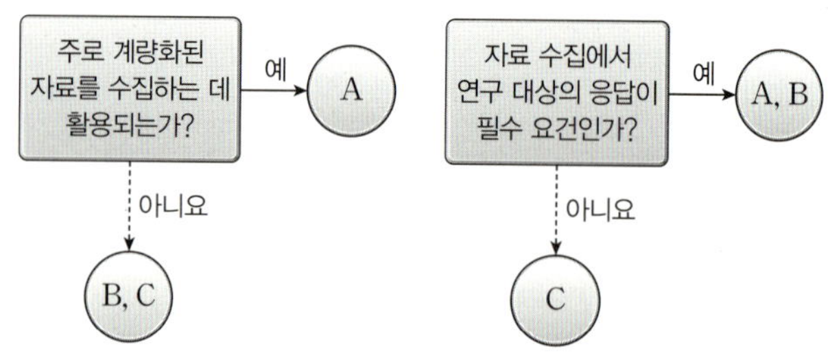

① A는 B와 달리 연구 대상의 주관적인 인식을 파악할 수 없다.

② B는 A에 비해 다수를 대상으로 자료를 수집하기가 용이하다.

③ C는 A, B와 달리 연구자의 직관적 통찰로 해석해야 하는 자료를 수집할 수 있다.

④ B, C는 A에 비해 연구 대상과 연구자 간 신뢰감 형성의 중요성이 강조된다.

⑤ 자료 수집 상황에 대한 통제 수준은 A>C>B이다.

03강 사회적 존재로서의 인간

핵심 개념

Q5 빈칸에 알맞은 말을 쓰시오.

1. 지위

의미	한 개인이 집단이나 사회 속에서 차지하는 위치
종류	• (　　　) : 개인의 능력이나 노력과는 관계없이 선천적, 자연적으로 갖게 되는 지위 → 남성, 여성, 막내딸, 노인 등 • (　　　) : 개인의 의지나 노력에 의해 후천적으로 얻게 되는 지위 → 아버지, 어머니, 교사
특징	• 개인은 여러 개의 지위를 동시에 가지며, 시간이 흐르면서 지위는 변함 • 현대 사회로 접어들면서 귀속 지위보다 성취 지위의 중요성이 더욱 커짐

2. 역할

역할	일정한 지위에 대해 사회적으로 기대되는 행동 양식
역할 행동	• 개인이 자신에게 주어진 역할을 수행하는 구체적인 행동 방식 → 동일한 지위에 대해서도 개인에 따라 역할 행동은 다양하게 나타남 • 역할 행동이 사회적 기대에 부합되면 (　　　)을 받고 어긋나면 제재를 받음
(　　　)	한 개인에게 요구되는 역할들이 충돌하여 나타나는 심리적 갈등

▶▶ 본문 p.21 참고

고난도 기출

Q6 밑줄 친 ㉠~㉦에 대한 설명으로 옳은 것은?

> ㉠ 영화배우 갑은 극중 인물과의 동일시를 위해 극중 인물의 삶을 직접 체험하는 것으로 유명하다. 몸이 불편한 화가 역할을 위해 촬영 전부터 휠체어에서 생활하거나 북미 지역의 원주민 역할을 위해 ㉡ 직접 사냥한 고기만으로 식사를 하기도 하였다. 한번은 영화 속 원수인 상대 배우에게 실제로 적대감을 드러내 동료에게 ㉢ 비난을 받기도 하였다. ㉣ 배역에 대한 지나친 몰입으로 촬영이 끝난 후에 극심한 ㉤ 정체성의 혼란을 겪은 갑은 돌연 은퇴를 선언하였다. 그는 ㉥ 영화 제작사 임원 자리 제안을 거절하고 화가가 되겠다며 ㉦ 예술 대학원에 입학하였다.

① ㉠, ㉣은 모두 갑의 성취 지위이다.
② ㉡은 ㉠으로서 갑의 역할 행동이다.
③ ㉢은 갑의 역할에 대한 제재이다.
④ ㉤은 갑이 경험한 역할 갈등이다.
⑤ ㉥, ㉦은 모두 공식적 사회화 기관이다.

04강 사회 집단과 사회 조직 및 일탈 행동

핵심 개념

Q7 빈칸에 알맞은 말을 쓰시오.

일탈 행동

(　　　) 이론	• 뒤르켐 : 급속한 사회 변동으로 사회의 지배적인 규범이 붕괴되어 발생함 • (　　　) : 문화적으로 인정되는 목표와 제도적 수단 간의 불일치로 발생함
(　　　) 이론	일탈 행동을 하는 개인이나 집단과의 상호 작용을 통해 일탈을 자연스레 습득하고 정당화함으로써 일탈 행동이 발생함
(　　　) 이론	일탈 행동을 규정짓는 객관적 기준은 없으며, 1차적 일탈자에게 낙인을 찍어 부정적 자아가 형성되어 2차적 일탈이 발생함

▶▶ 본문 p.29 참고

고난도 기출

Q8 다음은 일탈 이론 A~C에 대한 수행 평가 및 교사의 채점 결과이다. 이에 대한 옳은 설명만을 〈보기〉에서 있는 대로 고른 것은? (단, A~C는 각각 낙인 이론, 머튼의 아노미 이론, 차별 교제 이론 중 하나이다.)

〈수행 평가 과제〉

학생	과제 내용
갑	A와 구분되는 B의 특징 3가지 서술하기
을	B와 구분되는 C의 특징 3가지 서술하기
병	C와 구분되는 A의 특징 3가지 서술하기

〈각 학생의 서술 및 교사의 채점 결과〉

학생	서술 내용	점수
갑	1. 차별적인 제재가 일탈 행동의 원인이라고 본다. 2. 일탈 행동이 발생하는 과정에서 나타나는 상호 작용에 주목한다. 3. 일탈자로 규정하는 것에 대한 신중한 접근이 필요하다고 본다.	2점
을	1. 사회 규범의 통제력 회복을 일탈 행동의 근본적인 해결 방안으로 본다. 2. 일탈 행동의 원인을 부정적 자아 정체성 형성에서 찾는다. 3. 일탈 행동을 규정하는 객관적 기준이 존재한다고 본다.	㉠
병	1. 정상적인 사회 집단과의 교류가 일탈 행동을 억제한다고 본다. 2. 일탈 행동에 대한 사회적 반응이 지속적인 일탈 행동의 원인이라고 본다. 3.　　　　(가)	1점

*교사는 각 서술별로 채점하고, 서술 하나가 맞을 때마다 1점씩 부여함.

〈보기〉

ㄱ. ㉠은 2점이다.
ㄴ. (가)에는 '일탈 행동은 비행 집단과의 접촉을 통해 학습된다고 본다.'가 들어갈 수 있다.
ㄷ. B는 최초의 일탈 행동보다 반복적 일탈 행동에 초점을 맞춘다.
ㄹ. C는 일탈 행동 예방 방안으로 소외 계층에 대한 교육 지원, 직업 훈련 프로그램 제공을 지지할 것이다.

① ㄱ, ㄴ　　② ㄱ, ㄹ　　③ ㄷ, ㄹ
④ ㄱ, ㄴ, ㄷ　　⑤ ㄴ, ㄷ, ㄹ

05강 문화의 이해 및 하위문화와 대중문화

핵심 개념

Q9 빈칸에 알맞은 말을 쓰시오.

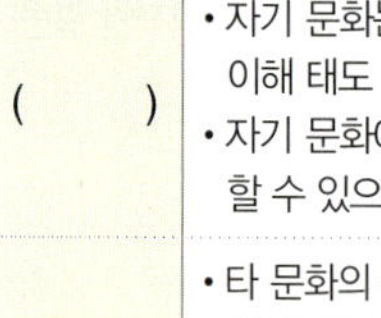

문화를 이해하는 태도	
( )	• 자기 문화는 우수하고 타 문화는 열등하다고 평가하는 문화 이해 태도 • 자기 문화에 대한 자부심을 심어줌으로써 사회 통합을 유도할 수 있으나, 다른 문화와의 마찰과 갈등을 유발할 수 있음
( )	• 타 문화의 우수성을 내세워 자기 문화를 낮게 평가하는 문화 이해 태도 • 적극적인 선진 문물의 수용으로 자국의 문화 발전에 기여할 수는 있으나, 자기 문화의 ( )을 상실할 우려가 있음
( )	• 문화를 우열 평가가 아닌 이해의 대상으로 간주하며, 각 문화가 해당 사회의 맥락에서 갖는 고유한 의미를 존중하려는 문화 이해 태도 • 문화적 다양성을 보존하는 데 기여함

▶▶ 본문 p.36 참고

고난도 기출

Q10 표는 문화 이해의 태도 A~C를 질문 (가)~(다)에 따라 구분한 것이다. 이에 대한 옳은 설명만을 〈보기〉에서 고른 것은? (단, A~C는 각각 문화 사대주의, 문화 상대주의, 자문화 중심주의 중 하나이다.)

태도 \ 질문	(가)	(나)	(다)
A	예	아니요	예
B	예	아니요	아니요
C	아니요	예	아니요

〈보기〉

ㄱ. A가 자문화 중심주의라면, (가)에는 '국수주의적 태도로 인해 문화 다양성을 거부하는가?'가 들어갈 수 있다.

ㄴ. B가 자문화 중심주의, C가 문화 사대주의라면, (다)에는 '타 문화를 일방적으로 추종하는가?'가 들어갈 수 있다.

ㄷ. (가)가 '문화 간 우열을 평가할 수 있다고 보는가?'라면, (나)에는 '개별 사회가 향유하고 있는 문화의 고유한 가치를 존중하는가?'가 들어갈 수 있다.

ㄹ. (나)가 '자기 문화의 정체성을 상실할 우려가 있다는 비판을 받는가?'이고, (다)가 '자기 문화의 가치만을 중시하는가?'라면, B는 문화 상대주의이다.

① ㄱ, ㄴ   ② ㄱ, ㄷ   ③ ㄴ, ㄷ   ④ ㄴ, ㄹ   ⑤ ㄷ, ㄹ

06강 문화 변동의 양상과 대응

핵심 개념

Q11 빈칸에 알맞은 말을 쓰시오.

문화 변동의 외재적 요인	
( )	문화 요소를 제공하는 사회와 그것을 수용하는 사회 구성원들 간의 직접적인 접촉 과정에서 문화 요소가 전달되어 정착되는 현상 → 교역, 전쟁, 정복, 부족 간 혼인 등에 의해 나타나는 문화 요소의 전파 예 중국으로부터 한자와 불교가 전해진 것 등
( )	문화 요소를 제공하는 사회와 그것을 수용하는 사회 구성원들 간의 직접적인 접촉이 아닌 ( )를 통해 간접적으로 문화 요소가 전달되어 정착되는 현상 → 대중 매체 등에 의해 나타나는 문화 요소의 전파 예 드라마, 영화 등을 통해 서구적인 가치관이 동양에 전파되는 것 등
( )	서로 다른 문화 체계 간에 문화 요소와 관련된 추상적인 개념이나 아이디어가 전파되어 새로운 문화 요소의 ( )이 이루어지는 현상 예 신라의 이두 문자 등

▶▶ 본문 p.44 참고

고난도 기출

Q12 다음 자료에 대한 옳은 분석만을 〈보기〉에서 있는 대로 고른 것은?

다음은 문화 변동의 요인을 (가)~(다)로 구분하고, 이를 통해 갑국과 을국의 문화 변동 사례를 분석한 자료이다. 갑국과 을국은 상호 교류 이외에 다른 제3의 국가와는 교류를 하지 않았다. 단, (가)~(다)는 각각 발명, 직접 전파, 자극 전파 중 하나이다.

〈문화 변동의 요인〉

구분	(가)	(나)	(다)
문화 변동의 외재적 요인인가?	아니요	예	예
타 문화로부터 아이디어를 얻어 새로운 문화 요소가 만들어졌는가?	아니요	예	아니요

〈갑국과 을국의 문화 변동〉

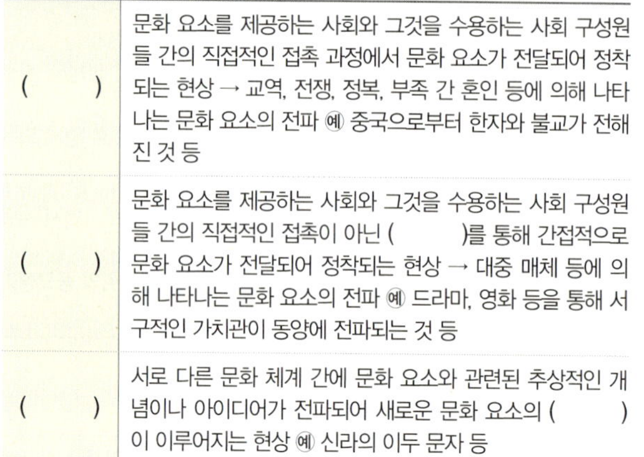

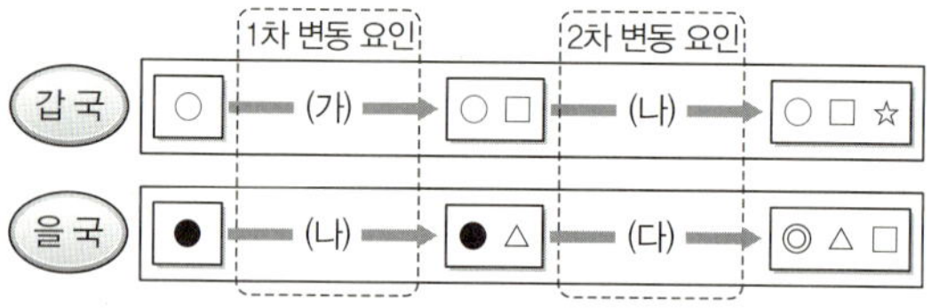

* ○, ●, □, △, ☆은 서로 다른 문화 요소를 의미함.
** ◎는 ○와 ●가 결합하여 나타난 제3의 문화 요소임.

〈보기〉

ㄱ. (가)는 발명, (나)는 직접 전파이다.

ㄴ. 을국에서는 (다)로 인한 문화 융합이 나타났다.

ㄷ. 갑국에서 창조된 문화 요소가 을국으로 전달되었다.

ㄹ. 을국은 1차, 2차 변동에서 모두 갑국의 영향을 받았다.

① ㄱ, ㄴ   ② ㄱ, ㄹ   ③ ㄴ, ㄷ

④ ㄱ, ㄷ, ㄹ   ⑤ ㄴ, ㄷ, ㄹ

07강 사회 불평등 현상

핵심 개념

Q13 빈칸에 알맞은 말을 쓰시오.

계급 이론과 계층 이론

구분	(　　　) 이론	(　　　) 이론
기준	(　　　)의 소유 여부에 따라 지배 계급과 피지배 계급으로 구분함 → 일원론적 관점	경제적 계급, 사회적 위신, (　　　) 등 다양한 요인에 따라 상층, 중층, 하층으로 구분함 → 다원론적 관점
특징	• 계급 간의 지배와 피지배 관계로 인해 갈등과 대립이 불가피함 • 이분법적·불연속적으로 계급을 구분함 • 같은 계급에 속한 사람들 간에는 (　　　)이 강하게 나타나고, 다른 계급에 대해서는 적대감을 보임 • 계급 간 생산 수단을 둘러싼 갈등·대립 관계가 사회 변혁의 원동력이라고 봄	• 각 계층의 구분은 단순한 분류의 의미만을 지니고 있음 • 복합적·연속적으로 계층을 상층, 중층, 하층으로 구분함 • 동일 계층에 속한 사람들 간의 계층 의식이 미약하고 다른 계층에 대해 적대감이 약함 • 다원화된 현대 사회의 불평등을 범주화하여 설명하기에 적합함 • 현대 사회의 (　　　) 현상을 설명하기에 적합함

▶▶ 본문 p.52 참고

고난도 기출

Q14 다음 자료에 대한 옳은 설명만을 〈보기〉에서 있는 대로 고른 것은?

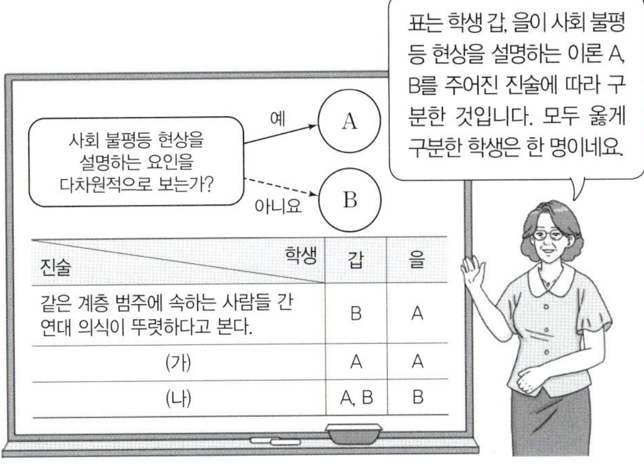

진술 ＼ 학생	갑	을
같은 계층 범주에 속하는 사람들 간 연대 의식이 뚜렷하다고 본다.	B	A
(가)	A	A
(나)	A, B	B

보기
ㄱ. 진술에 따라 A, B를 모두 옳게 구분한 학생은 을이다.
ㄴ. A는 B와 달리 지위 불일치 현상을 설명하기에 용이하다.
ㄷ. (가)에는 '계층을 연속적인 위계 관계로 파악한다.'가 들어갈 수 있다.
ㄹ. (나)에는 '경제적 요인을 사회 불평등 현상의 원인으로 고려한다.'가 들어갈 수 있다.

① ㄱ, ㄴ　　　② ㄱ, ㄹ　　　③ ㄴ, ㄷ
④ ㄱ, ㄷ, ㄹ　　　⑤ ㄴ, ㄷ, ㄹ

08강 사회 이동과 사회 계층 구조

핵심 개념

Q15 빈칸에 알맞은 말을 쓰시오.

사회 계층 구조

(　　　) 계층 구조	하층의 비율이 가장 높고, 상층의 비율이 가장 낮은 계층 구조
(　　　) 계층 구조	중층의 비율이 상층이나 하층의 비율보다 높은 계층 구조 → 중층의 비중이 높으므로 사회 안정과 사회 통합에 유리함

▶▶ 본문 p.60 참고

고난도 기출

Q16 다음 자료에 대한 분석으로 옳은 것은?

(가), (나) 사회의 계층은 A~C로만 구성되며, A~C는 각각 상층, 중층, 하층 중 하나이다. 모든 부모의 자녀는 1명씩이다.

〈부모 세대와 자녀 세대 계층 구성의 상대적 비〉

구분	(가) 사회		(나) 사회	
	부모 세대	자녀 세대	부모 세대	자녀 세대
$\frac{A+C}{A+B}$	$\frac{7}{9}$	$\frac{5}{8}$	$\frac{5}{9}$	$\frac{5}{7}$
$\frac{A+C}{B+C}$	$\frac{7}{4}$	$\frac{5}{7}$	$\frac{5}{6}$	$\frac{5}{8}$

〈자녀 세대 계층 대비 부모 세대와 자녀 세대의 계층 불일치 비율〉

(단위 : %)

구분	(가) 사회	(나) 사회
A	0	20
B	52	10
C	55	80

* 자녀 세대 B는 부모 세대보다 계층이 높을 수 없으며, C는 A보다 높은 계층임.

① (가) 사회에서 세대 간 상승 이동을 한 사람의 수는 하층 부모를 둔 자녀보다 중층 부모를 둔 자녀가 많다.
② (나) 사회는 중층 부모를 둔 자녀 중에서 세대 간 상승 이동 비율이 세대 간 하강 이동 비율보다 높다.
③ (가) 사회와 달리 (나) 사회에서는 세대 간 이동 비율이 계층 대물림 비율보다 낮다.
④ (가) 사회와 달리 (나) 사회에서 부모 세대에는 피라미드형 계층 구조가, 자녀 세대에는 다이아몬드형 계층 구조가 나타난다.
⑤ (가) 사회는 부모 세대 상층에서 자녀 세대 중층으로의 이동이, (나) 사회는 부모 세대 하층에서 자녀 세대 상층으로의 이동이 나타나지 않았다.

09강 사회 복지와 복지 제도

핵심 개념

Q17 빈칸에 알맞은 말을 쓰시오.

복지 제도의 유형	
( )	• 사(私)보험과 달리 ( ) 가입을 원칙으로 함 • ( )의 원리를 기반으로 함 • 수혜 정도와 무관하게 각자의 능력에 따라 비용을 부담함 • 사전 예방적 성격을 가짐 • 금전적 지원을 원칙으로 함
( )	• 금전적 지원을 원칙으로 함 • 사회 보험보다 소득 재분배 효과가 큼 • 재원을 부담하는 자와 수혜자가 일치하지 않음 • 대상자 선정 과정에서 부정적 ( )이 발생할 수 있음 • 사후 처방적 성격을 가짐
( )	• 부담 능력이 있는 국민은 수익자 부담을 원칙으로 함 • ( ) 지원을 원칙으로 함 • ( ) 부문도 참여할 수 있음

▶▶ 본문 p.68~69 참고

고난도 기출

Q18 다음 자료에 대한 분석으로 옳은 것은? (단, (가), (나) 이외의 다른 제도는 고려하지 않는다.)

〈자료 1〉은 우리나라의 사회 보장 제도 (가), (나)를 검색한 결과이고, 〈자료 2〉는 해당 제도의 ○○시 지역·시기별 수급자 비율이다.

〈자료 1〉 (가), (나)의 검색 결과

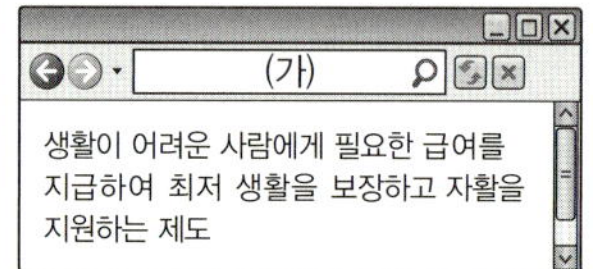

〈자료 2〉 ○○시의 지역·시기별 수급자 비율

(단위 : %)

구분	(가)		(나)	
	t년	t+10년	t년	t+10년
A 지역	4.8	5.0	3.4	4.0
B 지역	2.8	3.6	7.4	8.0
전체	4.4	4.3	4.2	6.0

* 해당 지역 수급자 비율(%) = $\dfrac{\text{해당 지역 수급자 수}}{\text{해당 지역 인구}} \times 100$

** ○○시에는 A, B 지역만 있고, t년과 t+10년의 ○○시 총인구는 동일함.

① (가)는 (나)와 달리 수급자가 수혜 정도에 따라 차등적으로 비용을 부담한다.

② 사후 처방적 성격이 강한 제도의 경우, t년에 A 지역 수급자 수는 B 지역 수급자 수의 4배이다.

③ 강제 가입의 원칙이 적용되는 제도의 경우, t년은 t+10년과 달리 B 지역 수급자 수보다 A 지역 수급자 수가 많다.

④ 상호 부조의 원리가 적용되는 제도의 경우, B 지역 수급자 비율 대비 A 지역 수급자 비율은 t년보다 t+10년이 작다.

⑤ 보편적 복지의 성격이 강한 제도의 t년 지역 간 수급자 수 차이는 선별적 복지의 성격이 강한 제도의 t+10년 지역 간 수급자 수 차이보다 작다.

10강 현대의 사회 변동

핵심 개념

Q19 빈칸에 알맞은 말을 쓰시오.

진화론과 순환론		
구분	( )	( )
기본 입장	• 사회 변동은 일정한 방향을 가지고 있으며, 사회 변동은 진보와 발전을 의미함 • 단순한 원시 생명체가 복잡한 유기체로 진화한 것처럼 사회도 단순한 형태에서 복잡한 형태로 발전함	• 사회는 유기체와 마찬가지로 ( ), 성장, ( ), 소멸의 과정을 반복함 • 사회는 진보의 과정을 거친 후에 필연적으로 퇴보의 과정으로 나아가는 순환적인 변동을 반복함
장점	• 사회 발전 방향을 설명하는 데 유용함 • 개발도상국이 근대화 과정을 거쳐 선진국으로 발전한 사례를 설명하기에 적합함	• 지난 역사 속에서 반복되는 사회 변동을 설명하고 해석하는 데 유용함 • 내부 갈등이나 전쟁 등에 의해 흥망성쇠를 거듭한 국가의 사례를 설명하기에 적합함
비판	• ( )가 진보되고 발전된 사회임을 전제함으로써 서구의 제국주의를 정당화하는 수단으로 악용될 우려가 있음 • 다양한 경로의 사회 발전 양상을 설명하기 어려움 • 사회의 퇴보 또는 멸망 가능성 간과	• 앞으로의 변동 방향을 예측하여 대응하기에는 적합하지 않음 • 단기적인 사회 변동 과정을 설명하기 곤란함 • 사회 구조 자체의 변화를 논하지는 못하고 역사적 과정에서 각 국가의 생성과 쇠퇴를 설명하는 데 그침

▶▶ 본문 p.76 참고

고난도 기출

Q20 다음 자료에 대한 옳은 설명만을 〈보기〉에서 고른 것은?

교사 : 사회 변동의 방향을 바라보는 관점에는 A, B가 있습니다. 이에 대하여 발표해 보세요.
갑 : A는 사회 변동이 항상 발전을 의미하지는 않는다는 점을 간과합니다.
을 : B는 서구 사회가 진보된 사회임을 전제합니다.
병 : ［ (가) ］
정 : B는 미래 사회의 변동 방향에 대한 예측에 한계가 있습니다.
교사 : 한 사람을 제외하고 모두 옳게 발표했네요.

［보기］

ㄱ. A는 사회 변동 과정에서 나타나는 사회의 쇠락을 설명하기가 용이하다.
ㄴ. B는 운명론적 관점에서 사회 변동을 설명한다.
ㄷ. A는 B와 달리 사회 변동의 유형이 사회마다 다르다고 본다.
ㄹ. (가)에는 'A는 사회가 미분화된 상태에서 분화된 상태로 변동한다고 본다.'가 들어갈 수 있다.

① ㄱ, ㄴ ② ㄱ, ㄷ ③ ㄴ, ㄷ ④ ㄴ, ㄹ ⑤ ㄷ, ㄹ

효과 빠른 약점 처방전

사람 사회·문화 H

정답 및 해설

이투스북

531
PROJECT

효과 빠른 약점 처방전

정답 및 해설

Ⅰ. 사회·문화 현상의 탐구

01강 사회·문화 현상의 특징과 연구 방법

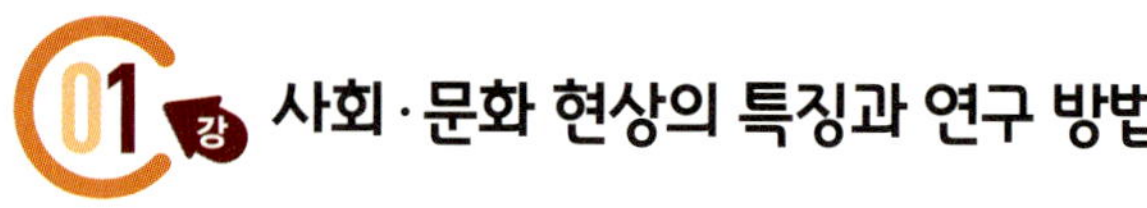

대표 기출 vs 고난도 기출

본문 p.06

순한맛 ④　　　매운맛 ①

순한맛 양적 연구 사례 분석　　　정답 ④

문제 분석 제시된 연구에서 독립 변수는 '차별 경험 정도'이고, 종속 변수는 '학교 생활 만족도'이다. 설문 조사 결과 두 변수 간의 관계는 제시된 그림과 같이 나타나고 있으며, 이를 통해 차별 경험 정도가 높을수록 학교 생활 만족도가 낮고, 차별 경험 정도가 낮을수록 학교 생활 만족도가 높음을 알 수 있다.

정답 찾기 ④ 구체적인 사실을 토대로 일반화된 원리를 추론하는 과정은 귀납적이다.

오답 피하기 ① 차별 경험 정도의 영향을 연구하기에 차별 경험 정도가 독립 변수가 된다. ② 변인 간의 관계를 검증하고자 한다는 점에서 양적 연구 방법이다. ③ 표본인 특정 지역의 고등학교 학생들이 모집단을 대표하기 어려우므로 연구 결과를 일반화할 수 없다. ⑤ 제시된 그림에 따르면 차별 경험 정도가 높을수록 학교 생활 만족도는 낮게 나타나고 있다. 즉, 음(−)의 관계가 나타나고 있다.

매운맛 양적 연구 사례 분석　　　정답 ①

①	②	③	④ 함정	⑤
60.8%	7.8%	11.7%	11.9%	7.7%

자료 분석

〈성별 및 세대별 일·가정 양립 중시 정도〉

(단위 : 명)

일·가정 양립 중시 정도 \ 성별 세대	여성		남성	
	청년층	중장년층	청년층	중장년층
높음	150	30	120	420
낮음	90	30	180	180

갑의 가설을 검증하기 위해서는 제시된 표를 갑의 가설에 맞게 수정해야 한다. 갑은 여성과 남성에 따른 일·가정 양립 중시 정도를 확인하고자 하므로 여성과 남성으로 표를 재구성하면 다음과 같다.

구분	여성(명)	남성(명)
높음	180	540
낮음	120	360
계	300	900

문제 분석 갑은 여성과 남성이라는 성별에 따라 일·가정 양립의 중시 정도를 조사하였으며, 을은 여기에 세대를 추가하여 자료를 조사하였다. 그리고 갑과 을의 자료 분석 결과를 제시된 표에서 확인할 수 있다. 즉, 제시된 표를 갑과 을의 연구 기준에 따라 구분하여 이해할 수 있어야 한다.

정답 찾기 ① 일·가정 양립 중시 정도가 높은 응답 비율은 여성이

180/300이고, 남성이 540/900으로 여성과 남성이 같다. 따라서 갑의 가설은 기각된다.

오답 피하기 ② 중장년층의 경우 일·가정 양립 중시 정도가 높은 응답 비율은 여성이 30/60, 남성이 420/600으로 여성이 남성보다 낮다. 따라서 가설은 기각된다. ③ ⓛ이 ⓒ의 조작적 정의이다. ④ ㉣은 을에게는 2차 자료이다. ⑤ 갑과 을 모두 가설을 설정하고 이를 검증하고 있기에 연역적 연구를 수행하였다.

함정 피하기

> 을은 자신의 연구에서 갑이 조사한 자료를 활용하여 분석하고 있다. 을이 활용한 자료는 갑의 입장에서는 연구자가 직접 수집한 1차 자료이지만, 을의 입장에서는 다른 연구에서 수집된 2차 자료에 해당한다. 즉, 주체가 누구인지에 따라 동일한 자료도 1차 자료가 될 수도 있고 2차 자료가 될 수도 있는 것이다.

실전 문제

본문 p.07~09

01 ①	02 ②	03 ①	04 ⑤	05 ④	06 ⑤
07 ⑤	08 ④	09 ③	10 ③	11 ④	12 ⑤

01 사회·문화 현상과 자연 현상의 특징　　　정답 ①

문제 분석 ㉠ '시간의 흐름 측정'에서 측정의 주체는 인간이므로 ㉠은 사회·문화 현상에 해당한다. ㉡ '중력이 큰 해안가의 시간이 느리게 흐르는 것'에는 인간의 가치나 의지가 개입되어 있지 않으므로 ㉡은 자연 현상에 해당한다. ㉢ '중력으로 인한 시간 지연 현상을 활용'에서 활용의 주체는 인간이므로 ㉢은 사회·문화 현상에 해당한다.

정답 찾기 ① 사회·문화 현상은 규범적 요구가 반영되므로 당위 법칙을 따른다. 자연 현상은 스스로의 원리에 따라 존재하기에 존재 법칙의 적용을 받는다.

오답 피하기 ② 사회·문화 현상은 확률의 원리가 적용되고, 자연 현상은 확실성의 원리가 적용된다. ③ 사회·문화 현상은 가치 함축적, 자연 현상은 몰가치적이다. ④ 사회·문화 현상은 보편성과 특수성이 공존하는 반면, 자연 현상은 보편성이 강하게 나타난다. ⑤ 자연 현상은 사회·문화 현상에 비해 인과 관계가 분명하게 나타난다.

02 사회·문화 현상과 자연 현상의 특징　　　정답 ①

문제 분석 ㉠, ㉢, ㉣은 인간의 의지와 가치가 개입되어 있으므로 사회·문화 현상에 해당한다. 반면 ㉡의 경우 인간의 의지와 가치가 개입되어 있지 않으므로 자연 현상에 해당한다.

정답 찾기 ㄱ. 사회·문화 현상은 가치 함축적이고, 자연 현상은 몰가치적이다. ㄴ. 사회·문화 현상은 당위 법칙을 따르고, 자연 현상은 존재 법칙을 따른다.

오답 피하기 ㄷ. 사회·문화 현상은 확률성의 원리가 적용되고, 자연 현상은 확실성의 원리가 적용된다. ㄹ. 자연 현상은 사회·문화 현상에 비해 인과 관계가 분명하게 나타난다.

03 사회·문화 현상과 자연 현상의 특징　　　정답 ①

문제 분석 ㉠, ㉡은 인간의 의지나 가치가 개입되어 있지 않으므로 자연 현상, ㉢, ㉣은 인간의 의지나 가치가 개입되어 있으므로 사회·문화 현상에 해당한다.

 자연 현상은 몰가치적이며, 보편성이 강하게 나타난다. 사회·문화 현상은 당위 법칙을 따르며, 특수성에 따른 예외가 존재하기에 동일 조건에서 항상 동일한 결과가 나타나지는 않는다. 즉, 확실성이 아니라 확률성의 원리가 적용된다.

 존재 법칙을 따르며, 동일 조건하에서는 동일 결과가 발생하는 것은 자연 현상이다.

04 사회·문화 현상과 자연 현상의 특징 정답 ⑤

 ㉠, ㉢은 사회·문화 현상, ㉡, ㉣은 자연 현상이다.

 ⑤ 사회·문화 현상은 개연성의 원리가 적용되고, 자연 현상은 필연성의 원리가 적용된다.

 ① 자연 현상은 존재 법칙이 적용되고, 사회·문화 현상은 당위 법칙이 적용된다. ② 사회·문화 현상은 가치 함축적이고, 자연 현상은 몰가치적이다. ③ 자연 현상과 사회·문화 현상 모두 경험적 자료를 통한 연구가 가능하다. ④ 자연 현상은 확실성의 원리가, 사회·문화 현상은 확률성의 원리가 적용된다.

05 사회·문화 현상을 이해하는 관점 정답 ④

 개인의 행위보다 사회 구조를 강조하는 관점은 기능론과 갈등론이다. 따라서 A는 상징적 상호 작용론이고 B와 C는 각각 기능론과 갈등론 중 하나이다.

 ④ 갈등론은 사회 제도가 지배 집단의 이익을 위해 기능한다고 본다. 따라서 B가 갈등론이라면 C는 기능론이다. 기능론은 사회 유기체설에 바탕을 두고 있으며, 유기체와 같이 사회의 각 부분들이 연결되어 제 기능을 수행할 때 사회가 안정적으로 유지, 발전할 수 있다고 본다.

 ① 사회 각 부분이 유기체와 같이 상호 의존적으로 연결되어 있다고 보는 관점은 기능론이다. ② 사회적으로 공유된 가치와 합의를 중시하는 관점은 기능론이다. 인간을 자율성을 지닌 능동적 존재로 바라보는 관점은 상징적 상호 작용론이다. ③ 사회 구조를 지배와 피지배의 관계로 바라보는 관점은 갈등론이다. 사회의 균형을 중시하는 기능론은 사회 문제 및 집단 간 대립을 일시적으로 균형이 깨어진 상태로 이해한다. ⑤ 기능론은 사회가 기능을 유지하려는 속성이 있기에 일시적으로 균형이 깨어지더라도 다시 균형을 회복한다고 본다. 갈등론은 지배 집단과 피지배 집단 간의 갈등을 필연적 현상으로 바라본다.

06 사회·문화 현상을 이해하는 관점 정답 ⑤

 갑의 관점은 사회 지배적 가치가 구성원의 합의를 바탕으로 한다고 보고 있으므로 기능론, 을의 관점은 사회적 지배 가치가 결국 지배 집단의 이익 추구 수단에 불과하다고 보고 있으므로 갈등론에 해당한다.

 ㄷ. 갈등론은 기능론과 달리 지배 집단과 피지배 집단이라는 서로 다른 경제적 위치에 속한 사회 구성원 간의 관계를 대립적으로 이해한다. ㄹ. 기능론과 갈등론 모두 사회 구조나 제도의 영향을 중시하는 거시적 관점에 해당한다.

 ㄱ. 개인의 능동성과 자율성을 중시하는 관점은 상징적 상호 작용론이다. ㄴ. 사회 유기체설에 바탕을 두고 있는 관점은 기능론이다.

07 사회·문화 현상을 이해하는 관점 정답 ⑤

 사회 문제를 사회 구조적 차원에서 접근하는 거시적 관점은 기능론과 갈등론이므로, A와 B는 각각 기능론과 갈등론 중 하나이며, C는 상징적 상호 작용론이다. 사회 구성원 간 갈등을 필연적 현상으로 간주하는 것은 갈등론이므로, B는 갈등론이며, A는 기능론임을 알 수 있다. 즉, A는 기능론, B는 갈등론, C는 상징적 상호 작용론에 해당한다.

 ㄷ. 상징적 상호 작용론은 사회 구성원 개개인의 상황 정의, 상호 작용 양상 등에 따라 사회·문화 현상의 의미가 달라질 수 있다고 본다. ㄹ. 상징적 상호 작용론은 사회 구성원 개개인의 자율성과 능동성을 중시하는 미시적 관점에 해당한다.

 ㄱ. 갈등론은 사회를 지배 계급과 피지배 계급 간의 갈등과 대립의 관계 중심으로 이해한다. ㄴ. 기능론은 사회 구성원 간 상호 의존적 역할을 강조하며, 이를 통해 사회가 안정적으로 유지, 발전한다고 본다.

08 사회·문화 현상을 이해하는 관점 정답 ④

 개인들이 구성해내는 주관적 생활 세계를 중시하는 관점은 상징적 상호 작용론이다. 상징적 상호 작용론에 해당하는 질문으로는 A와 B를 구분할 수 없으므로 A와 B는 각각 갈등론과 기능론 중 하나이며, C는 상징적 상호 작용론임을 알 수 있다. 사회 규범이 지배 집단의 합의에 따라 만들어졌다고 보는 관점은 갈등론이다. 갈등론에 해당하는 질문으로 A와 C를 구분할 수 있으므로 A는 갈등론, B는 기능론, C는 상징적 상호 작용론에 해당한다.

 ④ 기능론은 갈등과 대립을 균형이 일시적으로 깨어진 상태라고 본다. 반면, 갈등론은 갈등과 대립을 사회의 본질적 속성으로 이해한다.

 ① 기능론은 사회적으로 공유된 가치와 합의를 중시하는 반면, 갈등론은 사회적으로 공유된 가치가 지배 집단의 이익을 대변한다고 본다. ② 인간을 능동적이고 적극적인 주체로 전제하는 관점은 상징적 상호 작용론이다. ③ 기능론은 사회 각 부분이 상호 의존하는 가운데 균형이 유지되고 사회가 발전한다고 본다. ⑤ 거시적 관점인 기능론, 갈등론과 달리 미시적 관점인 상징적 상호 작용론은 사회 구조가 개인에게 미치는 영향을 간과한다는 비판을 받는다. 따라서 해당 질문은 (가)에 들어갈 수 있다.

09 양적 연구 방법의 이해 정답 ③

 제시된 연구는 가설을 수립한 후 자료 수집을 통해 가설을 채택하고 있으므로 양적 연구에 해당한다.

 ③ A 집단은 변인이 처치된 집단이므로 실험 집단에 해당하고, B 집단은 변인이 통제된 집단이므로 통제 집단에 해당한다.

 ① 독립 변인은 '다문화 교육의 실시'이며, 종속 변인은 '다문화 수용성'이다. ② ㉢, ㉃ 모두 연구 과정에서 연구자가 직접 수집한 자료이므로 1차 자료에 해당한다. ④ 가설이 채택되었다는 점에서 다문화 교육을 받은 학생들의 다문화 수용성이 높아졌음을 알 수 있다. 그러나 다문화 교육을 받지 않은 학생들의 다문화 수용성이 낮아졌는지 여부는 알 수 없다. ⑤ 가설을 수립한 후 이를 검증하는 연구 형태는 연역적 연구에 해당한다. 그러나 자료를 수집하여 이를 분석한 후 결론을 도출해 나가는 ㉡ → ㉃ → ㉄으로 가는 과정은 귀납적이다.

10 양적 연구 방법과 질적 연구 방법의 특징 정답 ③

문제 분석 A는 연구 대상자의 생활 세계와 같이 연구자에 대한 심층적 이해를 요구한다는 점에서 질적 연구, B는 연구 현상을 계량화하여 측정할 수 있도록 하는 조작적 정의 과정을 거친다는 점에서 양적 연구에 해당한다.

정답 찾기 ㄴ. 양적 연구는 변인 간의 관계를 파악하여 규칙성을 발견하는 것을 목적으로 한다. ㄷ. 질적 연구에 비해 양적 연구는 연구 결과를 일반화하거나 법칙 발견이 용이하다.

오답 피하기 ㄱ. 양적 연구는 방법론적 일원론, 질적 연구는 방법론적 이원론에 기반한다. ㄹ. 양적 연구와 질적 연구 모두 사회 과학의 연구 방법으로, 경험적 자료를 활용하여 연구를 진행한다.

11 양적 연구 방법의 이해 정답 ⑤

문제 분석 제시된 연구는 두 변인 간의 관계를 파악하기 위해 실험 집단과 통제 집단을 대상으로 연구를 수행하고 있으므로 양적 연구에 해당한다.

정답 찾기 ㄴ. LED등 시범 설치를 한 두 곳의 학교는 모두 LED등 설치라는 독립 변인이 처치된 실험 집단이다. 그리고 독립 변인을 처치하지 않은 집단은 통제 집단이다. ㄷ. '교실 내 밝기'는 LED등 교체에 따른 '학습 환경의 변화'라는 추상적 개념을 측정 가능한 개념으로 조작적으로 정의한 것이다. ㄹ. 선진국의 통계 자료는 연구 대상자가 직접 수집한 자료가 아니므로 연구 수행을 위해 수집한 2차 자료에 해당한다.

오답 피하기 ㄱ. 'LED등 설치'가 독립 변인, 그에 따른 '학습 환경의 변화'가 종속 변인이다.

12 양적 연구 방법의 이해 정답 ⑤

문제 분석 제시된 연구는 가설을 수립한 후 자료 수집을 통해 가설을 채택하고 있으므로 양적 연구에 해당한다.

정답 찾기 ⑤ 가설은 수용되었으나, '도시'라는 특정 지역에서 '고등학생'이라는 특정 대상으로만 표본을 추출하였으므로 표본의 대표성이 낮다. 따라서 갑의 가설은 일반화하기 어렵다.

오답 피하기 ① 독립 변인은 '부모와의 상호 작용의 정도', 종속 변인은 '청소년의 비행 경험 정도'이다. ② 모집단은 고등학생이 아니라 청소년이며, 무작위로 추출된 남녀 고등학생 각각 500명은 모두 설문 조사의 표본에 해당한다. ③ 실제성이 높은 현장 자료를 얻기 용이한 자료 수집 방법은 참여 관찰법이다. '부모와의 하루 대화 시간'은 시간과 비용 측면에서 효율적인 설문 조사(질문지법)를 통해 수집하였다. ④ 연구자가 직접 수집한 자료는 1차 자료에 해당한다.

킬러 문항 완전 정복

본문 p.10~11

01 ③   02 ⑤   03 ③   04 ③

01 사회·문화 현상과 자연 현상의 특징 정답 ③

자료 분석

- 게임 규칙 : 카드 두 장을 뽑은 후, 두 장의 카드에 적힌 내용이 모두 자연 현상과 사회·문화 현상 중 어느 한 현상의 특징에만 해당하면 카드 두 장을 가져간다.
- 게임 결과 : 갑과 을이 뽑은 카드는 다음과 같고, 갑과 을 모두 게임 규칙에 따라 카드 두 장을 가져갔다. 공통적인 특징에 해당해서도 안 되며, '어느 한 현상의 특징에만' 해당해야 한다.

〈갑이 뽑은 카드〉		〈을이 뽑은 카드〉	
사회의 규범적 요구가 반영되어 발생한다.	(가) → 사회·문화 현상의 특징	원인과 결과 간에 일대일 대응이 성립한다.	(나) → 자연 현상의 특징

문제 분석 갑과 을이 모두 카드 두 장을 가져가려면 (가)는 사회·문화 현상, (나)는 자연 현상의 특징에만 해당하는 내용이어야 한다.

정답 찾기 ㄷ. 자연 현상은 보편성을 띠지만, 사회·문화 현상은 보편성과 특수성이 공존한다. ㄹ. 자연 현상과 사회·문화 현상 모두 과학적인 방법으로 연구가 가능하다. 따라서 을이 두 장의 카드를 가져가려면 해당 내용은 (나)에 들어갈 수 없다.

오답 피하기 ㄱ. 사회·문화 현상도 인과 관계가 나타난다. 단, 자연 현상이 사회·문화 현상에 비해 인과 관계가 더 명확하게 나타난다. ㄴ. 인간의 주관적 행위 동기나 의미를 이해하려는 질적 연구 방법은 자연 현상이 아니라 사회·문화 현상에 적용하기 용이하다.

02 사회·문화 현상을 이해하는 관점 정답 ⑤

자료 분석 첫 번째 질문으로 A는 상징적 상호 작용론, ⊙과 ⓒ은 '예'로 특정된다.

구분	A	B	C
거시적 측면에서 사회 변동을 설명하는가?	아니요	⊙	ⓒ
(가)	아니요	예	아니요
(나) → (나)의 내용에 따라 달라질 수 있음	ⓒ	ⓔ	⑩

문제 분석 기능론과 갈등론은 거시적 관점, 상징적 상호 작용론은 미시적 관점에 해당한다. 따라서 A는 상징적 상호 작용론, B와 C는 각각 기능론과 갈등론 중 하나이며, ⊙, ⓒ은 모두 '예'임을 알 수 있다.

정답 찾기 ㄴ. 기능론, 갈등론, 상징적 상호 작용론 모두 사회 문제의 발생 원인을 설명할 수 있다. 따라서 ⓒ, ⓔ은 모두 ⊙과 같은 '예'이다. ㄷ. ⓒ이 '예'이므로 ⑩도 '예'이며, C가 사회 유기체설에 기반하는 기능론이라면, (나)에는 기능론의 관점에서 '예'라는 응답이 가능한 질문이 들어가야 한다. 기능론은 거시적 관점으로, 행위자의 능동적, 자율적 측면을 간과한다는 비판을 받을 수 있다. ㄹ. 기능론은 사회가 스스로 균형을 유지하려는 속성이 있다고 본다. 따라서 해당 질문이 (가)에 들어갈 경우 B는 기능론, C는 갈등론이다. 갈등론은 지배 집단과 피지배 집단 간의 갈등과 대립 관계에 주목하므로 해당 질문이 (나)에 들어가가면 ⓒ과 ⓔ은 모두

'아니요'이다.

[오답 피하기] ㄱ. 갈등론은 사회 규범이 지배 집단에 의해 규정된다고 본다. 따라서 해당 질문이 (가)에 들어갈 경우 B는 갈등론, C는 기능론으로 성립 가능하다.

03 양적 연구 방법의 이해 정답 ③

[자료 분석]

┌ 갑의 연구에서 모집단은 학생이다.

고등학교 사회 교사 갑은 학생들의 ⊙ 학교 만족도에 ⓒ 학생 자치 활동이 미치는 영향을 알아보기 위한 연구를 진행하였다. 갑은 자신이 ⓒ 재직 중인 학교의 전교생 중 성별, 학년별, 성적별 비율에 따라 ⓔ 100명을 추출하였다. 그리고 이들을 대상으로 질문지를 통해 ⓜ 학교 내 인간관계, 수업 환경 등에 대한 만족도를 조사한 후 ⓑ 학생 자치 활동 참여 집단과 ⓐ 미참여 집단으로 구분하여 자료를 분석하였다. 그 결과 ⓞ 학생 자치 활동 참여 집단의 만족도가 더 높게 나타났다.

갑의 가설이 제시되어 있지 않으므로 연구 결과만을 가지고 가설의 수용, 기각 여부를 판단할 수는 없다.

연구를 위해 추출한 100명은 표본에 해당한다. ┘

[문제 분석] 갑은 표본을 선정하여 설문 조사를 통해 자료를 수집하는 양적 연구를 실시하고 있다.

[정답 찾기] ③ 학교 내 인간관계는 학교 만족도라는 종속 변인을 조작적으로 정의한 것이다.

[오답 피하기] ① 독립 변인은 '학생 자치 활동'이며, 종속 변인은 '학교 만족도'이다. ② 모집단은 학생이며, 갑이 자료를 수집하기 위해 추출한 100명은 표본이다. ④ 갑은 실험법을 진행한 것이 아니라서 실험 집단과 통제 집단은 갑의 연구에 나타나 있지 않다. ⑤ 갑의 연구에는 가설이 제시되어 있지 않아 가설에서 학교 만족도와 학생 자치 활동 간의 관계를 어떻게 설정하였는지 알 수 없다. 따라서 연구 결과의 수용 여부를 판단할 수 없다.

04 양적 연구의 이해 정답 ③

[자료 분석] 제시된 자료에서 SNS 사용 시간에 따른 합을 구하면 다음과 같으며, SNS 사용 시간이 많은 학생 2,000명 중 친구가 많은 경우는 950명으로 가설에 부합하지 않는다.

구분	SNS 사용 시간 많음		SNS 사용 시간 적음	
	중학생	고등학생	중학생	고등학생
친구 많음	300	650	450	400
친구 적음	700	350	550	600
계	1,000	1,000	1,000	1,000

갑이 제시한 자료를 학교별로 구분하면 다음과 같다. 고등학생의 경우 SNS 사용 시간이 많은 학생 1,000명 중 친구가 많은 학생은 650명으로 가설에 부합한다.

구분	중학생		고등학생	
	SNS 사용 시간 많음	SNS 사용 시간 적음	SNS 사용 시간 많음	SNS 사용 시간 적음
친구 많음	300	450	650	400
친구 적음	700	550	350	600
계	1,000	1,000	1,000	1,000

[문제 분석] 갑은 설문 조사를 통해 가설 검증을 위한 자료를 수집하여 분석 결과를 제시하고 있다.

[정답 찾기] ㄴ. SNS 사용의 적극성은 일주일간 SNS 사용 시간으로, 교우 관계는 고민을 나눌 수 있는 친구의 수로 개념을 조작적으로 정의하였다. ㄹ. 고등학생으로 분석 결과를 한정하면 SNS 사용 시간이 많은 학생의 경우 친구가 많다는 응답률은 65%, SNS 사용 시간이 적은 학생의 경우 친구가 많다는 응답률은 40%로, 갑의 가설이 수용된다.

[오답 피하기] ㄱ. 갑의 가설에서 모집단은 청소년인데, 표본은 중·고등학생만을 대상으로 하였다. 학생이 아닌 청소년이 존재할 수 있으므로 표본의 대표성은 확보되지 않았다. ㄷ. 분석 결과 SNS 사용 시간이 많은 학생 중 친구가 많은 비율은 2,000명 중 950명으로 47.5%이므로 분석 결과는 갑의 가설을 지지하기 어렵다.

02 강 자료 수집 방법 및 탐구 태도와 연구 윤리

순한맛 자료 수집 방법의 특징 · · · · · 정답 ④

문제 분석 A는 계량화가 용이한 자료 수집 방법이므로 질문지법에 해당한다. B는 정서적 교감의 형성과 언어적 상호 작용이 필수적이므로 면접법에 해당한다. C는 실제성이 높은 자료를 수집할 수 있으므로 참여 관찰법에 해당한다.

정답 찾기 ④ 참여 관찰법은 조사 대상자의 일상에 참여하여 관찰하므로 일상을 심층적으로 파악하기 용이하다.

오답 피하기 ① 질문지법은 질문지를 읽지 못하는 문맹자에게는 사용이 어렵다. ② 면접법과 참여 관찰법은 질적 자료를 수집한다는 점에서 자료 수집 과정에서 연구자의 주관이 개입될 가능성이 상대적으로 높다. ③ 참여 관찰법은 예기치 못한 상황이 발생할 경우 대처가 다른 조사 방법에 비해 어렵다. ⑤ 질문지법은 주로 양적 연구에서, 면접법과 참여 관찰법은 주로 질적 연구에서 활용된다.

매운맛 자료 수집 방법의 특징 구분 · · · · · 정답 ④

①	②	③ 함정	④	⑤
14.3%	2.6%	16.5%	58.9%	7.3%

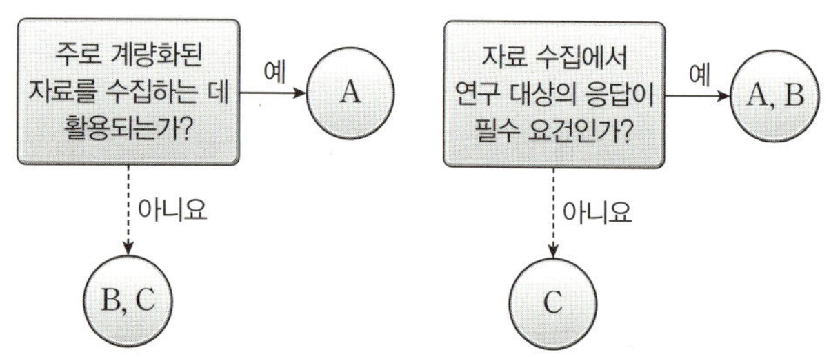

첫 번째 질문을 통해 B, C의 공통점 그리고 B, C와 A의 차이점을 확인할 수 있으며, 두 번째 질문을 통해 A, B의 공통점 그리고 A, B와 C의 차이점을 확인할 수 있다. 각각 자료 수집 방법의 특징을 정확히 이해하고 있다면 이를 조합하여 A~C를 특정할 수 있다.

문제 분석 계량화된 자료를 수집하는 데 활용되는 방법은 질문지법이고, 자료 수집에서 연구 대상의 응답이 필수적인 방법은 질문지법과 면접법이다. 따라서 A는 질문지법, B는 면접법, C는 참여 관찰법이다.

정답 찾기 ④ 질적 자료를 조사하는 과정에서는 연구자와 연구 대상 간 신뢰감 형성이 중요하다. 면접법의 경우 신뢰감이 형성되어 있을 때 보다 진솔한 대화를 나눌 수 있으며, 참여 관찰법 또한 신뢰감이 형성되어 있을 때 연구 대상이 연구자를 경계하지 않고, 실제성 있는 자료의 수집이 용이해진다.

오답 피하기 ① 질문지법을 통해서도 연구 대상의 주관적 인식에 대한 조사가 가능하다. ② 다수를 대상으로 한 자료 수집의 용이성은 질문지법이 높다. ③ 참여 관찰법뿐만 아니라 면접법 또한 자료의 해석 과정에서 연구자의 직관적 통찰이 요구된다. ⑤ 자료 수집 상황에 대한 통제 수준은 질문지법>면접법>참여 관찰법 순으로 높다.

함정 피하기

직관적 통찰로 해석해야 하는 자료의 의미를 정확히 이해하지 못할 경우 함정에 빠질 수 있다. 계량화되지 않은 질적 자료의 경우 자료의 분석을 위해서는 연구자의 직관적인 이해, 인식 등이 필요하다. 따라서 참여 관찰법뿐만 아니라 면접법 또한 이에 해당한다.

실전 문제 · · · · · 본문 p.15~17

01 ③	02 ④	03 ③	04 ②	05 ②	06 ④
07 ④	08 ④	09 ①	10 ②	11 ②	12 ⑤

01 자료 수집 방법의 특징 · · · · · 정답 ③

문제 분석 첫째 사례에서 상담 사례집 분석은 문헌 연구법에 해당하고, 심층 면담은 면접법에 해당한다. 둘째 사례에서 선행 연구 검토는 문헌 연구법에 해당하며, 구조화된 문항을 통한 만족도 조사는 질문지법에 해당한다. 셋째 사례에서 함께 생활하며 관찰한 것은 참여 관찰법에 해당하고, 깊은 대화를 통해 자료를 수집한 것은 면접법에 해당한다. 이를 종합하면 첫째 사례와 둘째 사례에 공통적으로 사용된 C는 문헌 연구법이며, A는 면접법, B는 질문지법, D는 참여 관찰법임을 알 수 있다.

정답 찾기 ③ 면접법과 참여 관찰법은 계량화된 자료를 다루는 질문지법에 비해 연구자의 가치가 개입될 가능성이 높다.

오답 피하기 ① 문헌 연구법은 다른 자료 수집 방법에 비해 시간과 장소의 제약에서 상대적으로 자유롭다. ② 참여 관찰법에 비해 질문지법은 계량화된 자료 수집이 용이하다. ④ 질문지법 또한 자료 수집에 있어 언어를 통한 상호 작용이 필수적이다. ⑤ 문헌 연구법은 질적 연구와 양적 연구 모두에 사용된다.

02 자료 수집 방법의 특징 · · · · · 정답 ④

문제 분석 질적 자료 수집이 용이한 자료 수집 방법은 면접법과 참여 관찰법이며, 조사 대상자와의 언어적 상호 작용이 필수적인 자료 수집 방법은 면접법과 질문지법이다. 따라서 A는 참여 관찰법, B는 질문지법, C는 면접법이다.

정답 찾기 ㄴ. 질문지를 통해 자료를 수집하는 질문지법은 대화를 통해 조사 대상자의 심층적인 자료를 수집하는 면접법에 비해 일상생활을 심층적으로 파악하기 어렵다. ㄹ. 질문지법은 대규모 집단을 대상으로 자료를 수집하기 용이한 자료 수집 방법이다.

오답 피하기 ㄱ. 참여 관찰법은 다른 자료 수집 방법에 비해 예상치 못한 상황에 대한 통제가 어렵다. ㄷ. 참여 관찰법은 다른 자료 수집 방법에 비해 실제성 있는 자료 수집이 용이하다.

03 자료 수집 방법의 특징 · · · · · 정답 ③

문제 분석 자료 수집 상황에 대한 통제 정도는 질문지법이 참여 관찰법보다 높다. 따라서 A는 질문지법, B는 참여 관찰법이다.

정답 찾기 ③ 자료의 실제성은 연구 대상의 일상을 관찰하는 참여 관찰법이 질문지법보다 높다.

오답 피하기 ① 질문지법은 양적 자료 수집에 주로 활용된다. ② 참여 관찰법은 질문지법에 비해 연구 대상에 대한 심층적 파악이 용이하다.

④ 질문지법은 시간과 비용 측면에서 상대적으로 효율성이 높다. ⑤ 질문지법은 계량화된 양적 자료 수집에 용이하다.

04 자료 수집 방법의 특징   정답 ②

문제 분석 자료 수집 상황에 대한 통제 수준은 실험법 > 질문지법 > 면접법 > 참여 관찰법 순으로 높게 나타난다.

정답 찾기 ㄱ. 실험법과 달리 질문지법은 자료 수집을 위해 언어적 상호 작용이 필수적으로 요구된다. ㄷ. 참여 관찰법에 비해 질문지법은 다수를 대상으로 한 자료 수집이 용이하다.

오답 피하기 ㄴ. 질문지법은 문맹자에게 사용하기 어려운 반면, 참여 관찰법은 언어가 통하지 않는 대상에도 적용 가능하다. ㄹ. 면접법과 참여 관찰법은 모두 질적 연구에서 주로 사용된다.

05 자료 수집 방법의 특징   정답 ②

문제 분석 대량의 구조화된 자료 수집이 용이한 자료 수집 방법은 질문지법이다. 따라서 A는 면접법, B는 질문지법이다.

정답 찾기 ㄱ. 연구자와 연구 대상자 간의 정서적 교감이 있을 때 보다 깊이 있는 대화를 나눌 수 있으므로 질문지법보다 면접법은 조사 대상자와의 정서적 교감을 중시한다. ㄷ. 면접법은 조사 대상자, 진행 상황, 응답 내용 등에 따라 질문의 내용이나 형식 등을 유연하게 제시하는 비구조화·비표준화된 자료 수집 방법으로, 조사 대상자의 반응에 유연하게 대처할 수 있다. 질문지법은 연구자와 연구 대상자가 질문지를 통해 상호 작용하므로 연구 대상자의 반응에 연구자가 유연하게 대처하기 어렵다.

오답 피하기 ㄴ. 실제성이 높은 생생한 자료의 수집에 용이한 자료 수집 방법은 참여 관찰법이다. ㄹ. 인위적으로 통제된 상황에서 변수의 효과를 관찰하는 자료 수집 방법은 실험법이다.

06 자료 수집 방법의 특징   정답 ④

문제 분석 낮잠을 자는 학급(실험 집단)과 낮잠을 자지 않는 학급(통제 집단)으로 구분하여 결과를 비교한다는 점에서 A는 실험법이고, 이미 존재하는 자료(다큐멘터리)에서 정보를 수집한다는 점에서 B는 문헌 연구법에 해당한다. 따라서 C는 면접법이다.

정답 찾기 ④ 면접법에 비해 실험법은 실험 결과가 계량화되어 추출된다는 점에서 자료 해석 과정에서 객관성 확보가 용이하다.

오답 피하기 ① 실험법은 문맹자에게도 적용할 수 있다. ② 문헌 연구법은 질적 자료 및 양적 자료의 수집에 모두 활용할 수 있다. ③ 면접법은 질적 자료를 수집한다는 점에서 통계적 분석이 용이하지 않다. ⑤ 제시된 사례는 낮잠을 자는 학생들과 함께 생활한다는 점에서 참여 관찰법에 적합하다.

07 자료 수집 방법의 특징   정답 ④

문제 분석 실험법과 질문지법은 양적 자료 수집에 주로 활용되며, 면접법은 질적 자료 수집에 주로 활용된다. 그리고 질문지법은 글을 모르는 문맹자에게 적용하기 어려운 자료 수집 방법이다. 따라서 이를 종합하면 A는 실험법, B는 질문지법, C는 면접법이다.

정답 찾기 ④ 면접법은 실험법에 비해 비구조화, 비표준화된 자료 수집 방법이다.

오답 피하기 ① 자료 수집 상황에 대한 통제 정도는 실험법이 가장 높다. ② 신뢰감을 바탕으로 한 깊이 있는 대화로 자료를 수집하는 면접법이 질문지법에 비해 조사 대상자의 일상생활을 심층적으로 이해하는 데 용이하다. ③ 연구자의 주관적 가치 개입 가능성은 자료 해석 과정에서 연구자의 직관적 통찰이 요구되는 면접법이 상대적으로 높다. ⑤ 면접법은 질적 자료를 수집한다는 점에서 수집 자료의 통계 처리 용이성이 낮다.

08 실험법, 질문지법, 참여 관찰법의 특징   정답 ④

문제 분석 연구 대상자의 주관적 세계를 심층적으로 이해하기 용이한 자료 수집 방법은 참여 관찰법이다. 따라서 A는 참여 관찰법이며, B와 C는 각각 실험법과 질문지법 중 하나이다.

정답 찾기 ㄴ. 질문지법은 대량의 자료를 통계적으로 처리하기 용이한 자료 수집 방법이고, 실험법은 자료 수집 상황에 대한 통제의 정도가 가장 높은 자료 수집 방법이다. ㄹ. 시간과 비용 측면에서 가장 효율적인 자료 수집 방법은 질문지법이다. 실험법과 달리 질문지법은 질문지를 읽지 못할 경우 자료를 수집할 수 없기에 문맹자를 상대로 활용되기 어렵다. 따라서 해당 질문은 (가)에 들어갈 수 있다.

오답 피하기 ㄱ. 변수 간의 관계 파악을 목적으로 하는 연구는 양적 연구이다. 참여 관찰법은 질적 연구에서 주로 사용된다. ㄷ. 실험법과 질문지법 중 언어적 상호 작용을 필수로 하는 자료 수집 방법은 질문지법이다. 통제의 정도가 가장 높은 자료 수집 방법은 실험법이다.

09 연구 윤리의 이해   정답 ①

문제 분석 제시된 연구에 나타난 연구 윤리상의 문제점을 파악할 수 있어야 한다. 〈보기〉의 진술이 '갑은 을과 달리', '을은 갑과 달리'와 같은 형태로 구성되어 있으므로 갑과 을의 연구 사례에서 나타난 문제점을 모두 정확히 이해해야 한다.

정답 찾기 ㄱ, ㄴ. 갑은 자신의 주장에 대한 근거를 마련하고자 결혼에 호의적인 미혼자를 대상으로 하였다는 점에서 의도적으로 왜곡된 자료를 수집하였다고 볼 수 있다. 을은 자신의 이익을 위해 수집한 자료 중 주가 상승을 예측한 자료만을 분석하였다는 점에서 고의로 자료를 선별하였다고 볼 수 있다. 즉, 갑은 의도적으로 왜곡되게 자료를 수집하였으나 수집된 자료를 고의로 선별하여 분석하지는 않았으며, 을은 고의로 수집된 자료를 선별하여 분석하였으나 의도적으로 왜곡된 자료 수집을 하지는 않았다.

오답 피하기 ㄷ. 갑은 연구 결과를 은폐하여 발표하지 않았으나, 을의 경우 수집한 자료 중 주가 상승 폭이 최대치로 예측된 분석을 제시하였다는 점에서 분석 결과를 은폐하여 발표하였다고 볼 수 있다. ㄹ. 수집한 자료를 연구 외의 목적으로 유출한 사람은 연구 결과와 연구 대상의 개인 정보를 결혼 정보 회사에 제공한 갑이다.

10 사회·문화 현상의 탐구 태도   정답 ②

문제 분석 제시문은 연구자를 통해 연구자가 속한 사회의 지배적 가치가 연구에 개입될 수 있음을 경계하고 있다. 이는 사회·문화 현상의 탐구 태도 중 객관적 태도와 관련 깊다.

정답 찾기 ② 객관적 태도는 주관적 가치나 이해관계 등을 배제하는 탐구 태도이다.

 ① 개방적 태도는 사회·문화 현상의 연구 방법이나 연구 관점이 다양할 수 있다고 본다. ③ 상대주의적 태도는 연구 대상의 문화적 맥락을 고려해야 함을 강조한다. ④, ⑤ 성찰적 태도는 사회·문화 현상을 그대로 받아들이기보다 현상 이면에 대한 탐구를 중시하며, 연구가 초래할 결과에 대해서도 적극적으로 살펴볼 것을 강조한다.

11 탐구 과정에서의 가치 개입과 가치 중립   정답 ②

문제 분석 사회·문화 현상의 연구 과정은 가치 개입이 불가피한 단계와 엄격한 가치 중립이 요구되는 단계로 구분된다.

정답 찾기 ㄱ. 가설 설정 및 가설 검증은 주로 양적 연구 과정에서 나타난다. ㄹ. 탐구 과정은 일반적으로 '연구 주제 선정 → 가설 설정 및 연구 설계 → 자료 수집 및 분석 → 가설 검증 → 결론 도출 → 연구 결과의 활용' 순으로 진행된다.

오답 피하기 ㄴ, ㄷ. 연구 주제 선정, 가설 설정, 연구 설계 단계에서는 연구자의 가치 개입이 불가피하다. 자료 수집 및 분석, 가설 검증, 결론 도출 단계에서는 왜곡을 방지하기 위해 엄격한 가치 중립이 요구된다.

12 연구 윤리의 이해   정답 ⑤

문제 분석 갑은 조사 대상자의 의사와 관계없이 연구를 강행하였고, 을은 의도한 결론을 위해 자료를 선별적으로 사용하여 보고서를 작성하였다.

정답 찾기 ㄴ. (가)에서는 면접 대상 학생 중 일부가 면접 중단을 요구하였으나 면접을 강행하였다는 점에서 자발적 참여가 보장되지 않았음을 알 수 있다. ㄷ. 을은 학교생활 만족도 향상을 목적으로 자료를 수집하였으나, 수집한 자료를 학생들의 동의 없이 학교 홍보 자료로 활용하였다. ㄹ. (가)와 달리 (나)에서는 만족도가 낮은 학년의 자료는 선별적으로 사용하지 않았다는 점에서 의도한 결론을 위해 자료를 조작하였음을 알 수 있다. 참고로, 조작에는 존재하지 않는 자료를 허위로 만들어내는 위조뿐만 아니라, 자료를 임의로 변경 또는 추가하거나 누락하는 변조도 포함된다.

오답 피하기 ㄱ. 갑은 익명으로 면접을 진행하였으므로 조사 대상자의 익명성을 보장하지 않았다고 보기 어렵다.

킬러 문항 완전 정복   본문 p.18~19

01 ④   **02** ③   **03** ③   **04** ④

01 자료 수집 방법의 이해   정답 ④

자료 분석

- A와 B는 질문 [(가)]를 기준으로는 구분할 수 없으나, 질문 [(나)]를 기준으로는 구분할 수 있다.
- B와 C는 질문 [(다)]를 기준으로 구분할 수 있다.

(가)는 A와 B를 구분할 수 없으므로 A와 B의 공통된 특징에 해당하거나, A와 B 모두에 해당하지 않는 질문이다.
(나)는 A와 B 중 하나에만 해당하는 질문이다.
(다)는 B와 C 중 하나에만 해당하는 질문이다.

문제 분석 〈보기〉에 제시된 내용들을 하나씩 제시된 자료에 대입하여 A~C를 추론한 후 옳고 그름을 파악하는 문항이다.

정답 찾기 ㄱ. 조사 대상자와의 정서적 교감을 중시하는 자료 수집 방법은 면접법이다. 해당 질문이 (가)에 들어가면 C는 면접법이고, A와 B는 각각 질문지법과 실험법 중 하나이다. 면접법은 다른 자료 수집 방법에 비해 일상생활을 심층적으로 파악하기 용이하다. ㄴ. 조사 대상자와의 언어적 상호 작용이 필수적인 자료 수집 방법은 질문지법과 면접법이다. 해당 질문이 (가)에 들어가면 A와 B는 각각 질문지법과 면접법 중 하나이다. 연구자의 편견이 개입될 가능성은 질문지법보다 면접법이 크므로 해당 질문은 (나)에 들어갈 수 있다. ㄹ. 변수 간의 관계 파악을 목적으로 하는 연구에 주로 활용되는 자료 수집 방법은 실험법과 질문지법이다. 따라서 A가 질문지법이고 해당 질문이 (나)에 들어가면 B는 면접법, C는 실험법이다. 실험법과 달리 면접법은 직관적 통찰을 통해 사회·문화 현상을 해석하는 방법이다.

오답 피하기 ㄷ. A가 실험법이고, A와 달리 조사 대상자에게서 깊이 있는 답변을 얻기 용이한 자료 수집 방법인 B는 면접법이다. 따라서 C는 질문지법이다. 면접법과 달리 질문지법은 대규모 집단을 대상으로 자료를 수집하기 용이한 자료 수집 방법이므로 해당 질문은 (다)에 들어갈 수 있다.

02 질문지 작성 시 유의 사항   정답 ③

자료 분석

1. 현재 재학 중인 학교는 어디인가요?

   ① 초등학교   ② 중학교   ③ 고등학교

→ 재학 중이지 않은 청소년은 선택지가 없다.

2. SNS를 활용하는 시간은 얼마나 되나요?

   ① 1시간 이하   ② 1시간 이상 ~ 2시간 이하   ③ 2시간 이상

→ SNS 활용 시간의 기준이 하루인지 일주일인지 명확히 제시되어 있지 않다.
→ 1시간을 활용하는 경우와 2시간을 활용하는 경우 선택지가 중복된다.

3. 주로 어떤 스마트 기기를 이용하여 SNS에 접속하나요?

   ① 스마트폰   ② 태블릿 PC   ③ 노트북

→ 제시된 3가지 이외 기기를 사용할 경우 선택지가 없다.

4. 적절한 SNS 활동은 교우 관계에 긍정적 영향을 준다고 합니다. SNS 활동 시간을 제한하고자 하는 정부 정책에 대해 어떻게 생각하시나요?

   ① 찬성한다.   ② 반대한다.

→ 특정한 응답을 유도하고 있다.

문제 분석 질문지법에서 사용되는 질문지의 경우 작성 시 유의해야 할 사항들이 있다. 각각의 질문에 나타난 문제점을 파악할 수 있어야 한다.

정답 찾기 ③ '당신은 하루에 충분한 휴식과 수면을 취한다고 생각하십니까?'와 같이 '휴식'과 '수면'의 두 가지 내용을 동시에 묻는 경우 올바른 설문 문항이라 할 수 없다. 그러나 제시된 설문 문항들에는 이와 같이 두 가지 내용을 동시에 묻는 문항이 포함되어 있지 않다.

오답 피하기 ① 4번은 특정한 응답을 유도하는 내용이 문항에 포함되어 있다. ② 1번과 3번의 경우 응답 가능한 선택지를 모두 제시하지 않았다. ④ 2번의 경우 SNS 활용 시간의 기준이 제시되어 있지 않다. ⑤ 2번의 경우 1시간을 사용하는 사람과 2시간을 사용하는 사람의 선택지가 중복된다. 즉, 선택지가 상호 배타적이지 않다.

03 자료 수집 방법의 이해 정답 ③

자료 분석

교사 : 자료 수집 방법 A~C에 대해 발표해 볼까요?

갑 : A는 B와 달리 조사 대상자와의 언어적 상호 작용이 요구됩니다.
A는 면접법이며, B와 C는 각각 실험법 및 참여 관찰법 중 하나임을 알 수 있다.

을 : B는 A에 비해 변인 처치에 따른 집단 간의 비교 분석이 용이합니다.
실험법의 특징이다.

병 : B는 C에 비해 자료 수집 상황에 대한 통제 정도가 높습니다.
B는 실험법, C는 참여 관찰법으로 특정된다.

정 : (가)

교사 : 세 사람은 옳게 발표하였지만, ⊙ 한 사람의 발표 내용은 옳지 않습니다.

문제 분석 한 사람만 틀린 내용을 발표하였으므로 갑, 을, 병의 진술을 통해 A는 면접법, B는 실험법, C는 참여 관찰법이며, 정의 진술이 옳지 않음을 알 수 있다.

정답 찾기 ㄴ. 실험법은 가장 구조화되고 표준화된 자료 수집 방법이며, 참여 관찰법은 가장 비표준화된 자료 수집 방법이라 할 수 있다. ㄷ. 실험법은 변인 처치를 통한 실험을 통해 원인과 결과를 파악하기 용이한 자료 수집 방법이다.

오답 피하기 ㄱ. 변인 처치에 따른 집단 간의 비교 분석이 용이한 것은 실험법이다. 옳지 않은 내용을 발표한 사람은 '정'이다. ㄹ. (가)에는 옳지 않은 내용이 들어가야 한다. 실험법은 계량화된 자료를 분석한다는 점에서 참여 관찰법에 비해 자료 해석 과정에서 객관성 확보가 용이하다. 따라서 해당 진술은 틀린 내용이므로 (가)에 들어갈 수 있다.

04 자료 수집 방법의 이해 정답 ④

자료 분석

<카드 1>
질적 연구에 주로 사용된다.
2점(면접법, 참여 관찰법)

<카드 2>
문맹자를 대상으로 활용하기 용이하다. 3점(면접법, 실험법, 참여 관찰법)

<카드 3>
언어적 상호 작용이 필수적이다.
2점(면접법, 질문지법)

<카드 4>
수집된 자료를 통계적으로 처리하기 용이하다. 2점(실험법, 질문지법)

<카드 5>
통제된 상황에서 변수의 효과를 측정하고자 한다. 1점(실험법)

문제 분석 각각의 카드에 해당하는 자료 조사 방법의 개수에 따라 점수가 부여된다. 〈카드 1〉, 〈카드 3〉, 〈카드 4〉의 경우 각 2점, 〈카드 2〉의 경우 3점, 〈카드 5〉의 경우 1점이 부여된다.

정답 찾기 ④ 실험법에 해당하는 카드는 〈카드 2〉, 〈카드 4〉, 〈카드 5〉로, 6점이다.

오답 피하기 ① 3장의 카드 조합으로 얻을 수 있는 최소 점수는 2점+2점+1점으로 5점이다. ② 3장의 카드 조합으로 얻을 수 있는 최대 점수는 2점+2점+3점으로 7점이다. ③ 면접법에 해당하는 카드는 〈카드 1〉, 〈카드 2〉, 〈카드 3〉으로 7점이다. ⑤ 갑이 〈카드 1〉, 〈카드 3〉, 〈카드 4〉를 뽑았다면 6점이다. 을이 이기기 위해서는 7점이 나와야 하며 이를 위해서는 〈카드 1, 2, 3〉, 〈카드 1, 2, 4〉, 〈카드 2, 3, 4〉의 총 3가지 조합이 가능하다.

03 강 사회적 존재로서의 인간

대표 기출 vs 고난도 기출

본문 p.22

순한맛 ⑤　　　　　　　　매운맛 ②

순한맛 지위와 역할　　　　　정답 ⑤

문제 분석 제시문에서 갑의 지위와 그에 따른 역할과 역할 행동을 구분할 수 있어야 한다. 특히, 지위가 변화할 경우 유의하여 그에 따른 역할과 역할 행동을 구분할 수 있어야 한다.

정답 찾기 ⑤ 청소년은 갑의 의지에 따라 획득한 지위가 아니라 시간의 흐름에 따라 자연스럽게 얻게 된 지위라는 점에서 귀속 지위에 해당한다.

오답 피하기 ① 광고 회사는 사회화를 목적으로 한 기관이 아니라는 점에서 공식적 사회화 기관에 해당하지 않는다. ② 역할 갈등은 역할의 충돌에 따른 고민을 의미한다. ㉡과 ㉢은 역할의 충돌에 따른 역할 갈등으로 볼 수 없다. ③ ㉣은 스스로 퇴직을 결정하였다는 점에서 역할 행동에 대한 제재로 보기 어렵다. ④ 갑이 출간한 포토 에세이집이 출판 시장에서 좋은 반응을 얻은 것은 갑의 역할 행동이 아니라, 갑의 역할 행동에 대한 보상에 해당한다.

매운맛 지위와 역할　　　　　정답 ②

함정

①	②	③	④	⑤
43.6%	37.7%	5.1%	6.6%	6.4%

자료 분석

㉠ 영화배우 갑은 극중 인물과의 동일시를 위해 극중 인물의 삶을 직접 체험하는 것으로 유명하다. 몸이 불편한 화가 역할을 위해 촬영 전부터 휠체어에서 생활하거나 북미 지역의 원주민 역할을 위해 ㉡ 직접 사냥한 고기만으로 식사를 하기도 하였다. 한번은 영화 속 원수인 상대 배우에게 실제로 적대감을 드러내 동료에게 ㉢ 비난을 받기도 하였다. ㉣ 배역에 대한 지나친 몰입으로 촬영이 끝난 후에 극심한 ㉤ 정체성의 혼란을 겪은 갑은 돌연 은퇴를 선언하였다. 그는 ㉥ 영화 제작사 임원 자리 제안을 거절하고 화가가 되겠다며 ㉦ 예술 대학원에 입학하였다.

지위의 정확한 개념적 정의는 한 개인이 사회 속에서 차지하는 위치이다. '영화배우'는 갑이 개인의 의지를 통해 후천적으로 얻게 된 성취 지위에 해당하지만, 영화배우로서 주어지는 '배역' 그 자체는 갑이 사회 속에서 차지하는 위치에 해당한다고 보기 어렵다.

문제 분석 제시문 속에서 갑의 지위와 역할 그리고 역할 행동을 구분하여 선지의 옳고 그름을 파악해야 한다.

정답 찾기 ② 영화배우라는 갑의 지위에 기대되는 역할과 그러한 역할을 구체적인 행동 양식으로 나타낸 역할 행동에 대해 생각해 보았을 때, 극중 맡은 역할을 더 잘 수행하기 위해 직접 사냥한 고기로 식사를 하기도 하는 것은 영화배우로서의 역할 행동으로 볼 수 있다.

오답 피하기 ① 영화배우는 성취 지위에 해당하지만, 배역은 지위로 보기 어렵다. ③ 비난과 보상은 역할이 아니라, 역할 행동에 따라 나타난다. ④ 단순한 고민, 혼란이 아니라 역할 간의 충돌에 따른 고민과 혼란

이 역할 갈등에 해당한다. ⑤ 영화 제작사는 사회화를 목적으로 설립된 기관이 아니라는 점에서 공식적 사회화 기관에 해당하지 않는다.

함정 피하기

선지 ①의 오답으로서의 매력도보다는 선지 ②의 정답으로서의 매력도가 더 높다. 그런데 정답률보다 오답률이 높은 것은 선지 ②까지 읽지 않은 학생들이 꽤 있음을 의미한다. 정답이라 확신되는 선지가 있더라도 마지막 선지까지 읽어볼 수 있어야 한다.

실전 문제

본문 p.23~25

| 01 ② | 02 ④ | 03 ③ | 04 ② | 05 ④ | 06 ③ |
| 07 ⑤ | 08 ② | 09 ③ | 10 ⑤ | 11 ① | 12 ③ |

01 사회화 기관의 특징　　　　　정답 ②

문제 분석 사회화 기관은 사회화가 설립의 목적인지에 따라 공식적 사회화 기관과 비공식적 사회화 기관으로, 사회화의 내용에 따라 1차적 사회화 기관과 2차적 사회화 기관으로 구분된다.

정답 찾기 ② (가)는 공식적 사회화 기관이며 2차적 사회화 기관으로 '대학'이 이에 해당한다. (나)는 비공식적 사회화 기관이며 2차적 사회화 기관으로 '난민 지원 센터'와 '신문'이 이에 해당한다. (다)는 비공식적 사회화 기관이며 1차적 사회화를 담당하는 곳으로 '가족'이 이에 해당한다.

02 사회화 기관의 특징　　　　　정답 ④

문제 분석 대화에 나타난 사회화 기관 중 (가)에는 해당하는 기관은 없으며, (나)에 해당하는 기관은 학원과 대학이고, (다)에 해당하는 기관은 친구이며, (라)에 해당하는 기관은 회사와 인터넷이다.

정답 찾기 ④ 공식적 사회화 기관이면서 2차적 사회화 기관은 학원과 대학 2개이다.

오답 피하기 ① 갑은 학원에서 사회화를 경험하였다. 학원은 공식적, 2차적 사회화 기관으로 (나)에 해당한다. ② 제시된 대화에서 (가)에 해당하는 사회화 기관은 없다. ③ 병은 (라)에 해당하는 인터넷을 통해 (나)에 해당하는 대학에 대해 살펴보았다. ⑤ (라)에 해당하는 사회화 기관은 2개이다.

03 사회화 기관의 특징　　　　　정답 ③

문제 분석 ㉠은 공식적 사회화 기관이자 1차적 사회화 기관이고, ㉡은 비공식적 사회화 기관이자 1차적 사회화 기관이며, ㉢은 공식적 사회화 기관이자 2차적 사회화 기관이고, ㉣은 비공식적 사회화 기관이자 2차적 사회화 기관이다.

정답 찾기 ㄴ. 또래 집단은 사회화를 목적으로 하지 않으며 기초적 사회화를 담당하는 비공식적이자 1차적 사회화 기관이다. ㄷ. 직업 훈련원은 사회화를 목적으로 전문적 사회화를 담당하는 공식적이자 2차적 사회화 기관이다.

오답 피하기 ㄱ. 재사회화는 이미 사회화된 내용에 대해 사회 변화 등을 반영하여 다시 한 번 사회화가 진행된다는 점에서 일반적으로 기초적 수준의 사회화를 담당하는 기관에서 이루어지기 어렵다. ㄹ. 영유아기 인성 형성에 영향을 미치는 집단은 가족이나 또래 집단으로 ㉡에 해당한다.

04 사회화를 바라보는 관점   정답 ②

문제 분석 갑은 기능론의 관점에서, 을은 갈등론의 관점에서 사회화를 바라보고 있다.

정답 찾기 ㄱ. 기능론은 사회화를 통해 사회의 지배적 가치와 문화가 구성원들에게 전승될 경우 사회 통합과 안정이 유지된다고 본다. ㄷ. 갈등론은 사회화의 내용이 지배 집단에 유리하다고 보며, 이로 인해 불평등한 구조가 더욱 공고화된다고 본다.

오답 피하기 ㄴ. 미시적 관점인 상징적 상호 작용론은 사회화가 진행되는 상황적 맥락의 이해를 중시한다. ㄹ. 갈등론은 사회화를 통해 불평등한 계층 구조가 더욱 공고화된다고 본다. 즉, 능력에 따른 계층 이동이 어렵다고 본다.

05 사회화 기관의 특징   정답 ④

문제 분석 A는 비공식적 사회화 기관에 해당하며, B는 2차적 사회화 기관에 해당한다.

정답 찾기 ㄴ. 직업 교육원이나 대학은 사회화를 목적으로 하는 공식적 사회화 기관이자, 전문적 지식의 사회화를 담당하는 2차적 사회화 기관에 해당한다. ㄹ. 대중 매체나 기업은 사회화를 목적으로 하지 않은 비공식적 사회화 기관이자, 전문적 지식의 사회화를 담당하는 2차적 사회화 기관이다.

오답 피하기 ㄱ. 대면 접촉을 통한 상호 작용의 필수 여부는 비공식적 사회화 기관과 2차적 사회화 기관을 구분하는 질문으로 적합하지 않다. ㄷ. 2차적 사회화 기관이 영유아 시기 인성 형성에 큰 영향을 미친다고 보기 어렵다.

06 사회화 기관의 특징   정답 ③

문제 분석 A는 1차적 사회화 기관, B는 2차적 사회화 기관이자 비공식적 사회화 기관, C는 2차적 사회화 기관이자 공식적 사회화 기관에 해당한다.

정답 찾기 ③ 사회화를 목적으로 전문적 기능의 사회화를 담당하는 기관에는 학교와 같은 교육 기관이 있으며, 이들 기관은 공식적으로 체계적인 사회화를 담당한다.

오답 피하기 ① 전문적 지식과 기능의 사회화를 2차적 사회화라 하며, 원초적 수준의 사회화를 1차적 사회화라 한다. ② 가족, 또래 집단은 1차적 사회화 기관에 해당한다. ④ 원초적 사회화는 1차적 사회화 기관에서 수행한다. ⑤ B와 C 모두 재사회화를 수행할 수 있다.

07 지위와 역할의 이해   정답 ⑤

문제 분석 역할 갈등은 지위에 따른 역할의 충돌에 따른 심리적 갈등을 의미한다. 역할의 충돌이 나타나야 역할 갈등에 해당함을 분명히 이해해야 한다.

정답 찾기 ⑤ ㄹ에는 역할 간의 충돌이 나타나 있지 않다. 반면, ㅅ은 엄마로서의 역할과 아내로서의 역할이 충돌하여 나타나는 고민이라는 점에서 역할 갈등에 해당한다.

오답 피하기 ① '막내딸'은 귀속 지위에 해당하고, '남편'은 개인의 노력에 따라 후천적으로 획득한 성취 지위에 해당한다. ② 정부로부터 받은 표창은 남편이 아니라 소방관으로서의 역할 행동에 대한 보상이다.

③ 방송사는 사회화를 목적으로 설립되지 않은 비공식적 사회화 기관이자 2차적 사회화 기관이다. ④ 소방 공무원 채용 자체는 사회화로 보기 어렵다.

08 지위와 역할의 이해   정답 ②

문제 분석 갑은 재무팀장으로 재직 중 회계팀장을 겸직하게 되었으며 이로 인해 갑의 지위가 늘어나게 되었다.

정답 찾기 ㄱ. 재무팀장과 회계팀장 모두 갑이 선천적으로 획득한 지위가 아니라는 점에서 성취 지위에 해당한다. ㄷ. 제시된 고민은 갑이 지니고 있는 두 가지 지위에 따른 역할 간 충돌에 따른 것이므로 역할 갈등에 해당한다.

오답 피하기 ㄴ. 보상과 제재는 역할이 아니라 역할 행동에 대해 나타난다. ㄹ. 재무팀 직원들과의 정기 회의는 회계팀장이 아니라 재무팀장으로서 갑의 역할 행동에 해당한다.

09 지위와 역할의 이해   정답 ③

문제 분석 제시된 사례에 나타난 갑과 을의 지위와 역할을 분석하여 〈보기〉의 옳고 그름을 파악해야 한다. 〈보기〉에서는 갑과 을에 대해 동시에 묻고 있으므로 제시된 사례에 대한 정확한 이해가 요구된다.

정답 찾기 ㄷ. 갑은 출산을 앞두고 예비 부모 교실에 참여하였고, 을은 입사 전 신입 사원 연수를 받았다. 두 경우 모두 미래에 요구되는 행동 양식을 미리 학습하는 것이므로 예기 사회화에 해당한다. ㄹ. 갑은 기업에서, 을은 창업하여 기업을 운영하고 있다.

오답 피하기 ㄱ. 갑은 앱을 개발하여 많은 부와 명예를 누리고 있고, 을은 창업 후 경영인상을 수상하였다. 이는 모두 역할 수행에 따른 보상에 해당한다. ㄴ. 갑과 을이 경험한 갈등은 모두 역할의 충돌에 따른 갈등에 해당하지 않는다. 즉, 갑과 을 모두 역할 갈등을 경험하지 않았다.

10 지위와 역할의 이해   정답 ⑤

문제 분석 제시문에는 현재 갑의 지위인 학생과 앞으로 갑이 얻을 것으로 예상되는 의사와 교사라는 지위가 나타나 있다.

정답 찾기 ⑤ ㉢은 어떤 대학에 원서를 넣을 것인지에 대한 고민으로 서로 다른 역할 간 충돌에 따른 고민에 해당하지 않는다.

오답 피하기 ① 장남은 귀속 지위이고, 아버지는 성취 지위이다. ② 학업 우수상은 학생으로서의 갑의 역할 행동에 따른 보상이다. ③ 의과 대학은 사회화를 목적으로 설립된 공식적 사회화 기관이다. ④ 늦은 시간까지 공부하는 것은 학생으로서 갑의 역할 행동이다.

11 지위와 역할의 이해   정답 ①

문제 분석 갑은 아버지, 교사라는 지위를, 을은 어머니, 자치위원이라는 지위를, 병은 아들, 고등학생, 동아리 회장이라는 지위를 가지고 있다.

정답 찾기 ㄱ. 갑이 교사로서의 노력을 인정받아 교장이 되었다는 점에서 역할 행동에 대한 보상을 받았음을 알 수 있다. ㄴ. 갑은 고등학교의 교사, 병은 고등학교의 학생이라는 점에서 갑과 병은 모두 공식적 사회화 기관에 속해 있다.

오답 피하기 ㄷ. 을과 병이 겪고 있는 갈등 및 고민은 역할 간 충돌에 따른 것이 아니라 병의 장래에 대한 두 사람 간의 의견 차이에서 비롯된 것으로, 역할 갈등에 해당하지 않는다. ㄹ. 병은 아들이라는 귀속 지위를 소개하였지만, 갑과 을의 경우 귀속 지위가 나타나 있지 않다.

12 지위와 역할의 이해   정답 ③

문제 분석 을은 담임이라는 지위와 딸이라는 지위가 나타나 있으며, 이들 지위에 요구되는 역할이 충돌하고 있다.

정답 찾기 ㄴ. 을은 담임이라는 성취 지위와 외동딸이라는 귀속 지위에 따른 역할이 충돌하여 고민하고 있다. ㄹ. 학교는 사회화를 목적으로 설립되어 공식적이고 체계적인 사회화를 담당하는 공식적 사회화 기관에 해당한다.

오답 피하기 ㄱ. 갑의 고민은 한 가지 지위에 상반된 역할이 요구되어 발생하는 역할 갈등에 해당하지 않는다. ㄷ. 제시된 대화에서는 을이 교사로서, 또는 딸로서의 역할을 수행함으로 인해 발생할 수 있는 제재나 보상에 대해서는 나타나 있지 않다.

킬러 문항 완전 정복

본문 p.26~27

01 ②	02 ④	03 ①	04 ⑤

01 사회화의 유형   정답 ②

자료 분석

○ A시의 ㉠ 주민 복지 센터에서는 자녀 출산 예정인 부부를 대상으로 출산 후 아이를 양육하는 방법에 대해 미리 배우는 ㉡ 프로그램을 개설하여 운영하고 있다. A시는 이 프로그램을 통해 초보 부모들이 육아 과정에서 경험할 수 있는 어려움이 줄어들 것이라 기대하고 있다.
→ 출산 후 아이를 양육하는 방법은 아직 배우지 않은 내용으로, 앞으로 요구되는 행동 양식을 배운다는 점에서 예기 사회화에 해당한다.

○ B시의 ㉢ 노인 복지 센터에서는 '5G 기술을 이용한 VR, AR'이라는 주제로 대강당에서 ㉣ 교양 강좌를 운영하고 있다. B시는 스마트폰을 능숙하게 다루는 노인들에게도 다소 낯선 주제인 VR, AR에 대한 강의를 통해 노인들도 5G 기술을 보다 효과적으로 사용할 것이라 기대하고 있다.
→ 노인들을 대상으로 새로운 기술을 배우도록 한다는 점에서 재사회화에 해당한다.

문제 분석 아이를 양육하는 방법을 미리 배우는 프로그램이라는 점에서 첫째 사례에 나타난 사회화는 예기 사회화, 새로운 기술을 배우는 프로그램이라는 점에서 둘째 사례에 나타난 사회화는 재사회화에 해당한다.

정답 찾기 ㄱ. 앞으로 필요한 행동 양식을 미리 학습하는 과정은 예기 사회화를 의미한다. ㄷ. ㉡은 예기 사회화, ㉣은 재사회화에 해당한다.

오답 피하기 ㄴ. 강당에서 교육이 진행된다는 점에서 대면 방식으로 진행됨을 알 수 있다. ㄹ. ㉠, ㉢ 모두 비공식적 사회화 기관이자 2차적 사회화 기관이다.

02 지위와 역할의 이해   정답 ④

자료 분석

10년 동안 ㉠ 의과 대학에서 ㉡ 교수로 학생들을 가르치던 갑은 여유로운 삶을 살고자 아내와 상의하여 대학을 퇴사하였다. 퇴사 후 ㉢ 병원 개원을 준비하던 중 평소 알고 지내던 방송국 ㉣ PD의 추천으로 ㉤ 건강에 대해 조언을 담당하는 ㉥ 패널로 ㉦ 의학 전문 프로그램에 출연을 하게 되었다. 첫 방송에서부터 뛰어난 입담으로 시청자들에게 인기를 끌게 되자 갑은 ㉧ 고정 출연자로 발탁이 되었고, 갑의 활약으로 프로그램의 인기 또한 높아지게 되었다. 이후 사회자로 여러 ㉨ 방송 프로그램에서 뛰어난 진행 실력을 선보인 갑은 역량을 인정받아 연말의 연예 대상 시상식에서 ㉩ 신인상을 수상하였다.
고정 출연자 발탁, 신인상 수상은 모두 보상에 해당한다. 보상이 있다면 그러한 보상을 초래한 역할 행동 또한 존재해야 한다. '입담으로 인기를 끈 행동', '뛰어난 진행 실력을 보인 것'이 보상을 초래한 역할 행동에 해당한다.

문제 분석 역할은 지위에 따라 사회적으로 기대되는 행동 양식이다. 즉, 지위에 따라 역할은 달라지는 것이다. 특정한 행동 양식이 어떤 지위에 따른 역할인지를 구분할 수 있어야 한다.

정답 찾기 ④ 건강에 대해 조언을 담당하는 것은 의학 전문 프로그램 내에서 갑에게 주어진 패널로서의 역할이다.

오답 피하기 ① 의과 대학과 의학 전문 프로그램은 모두 전문적 지식의 사회화를 담당한다는 점에서 '2차적 사회화 기관인가?'라는 질문으로 구분할 수 없다. ② 병원 개원은 교수라는 지위에 따른 역할 행동으로 볼 수 없다. ③ PD는 갑의 성취 지위에 해당하지 않는다. ⑤ ㉨은 사회자로서 갑의 역할 행동에 해당하며, ㉩은 사회자로서 갑의 역할 행동에 대한 보상에 해당한다. 그러나 고정 출연자로서 발탁은 역할이 아니라 역할 행동에 대한 보상에 해당한다.

03 지위와 역할의 이해   정답 ①

자료 분석

○ 소방관으로 10년째 근무 중인 갑은 평소 성실한 근무 태도로 올해 초 표창장을 받았다. ○○지역에서 발생한 전염병으로 인해 환자 수송을 담당할 소방관의 자원을 받는다는 소식을 듣고 소방관으로서 누구보다 먼저 나서 국민의 안전에 보탬이 되고 싶었으나, 중환자실에 입원한 어머니의 병간호를 맡아줄 사람이 없어 고민 중이다. 정부는 자원한 소방관들을 대상으로 레벨 D 수준 방호복의 착용 방법 등 전염병 예방에 대한 교육을 실시할 예정이다.
→ 소방관으로서 국민의 안전을 위해 환자 수송 담당으로 자원하고 싶으나, 자식으로 어머니의 병간호를 해야 하기 때문에 고민하고 있다. 즉, 역할 간의 충돌로 인해 고민한다는 점에서 역할 갈등에 해당한다.

○ 두 아이의 아버지인 을은 임용고사에 합격한 후 예비 교사를 대상으로 한 신임교사 연수를 받던 중 만난 동료 병과 결혼하여 가정을 꾸리게 되었다. 결혼 후 을은 병과 함께 학교를 계속 다닐지 아니면 창업을 할지를 두고 고민하였으며, 경제적 안정을 위해 병은 교사로서 학교를 다니고 을만 퇴직하여 창업을 하게 되었다. 창업 초기에는 여러 가지 어려움을 많이 겪었으나 이제는 사업이 본궤도에 올라 성장하고 있으며, 최근 을은 올해의 벤처 기업상을 수상하기도 하였다.
→ '전염병 예방 교육'은 앞으로 요구되는 행동 양식에 대한 교육이라는 점에서 예기 사회화에 해당하나, 아직 갑은 자원을 하지 않았기에 갑이 예기 사회화를 경험한 것은 아니다.

문제 분석 갑은 역할 갈등을 겪고 있으나 아직 예기 사회화 과정을 경험하고 있지는 않다. 반면, 을과 병은 신임 교사 연수라는 예기 사회화 과정을 경험하였다.

정답 찾기 ㄱ. 갑은 소방관이라는 지위와 자식이라는 지위에서 요구되는 서로 다른 역할 간의 충돌로 인한 역할 갈등을 경험하였다. 반면 을은 개인적인 진로에 대해 고민한 것으로, 역할 갈등에 해당하지 않는다. ㄴ. 을은 학교를 퇴직하고 회사를 차려 근무 중이며, 병은 계속 학교에서 교사로 근무하고 있다. 회사는 비공식적 사회화 기관에 해당하고, 학교는 공식적 사회화 기관에 해당한다.

오답 피하기 ㄷ. 갑은 표창장 수상, 을은 벤처 기업상 수상이라는 보상을 받았다. 그러나 병의 역할 수행에 따른 보상은 제시문에 나타나 있지 않다. ㄹ. 전염병 예방에 대한 교육은 예기 사회화에 해당하지만, 갑은 현재 환자 수송에 자원하지 않고 고민 중인 상태이며, 전염병 예방 교육 또한 실시 예정이므로 갑이 아직 예기 사회화를 경험한 것은 아니다.

04 지위와 역할의 이해 정답 ⑤

자료 분석

○ 갑은 ○○ 전자의 ⑦ <u>인사 담당 팀장</u>으로 근무하고 있다. 오늘 부모님의 칠순을 맞아 친지들을 초대한 잔치 자리를 가지고자 ⑥ <u>식당을 예약하고 퇴근을 준비</u>하던 중 신입 사원 연수를 받던 직원이 큰 부상을 당하였다는 보고를 받고 담당 팀장으로서 현장에 가봐야 할지, 아니면 부모님의 칠순 잔치 자리에 가야 할지 ⑥ <u>고민 중</u>이다.

→ 한 회사의 '인사 담당 팀장'과 한 가정의 '부모님의 자식'이라는 서로 다른 지위 사이에서 발생한 역할 갈등이 나타나 있다.

○ 을은 부모님을 모시면서 두 아이를 키우는 가장이다. 그동안 아이 양육을 맡아주신 부모님께서는 이제 아이들이 조금 성장하였으니 ② <u>교외의 전원주택으로 다 같이 이사 가기</u>를 바라고 있다. 그런데 을의 아내는 ⑩ <u>청소년</u>이 된 아이들의 사교육을 위해서 지금보다 좀 더 도심 지역으로 이사 가기를 바라고 있어 을은 ⑭ <u>고민 중</u>이다.

→ '부모님의 아들'과 '아내의 남편'이라는 서로 다른 지위 사이에서 발생한 역할 갈등이 나타나 있다.

문제 분석 갑과 을이 경험한 고민은 모두 서로 다른 지위로 인해 비롯된 역할 간의 충돌에 따른 역할 갈등에 해당한다.

정답 찾기 ⑤ 을은 남편이라는 지위, 아들이라는 지위에 기대되는 역할이 달라 고민하고 있다. 즉, 서로 다른 지위로 인해 역할 갈등이 발생하고 있다.

오답 피하기 ① 청소년은 성취 지위가 아니라 귀속 지위에 해당한다. ② 식당 예약은 인사팀장이 아니라 부모님의 자녀로서의 역할 행동에 해당한다. ③ 갑의 고민은 인사팀장과 자식이라는 서로 다른 지위에서 발생한 역할 갈등이다. ④ 부모님이 교외의 전원 주택으로 이사가길 바란다는 점에서 ②을 남편으로서 을의 역할 행동으로 보기는 어렵다.

04 강 사회 집단과 사회 조직 및 일탈 행동

대표 기출 vs 고난도 기출

본문 p.30

순한맛 ②　　　매운맛 ③

순한맛 일탈 이론　　　　　　정답 ②

문제 분석 A는 차별 교제 이론, B는 낙인 이론, C는 머튼의 아노미 이론에 해당한다.

정답 찾기 ② 낙인 이론은 일탈을 규정하는 객관적 기준이 존재하지 않는다고 본다. 따라서 규범을 위반하였다고 모두 일탈로 규정되는 것은 아니라고 본다.

오답 피하기 ① 일탈 행동을 계급 갈등의 산물로 보는 이론은 갈등 이론이다. ③ 낙인 이론은 사회적 낙인에 따른 부정적 자아 형성에 초점을 맞춘다. ④ 아노미 이론은 일탈 행동을 사회적 병리 현상으로 바라본다. ⑤ 차별 교제 이론은 일탈 행동을 학습의 결과물로 바라본다.

매운맛 일탈 이론　　　　　　정답 ③

함정

①	②	③	④	⑤
10.2%	28.1%	36.0%	15.7%	9.9%

자료 분석

〈각 학생의 서술 및 교사의 채점 결과〉

학생	서술 내용	점수
갑	1. 차별적인 제재가 일탈 행동의 원인이라고 본다. 2. 일탈 행동이 발생하는 과정에서 나타나는 상호 작용에 주목한다. 3. 일탈자로 규정하는 것에 대한 신중한 접근이 필요하다고 본다.	2점
을	1. 사회 규범의 통제력 회복을 일탈 행동의 근본적인 해결 방안으로 본다. 2. 일탈 행동의 원인을 부정적 자아 정체성 형성에서 찾는다. 3. 일탈 행동을 규정하는 객관적 기준이 존재한다고 본다.	㉠
병	1. 정상적인 사회 집단과의 교류가 일탈 행동을 억제한다고 본다. 2. 일탈 행동에 대한 사회적 반응이 지속적인 일탈 행동의 원인이라고 본다. 3. ________(가)________	1점

갑의 점수가 2점이라는 것을 통해 A~C를 특정하는 것이 이 문항의 핵심이다. '차별적인 제재와 신중한 접근'은 낙인 이론의 특징, '상호 작용에 주목'은 낙인 이론과 차별 교제 이론의 공통된 특징이다. A가 아노미 이론이고 B가 낙인 이론이라면 갑의 서술 내용은 3점을 받게 된다. 따라서 A는 차별 교제 이론, B는 낙인 이론임을 알 수 있다.

문제 분석 갑의 1번 서술은 낙인 이론, 2번 서술은 낙인 이론과 차별 교제 이론, 3번 서술은 낙인 이론에 해당하는 내용이다. 갑은 A와 구분되는 B의 특징에 대해 2점을 받았으므로 A는 차별 교제 이론, B는 낙인 이론으로 특정할 수 있다. 그리고 C는 머튼의 아노미 이론이다.

정답 찾기 ㄷ. 낙인 이론은 2차적 일탈의 발생에 초점을 맞춘 이론이다. ㄹ. 머튼의 아노미 이론은 일탈 행동에 대한 대책으로 문화적 목표를 달성할 수 있는 제도적 방안의 지원을 제시한다.

오답 피하기 ㄱ. 을의 1번 서술은 머튼의 아노미 이론이 아니라 뒤르켐의 아노미 이론에 해당하는 내용이므로 점수를 받지 못하며, 2번 서술은 낙인 이론에 해당하는 내용이다. 따라서 ㉠은 1점이다. ㄴ. 병의 1번 서술은 머튼의 아노미 이론과 구분되는 차별 교제 이론의 특징으로 옳은 내용이다. 따라서 (가)에는 차별 교제 이론에 해당하지 않는 특징이 들어가야 하는데, '일탈 행동은 비행 집단과의 접촉을 통해 학습된다고 본다.'는 내용은 머튼의 아노미 이론과 구별되는 차별 교제 이론에 해당하는 내용이므로 (가)에 들어갈 수 없다.

> 🔒 **함정 피하기**
>
> 뒤르켐의 아노미 이론과 머튼의 아노미 이론을 구분할 수 있어야 한다. 제시된 이론을 '아노미 이론'으로만 봤을 경우 을의 1번 서술은 옳은 내용이 되어 을은 2점을 획득하게 된다. 복잡한 문항일수록 고도의 집중력을 발휘하여 제시된 조건 하나라도 놓치지 않도록 해야 한다.

실전 문제

본문 p.31~33

01 ③	02 ①	03 ①	04 ③	05 ⑤	06 ①
07 ④	08 ③	09 ⑤	10 ⑤	11 ⑤	12 ④

01 사회 집단과 사회 조직　　　정답 ③

문제 분석 제시된 사례의 단어들에 밑줄을 긋고 이에 대해 묻는 문항의 경우 별도의 문제 분석 없이 〈보기〉의 각 선지들을 하나씩 대입하여 옳고 그름을 파악하면 된다. 단, 제시문을 처음부터 읽어가며 밑줄 친 부분이 제시문 내에서 어떤 의미를 가지는지를 명확하게 이해해야 한다.

정답 찾기 ㄴ. '평론가 협회'는 같은 목적을 가진 평론가들이 설립하여 유지해가는 모임이므로 사회 조직에 해당하지만, '보조 출연자들'은 해당 영화에 1회적으로 출연한 사람들을 묶어서 호칭하는 것으로 사회 조직에 해당한다고 보기 어렵다. ㄹ. 노동조합은 자발적 결사체이자 공식 조직이고, 대학의 특정 학과는 공식 조직에 해당한다.

오답 피하기 ㄱ. 가족은 대표적인 1차 집단이다. 그러나 빈곤층의 경우 특정 무리에 대한 사회적 범주로, 사회 집단으로 보기 어렵다. ㄷ. 노동조합은 자발적 결사체이자 공식 조직에 해당한다. 그러나 관객은 지속적 상호 작용이 나타나지 않기에 사회 집단에 해당하지 않는다.

02 사회 집단과 사회 조직　　　정답 ①

문제 분석 1차 집단과 2차 집단은 전인격적 접촉이 나타나는지 여부로 구분할 수 있으며, 공동 사회와 이익 사회는 본질 의지에 의해 형성되었는지 여부로 구분할 수 있다.

정답 찾기 ㄱ. 가족은 전인격적 접촉이 나타나고 본질 의지에 의해 형성된 집단이기에 ㉠은 '예', ㉡은 '아니요'이다. ㄴ. C는 2차 집단이면서 이익 사회이므로 일반적으로 공식적 통제가 이루어진다.

오답 피하기 ㄷ. 영유아기의 또래 집단은 공동 사회이자 1차 집단에 해당한다. ㄹ. 가입과 탈퇴가 자유로운 사회 집단은 자발적 결사체이다.

03 사회 집단과 사회 조직 　　　　　　　　　정답 ①

문제 분석 A의 구성원이 모두 B의 구성원에 해당하는 경우는 A가 비공식 조직이고 B가 공식 조직이거나, A가 비공식 조직이고 B가 자발적 결사체인 경우이다. 그런데 A의 성립은 B를 전제로 한다는 점에서 A는 비공식 조직, B는 공식 조직에 해당함을 알 수 있다. 그리고 결합 의지에 따라 구분할 때 A와 B는 모두 C에 해당한다는 점에서 C는 이익 사회이다.

정답 찾기 ① 가족은 공동 사회이나, 종친회는 선택 의지에 의해 결합되었다는 점에서 이익 사회이다.

오답 피하기 ② 학교와 학교의 소속 부서인 교무부는 모두 공식 조직에 해당한다. ③ 비공식 조직은 비공식적 통제가, 공식 조직은 공식적 통제가 일반적으로 나타난다. ④ 비공식 조직은 모두 자발적 결사체에 해당하며, 공식 조직의 경우 자발적 결사체에 해당하는 경우도 있고 그렇지 않은 경우도 있다. ⑤ 공식 조직은 2차 집단의 특성이 강하게 나타난다.

04 사회 집단과 사회 조직 　　　　　　　　　정답 ③

문제 분석 지역 아동 센터는 구청에서 운영한다는 점에서 공식 조직에 해당하며, 재무팀은 기업의 한 부서이므로 공식 조직에 해당한다.

정답 찾기 ③ ㉢과 ㉤ 모두 동호회이나, ㉢은 자발적 결사체인 친목 집단이고, ㉤은 비공식 조직으로 공식 조직 내에서 형성된 집단이다.

오답 피하기 ① 고등학교, 지역 아동 센터, 재무팀 모두 공식 조직이다. ② 지역 아동 센터는 구청에서 운영하는 공식 조직이다. ④ 재무팀은 비공식 조직이 아니라 기업의 부서라는 점에서 공식 조직에 해당한다. ⑤ 가족은 전인격적 관계에 기초한 집단이다.

05 관료제와 탈관료제 　　　　　　　　　정답 ⑤

문제 분석 관료제는 의사 결정의 집중을, 탈관료제는 의사 결정의 분산을 지향한다. 따라서 A는 탈관료제, B는 관료제이다.

정답 찾기 ⑤ 관료제는 조직 운영의 안정성을 중시하는 데 비해, 급변하는 환경에 효과적으로 대응하기 위해 등장한 탈관료제는 조직 운영의 유연성을 중시한다.

오답 피하기 ① 관료제는 능력보다는 경력에 따른 보상 정도를 중시한다. ② 관료제는 문서화된 규칙에 대한 의존 정도가 높으며, 이로 인해 조직 운영의 안전성은 높으나 유연성은 낮다. ③ 탈관료제는 환경 변화에 대한 유연한 대처가 용이하다. ④ 관료제와 탈관료제 모두 대규모 조직의 효율적 운영을 추구하는 조직 운영 원리이다.

06 사회 실재론과 사회 명목론 　　　　　　　　　정답 ①

문제 분석 제시문에 따르면 모든 사회에는 개인적 차원을 넘어서는 공통적인 관념과 감정들이 존재하며, 개인들은 사회에서 제시한 것들을 존중하고 준수하도록 요구받는다. 이를 통해 제시문에 나타난 개인과 사회의 관계를 바라보는 관점은 사회 실재론임을 알 수 있다.

정답 찾기 ㄱ. 사회 실재론에 따르면 사회는 개인보다 우월한 존재로서 구성원들의 의식과 행동을 구속하기에 개인은 사회 속에서만 존재의 의미를 갖는다. ㄴ. 사회 실재론에 따르면 사회는 개인의 외부에 실제로 존재하며 독자적으로 작동한다.

오답 피하기 ㄷ. 사회 명목론에 따르면 사회는 단지 개개인의 집합체에 불과하다. 따라서 조직의 역량은 구성원들의 능력을 합한 것과 같다. ㄹ. 사회 명목론에 따르면 사회는 개인의 이익을 보장하기 위한 집합체에 붙여진 이름에 불과하다.

07 사회 실재론과 사회 명목론 　　　　　　　　　정답 ④

문제 분석 (가)의 관점은 사회 실재론, (나)의 관점은 사회 명목론에 해당한다.

정답 찾기 ④ 사회 명목론에서는 사회를 개인들의 집합체에 붙여진 이름에 불과하며, 개개인으로 환원될 수 있는 허구의 개념으로 본다.

오답 피하기 ① 사회 명목론은 사회보다 개인을 중시하기에 개인의 발전이 곧 사회의 발전이라고 본다. ② 사회 명목론은 개인에 대한 사회 구조의 영향력을 간과한다는 비판을 받는다. ③ 사회 실재론은 개인이 사회의 영향을 받으며, 사회에 의해 구조화된 행동을 한다고 본다. ⑤ 개인의 능동성과 개인의 독립성을 강조하는 관점은 사회 명목론이다.

08 사회 실재론과 사회 명목론 　　　　　　　　　정답 ③

문제 분석 사회의 특성이 고스란히 개인들의 특성으로 환원된다고 보는 관점은 사회 명목론이다. 따라서 A는 사회 명목론, B는 사회 실재론에 해당한다.

정답 찾기 ㄴ. 사회 실재론에서는 개인이 사회 구조에 대해 불가항력적 존재이므로 개인은 사회에 의해 구조화된 행동을 한다고 본다. ㄹ. (나)에는 사회 명목론의 입장에서 긍정, 사회 실재론의 입장에서 부정의 대답을 할 질문이 들어가야 한다. 개인들의 속성이 사회의 속성을 결정한다고 보는 관점은 사회 명목론이므로 해당 질문은 (나)에 들어갈 수 있다.

오답 피하기 ㄱ. 사회 실재론은 개인의 자유 의지를 인정하지 않기에 허구적 개념이라고 본다. ㄷ. (가)에는 사회 명목론의 입장에서 부정, 사회 실재론의 입장에서 긍정의 대답을 할 질문이 들어가야 한다. 사회를 개인들의 총합 그 이상이라고 보는 관점은 사회 실재론이므로 해당 질문은 (가)에 들어갈 수 있다.

09 일탈 이론의 이해 　　　　　　　　　정답 ⑤

문제 분석 규범의 약화를 일탈의 원인으로 보는 A는 뒤르켐의 아노미 이론, 일탈 집단과의 교류 차단을 일탈 대책으로 제시하는 B는 차별 교제 이론, 일탈자로 규정하는 것에 대한 신중한 접근을 대책으로 제시하는 C는 낙인 이론에 해당한다.

정답 찾기 ⑤ 아노미 이론과 달리 차별 교제 이론과 낙인 이론은 타인과의 상호 작용이 일탈 행동에 미치는 영향을 중시한다.

오답 피하기 ① 문화적 목표와 제도적 수단의 괴리는 머튼의 아노미 이론에서 바라보는 일탈 행동의 원인이다. ② 차별 교제 이론은 일탈 집단과의 교류 과정에서 일탈 행동의 모방으로 일탈 행동이 발생한다고 본다. ③ 갈등 이론에 대한 설명이다. ④ 낙인 이론은 일탈 행동을 규정하는 객관적 기준이 없다고 본다.

10 일탈 이론의 이해　　　　　　　정답 ⑤

문제 분석 일탈 행동의 원인을 사회 구조적 측면에서 설명하는 A는 뒤르켐의 아노미 이론이며, 일탈을 규정하는 객관적 기준이 존재하지 않는다고 바라보는 C는 낙인 이론이므로, B는 차별 교제 이론이다.

정답 찾기 ㄷ. 낙인 이론은 일탈 행동 그 자체보다 사회적 반응에 따른 2차적 일탈의 발생에 초점을 둔다. ㄹ. 차별 교제 이론은 일탈 집단과의 교류로 인해 일탈 행동이 발생한다고 보므로 정상 집단과의 교류를 해결 방안으로 제시한다.

오답 피하기 ㄱ. 차별 교제 이론은 일탈 행동을 일탈자나 일탈 집단과의 교제를 통한 학습의 산물로 간주한다. ㄴ. 뒤르켐의 아노미 이론은 사회 규범의 부재로 일탈 행동이 발생한다고 본다.

11 일탈 이론의 이해　　　　　　　정답 ⑤

문제 분석 갑의 관점은 차별 교제 이론, 을의 관점은 머튼의 아노미 이론, 병의 관점은 낙인 이론에 해당한다.

정답 찾기 ⑤ 차별 교제 이론과 낙인 이론 모두 상호 작용을 통해 일탈 행동의 발생을 설명한다.

오답 피하기 ① 낙인 이론은 차별적 제재로 인해 사회적 낙인이 발생하고 이는 다시 일탈 행동으로 이어지게 된다고 본다. ② 낙인 이론은 1차적 일탈이 2차적 일탈로 이어지는 과정에 주목한다. ③ 뒤르켐의 아노미 이론은 규범의 통제력 회복을 중시한다. ④ 다른 일탈 이론과 달리 낙인 이론은 일탈 행동을 규정하는 객관적 기준이 존재하지 않는다고 본다.

12 일탈 이론의 이해　　　　　　　정답 ④

문제 분석 낙인 이론은 사회적 낙인에 따른 부정적 자아 정체성의 형성을 일탈 행동의 원인으로 본다. 따라서 A는 낙인 이론이고, B와 C는 각각 차별 교제 이론과 뒤르켐의 아노미 이론 중 하나이다.

정답 찾기 ㄱ. 낙인 이론은 일탈자로 규정하는 것, 즉 사회적 낙인에 대한 신중한 접근이 필요하다고 강조한다. ㄴ. 일탈 행동보다 그에 대한 사회적 반응을 중시하는 일탈 이론은 낙인 이론이다. A가 이미 낙인 이론으로 확정되었으므로 해당 질문은 (가)에 들어갈 수 없다. ㄷ. 뒤르켐의 아노미 이론은 사회 규범의 통제력 회복을 일탈 행동의 대책으로 제시한다. 따라서 해당 질문이 (가)에 들어가면, B는 뒤르켐의 아노미 이론, C는 차별 교제 이론이 되므로 해당 질문은 (가)에 들어갈 수 있다.

오답 피하기 ㄹ. 타인과의 상호 작용이 일탈 행동의 발생 과정에 미치는 영향을 중시하는 이론은 낙인 이론과 차별 교제 이론이다. 따라서 해당 질문이 (가)에 들어가면 B는 차별 교제 이론, C는 뒤르켐의 아노미 이론이 된다. 그러나 낙인 이론과 달리 차별 교제 이론과 아노미 이론은 모두 일탈 행동을 규정하는 객관적 기준이 존재한다고 본다.

킬러 문항 완전 정복　　　　　　　본문 p.34~35

01 ④　　**02** ⑤　　**03** ④　　**04** ②

01 개인과 사회의 관계를 바라보는 관점　　　정답 ④

자료 분석

교사 : 개인과 사회의 관계를 바라보는 관점 A, B에 대해 이야기해 볼까요?

갑 : A는 B와 달리 사회를 떠난 개인은 존재 의미를 가지지 못한다고 봅니다.
→ A 사회 실재론, B 사회 명목론

을 : B는 A와 달리 공익은 사회 구성원 모두의 이익을 합한 값 그 이상이라고 봅니다. → A 사회 명목론, B 사회 실재론

병 : 　　　　　　(가)　　　　　　

교사 : 세 명 중 ㉠ 한 사람만 옳지 않게 이야기하였습니다.
→ 갑과 을의 진술이 상충되기에 한 사람만 옳지 않다면 갑과 을 중 한 명의 진술이 옳지 않은 것이다.

문제 분석 갑이 진술이 옳으면 A는 사회 실재론, B는 사회 명목론이며, 을의 진술이 옳으면 A는 사회 명목론, B는 사회 실재론이다. 따라서 한 사람이 옳지 않다면 갑 또는 을 중의 한 명이 옳지 않은 것이다.

정답 찾기 ㄱ. 갑 또는 을 중의 한명이 옳지 않기에 '병'은 항상 옳게 응답한 사람이다. ㄴ. ㉠이 갑이라면 을의 진술이 옳은 것이다. 사회 명목론은 사회를 개인의 총합과 같다고 보기에, 사회의 특성이 구성원의 특성으로 고스란히 환원된다고 본다. ㄹ. 사회 실재론은 사회 문제 해결을 위해 제도 개선을 중시한다. 따라서 A가 사회 실재론, B가 사회 명목론이라면 ㉠은 '을'이다.

오답 피하기 ㄷ. ㉠이 을이라면 갑의 진술이 옳은 것으로 A는 사회 실재론, B는 사회 명목론이 된다. 개개인의 행위를 사회적 조건에 의해 설명 가능한 것으로 보는 관점은 사회 실재론이다.

02 일탈 이론의 이해　　　　　　　정답 ⑤

자료 분석

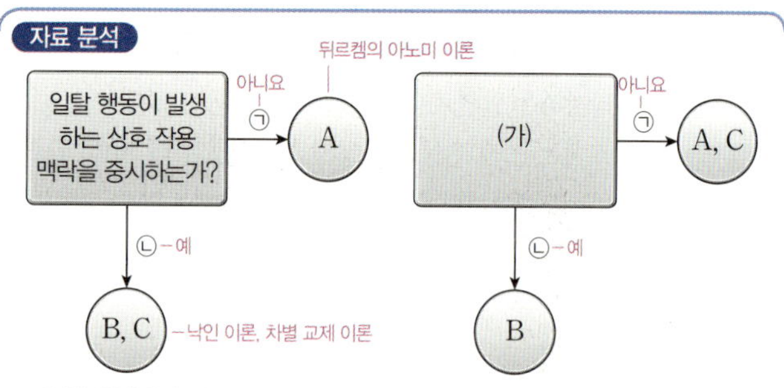

→ 제시된 질문을 통해 A가 뒤르켐의 아노미 이론이고 ㉠은 '아니요', ㉡은 '예'임을 특정할 수 있다. 제시된 자료를 활용하여 특정할 수 있는 것과 특정할 수 없는 것을 구분하는 것이 문제 풀이의 첫 걸음이다.

문제 분석 3가지 일탈 이론 중 일탈 행동이 발생하는 상호 작용 맥락을 중시하는 이론은 낙인 이론과 차별 교제 이론 두 가지이다. 따라서 A는 뒤르켐의 아노미 이론이고, ㉠은 아니요, ㉡은 예이다.

정답 찾기 ⑤ 일탈 행동을 규정하는 객관적 기준이 존재하지 않는다고 보는 이론은 낙인 이론이다. 따라서 B는 낙인 이론, C는 차별 교제 이론이다. 낙인 이론은 부정적 자아의 형성으로 2차적 일탈이 발생한다고 본다.

오답 피하기 ① ㉠은 '아니요', ㉡은 '예'이다. ② 낙인 이론은 차별적 제재를 일탈 행동의 원인으로 본다. ③ B와 C가 어떤 이론에 해당하는지 특정할 수 없기에 알 수 없다. ④ 사회 구조적 차원에서 발생하는 일탈 행동을 설명하기 용이한 이론은 아노미 이론이다.

03 사회 집단의 유형 이해 　　　　　정답 ④

자료 분석

질문	A	B	C
구성원의 가입과 탈퇴가 자유로운가?	예	예	아니요
2차 집단보다 1차 집단의 성격이 강하게 나타나는가?	예	아니요	아니요
(가)	아니요	예	예

→ 자발적 결사체와 비공식 조직은 구성원의 가입과 탈퇴가 자유로우며, 비공식 조직의 경우 일반적으로 2차 집단보다 1차 집단의 성격이 강하다. 따라서 A는 비공식 조직이며, B와 C 중 가입과 탈퇴가 자유로운 B는 자발적 결사체이다.

문제 분석 구성원의 가입과 탈퇴가 자유로운 사회 집단은 자발적 결사체 및 비공식 조직이다. 그리고 일반적으로 2차 집단보다 1차 집단의 성격이 강하게 나타나는 사회 집단은 비공식 조직이다. 자발적 결사체의 경우 1차 집단의 성격이 강한 경우도 있고, 2차 집단의 성격이 강한 경우도 있기에 두 번째 질문에 대해 '예'라고 할 수 없다. 이를 통해 A는 비공식 조직, B는 자발적 결사체, C는 공식 조직임을 알 수 있다.

정답 찾기 ④ 공식 조직에서는 공식적 규칙과 절차를 통한 공식적 통제가 일반적으로 나타난다. 반면, 1차 집단의 성격이 강한 비공식 조직에서는 비공식적 규범을 통한 통제가 공식 조직에 비해서는 상대적으로 높게 나타난다.

오답 피하기 ① C의 응답 중 '예'는 1개이고, '아니요'는 2개이다. ② A~C 모두 선택 의지에 의해 인위적으로 형성된 집단이다. ③ 자발적 결사체 중에는 공식 조직인 경우도 있고 아닌 경우도 있기에 자발적 결사체의 구성원이 항상 공식 조직의 구성원이라고 할 수 없다. ⑤ 공식 조직은 과업 지향적이고 수단적 인간관계가 지배적인 사회 집단이나, 자발적 결사체는 1차 집단의 성격이 강한 경우도 있기에 제시된 질문에 '예'라고 답하기 어렵다.

04 사회 집단의 유형 이해 　　　　　정답 ②

자료 분석

구분	갑	을
A	○○전자 노동조합	㉡
B	○○전자 재무팀	㉢
C	㉠	㉣

→ 노동조합은 공식 조직이자 자발적 결사체이고, 재무팀은 공식 조직이다. 따라서 B는 공식 조직, A는 자발적 결사체로 특정되며, C는 비공식 조직이 된다.

문제 분석 갑의 기록이 옳다면 A는 자발적 결사체, B는 공식 조직, C는 비공식 조직이다. A는 공식 조직이자 자발적 결사체이나 B가 공식 조직으로 특정되기에 A는 자발적 결사체가 되는 것이다.

정답 찾기 ㄱ. 비공식 조직의 구성원은 모두 공식 조직의 구성원에 해당한다. ㄹ. 갑이 B와 C를 바꾸어 기록했다면 B는 비공식 조직, C는 공식 조직이 된다. 시민 단체는 자발적 결사체이자 공식 조직이기에 ㉡과 ㉣에 모두 기록 가능하다.

오답 피하기 ㄴ. □□마을 조기 축구회는 자발적 결사체이지만 비공식 조직에 해당하지 않는다. 따라서 ㉠과 ㉣에는 들어갈 수 없다. ㄷ. 갑이 A와 B를 바꾸어 기록했다면, A는 공식 조직, B는 자발적 결사체가 된다. B와 C 모두 가입과 탈퇴가 자유롭다.

05강 문화의 이해 및 하위문화와 대중문화

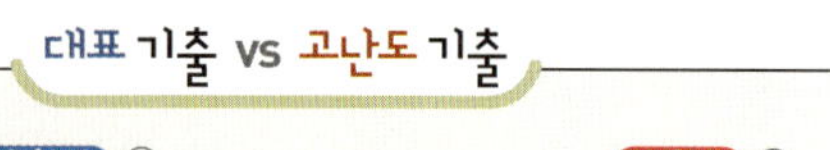

대표 기출 vs 고난도 기출

본문 p.38

| 순한맛 ⑤ | 매운맛 ⑤ |

순한맛 문화 이해의 태도   정답 ⑤

문제 분석 갑은 특정 문화를 그 문화를 향유하고 있는 사회의 관점에서 이해하고자 하는 문화 상대주의, 을은 자신의 문화를 기준으로 타 문화를 평가하는 자문화 중심주의, 병은 타 문화를 기준으로 자신의 문화를 평가하는 문화 사대주의 태도를 지니고 있다.

정답 찾기 ⑤ 자문화 중심주의는 자문화를 기준으로, 문화 사대주의는 선진 문화를 기준으로 타 문화를 평가할 수 있다고 본다.

오답 피하기 ① 자문화 중심주의와 문화 사대주의는 문화 간에 우열이 존재한다고 보는 입장이다. 반면 문화 상대주의는 문화 간 우열이 존재하지 않는다고 본다. ② 자문화 중심주의는 타 문화 수용에 가장 배타적인 문화 이해 태도이다. ③ 타 문화 수용에 배타적인 자문화 중심주의는 문화 다양성 확보에 유리하지 않다. ④ 자문화 중심주의는 자문화에 대한 자부심을 바탕으로 집단 구성원의 결속력을 높이는 데 유리하다.

매운맛 문화 이해의 태도   정답 ⑤

①	② 함정	③	④	⑤
3%	12%	4%	5%	77%

자료 분석

태도 \ 질문	(가)	(나)	(다)
A	예	아니요	예
B	예	아니요	아니요
C	아니요	예	아니요

위 문항과 같이 자료가 빈칸으로 구성된 경우 제시된 자료에서 얻을 수 있는 내용이 하나도 없기에 자료에 대해 분석하기보다 바로 〈보기〉 또는 선지를 대입하여 시간을 아껴야 한다. 사회·문화 과목의 고득점 비결은 고난도 문항에 충분한 시간을 배정할 수 있도록 나머지 문항에서 최대한 시간을 절약하는 것이다.

문제 분석 질문 (가)~(다)에 대해 문화 이해 태도 A~C의 응답을 표로 제시했으나, 자료만으로는 A~C를 특정할 수 없으므로 조건 처리가 까다로운 유형의 문항이다.

정답 찾기 ㄷ. 문화 간 우열을 평가할 수 있는 문화 이해의 태도는 자문화 중심주의, 문화 사대주의이다. 따라서 C는 문화 상대주의로 특정된다. 개별 사회의 문화의 가치를 존중하는 문화 이해의 태도는 문화 상대주의이기에 제시된 질문은 (나)에 들어갈 수 있다. ㄹ. (나)에 들어갈 질문을 통해 C는 문화 사대주의로 특정되고, (다)에 들어갈 질문을 통해 A는 자문화 중심주의로 특정된다. 따라서 B는 문화 상대주의가 된다.

오답 피하기 ㄱ. 자문화 중심주의는 국수주의적 태도로 문화 다양성을 거부한다. 따라서 A에는 자문화 중심주의가 들어갈 수 있으나, B 또한 '예'라고 응답하였기에 제시된 질문은 (가)에 들어갈 수 없다. ㄴ. 타 문화를 일방적으로 추종하는 문화 이해의 태도는 문화 사대주의이다. 따라서 제시된 질문은 (다)에 들어갈 수 없다.

실전 문제   본문 p.39~41

| 01 ① | 02 ⑤ | 03 ④ | 04 ② | 05 ⑤ | 06 ③ |
| 07 ③ | 08 ① | 09 ④ | 10 ④ | 11 ⑤ | 12 ② |

01 문화의 속성   정답 ①

문제 분석 A는 세탁기의 발명과 여성의 사회적 지위 향상을 연계하여 설명하고 있다는 점에서 전체성, B는 특정 집단 사람들이 여성의 단발이 갖는 의미에 대해 공유하는 문화를 나타낸다는 점에서 공유성에 해당한다. 따라서 C는 축적성이며, (가)에는 문화의 축적성을 나타내는 사례가 들어가야 한다.

정답 찾기 ① 전체성은 문화를 구성하는 요소들이 상호 유기적으로 결합되어 있기에 문화는 부분이 아닌 전체로서의 의미를 갖는다고 본다.

오답 피하기 ② 문화의 공유성이 아니라, 축적성에 해당한다. 축적성은 문화가 세대 간 전승되면서 새로운 요소가 추가되어 점점 더 풍부해지는 생활 양식이라고 본다. ③ 문화의 축적성이 아니라, 공유성에 해당한다. 공유성은 한 사회 내의 문화가 구성원들의 사고와 행동에 동질성을 형성하여 타인의 행동을 예측하고 구성원의 사고와 행동을 구속한다고 본다. ④ 기성 세대가 청소년의 줄임말을 이해하지 못하는 것은 청소년의 문화를 세대 간 공유하지 않음에 따른 현상이다. 따라서 공유성으로 설명 가능한 사례에 해당한다. ⑤ 한민족이지만 한국어를 배우지 못했기에 의사소통이 불편한 재외 동포 2세의 사례는 문화의 학습성을 나타내는 사례에 해당한다.

02 문화의 속성   정답 ⑤

문제 분석 첫 번째와 두 번째 사례에는 공통적으로 한 부분의 변동이 다른 부분의 연쇄적인 변동을 초래하고, 구성원 다수가 공통적으로 가지고 있는 생활 양식이 나타난다는 점에서 문화의 공유성과 전체성이 부각되어 있다.

정답 찾기 ㄱ, ㄴ. 공유성은 사고와 행동의 동질성을 형성하여 타인의 행동을 예측하고 이해할 수 있게 함으로써 원활한 사회적 상호 작용의 토대가 된다. ㄹ. 전체성은 문화 요소 간 상호 연관성으로 인해 한 부분의 변동이 다른 부분의 연쇄적인 변동을 초래함을 의미한다.

오답 피하기 ㄷ. 문화의 축적성에 대한 설명이다.

03 문화 이해의 태도 정답 ④

문제 분석 B는 문화를 평가의 대상으로 바라보지 않는다는 점에서 문화 상대주의이며, A와 C 중 자문화의 정체성을 상실할 우려가 있는 A는 문화 사대주의, C는 자문화 중심주의이다.

정답 찾기 ④ 문화 상대주의는 자기 문화와 타 문화의 가치를 모두 존중함으로써 문화적 다양성을 보존하는 데 기여한다.

오답 피하기 ① 각 사회가 지니는 문화의 고유한 가치를 존중하는 태도는 문화 상대주의이다. ② 자문화를 기준으로 타 문화를 평가하는 태도는 자문화 중심주의이다. ③ 문화 사대주의와 자문화 중심주의는 문화 간 우열을 정하는 기준이 존재한다고 본다. ⑤ 문화 사대주의는 선진 문화의 적극적 수용으로 자문화의 발전에 기여할 수 있다.

04 문화 연구의 관점 정답 ②

문제 분석 갑의 관점은 다른 문화 요소나 전체와의 관련 속에서 문화의 의미를 파악하고자 한다는 점에서 총체론적 관점에 해당하며, 을의 관점은 서로 다른 사회의 문화를 비교함으로써 공통점과 차이점을 파악하고자 한다는 점에서 비교론적 관점에 해당한다.

정답 찾기 ㄱ. 총체론적 관점은 문화가 부분이 아닌 전체로서 의미를 가지므로 문화를 부분이 아닌 전체로 파악하고자 한다. ㄷ. 비교론적 관점으로 자문화와 다른 문화를 비교하여 공통점과 차이점을 파악할 경우 자기 문화를 좀 더 정확히 이해하는 데 유용하다.

오답 피하기 ㄴ. 비교론적 관점은 문화가 보편성과 특수성을 동시에 지니고 있음을 전제한다. ㄹ. 상대론적 관점은 서로 다른 문화가 가진 고유한 의미를 파악함으로써 문화 다양성이 갖는 가치를 인식하는 데 기여한다.

05 문화 이해의 태도 정답 ⑤

문제 분석 자문화 중심주의, 문화 사대주의와 달리 문화 상대주의는 문화의 다양성 신장에 기여한다. 따라서 C는 문화 상대주의이다. 자문화의 정체성을 상실할 우려가 있다는 점에서 B는 문화 사대주의, A는 자문화 중심주의이다.

정답 찾기 ⑤ 문화 사대주의는 선진 문화를 기준으로 자문화를 열등하다고 평가한다. 반면, 문화 상대주의는 문화를 평가의 대상으로 바라보지 않는다. 따라서 해당 질문으로는 문화 사대주의와 문화 상대주의를 구분할 수 있으므로 (가)에 들어갈 수 있다.

오답 피하기 ① 타 문화 수용에 적극적인 문화 이해의 태도는 문화 사대주의이다. ② 모든 문화의 고유한 가치를 존중하는 문화 이해의 태도는 문화 상대주의이다. ③ 문화에 대한 우열 비교가 가능하다고 보는 문화 이해의 태도는 문화 사대주의와 자문화 중심주의이다. ④ 문화 제국주의로 변질될 가능성이 높은 문화 이해의 태도는 자문화 중심주의이다.

06 하위문화 정답 ③

문제 분석 A는 반문화, B는 반문화의 성격이 없는 하위문화, C는 전체 문화(주류 문화)이다. 교육과정 개정으로 기출 문항의 전체 문화라는 표현은 주류 문화로 변경되었다.

정답 찾기 ③ 반문화를 공유하는 구성원 또한 사회의 구성원이기에 사회 구성원 대다수가 향유하는 주류 문화의 문화 요소 중 일부를 공유한다.

오답 피하기 ① A와 B 모두 시대의 변화에 따라 기존의 지배적인 문화를 대체하기도 한다. ② 주류 집단에 의해 일탈로 규정되는 문화는 반문화이다. ④ A~C 모두 해당 문화를 공유하는 구성원들의 공통의 정체성을 형성하고 구성원의 소속감 고취에 기여한다. ⑤ 어느 시대의 반문화가 다른 시대에는 주류 문화가 되기도 한다. 즉, 반문화 또한 시대에 따라, 사회에 따라 상대적으로 규정된다.

07 하위문화 정답 ③

문제 분석 A는 사회 전체적으로 공유되는 문화라는 점에서 주류 문화, B는 특정 집단에서만 공유되는 문화라는 점에서 하위문화에 해당한다.

정답 찾기 ㄴ. 사회 변화에 따라 어느 시대의 하위문화가 다른 시대에는 주류 문화가 되기도 한다. ㄷ. 하위문화를 공유하는 구성원들 또한 그 사회의 구성원이기에 주류 문화의 문화 요소를 향유한다.

오답 피하기 ㄱ. 주류 문화는 한 사회의 구성원 대다수가 향유하는 문화이다. 반면 하위문화는 특정 집단 구성원이 향유하는 문화이다. 따라서 모든 하위문화를 더한다고 해서 구성원 다수가 공통적으로 향유하는 문화가 나타나는 것은 아니다. ㄹ. 사회가 다원화될수록 더욱 다양한 하위문화가 나타날 것이다.

08 하위문화 정답 ①

문제 분석 A는 사회 구성원 대다수가 향유하는 문화라는 점에서 주류 문화이고, B와 C는 (가)에 들어갈 질문 내용에 따라 달라진다.

정답 찾기 ㄱ. 반문화와 반문화의 성격이 없는 하위문화 모두 기존에 존재하지 않았던 새로운 문화의 창조와 변화에 기여함으로써 기존 문화에 다양성을 제공한다. ㄴ. 반문화 및 반문화의 성격이 없는 하위문화를 공유하는 구성원 또한 한 사회의 구성원이라는 점에서 주류 문화를 공유하는 구성원에 포함된다.

오답 피하기 ㄷ. 지배적 문화를 수용하는 문화인 B는 반문화의 성격이 없는 하위문화, C는 반문화이다. B와 C 모두 사회 변화에 따라 주류 문화가 되기도 한다. ㄹ. 반문화와 반문화의 성격이 없는 하위문화 모두 서로 다른 하위문화를 가진 집단 간의 갈등을 초래하여 사회 통합을 저해할 수 있다.

09 대중 매체의 특징 정답 ④

문제 분석 정보 전달의 쌍방향적 속성이 강한 B는 뉴미디어, 시청각 정보 전달이 불가능한 A는 인쇄 매체이므로, C는 영상 매체이다.

정답 찾기 ④ 영상 매체는 주로 글자를 통해 정보를 전달하는 인쇄 매체보다 문맹자의 정보 접근이 용이하다.

오답 피하기 ① 인쇄 매체는 정보를 매체에 실어 직접 매체 자체를 전달해야 한다는 점에서 다른 매체에 비해 정보 전달의 속도가 느리다. ② 뉴미디어는 자신이 누구인지를 드러내지 않고도 누구나 정보 생산에 참여할 수 있다는 점에서 다른 매체에 비해 정보 생산자의 익명성이 높다. ③ 뉴미디어는 인터넷을 기반으로 한 매체라는 점에서 다른 매체에 비해 정보 복제와 재가공이 용이하다. ⑤ 뉴미디어는 누구나 정보 생산에 참여할 수 있다는 점에서 정보 전달자와 수용자가 명확히 구분되지 않는다.

10 대중 매체의 특징   정답 ④

문제 분석 정보 전달의 쌍방향성이 높은 B는 뉴미디어이고, A는 인쇄 매체이다.

정답 찾기 ㄴ. 비동시적 정보 수용은 정보 소비자가 서로 다른 시간에 정보를 수용할 수 있음을 의미한다. 인쇄 매체와 뉴미디어 모두 생산된 정보를 정보 소비자가 희망하는 시간에 수용할 수 있다는 점에서 비동시적 정보 수용이 가능하다. ㄹ. 정보 전달이 쌍방향으로 이루어진다는 점에서 정보 생산자와 소비자 간의 상호 작용성은 인쇄 매체에 비해 뉴미디어가 높다.

오답 피하기 ㄱ. 정보 전달의 속도는 뉴미디어가 인쇄 매체에 비해 빠르다. ㄷ. 정보 복제의 용이성은 인터넷을 기반으로 한 뉴미디어가 인쇄 매체에 비해 높다.

11 대중 매체의 특징   정답 ⑤

문제 분석 B는 A, C에 비해 정보 확산 속도가 느리다는 점에서 종이 신문에 해당하며, C는 A, B에 비해 정보 재가공이 용이하다는 점에서 SNS임을 알 수 있다. 따라서 A는 TV이다.

정답 찾기 ⑤ 뉴미디어에 해당하는 SNS는 종이 신문이나 TV에 비해 누구나 정보 생산에 참여할 수 있다는 점에서 정보 생산자와 소비자 간 경계가 모호하다.

오답 피하기 ① 정보 확산의 공간적 제약은 직접 매체를 전달해야 하는 종이 신문이 가장 크다. ② 뉴미디어에 해당하는 SNS는 정보 생산자와 소비자 간의 쌍방향적 정보 전달이 가능하다. ③ TV와 SNS 모두 복합 감각(시각+청각) 정보의 전달이 가능하다. ④ SNS에 비해 종이 신문은 정보의 확산 경로가 단순하다.

12 대중 매체의 특징   정답 ②

문제 분석 정보 전달의 신속성이 A, C보다 낮은 매체 B는 종이 신문이며, 정보의 복제와 재가공이 B, C보다 용이한 매체 A는 SNS이다. 따라서 C는 TV이다.

정답 찾기 ㄱ. 뉴미디어인 SNS는 다른 매체와 달리 쌍방향으로 정보 전달이 가능하다. ㄹ. TV는 시청자들이 방송국에서 정한 방송 시간에 맞춰 동시에 정보를 획득한다는 점에서 정보 획득의 동시성이 나타난다.

오답 피하기 ㄴ. 종이 신문은 활자로 정보가 전달된다는 점에서 다른 매체에 비해 생동감 있는 정보 전달이 어렵다. ㄷ. TV와 SNS 모두 시각 정보에 대한 의존도가 높기에, TV가 SNS와 달리 시각 정보에 대한 의존도가 높다는 설명은 옳지 않다.

킬러 문항 완전 정복

본문 p.42~43

01 ③	02 ④	03 ①	04 ④

01 문화 이해의 태도   정답 ③

자료 분석

질문	답변	
	갑	을
문화 제국주의로 변질될 가능성이 있는가?	예	아니요
문화 간 우열의 판단이 가능하다고 보는가?	아니요	예
모든 문화가 고유한 가치를 지닌다고 보는가?	예	예

→ A가 어떤 문화 이해의 태도인지에 따라 갑과 을의 점수는 아래 표와 같다.

구분	갑	을
A가 자문화 중심주의일 경우	1점 (첫째 질문)	1점 (둘째 질문)
A가 문화 사대주의일 경우	0점	2점 (첫째, 둘째 질문)
A가 문화 상대주의일 경우	2점 (둘째, 셋째 질문)	2점 (첫째, 셋째 질문)

문제 분석 A가 어떤 문화 이해 태도인지 특정되지 않았기에 A가 어떤 문화 이해 태도인지에 따라 갑과 을이 획득할 수 있는 점수는 달라진다.

정답 찾기 ㄷ. 문화 다양성 신장에 유리한 문화 이해 태도는 문화 상대주의이다. A가 문화 상대주의인 경우 갑과 을의 점수는 2점으로 동일하다. ㄹ. 자기 문화의 정체성을 상실할 수 있는 문화 이해 태도는 문화 사대주의이다. A가 문화 사대주의인 경우 갑은 0점, 을은 2점을 받는다.

오답 피하기 ㄱ. 갑이 획득한 점수가 1점이라면 A는 자문화 중심주의이다. A가 자문화 중심주의인 경우 을이 획득한 점수도 1점으로, 갑과 을의 점수는 같다. ㄴ. 갑이 획득한 점수는 A가 문화 상대주의일 때 가장 높다. A가 문화 상대주의일 경우 을이 획득한 점수는 2점으로, 갑과 을의 점수는 같다.

02 문화의 속성   정답 ④

자료 분석

갑 : 저는 성인과 비교하여 청소년 놀이 문화를 조사함으로써 청소년들이 공통적으로 가지고 있는 생활 양식을 알아보고자 합니다. 공유성

을 : 저는 오늘날 청소년의 놀이 문화에 영향을 미친 요인들을 IT 기술의 발달, 경제 수준의 향상과 연관하여 조사해 보고자 합니다. 전체성(총체성)

병 : 저는 20대, 30대, 40대 어른들을 인터뷰하여 시대별로 과거 청소년의 놀이 문화와 지금을 비교하면서 특징을 찾아보고자 합니다. 변동성

문제 분석 A는 공유성, B는 전체성(총체성), C는 변동성에 해당한다.

정답 찾기 ④ 문화가 구성원 간 사고와 행동의 동질성을 형성하여 구성원의 사고와 행동을 구속한다고 보는 것은 문화의 공유성과 관련 깊다.

오답 피하기 ① 전체성은 문화가 부분이 모여 전체로서 체계를 이룬다고 본다. ② 변동성은 문화가 고정된 것이 아니라 지속적으로 변화한다고 본다. ③ 공유성은 문화가 타인의 행동을 예측 가능하게 함으로서 원활한 사회적 상호 작용의 토대가 된다고 본다. ⑤ 전체성은 문화가 여러 구성 요소들이 상호 유기적으로 결합된 하나로서의 전체 또는 체계이므로 부분이 아닌 전체로서 의미를 갖는 생활 양식이라고 본다.

03 하위문화
정답 ①

○ 갑국은 A, B, C 지역으로만 구성되어 있으며, 각 지역의 구성원들은 지역 문화를 향유하고 있다. 각 지역별 문화 요소는 표와 같다.

지역	A	B	C
문화 요소	a	b	c

a, b, c는 모두 하위문화의 문화 요소임

○ 갑국의 모든 구성원은 거주하는 지역과 관계없이 문화 요소 d를 공유하고 있다.

d는 주류 문화의 문화 요소임

○ 갑국 내에서 정치, 경제적으로 가장 소외된 C 지역에는 소수의 구성원만 거주하고 있으며, 다른 지역과 달리 이들은 갑국의 지배적 가치에 대해 부정하고 저항하는 모습을 보인다.

c는 반문화에 해당하는 문화 요소임

문제 분석 a, b, c 모두 지역 문화 요소라는 점에서 하위문화에 해당하는 문화 요소인 반면, d는 갑국의 모든 구성원이 공유하는 문화 요소이므로 주류 문화에 해당하는 문화 요소이다. c의 경우 지배적 가치에 저항한다는 점에서 반문화에 해당하는 문화 요소이다.

정답 찾기 ① a, b, c는 하위문화에 해당하는 문화 요소이다. 하위문화에 해당하는 문화 요소를 모두 더한다고 하더라도 갑국 구성원 대다수가 공통적으로 향유하는 문화 요소가 되지 않는다는 점에서 d와 일치한다고 할 수 없다.

오답 피하기 ② b는 특정 지역의 구성원들만 공유한다는 점에서 하위문화에 해당하는 문화 요소이고, d는 모든 구성원이 공유한다는 점에서 주류 문화에 해당하는 문화 요소이다. ③ c를 향유하는 구성원 또한 갑국의 구성원이기에 d를 향유한다. ④ A 지역은 반문화의 성격이 없는 지역 문화를 향유하고 있으며, C 지역은 지배적 가치에 저항한다는 점에서 반문화의 성격이 있는 지역 문화를 향유하고 있다. ⑤ C 지역의 구성원들만 향유하는 문화 요소인 c를 나머지 A, B 지역에서도 향유할 경우 결국 갑국의 모든 지역 구성원들이 향유하는 것이기에 c는 주류 문화에 해당하는 문화 요소가 된다.

04 대중 매체의 특징
정답 ④

→ 쌍방향적 정보 전달이 가능한 매체는 SNS이고, 쌍방향적 정보 전달이 불가능한 매체는 종이 신문과 TV이다. 따라서 공통점이 있는 매체는 종이 신문과 TV이므로, C는 SNS로 특정된다.

→ 비동시적 정보 수용이 가능한 매체는 SNS와 종이 신문이고, 동시적인 정보 수용이 이루어지는 매체는 TV이다. C가 SNS이므로 비동시적 정보 수용 측면에서 차이점이 있는 매체인 B는 TV로 특정된다. 갑과 을의 주장을 종합하면 A는 종이 신문, B는 TV, C는 SNS임을 알 수 있다.

갑, 을, 병이 모두 옳은 설명을 하였으므로, (가)에는 종이 신문과 SNS의 공통적인 특징에 해당하는 내용이 들어가야 한다.

문제 분석 A는 종이 신문, B는 TV, C는 SNS이다.

정답 찾기 ㄱ. SNS는 자신의 신원을 노출하지 않고도 누구나 정보 생산이 가능하다는 점에서 정보 생산자의 익명성이 높다. 그러나 종이 신문은 기자가 이름을 내걸고 기사를 작성하며, 신문사가 제작하기에 정보 생산자의 익명성이 낮다. ㄴ. 음성과 영상으로 정보를 전달하는 TV에 비해 활자를 통해 정보를 전달하는 종이 신문은 일반적으로 깊이 있는 정보를 전달하기에 용이하다. ㄹ. SNS와 달리 종이 신문은 복합 감각 정보의 전달이 불가능하다. 따라서 (가)에는 '복합 감각 정보의 전달'이 들어갈 수 없다.

오답 피하기 ㄷ. SNS는 누구나 정보 생산에 참여할 수 있다는 점에서 TV에 비해 정보 생산자의 전문성이 낮다.

06 강 문화 변동의 양상과 대응

대표 기출 vs 고난도 기출

본문 p.46

순한맛 ②　　　　매운맛 ⑤

순한맛 문화 변동의 요인 및 양상

정답 ②

문제 분석 제시문 (가)에는 크루아상이 직접 전파에 의해 오스트리아에서 프랑스로 전파된 사례가 나타나 있다. 또한 (나)에는 프랑스 빵 바게트에 베트남 고유의 음식으로 속을 채운 '바인 미'가 등장한 사례가 나타나 있다.

정답 찾기 ② (나)에는 프랑스 빵 바게트에 베트남 고유의 음식으로 속을 채운 '바인 미'라는 문화 융합의 사례가 나타나 있다.

오답 피하기 ① (가)에는 고유의 문화 요소가 외래문화 요소로 흡수되어 사라진 사례, 즉 문화 동화의 사례가 나타나 있지 않다. ③ (가), (나) 모두 직접적인 접촉에 의해 문화가 전해졌으므로 직접 전파의 사례가 나타나 있다. ④ 자극 전파는 외부 문화에서 아이디어를 얻어 새로운 문화 요소를 만드는 것을 말한다. (나)에는 자극 전파가 아닌 문화 융합의 사례가 나타나 있다. ⑤ (가)와 달리 (나)에는 식민 지배와 같은 강제적 문화 접변의 사례가 나타나 있다.

매운맛 문화 변동의 요인 및 양상

정답 ⑤

①	②	③ 함정	④	⑤
8.8%	4.0%	42.7%	5.8%	38.6%

자료 분석

- 내재적 요인 : 발명, 발견
- 외재적 요인 : 전파(직접, 간접, 자극)

〈문화 변동의 요인〉

구분	(가)	(나)	(다)
문화 변동의 외재적 요인인가?	아니요	예	예
타 문화로부터 아이디어를 얻어 새로운 문화 요소가 만들어졌는가?	아니요	예	아니요

〈갑국과 을국의 문화 변동〉

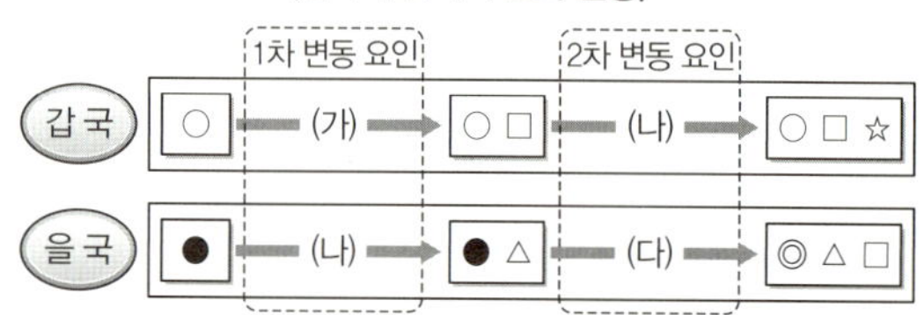

(가)는 발명, (나)는 자극 전파, (다)는 직접 전파임

문제 분석 발명, 직접 전파, 자극 전파 중에서 문화 변동의 외재적 요인이 아닌 (가)는 발명, 타 문화로부터 아이디어를 얻어 새로운 문화 요소가 만들어진 (나)는 자극 전파이므로, (다)는 직접 전파이다.

정답 찾기 ㄴ. ◎은 갑국의 문화 요소인 ○와 을국의 문화 요소인 ●가 결합하여 나타난 제3의 문화 요소이다. 따라서 을국에서는 (다)로 인해 문화 융합이 나타났다. ㄷ. 갑국에서 발명된 문화 요소인 □이 직접 전파를 통해 을국에 전해졌다. ㄹ. 을국에서는 1차 변동 때 자극 전파를 통해 △라는 문화 요소가 등장하였다. △는 갑국에서 아이디어를 얻어 발명된 문화 요소이다. 그리고 2차 변동 이후 등장한 ◎은 문화 융합의 사례로 갑국의 문화 요소가 녹아 있으며, 2차 변동 이후 등장한 □는 갑국에서 직접 전파된 문화 요소이다. 따라서 을국은 1차, 2차 변동에서 갑국의 영향을 받았다.

오답 피하기 ㄱ. (가)는 발명, (나)는 자극 전파, (다)는 직접 전파이다.

함정 피하기

③번을 정답으로 착각한 학생이 ⑤번을 정답으로 택한 학생들보다 많았다. 이는 〈보기〉 ㄹ이 정답에 해당하지 않는다고 본 것이다. 그 이유는 제시문에 언급된 '갑국과 을국은 상호 교류 이외에 다른 제3의 국가와는 교류를 하지 않았다.'는 내용을 간과하였기 때문이거나, 문화 변동의 외재적 요인인 전파에 대한 개념의 이해가 부족하기 때문인 것으로 판단된다. 문제를 해결하는 데 불필요한 정보는 제공되지 않으므로 문제에 제시된 자료는 어느 하나도 소홀히 해서는 안 되며, 교과 개념을 완벽하게 이해하고 있어야 그에 따른 적용에도 실수가 없음을 다시 한 번 명심하자.

실전 문제

본문 p.47~49

01 ②	02 ②	03 ③	04 ⑤	05 ①	06 ⑤
07 ②	08 ④	09 ①	10 ③	11 ③	12 ②

01 문화 변동의 요인

정답 ②

문제 분석 제시된 자료에서 기존에 없었던 문화 요소가 창조되는 것은 발명과 자극 전파이다. 직접 전파와 자극 전파는 타 문화와의 접촉으로 인해 발생한다. 따라서 A는 발견, B는 자극 전파, C는 직접 전파, D는 발명이다.

정답 찾기 ② 자연에서 광물을 찾아낸 (가)는 발견이고, 금속 그릇을 창조한 (나)는 발명이다. 상인들에 의해 금속 그릇이 전해진 (다)는 직접 전파이고, 금속 그릇에서 아이디어를 얻어 새로운 금관 악기를 만든 (라)는 자극 전파이다.

02 문화 변동의 요인

정답 ②

문제 분석 제시된 표에서 외부와 완전히 단절된 사회의 문화 변동은 내재적 요인에 의해서만 가능하므로, A는 발견이다. 반면 외래 문화 요소에 착안하여 새로운 문화 요소를 만들어 내는 B는 자극 전파이며, C는 직접 전파이다.

정답 찾기 ㄱ. 불이나 전기처럼 원래 존재하고 있었으나 알려지지 않았던 사물이나 원리 등을 찾아내는 행위나 그 결과물은 발견에 해당한다. ㄹ. 발견은 문화 변동의 내재적 요인이고, 자극 전파와 직접 전파는 문화 변동의 외재적 요인이다.

오답 피하기 ㄴ. 직접 전파는 문화 요소를 제공하는 사회의 일방적인 의지에 의해 강제적으로 나타날 수도 있고, 문화 요소를 수용하는 사회의 자발적 의지에 의해서도 나타날 수 있다. ㄷ. 자극 전파와 직접 전파는 모두 한 사회에 새로운 문화 요소를 추가시키는 요인이다.

03 문화 변동의 요인　　　　　　　　　　정답 ③

문제 분석 발명은 문화 변동의 내재적 요인에 해당하므로 제시된 그림에서 A는 발명이다. 또한 자극 전파의 결과 새로운 문화 요소가 등장하므로, B는 직접 전파, C는 자극 전파이다.

정답 찾기 ㄴ. 식민 지배 과정에서 문화 동화가 나타난 경우는 직접 전파에 의한 것이다. ㄹ. 인쇄 기술이 만들어져 활용된 경우는 발명, 다른 나라의 인쇄 기술자를 통해 새로운 문화 요소가 전해져 정착된 경우는 직접 전파에 의한 것이다.

오답 피하기 ㄱ. 다른 나라의 종교 교리를 응용하여 새로운 문화 요소가 나타난 경우는 자극 전파에 의한 것이다. ㄷ. 인터넷이라는 매개체를 통해 문화 요소가 전파된 경우는 간접 전파에 의한 것이다.

04 문화 변동의 양상　　　　　　　　　　정답 ⑤

문제 분석 제시된 자료에서 갑국 내에서 토착 종교와 외래 종교가 독립적으로 나란히 존재하는 것은 문화 병존의 사례이다. 또한 을국 국민들이 자신들의 전통 새우 요리법과 병국의 음식 재료인 크림을 결합하여 새로운 새우 요리를 만든 것은 문화 융합의 사례이다. 따라서 ㉠은 '아니요'이고, ㉡은 '예'이며, A는 문화 융합, B는 문화 병존, C는 문화 동화이다.

정답 찾기 ⑤ 한 사회의 문화 정체성을 상실하는 문화 동화와 달리 문화 병존은 기존 문화 요소와 함께 외래 문화 요소도 존재하는 현상이기 때문에 한 사회의 문화 다양성을 높이는 데 기여한다.

오답 피하기 ① ㉠은 '아니요', ㉡은 '예'이다. ② A는 문화 융합이다. ③ 기존 문화의 정체성 상실을 초래하는 것은 문화 동화이다. ④ 문화 동화는 강제적 문화 접변에 의해 나타날 수 있다.

05 문화 변동의 양상　　　　　　　　　　정답 ①

문제 분석 제시된 표에서 바닥 난방식 아파트는 우리나라의 온돌 문화와 서양식 주거 문화 요소가 결합하여 만들어진 문화 융합의 사례이다. 또한 한 사회의 문화가 다른 사회의 문화로 흡수 또는 대체되어 정체성을 상실하는 현상은 문화 동화이다. 따라서 A는 문화 융합, B는 문화 동화이다.

정답 찾기 ① 문화 동화와 달리 문화 융합은 외래 문화의 유입에도 기존 문화의 정체성이 유지된다. 따라서 문화 융합의 사례인 바닥 난방식 아파트에는 우리나라의 난방 문화가 남아 있다.

오답 피하기 ② 외래 문화의 강제적 이식 여부는 문화 융합과 문화 동화를 구분하는 기준이 아닌, 강제적 문화 접변과 자발적 문화 접변을 구분하는 기준이다. ③ 문화 융합은 기존 문화와 외래 문화가 결합하여 제3의 문화가 만들어진 경우로 이 과정에서 외래 문화가 변형되어 나타난다. ④ (가)에는 문화 융합의 의미가 들어가야 한다. 서로 다른 문화가 한 문화 체계 안에서 나란히 존재하는 것은 문화 병존이다. 따라서 (가)에는 해당 내용이 들어갈 수 없다. ⑤ (나)에는 문화 동화의 사례가 들어가야 한다. 우리나라에 고추가 유입되어 백김치 대신 빨간 김치가 보편화된 것은 문화 동화가 아닌, 문화 융합의 사례이다. 따라서 (나)에는 해당 내용이 들어갈 수 없다.

06 문화 접변의 결과　　　　　　　　　　정답 ⑤

문제 분석 제시된 자료에서 갑국의 음식 문화가 전파된 결과 을국에서는 문화 병존, 병국에서는 문화 융합이 나타났다.

정답 찾기 ⑤ 을국에서는 문화 병존, 병국에서는 문화 융합이 나타났다. 문화 병존과 문화 융합이 나타날 경우 자문화의 정체성은 상실되지 않고 유지된다. 자문화의 정체성이 상실되는 문화 접변 결과는 문화 동화이다.

오답 피하기 ① 갑국에서는 문화 동화가 나타나지 않았다. ② 병국에서는 외재적 변동인 문화 전파의 결과로 새로운 음식 문화가 탄생하였다. ③ 갑국의 a가 을국에 전파되어 갑국과 을국 모두 a를 향유하고 있다. 이는 갑국과 을국 간의 문화적 동질성을 강화하는 요인이다. ④ 을국과 달리 병국에서는 문화 융합이 나타났다.

07 문화 변동의 양상　　　　　　　　　　정답 ②

문제 분석 제시된 그림에서 자국 전통문화의 정체성이 유지되는 것은 문화 융합과 문화 병존이며, 제3의 문화 요소가 만들어지는 것은 문화 융합이다. 따라서 A는 문화 융합, B는 문화 병존, C는 문화 동화이다.

정답 찾기 ㄱ. 문화 병존은 자국 전통문화의 정체성은 유지되지만, 새로운 제3의 문화 요소가 만들어지는 것은 아니므로 ㉠은 '예', ㉡은 '아니요'이다. ㄹ. ㉠은 '예', ㉡은 '아니요', ㉢은 '아니요'이다. 그런데 외래문화가 변형되지 않은 상태로 정착되는 것은 문화 병존과 문화 동화이므로, (가)의 질문이 대체되면 A는 문화 병존, B는 문화 융합, C는 문화 동화가 되며, ㉢에 들어갈 응답은 '아니요'에서 '예'로 달라진다.

오답 피하기 ㄴ. 문화 융합이 반드시 자극 전파에 의해서만 나타나는 것은 아니며, 직접 전파나 간접 전파를 통해서도 문화 융합이 나타날 수 있다. ㄷ. 문화 수용자의 자발적 수용 의사에 따라서도 문화 동화가 나타날 수 있다.

08 문화 변동의 양상　　　　　　　　　　정답 ④

문제 분석 제시된 (가)에는 강제적 문화 접변에 따른 문화 동화가, (나)에는 자발적 문화 접변에 따른 문화 융합이 나타나 있다.

정답 찾기 ㄱ. 문화 동화는 외래문화 요소가 변형되지 않고 정착되는 현상이지만, 문화 융합은 외래문화 요소가 변형되어 정착되는 현상이다. 따라서 해당 질문으로는 두 사례에 나타난 문화 변동 양상을 구분할 수 있다. ㄴ. 문화 동화는 문화 융합과 달리 문화 변동 과정에서 자문화의 정체성이 상실된다. 따라서 해당 질문으로는 두 사례에 나타난 문화 변동 양상을 구분할 수 있다. ㄷ. (나)에서는 (가)와 달리 새롭게 등장한 문화 요소를 자발적으로 수용하였다. 따라서 해당 질문으로는 두 사례에 나타난 문화 변동 양상을 구분할 수 있다.

오답 피하기 ㄹ. 외래문화 요소에서 영감을 얻어 새로운 문화 요소를 만드는 것은 자극 전파이다. 제시된 사례에는 자극 전파가 나타나 있지 않으므로, 해당 질문으로는 두 사례에 나타난 문화 변동 양상을 구분할 수 없다.

09 문화 접변의 결과　　　　　　　　　　정답 ①

문제 분석 갑국에서는 자극 전파, 을국에서는 직접 전파 또는 간접 전파에 의한 문화 동화가 나타났으며, 병국에서는 직접 전파 또는 간접 전파에 의한 문화 병존이 나타났다. 정국에서는 직접 전파 또는 간접 전파에 의한 문화 융합이 나타났다.

정답 찾기 ㄱ. 자극 전파가 나타난 갑국에서는 새로운 문화 요소가 만들어졌고, 문화 병존이 나타난 병국에서는 새로운 문화 요소가 만들어지지 않았다. 따라서 (가)는 병국이고, (나)는 갑국이다. ㄴ. 갑국에서는 외재적 요인에 의한 문화 변동이 나타났으나 직접 전파와 간접 전파가 나타나지 않았으므로 자극 전파에 의한 문화 변동이 나타났다.

오답 피하기 ㄷ. 전통문화 요소의 정체성을 상실하는 문화 변동 결과는 문화 동화로, 을국에서만 나타났다. 정국에서 나타난 문화 융합의 경우 전통문화 요소의 정체성이 보존된다. ㄹ. 병국에서는 문화 병존, 정국에서는 문화 융합이 나타났다.

10 문화 변동의 양상 정답 ③

문제 분석 제시된 〈자료 1〉에서 A는 문화 융합, B는 문화 병존, C는 문화 동화이다.

정답 찾기 ③ 미국의 식민 지배를 받은 이후 필리핀 사람들이 타갈로그어와 함께 영어를 공용어로 사용하는 것은 서로 다른 사회의 문화가 한 사회의 문화 체계 속에서 공존하는 것이므로 문화 병존의 사례이다. 멕시코 지역 토착 원주민의 전통과 에스파냐의 정복 문화가 결합하여 메스티소 문화가 나타난 것은 기존 문화 요소들의 성격을 지니면서도 제3의 새로운 문화 요소가 나타난 것이므로 문화 융합의 사례이다. 메이지 유신 이후 서구적 생활 방식을 수용한 일본 사람들이 기모노 대신 양복을 입고, 머리카락을 서양식으로 자른 것은 한 사회의 문화가 다른 사회의 문화 체계 속에 흡수되어 정체성을 상실하는 것이므로 문화 동화의 사례이다. 따라서 (가)는 B, (나)는 A, (다)는 C이다.

11 문화 변동의 문제점 정답 ③

문제 분석 제시된 두 사례 모두 물질문화(스마트 기기, 정보 통신 기술)의 변동 속도는 빠른데 비물질문화의 변동 속도가 물질문화의 변동 속도를 따라가지 못하고 있음을 나타내고 있다. 따라서 두 사례를 통해 문화 지체 현상을 파악할 수 있다.

정답 찾기 ③ 제시된 두 사례 모두에서 문화 지체 현상이 나타나 있다. 따라서 두 사례는 모두 문화 요소 간 변동 속도의 차이로 인해 병리적인 현상이 나타났음을 보여준다.

오답 피하기 ① 두 사례를 통해 세대 간 갈등이 증가했는지 여부는 파악하기 어렵다. ② 두 사례를 통해 반문화가 확산되었는지 여부는 파악하기 어렵다. ④ 두 사례를 통해 문화의 획일화가 심화되었는지 여부는 파악하기 어렵다. ⑤ 두 사례를 통해 하위문화가 전체 문화로 변화되었는지 여부는 파악하기 어렵다.

12 문화 변동의 문제점 파악 정답 ②

문제 분석 제시된 대화에서 인공 지능이라는 기술의 발전에 대응하여 규제 법안 정립이 필요하다는 을의 진술을 통해 물질문화의 빠른 변동 속도를 비물질문화의 변동이 따라가지 못해 부조화가 발생하는 문화 지체 현상을 우려하고 있음을 알 수 있다.

정답 찾기 ② 물질문화에 해당하는 인공 지능 기술 발전에 따른 규제 법안이 필요하다는 것은 문화 지체와 관련이 깊다. 이는 문화 요소 간의 발달 속도의 차이로 인한 부조화에 따른 문제점이므로 이의 해결을 위해 문화 요소 간의 균형 있는 발전을 강조하는 자세가 필요하다.

오답 피하기 ① 문화 지체는 비물질문화가 물질문화보다 변동 속도가 느려 발생하는 현상이다. ③ 제시된 사례는 인공 지능 기술의 발달에 따른 관련 규제 법안의 정립 필요성을 강조하는 것으로, 전통적 규범 약화에 따른 가치관의 혼란과는 거리가 멀다. ④ 인공 지능 기술의 발달이 외래 문화 요소라는 것은 제시된 사례에서 파악하기 어려우며, 제시된 사례는 외래문화 요소의 수용에서 나타나는 문화적 정체성 유지 문제와는 거리가 멀다. ⑤ 환경 오염 문제에 대한 경각심은 높아졌지만, 이를 해결할 기술이 발달하지 못하는 상태는 물질문화가 비물질문화보다 변동 속도가 느려 나타난다.

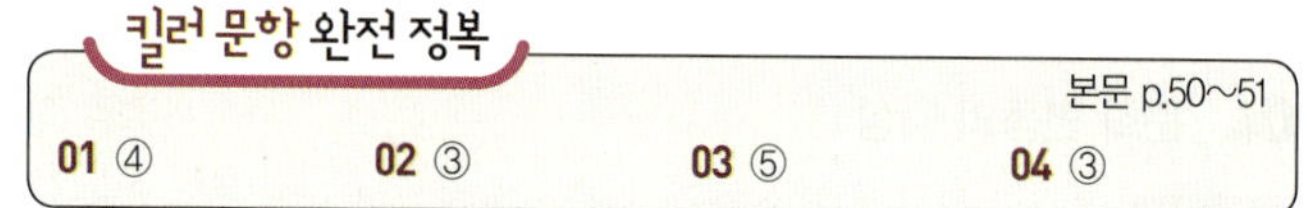

01 문화 변동의 요인 정답 ④

자료 분석

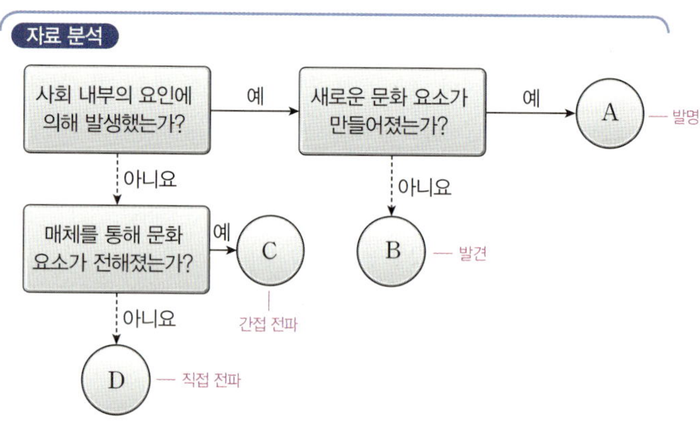

㉠ 조선 후기에 흥선 대원군은 조선의 문화 정체성을 지키고자 쇄국정책을 펼쳤다. (전파에 의한 부정적 영향을 우려한 정책)

㉡ 한국적 리듬과 독특한 퍼포먼스를 가미하여 만들어진 K-POP이(발명) 미디어 플랫폼을 통해 전 세계로 알려졌다.(간접 전파)

㉢ 미국 육군에 복무하던 세쿼야라는 북미 인디언 체로키족 사람이 영어 알파벳을 본뜬 음절 문자를 만들었다.(발명)

㉣ 퍼시 스펜서는 마이크로파가 음식을 데우는 역할을 할 수 있다는 사실을 알(발견) 아내고 전자레인지를 만들었다.(발명)

문제 분석 제시된 그림에서 A는 발명, B는 발견이며, C는 간접 전파, D는 직접 전파이다.

정답 찾기 ㄱ. 흥선 대원군의 쇄국 정책은 서구 문화 요소의 유입으로 인해 초래될 수 있는 부정적 영향을 고려하여 조선의 문화 정체성을 지키기 위한 노력이라고 볼 수 있다. ㄴ. 한국적 리듬과 독특한 퍼포먼스를 가미하여 만들어진 K-POP은 발명, 미디어 플랫폼을 통해 K-POP이 확산된 것은 간접 전파의 사례이다. ㄹ. 마이크로파가 음식을 데우는 역할을 할 수 있다는 것을 알아낸 것은 발견의 사례이며, 이 원리를 이용해 전자레인지를 만든 것은 발명의 사례이다.

오답 피하기 ㄷ. 세쿼야라는 체로키족 사람이 미국 육군에 근무하면서 영어 알파벳을 접한 것은 직접 전파의 사례이며, 알파벳을 변형하여 새로운 음절 문자를 만든 것은 발명의 사례이다.

02 문화 변동의 요인과 결과 · 정답 ③

자료 분석

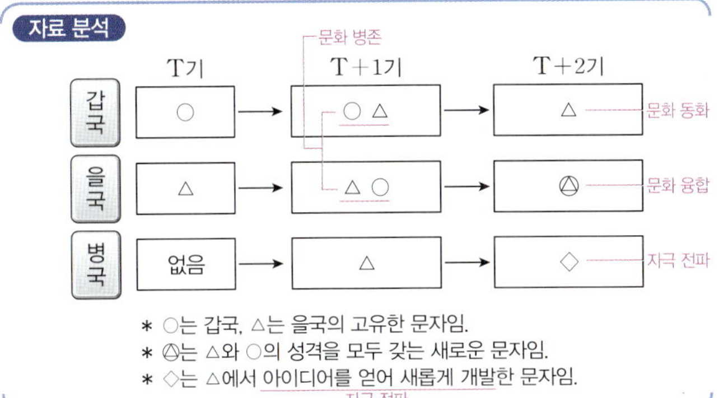

문제 분석 제시된 그림에서 T+1기 갑국과 을국에서는 문화 병존이 나타났으며, T+2기 갑국에서는 문화 동화, 을국에서는 문화 융합, 병국에서는 자극 전파가 나타났다.

정답 찾기 ㄴ. T+1기 갑국과 을국 모두 자국의 문자와 외래 문자가 각각의 고유성을 유지한 채 존재하므로 문화 병존이 나타났다. ㄷ. T+2기에 갑국에서는 고유문화가 외래문화로 대체되는 문화 동화가 나타났다. 반면 을국에서는 문화 융합이 나타났으므로 고유문화의 정체성을 상실했다고 볼 수 없으며, 병국의 경우에도 병국 고유의 문화 요소는 없었던 상황이므로 정체성 상실로 볼 수 없다.

오답 피하기 ㄱ. T기 병국에서는 문자 문화가 존재하지 않았고, 을국과의 교류를 통해 T+1기에는 을국의 문자가 전파되었다. 이는 기존 문화가 외래문화로 대체된 상황이 아니므로 문화 동화로 볼 수 없다. ㄹ. T+1기에는 갑국~병국 모두 △라는 공통의 문화 요소를 갖고 있지만, T+2기에는 공통된 문화 요소가 없다. 따라서 T+1기에 비해 T+2기에 갑국~병국 간의 문화적 동질성이 높아졌다고 보기 어렵다.

03 문화 변동의 요인과 결과 · 정답 ⑤

자료 분석

구분	A (발명)	B (직접 전파)	C (자극 전파)	D (간접 전파)
변동의 요인이 외부로부터 왔는가?	아니요	㉠ 예	㉡ 예	예
외부 사회의 문화 요소에서 아이디어를 얻어 새로운 문화 요소를 만들었는가?	아니요	㉢ 아니요	㉣ 예	아니요
서로 다른 사회 구성원들 간의 직접적인 접촉 과정에서 문화 요소가 전달되었는가?	아니요	예	아니요	아니요

분야	갑국 고유의 문화 요소	전파 방법	을국의 문화 체계 변동 전	을국의 문화 체계 변동 후
종교	○, □	전쟁	●, ■	○, □, ◉ 문화 융합
음악	◇, △	대중 매체	◆, ▲	◆, ▲, ◇, △ 문화 병존
의복	□	교역	◎	◎, □, ▨ 발명 / 문화 병존

문제 분석 〈자료 1〉에서 A는 발명, B는 직접 전파, C는 자극 전파, D는 간접 전파이다.

정답 찾기 ⑤ 을국은 문화 변동 후 종교 분야에서 갑국의 문화 요소와 을국의 문화 요소의 성격을 모두 지니면서도 새로운 성격을 갖는 문화 요소인 ◉가 나타났으므로 문화 융합이 나타났다. 한편 문화 변동 후 음악 분야에서는 갑국 고유의 문화 요소인 ◇, △와 을국의 문화 요소인 ◆, ▲가 함께 존재하므로 문화 병존이 나타났다.

오답 피하기 ① ㉠, ㉡은 '예', ㉢, ㉣은 '아니요'이다. ② 갑국의 음악 문화 요소는 대중 매체에 의해 전파되었으므로, 간접 전파에 의해 을국에 전달되었다. ③ 갑국의 종교 문화 요소는 전쟁에 의해 전파되었으므로, 직접 전파에 의해 을국에 전달되었다. ④ 을국은 문화 변동 후 의복 분야에서 새로운 문화 요소인 ▨가 나타났으므로 발명이 발생하였다.

04 문화 변동의 요인 및 양상 · 정답 ③

자료 분석

시기	문화 변동 내용
t기	고유한 문자가 없었던 을국과 병국은 갑국의 문자를 모방하여 각각 a문자와 b문자를 만들었다. → 자극 전파
t+1기	갑국은 을국을 정복한 후 갑국의 의복 문화를 을국에 강제로 이식하였다. 갑국에 포로로 잡혀간 을국 사람들을 통해 갑국에서는 을국의 음식 문화가 유행하였다. 직접 전파 / 강제적 문화 접변
t+2기	을국을 침략한 병국은 을국의 도공들을 병국으로 끌고 가서 가마를 축조하고 도자기를 제작하여 자국의 도자기 문화를 발달시켰다. 직접 전파
t+3기	병국은 갑국과 을국을 정복하여 병국의 언어와 종교를 강요하였지만, 갑국과 달리 을국은 자신들의 언어와 종교 문화를 유지하였다. 갑국 : 문화 동화
t+4기	인터넷을 통해 을국의 대중음악을 접한 갑국과 병국 대다수의 사람들이 을국의 대중음악을 즐겼다. 간접 전파

문제 분석 제시된 자료에서 t+2기에 병국은 을국을 침략한 후 을국의 도공들을 끌고 가 가마를 축조하고 도자기를 제작하면서 자신들의 도자기 문화를 발달시켰다. 이를 을국의 도공들을 인질로 데리고 왔기 때문에 강제적 문화 접변이라고 판단하였다면 강제적 문화 접변 개념을 정확히 이해하고 있지 못한 것이다. 강제적 문화 접변은 문화 수용자의 의지와 관계없이 강제적으로 문화 접변이 이루어진 것을 의미한다. t+2기에는 문화 수용자인 병국이 자신들의 필요에 따라 을국의 도공들을 데려가 도자기 문화를 받아들였으므로 강제적 문화 접변으로 볼 수 없다.

정답 찾기 ③ t+1기에 갑국이 을국의 문화를 받아들인 것과 t+2기에 병국이 을국의 도자기 문화를 받아들인 것은 자발적 문화 접변에 해당한다.

오답 피하기 ① t기 을국과 병국은 자극 전파에 의한 문화 변동, t+2기는 직접 전파에 의한 문화 변동이 나타났다. 자극 전파와 직접 전파는 문화 변동의 외재적 요인이다. ② t기 을국과 병국에서는 자극 전파에 의한 문화 변동이 나타난 것이지, 문화 접변의 결과로 제3의 문화가 만들어진 문화 융합이 나타난 것은 아니다. t+3기 갑국에서 병국의 언어와 종교 문화가 강요되어 자신들의 문화를 유지하지 못한 것은 문화 동화에 해당한다. ④ t+1기~t+3기에는 직접 전파, t+4기에는 간접 전파가 나타났다. ⑤ t+1기 을국, t+3기 갑국은 강제적 문화 접변을 경험하였지만, 병국은 강제적 문화 접변을 경험하지 않았다.

07 강 사회 불평등 현상

순한맛 계급 이론과 계층 이론 정답 ④

문제 분석 제시된 자료에서 A는 생산 수단의 소유 여부, 즉 경제적 요인에 따라 구분하고 있으므로 계급 이론이다. B는 재산, 위신, 권력 등 다양한 요인에 따라 구분하고 있으므로 계층 이론이다.

정답 찾기 ④ 갑은 계층적 위치에서 사회적 측면(위신 정도)은 중층인데 정치적 측면(권력 정도)은 상층이다. 무는 계층적 위치에서 사회적 측면(위신 정도)은 하층인데 정치적 측면(권력 정도)은 상층이다. 따라서 계층적 위치에서 사회적 측면과 정치적 측면 간 지위 불일치가 나타나는 사람은 2명(갑, 무)이다.

오답 피하기 ① 계급 이론에 따르면 을과 정은 생산 수단을 소유하지 못했으므로 피지배 계급에 해당한다. 따라서 계급 이론에 따르면 을과 정은 서로 같은 계급으로 구분된다. ② 재산 정도의 차이가 권력 정도, 위신 정도의 차이를 결정한다고 보는 이론은 경제적 요인에 의해 다른 요인의 불평등이 결정된다고 보는 계급 이론에 해당한다. ③ 계급 이론에 따르면 같은 계급은 공통의 계급적 연대 의식을 공유한다. 갑은 피지배 계급이고, 병과 무는 지배 계급이므로 갑은 병, 무와 공통의 계급적 연대 의식을 공유한다고 보기 어렵다. ⑤ 계층 이론과 달리 계급 이론은 사회 불평등 현상을 이분법적으로 파악한다.

매운맛 계급 이론과 계층 이론 정답 ⑤

①	②	③ 함정	④	⑤
7.3%	8.9%	14.3%	10.5%	58.7%

자료 분석

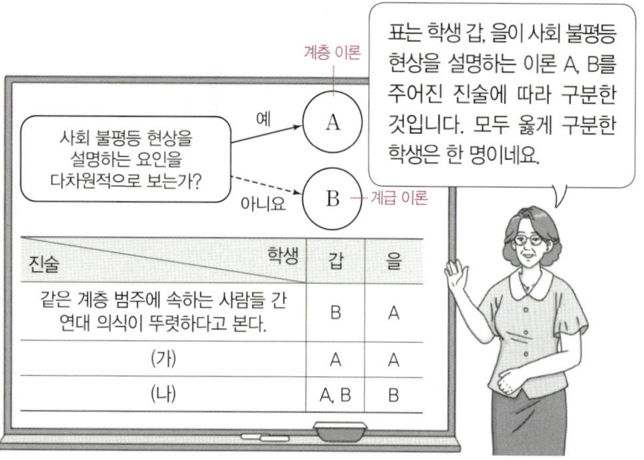

진술 \ 학생	갑	을
같은 계층 범주에 속하는 사람들 간 연대 의식이 뚜렷하다고 본다.	B	A
(가)	A	A
(나)	A, B	B

'같은 계층 범주에 속하는 사람들 간 연대 의식', 즉 계급 의식을 강조하는 것은 계급 이론이다. 따라서 모두 옳게 구분한 학생은 갑이며, (가)에는 계급 이론의 특징, (나)에는 계급 이론과 계층 이론의 공통된 특징에 해당하는 내용이 들어가야 한다.

문제 분석 제시된 자료에서 다차원적 요인(경제적 요인, 사회적 요인, 정치적 요인)에 의해 사회 불평등 현상을 설명하는 이론은 계층 이론이다. 따라서 A는 계층 이론, B는 계급 이론이다.

정답 찾기 ㄴ. 계급 이론과 달리 계층 이론은 다양한 기준에 따라 계층을 구분하므로 지위 불일치 현상을 설명하기에 용이하다. ㄷ. (가)에는 계층 이론에만 부합하는 진술이 들어가야 한다. 계층을 연속적인 위계 관계로 파악하는 이론은 계층 이론이므로, (가)에는 해당 내용이 들어갈 수 있다. ㄹ. (나)에는 계층 이론과 계급 이론 모두에 부합하는 진술이 들어가야 한다. 계층 이론과 계급 이론 모두 경제적 요인을 사회 불평등 현상의 원인으로 고려하므로, (나)에는 해당 내용이 들어갈 수 있다.

오답 피하기 ㄱ. 같은 계층 범주에 속하는 사람들 간 연대 의식이 뚜렷하다고 보는 이론은 계급 이론이다. 제시된 진술에 따라 A, B를 모두 옳게 구분한 학생은 한 명이므로, A, B를 모두 옳게 구분한 학생은 갑이다.

함정 피하기

> 우선 A와 B가 각각 어떤 이론에 해당하는지 파악하기 위해서는 계층 이론은 계급 이론과 달리 사회 계층화 현상이 다양한 요인에 의해 나타난다는 점을 알고 있어야 한다. 만약 ③번을 정답으로 선택했다면 계급 이론은 경제적 요인으로만 계급을 구분하는 데 비해, 계층 이론은 경제적 요인도 여러 요인 중 하나로 고려한다는 점을 제대로 이해하지 못하여 착각했기 때문일 수 있다.

실전 문제

본문 p.55~57

01 ①	02 ④	03 ①	04 ②	05 ②	06 ⑤
07 ③	08 ⑤	09 ④	10 ⑤	11 ④	12 ①

01 계급 이론과 계층 이론 정답 ①

문제 분석 제시된 자료에서 A는 경제적 요인, 즉 생산 수단의 소유 여부에 따라 자본가와 노동자로 구분하였으므로 계급 이론이며, B는 다양한 기준(재산, 위신, 권력)에 의해 상층, 중층, 하층으로 구분하였으므로 계층 이론이다.

정답 찾기 ㄱ. 계층 이론과 달리 계급 이론은 사회 불평등 현상이 불연속적으로 구분되어 있는 상태로 본다. ㄴ. 계급 이론과 계층 이론 모두 경제적 요소를 사회 불평등의 요인으로 본다.

오답 피하기 ㄷ. 갑의 경우 경제적 지위(재산), 사회적 지위(위신), 정치적 지위(권력)가 모두 중층이다. 반면 정의 경우 사회적 지위(위신)는 중층이지만 경제적 지위(재산)와 정치적 지위(권력)는 하층이다. 정과 같이 한 사람이 갖는 지위들의 계층적 위계가 서로 다르게 나타나는 것을 지위 불일치 현상이라고 한다. 따라서 갑과 달리 정은 지위 불일치 현상을 설명하기에 적절한 사례이다. ㄹ. 갑과 을은 자본가(지배 계급)로서 계급 의식을 공유하고, 서로 계급이 다른 을(자본가)과 정(노동자) 간에는 적대감이 존재한다.

02 계급 이론과 계층 이론 정답 ④

문제 분석 생산 수단의 소유 여부가 사회 불평등 구조를 결정한다고 보는 B를 비판하므로 A는 계층 이론이며, B는 계급 이론이다.

정답 찾기 ④ 계층 이론은 계급 이론과 달리 동일한 계급에 속한 구성원들 간 연대 의식이 반드시 강한 것은 아니라고 보므로, (다)에는 해당 질문이 들어갈 수 있다.

오답 피하기 ① 계급 이론과 계층 이론 모두 사회 불평등 현상이 보편적으로 나타난다고 보므로, (가)에는 해당 질문이 들어갈 수 없다. ② 계층 이론은 계급 이론과 달리 사회 불평등 현상이 연속적으로 구분되어 있는 상태라고 보므로, (가)에는 해당 질문이 들어갈 수 없다. ③ 계층 이론은 계급 이론과 달리 경제적 불평등과 정치적 불평등의 발생 원인이 다르다고 보므로, (나)에는 해당 질문이 들어갈 수 없다. ⑤ 특정 집단에 대한 지배와 통제가 저항을 초래하므로 집단 간 갈등이 불가피하다고 보는 것은 계급 이론이므로, (다)에는 해당 질문이 들어갈 수 없다.

03 주관적 계층 의식과 실제 계층   정답 ①

문제 분석 제시된 자료에서 갑은 주관적 계층 의식이 재산, 위신, 권력 모두 상층으로 일치하지만, 을과 병은 일치하지 않는다. 또한 실제 계층에서는 갑, 을, 병 모두 재산, 위신, 권력에서의 계층이 각각 일치하지 않는다.

정답 찾기 ㄱ. 병의 경우 주관적 계층 의식의 점수 합계는 4점으로 실제 계층의 점수 합계인 7점보다 작다. ㄴ. 주관적 계층 의식의 점수 합계와 실제 계층의 점수 합계의 차이는 갑이 3점(=9점-6점)으로 을의 2점(=6점-4점)보다 크다.

오답 피하기 ㄷ. 주관적 계층 의식에서 을은 재산 측면, 위신 측면, 권력 이 측면의 계층이 모두 일치하지 않으며, 병은 권력 측면과 재산 및 위신 측면의 계층이 일치하지 않는다. 따라서 을과 병 모두 주관적 계층 의식에서 지위 불일치를 경험하고 있다. ㄹ. 계급 이론에 따르면 계층화 현상은 경제적 요인에 의해 발생한다. 실제 계층에서 재산 측면의 계층은 을이 하층, 병이 중층이므로 을과 병이 같은 계급 의식을 공유한다고 볼 수 없다.

04 계급 이론과 계층 이론   정답 ②

문제 분석 제시된 자료에서 A는 다양한 요인에 의해 사회 불평등 현상이 발생함을 주장하므로 계층 이론이며, B는 경제 결정론적 시각이라는 비판을 받으므로 계급 이론이다.

정답 찾기 ㄱ. 계급 이론과 달리 계층 이론은 계층을 연속적이고 서열화된 개념으로 규정한다. 따라서 해당 질문은 두 이론을 구분할 수 있으므로 (가)에 들어갈 수 있다. ㄹ. 계급 이론과 계층 이론 모두 경제적 요인에 의해 발생하는 사회 불평등 현상을 인정한다. 따라서 해당 질문은 두 이론을 구분할 수 없으므로 (나)에 들어갈 수 있다.

오답 피하기 ㄴ. 계급 이론과 계층 이론 모두 사회적 희소가치의 차등 분배로 인해 사회 불평등이 발생한다고 본다. 따라서 해당 질문은 두 이론을 구분할 수 없으므로 (나)에 들어갈 수 있다. ㄷ. 계층 이론과 달리 계급 이론은 정치·사회·문화의 불평등이 경제적 불평등에 종속된다고 본다. 따라서 해당 질문은 두 이론을 구분할 수 있으므로 (가)에 들어갈 수 있다.

05 사회 불평등 현상을 바라보는 관점   정답 ②

문제 분석 제시된 자료에서는 차등 보상을 강조하고 있으므로, 제시된 자료에 나타난 관점은 기능론이다.

정답 찾기 ② 사회적 지위나 직업의 중요도에 따른 위계 체계가 존재한다고 보는 관점은 차등 보상을 강조하는 기능론이다.

오답 피하기 ① 사회 불평등 현상을 보편적이지만 제거해야 할 대상이라고 보는 관점은 갈등론이다. ③ 지배 집단과 피지배 집단 간의 대립 관계에서 사회 불평등 현상을 이해하는 관점은 갈등론이다. ④ 부모의 경제적 지위와 같은 가정 배경을 중시하는 관점은 갈등론이다. 따라서 A가 '부모의 경제적 지위'라면, B에는 '자녀의 사회적 성공 가능성'이 적절하지 않다. ⑤ 기능론은 차등 분배를 강조하므로, A가 '희소가치의 균등 분배 수준'이라면 B에는 '개인의 성취 동기'가 적절하지 않다.

06 사회 불평등 현상을 바라보는 관점   정답 ⑤

문제 분석 제시된 자료의 A는 사회 불평등이 직업별 중요도의 차이에 따른 차등 보상의 결과로서, 사회 전체를 위해 필요한 현상이라고 보므로, 기능론에 해당한다.

정답 찾기 ⑤ 기능론은 상층 자녀가 노력을 많이 할수록 그와 부모 간의 계층이 달라질 가능성, 즉 세대 간 이동 가능성이 낮아진다고 본다. 따라서 (다), (라)에는 각각 해당 내용이 들어갈 수 있다.

오답 피하기 ① 빈곤이 불공정한 분배 구조 탓이라고 보는 관점은 갈등론이다. ② 기능론은 사회 불평등 현상이 보편적이며 사회 발전을 위해 불가피하다고 본다. ③ 기능론은 사회적 희소가치의 분배 기준이 사회 전체의 합의에 기초하고 있다고 본다. ④ 기능론은 소득의 균등 분배 정도가 높을수록 사회 구성원들의 성취동기가 약화되고 나태함이 심화되어 사회 발전 가능성이 낮아진다고 보므로, (가), (나)에는 각각 해당 내용이 들어갈 수 없다.

07 사회 불평등 현상을 바라보는 관점   정답 ③

문제 분석 제시된 을이 서술한 '사회 불평등 현상의 불가피성을 강조한다.'와 '사회 불평등은 사회 분화에 따른 합리적 결과라고 본다.'는 기능론에 해당하는 진술이다. 을의 점수가 0점인 것으로 보아 A는 기능론, B는 갈등론이다. 갑이 서술한 '차등적 보상 체계가 사회 발전에 기여하지 못한다고 본다.'는 갈등론의 입장이므로, (가)에는 기능론의 입장이 들어가야 한다.

정답 찾기 ③ 갈등론은 사회적 희소가치의 배분 기준이 특정 집단의 합의에 의해 결정된다고 보므로, 기능론에 비해 세대 간 이동의 가능성을 낮게 본다.

오답 피하기 ① 기능론은 차등 배분을 통한 성취동기의 자극을 강조한다. ② 사회 전체적으로 합의된 기준에 따라 사회적 희소가치가 배분된다고 보는 것은 기능론이다. ④ 기능론과 달리 갈등론은 서로 다른 계급의 이익이 양립할 수 없다고 보므로, (가)에는 해당 내용이 들어갈 수 없다. ⑤ 기능론과 달리 갈등론은 사회가 기득권층의 지배를 바탕으로 유지된다고 보므로, (가)에는 해당 내용이 들어갈 수 없다.

08 사회 불평등 현상을 바라보는 관점   정답 ⑤

문제 분석 제시된 자료에서 A는 기회가 균등하게 제공되어도 개인의 능력이나 노력의 차이에 따라 결과가 달라져 사회 불평등이 발생한다고 보므로 기능론이다. 반면 B는 사회 불평등 현상이 개인의 능력이나 노력의 차이 때문이 아니라 사회적 희소가치를 기득권자들이 독점하는 사회 구조 때문에 발생하는 것으로 보고 있으므로 갈등론이다.

정답 찾기 ㄷ. 갈등론과 달리 기능론은 사회 불평등을 보편적이고 불가피한 현상으로 보므로, 해당 질문은 기능론과 갈등론을 구분할 수 있는 질문으로 적절하다. ㄹ. 갈등론과 달리 기능론은 사회 전체의 필요와 합의에 의해 사회적 희소가치가 배분된다고 보므로 해당 질문은 기능론과 갈등론을 구분할 수 있는 질문으로 적절하다.

오답 피하기 ㄱ. 기능론과 갈등론 모두 사회적 가치가 희소하다고 보므로, 해당 질문은 기능론과 갈등론을 구분할 수 없다. ㄴ. 기능론과 갈등론 모두 거시적 관점에서 사회 불평등 현상을 이해하므로, 해당 질문은 기능론과 갈등론을 구분할 수 없다.

09 절대적 빈곤과 상대적 빈곤 정답 ④

문제 분석 2016년에 을국의 최저 생계비는 중위 소득의 50%이므로, 2016년에 을국에서 절대적 빈곤율과 상대적 빈곤율은 같다. 2016년에 갑국과 을국 모두 절대적 빈곤율이 30%이므로 을국의 상대적 빈곤율은 30%이다. 갑국과 을국 모두 전체 가구 수는 2016년 이후 변동이 없으므로, 갑국과 을국의 전체 가구 수를 각각 1,000가구라고 가정하면 다음과 같이 나타낼 수 있다.

〈갑국〉

(단위 : 가구)

구분	2016년	2017년	2018년
수급 자격 상실 가구 수	–	21	24
수급 자격 취득 가구 수	–	21	28
생계비 수급 가구 수	300	300	304
생계비 비(非)수급 가구 수	700	700	696

〈을국〉

(단위 : 가구)

구분	2016년	2017년	2018년
수급 자격 상실 가구 수	–	30	30.5
수급 자격 취득 가구 수	–	35	34.75
교육비 수급 가구 수	300	305	309.25
교육비 비(非)수급 가구 수	700	695	690.75

정답 찾기 ④ 갑국의 전체 가구 수를 1,000가구라고 할 때 갑국의 2016년 대비 2017년 생계비 수급 가구 수는 300가구로 변함이 없다. 반면 2017년 대비 2018년 생계비 수급 가구 수는 300가구에서 304가구로 증가하였다. 따라서 2017년과 달리 2018년에 갑국은 전년 대비 생계비 수급 가구 수가 증가하였다.

오답 피하기 ① 갑국과 을국은 모두 객관적 지표인 최저 생계비와 중위 소득의 50%를 기준으로 수급 자격 가구를 결정한다. ② 갑국과 을국은 모두 보편적 복지가 아닌 선별적 복지 이념에 부합하는 빈곤 대책을 채택하고 있다. ③ 2016년과 2017년 모두 전체 가구의 30%가 절대적 빈곤 가구이다. 그러나 2016년과 2017년의 절대적 빈곤율이 같다고 해서 최저 생계비가 동일한지는 알 수 없다. ⑤ 을국의 전체 가구 수를 1,000가구라고 할 때 을국의 2016년 대비 2017년 교육비 수급 가구 수는 300가구에서 305가구로 증가하였다. 그리고 2017년 대비 2018년 교육비 수급 가구 수는 305가구에서 309.25가구로 증가하였다. 따라서 2017년과 2018년 모두 을국은 전년 대비 교육비 수급 가구 수가 증가하였다.

10 빈곤율 정답 ⑤

문제 분석 제시된 표에서 '전체 가구에서 1인 가구가 차지하는 비율'은 '1인 가구 비율'로, '전체 가구에서 빈곤 가구가 차지하는 비율'은 '전체 가구 빈곤율'로, '전체 1인 가구 중 빈곤 1인 가구가 차지하는 비율'은 '1인 가구 빈곤율'로 나타낼 수 있다.

정답 찾기 ㄷ. 전체 가구 빈곤율은 1인 가구 빈곤율과 2인 이상 가구 빈곤율 사이에서 결정된다. 2인 이상 가구의 빈곤율은 2009년에 12.4%보다 높고, 2014년에 12.4%보다 낮다. ㄹ. 매년 전체 가구 수가 증가하였으므로 1인 가구 수도 지속적으로 증가하였다. 1인 가구 빈곤율은 2019년이 2004년의 2배이다. 그런데 1인 가구 수가 지속적으로 증가하였으므로 1인 가구 중 빈곤 가구의 수는 2019년이 2004년의 2배보다 많다.

오답 피하기 ㄱ. 2019년에 전체 가구 수를 1,000가구라고 가정하면, 1인 가구 수는 200가구(=1,000가구×20%)이고, 전체 빈곤 가구 수는 126가구(=1,000가구×12.6%), 1인 가구 중 빈곤 가구 수는 42가구(=200가구×21%)이다. 빈곤 가구 중 1인 가구는 (42/126)×100으로, 30%를 넘는다. ㄴ. 2004년 대비 2009년 전체 가구 수가 증가하였는데 전체 가구에서 1인 가구가 차지하는 비율이 상승하였으므로 전체 가구 증가율보다 1인 가구 증가율이 높다.

11 절대적 빈곤과 상대적 빈곤 정답 ④

문제 분석 제시된 자료에서 갑의 발표는 A가 절대적 빈곤일 경우에만 맞고, 을의 발표는 B가 절대적 빈곤이거나 상대적 빈곤일 경우에 맞다. 병의 발표는 B가 상대적 빈곤일 경우에만 맞고, 정의 발표는 A, B가 무엇에 해당하는지와 상관없이 틀리다. 갑~정 중 한 사람만 틀렸으므로, 갑, 을, 병의 발표는 맞는 내용이다. 따라서 A는 절대적 빈곤, B는 상대적 빈곤이다.

정답 찾기 ㄴ. 갑은 절대적 빈곤, 을은 상대적 빈곤에 대해 발표하였다. ㄹ. 중위 소득이 최저 생계비보다 작으면 중위 소득의 50%도 최저 생계비보다 작으므로 상대적 빈곤에 해당하는 가구는 모두 절대적 빈곤에 해당할 수 있다.

오답 피하기 ㄱ. 절대적 빈곤과 상대적 빈곤 모두 객관적 기준에 의해 규정된다. 따라서 ㉠은 정이다. ㄷ. 절대적 빈곤율이 하락한다고 해서 반드시 상대적 빈곤율이 상승하는 것은 아니다.

12 빈곤율 정답 ①

문제 분석 제시된 자료에서 전체 가구 중 절대적 빈곤과 상대적 빈곤 모두에 해당하는 가구가 10%, 절대적 빈곤에는 해당하지 않지만 상대적 빈곤에는 해당하는 가구가 10%이다. 이를 통해 전체 가구 중 상대적 빈곤 가구 비율이 20%, 절대적 빈곤 가구 비율이 10%임을 알 수 있다.

정답 찾기 ㄱ. 상대적 빈곤 가구 비율이 절대적 빈곤 가구 비율보다 높으므로 중위 소득의 50%가 최저 생계비보다 크다. 따라서 중위 소득은 최저 생계비의 2배보다 크다. ㄴ. 소득이 최저 생계비 미만인 가구가 전체 가구 중 10%이므로 소득이 최저 생계비 이상인 가구는 전체 가구 중 90%이다.

오답 피하기 ㄷ. 절대적 빈곤 가구 중 상대적 빈곤 가구의 비율은 100%이다. ㄹ. 절대적 빈곤 가구에만 해당하는 가구는 전체 가구의 0%이고, 상대적 빈곤 가구에만 해당하는 가구는 전체 가구의 10%이다.

01 계층론 관련 자료 분석 　　　　　정답 ⑤

자료 분석

○ ⊙ 경제적 계급 측면, ⓒ 사회적 위신 측면, ⓒ 정치적 권력 측면에서 갑, 을, 병의 계층을 파악하는데, ⊙~ⓒ 중 상층이면 3점, 중층이면 2점, 하층이면 1점을 부여한다.

○ ⊙에서의 계층은 갑이 상층, 을이 중층, 병이 하층이며, 점수 합계는 갑이 9점, 을이 6점, 병이 4점이다. 단, 계층은 상층, 중층, 하층으로만 구분된다.

→ 위의 조건을 만족하는 경우는 표와 같다.

구분	갑	을		병	
⊙ 경제적 계급	상층	중층		하층	
ⓒ 사회적 위신	상층	상층	중층	하층	중층	하층
ⓒ 정치적 권력	상층	하층	중층	상층	하층	중층

문제 분석 제시된 자료의 조건을 만족시키는 갑~병의 계층을 위에 제시된 표와 같이 세 가지 측면에서 나타낼 수 있어야 한다.

정답 찾기 ㄷ. 을의 점수가 6점이 되는 세 가지 경우 중 (사회적 위신 측면에서의 계층, 정치적 권력 측면에서의 계층)이 (상층, 하층)이거나 (하층, 상층)인 경우에 을의 세 가지 측면에서의 계층은 모두 다르다. 하지만 병은 세 가지 측면에서의 계층이 모두 다른 경우가 없다. 즉, 세 가지 측면에서의 계층이 모두 다른 사람은 최대 1명이다. ㄹ. 을과 병의 사회적 위신 측면에서의 계층이 모두 중층일 경우 정치적 권력 측면에서의 계층은 을이 중층, 병이 하층이다. 그리고 을과 병의 사회적 위신 측면에서의 계층이 모두 하층일 경우 정치적 권력 측면에서의 계층은 을이 상층, 병이 중층이다. 즉, 을과 병의 사회적 위신 측면에서의 계층이 같은 두 가지 경우 모두 정치적 권력 측면에서의 계층은 을이 병보다 높다.

오답 피하기 ㄱ. 을은 세 가지 경우 중 두 가지 경우에서, 병은 두 가지 경우 모두에서 지위 불일치가 나타난다. 즉, 지위 불일치가 나타날 수 있는 사람은 최대 2명이다. ㄴ. 세 가지 측면에서의 경우 모두 갑이 병의 계층보다 높다. 하지만 갑과 을의 사회적 위신 측면에서의 계층이 상층으로 같은 경우와 갑과 을의 정치적 권력 측면에서의 계층이 모두 상층인 경우가 존재한다.

02 계급 이론과 계층 이론 　　　　　정답 ⑤

자료 분석

교사 : A와 B는 각각 계급 이론과 계층 이론 중 하나입니다. A와 구별되는 B의 특징에 대해서 발표해 볼까요?

갑 : 계층 의식을 중시합니다. → 계급 이론의 특징

을 : 　　　　　(가)　　　　　 → 계급 이론의 특징

병 : 계급을 자본가와 노동자로 구분합니다. → 계급 이론의 특징

정 : 지위 불일치 현상을 설명하기에 적합합니다. → 계층 이론의 특징

교사 : 네 명 중 세 사람이 옳게 발표했습니다.

문제 분석 계급 이론은 계층 의식을 중시하며, 계급을 자본가와 노동자로 구분하고, 계층 이론은 지위 불일치 현상을 설명하기에 적합하다. 제시된 자료에서 네 사람 중 세 사람이 옳게 발표했으므로 (가)에는 계급 이론의 특징에 해당하는 내용이 들어가야 하며, A는 계층 이론, B는 계급 이론이다.

정답 찾기 ⑤ (가)에는 계급 이론에만 해당하는 내용이 들어가야 하는데, '다양한 요인에 의해 사회 불평등이 발생할 수 있다.'는 계층 이론에만 해당하는 내용이므로, (가)에 들어갈 수 없다.

오답 피하기 ① 불연속적·이분적으로 계층을 구분하는 것은 계급 이론이다. ② 계층 이론과 계급 이론 모두 사회적 희소가치가 차등 분배된다고 전제한다. ③ 계급 이론은 계층화를 타도해야 할 현상으로 인식한다. ④ '경제적 요인이 계급 결정에 영향을 끼친다.'는 계층 이론과 계급 이론 모두에 공통적으로 해당하는 내용이므로, 해당 내용은 (가)에 들어갈 수 없다.

03 사회 불평등 현상을 바라보는 관점 　　　　　정답 ⑤

자료 분석

갑 : 사회 불평등 현상은 특정 집단이 자신들의 이익을 지키기 위해 만든 분배 구조에 따라 나타납니다. → 갈등론

을 : 사회 불평등 현상을 통해 성취동기는 자극되고 사회적 효율성은 극대화됩니다. → 기능론

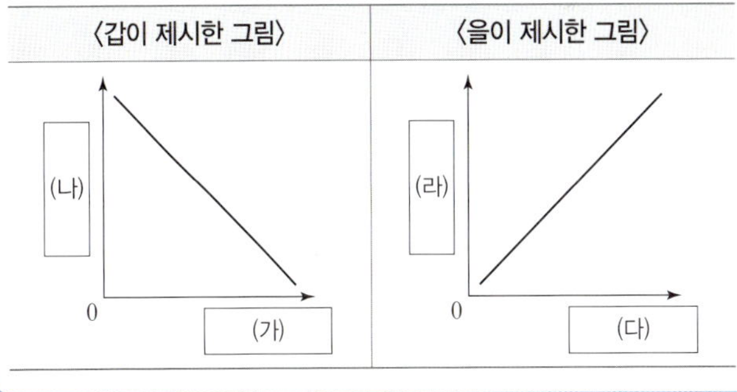

문제 분석 제시된 자료에서 갑은 갈등론, 을은 기능론의 관점에서 사회 불평등 현상을 바라보고 있다.

정답 찾기 ⑤ 기능론에서는 개인의 노력을 통해 계층 이동이 가능하다고 보므로, (다)가 '하층 자녀의 노력 수준'이면, (라)에는 '하층 자녀의 상승 이동 가능성'이 들어갈 수 있다.

오답 피하기 ① 사회 불평등이 사회 유지와 발전에 기여한다고 보는 관점은 기능론이다. ② 기능론과 갈등론 모두 사회 불평등을 보편적인 현상으로 인식한다. ③ 가정 배경이나 권력의 현실적 영향력을 간과한다는 비판을 받는 관점은 기능론이다. ④ 갈등론은 부모의 사회·경제적 지위에 따라 자녀의 사회적 성공 가능성이 결정된다고 보므로, (가)가 '부모의 사회·경제적 지위'이면, (나)에는 '자녀의 사회적 성공 가능성'이 들어갈 수 없다.

04 빈곤율   정답 ②

자료 분석

구분	2018년	2019년
빈곤층 가구 수(만 가구)	㉠ 20	32
빈곤 탈출률(%)	40	20
빈곤 진입률(%)	10	20

문제 분석 제시된 자료에서 2017년과 2018년의 빈곤층 가구 수가 같기 위해서는 2018년의 빈곤층 탈출 가구 수와 빈곤층 진입 가구 수가 같아야 한다.

정답 찾기 ㄱ. 2017년과 2018년의 빈곤층 가구 수가 같기 위해서는 2018년의 빈곤층 탈출 가구 수와 빈곤층 진입 가구 수가 같아야 하므로, $0.4 \times ㉠$과 $0.1 \times (100-㉠)$은 같다. 이를 통해 ㉠은 20, 즉 2017년과 2018년의 빈곤층 가구 수는 20만 가구임을 알 수 있다. ㄷ. 2018년의 빈곤층 가구 20만 가구 중 8만 가구는 2017년에 비빈곤층 가구였다. 따라서 2018년의 빈곤층 가구 중 40%는 2017년도에는 비빈곤층 가구였다.

오답 피하기 ㄴ. 2018년의 빈곤층 탈출 가구 수는 8만 가구(=20만×0.4)이며, 2019년의 빈곤층 탈출 가구 수는 4만 가구(=20만×0.2)이다. ㄹ. 2019년의 비빈곤층 가구 68만 가구 중 2018년에도 비빈곤층이었던 가구는 64만 가구이다. 따라서 2019년의 비빈곤층 가구 중 2018년에도 비빈곤층 가구였던 비율은 90%를 넘는다.

08강 사회 이동과 사회 계층 구조

대표 기출 VS 고난도 기출   본문 p.62

순한맛 ②   **매운맛** ②

순한맛 계층 이동 자료 분석   정답 ②

문제 분석 제시된 자료에서 B는 다이아몬드형 계층 구조에서 가장 비율이 높은 계층이므로 중층이다. 또한 자녀 세대 A는 부모 세대보다 계층이 낮을 수 없으므로 상층이며, C는 하층이다. 부모 세대의 계층 구성비는 '상층 : 중층 : 하층 = 30 : 60 : 10'이므로, 제시된 자료는 다음과 같이 나타낼 수 있다.

(단위 : %)

구분		부모 세대			계
		상층	중층	하층	
자녀 세대	상층	15			20
	중층		15		30
	하층			5	50
계		30	60	10	100

정답 찾기 ㄱ. 세대 간 상승 이동 비율은 최대 10%(=5%+5%)이며, 세대 간 하강 이동은 최소 55%이다. 따라서 세대 간 상승 이동 비율은 세대 간 하강 이동 비율보다 낮다. ㄹ. 중층 대물림 인구 대비 상층 대물림 인구의 비는 '상층/중층'으로 구할 수 있으며, 하층 대물림 인구 대비 중층 대물림 인구의 비는 '중층/하층'으로 구할 수 있다. 중층 대물림 인구 대비 상층 대물림 인구의 비는 15/15로, 하층 대물림 인구 대비 중층 대물림 인구의 비인 15/5보다 낮다.

오답 피하기 ㄴ. 부모 세대의 계층 구성비는 '상층 : 중층 : 하층 = 30 : 60 : 10'이므로 다이아몬드형 계층 구조이다. 자녀 세대의 계층 구성비는 '상층 : 중층 : 하층 = 20 : 30 : 50'이므로 피라미드형 계층 구조이다. 따라서 자녀 세대의 계층 구조는 부모 세대의 계층 구조보다 사회 통합에 불리하다. ㄷ. 중층 부모를 둔 하층 자녀 비율은 40%~45% 사이의 값을 갖는다. 반면 상층 부모를 둔 중층 자녀 비율은 10%~15% 사이의 값을 갖는다. 따라서 중층 부모를 둔 하층 자녀 인구는 상층 부모를 둔 중층 자녀 인구의 최소 3배, 최대 4배가 될 수 있다.

매운맛 계층 이동 자료 분석   정답 ②

①	②	③	④ 함정	⑤
6.8%	31.8%	17.6%	31.0%	12.8%

자료 분석

(가), (나) 사회의 계층은 A~C로만 구성되며, A~C는 각각 상층, 중층, 하층 중 하나이다. 모든 부모의 자녀는 1명씩이다.

<부모 세대와 자녀 세대 계층 구성의 상대적 비>

구분	(가) 사회		(나) 사회	
	부모 세대	자녀 세대	부모 세대	자녀 세대
$\dfrac{A+C}{A+B}$ 중+상/중+하	$\dfrac{7}{9}$	$\dfrac{5}{8}$	$\dfrac{5}{9}$	$\dfrac{5}{7}$
$\dfrac{A+C}{B+C}$ 중+상/하+상	$\dfrac{7}{4}$	$\dfrac{5}{7}$	$\dfrac{5}{6}$	$\dfrac{5}{8}$

<자녀 세대 계층 대비 부모 세대와 자녀 세대의 계층 불일치 비율>

계층 일치 비율

(단위 : %)

구분	(가) 사회	(나) 사회
A 중층	0 _100_	20 _80_
B 하층	52 _48_	10 _90_
C 상층	55 _45_	80 _20_

* 자녀 세대 B는 부모 세대보다 계층이 높을 수 없으며, C는 A보다 높은 계층임.
하층 / 상층 중층

문제 분석 제시된 자료에서 자녀 세대 B는 부모 세대보다 계층이 높을 수 없으므로 하층이다. 또한 C는 A보다 높은 계층이므로 상층이며, A는 중층이다. 제시된 자료의 첫 번째 표를 통해 (가), (나) 사회의 부모 세대와 자녀 세대의 계층 구성 비율을 파악할 수 있다. (가) 사회의 경우 '(중층+상층)/(중층+하층)'은 7/9이며, '(중층+상층)/(하층+상층)'은 7/4이므로 부모 세대에서 상층은 10%, 중층은 60%, 하층은 30%이다. 이러한 방식으로 (가), (나) 사회의 부모 세대와 자녀 세대의 계층 구성 비율을 파악할 수 있다. (가) 사회에서 상층의 경우 계층 불일치 비율은 55%이므로 계층 일치 비율은 45%이다. 따라서 중층의 계층 대물림 비율은 30%이다. 하층의 경우 계층 불일치 비율이 52%이므로 계층 일치 비율은 48%이며, 하층의 계층 대물림 비율은 24%이다. 이와 같은 내용을 종합하여 다음의 표를 만들 수 있다.

〈 (가) 사회 〉

(단위 : %)

구분		부모 세대			계
		상층	중층	하층	
자녀 세대	상층	9	5	6	20
	중층	0	30	0	30
	하층	1	25	24	50
계		10	60	30	100

〈 (나) 사회 〉

(단위 : %)

구분		부모 세대			계
		상층	중층	하층	
자녀 세대	상층	6			30
	중층		16		20
	하층			45	50
계		10	40	50	100

정답 찾기 ② (나) 사회에서 중층 부모를 둔 자녀 중에서 세대 간 상승 이동 비율은 최소 19%이고, 세대 간 하강 이동 비율은 최대 5%이다. 따라서 (나) 사회는 중층 부모를 둔 자녀 중에서 세대 간 상승 이동 비율이 세대 간 하강 이동 비율보다 높다.

오답 피하기 ① (가) 사회에서 세대 간 상승 이동 비율은 하층 부모를 둔 자녀의 경우 전체의 6%이며, 중층 부모를 둔 자녀의 경우 전체의 5%이다. 따라서 (가) 사회에서 세대 간 상승 이동을 한 사람의 수는 하층 부모를 둔 자녀보다 중층 부모를 둔 자녀가 적다. ③ (가) 사회의 경우 계층 대물림 비율은 63%이며, 세대 간 이동 비율은 37%이다. (나) 사회의 경우 계층 대물림 비율은 67%이고, 세대 간 이동 비율은 33%이다. 따라서 (가) 사회와 (나) 사회 모두 세대 간 이동 비율이 계층 대물림 비율보다 낮다. ④ (가) 사회의 경우 부모 세대에서는 다이아몬드형 계층 구조, 자녀 세대에서는 피라미드형 계층 구조가 나타난다. 반면 (나) 사회의 경우 부모 세대에서는 피라미드형 계층 구조, 자녀 세대에서는 모래시계형 계층 구조가 나타난다. ⑤ (가) 사회는 부모 세대 상층에서 자녀 세대 중층으로의 이동이 나타나지 않았다. (나) 사회는 부모 세대 하층에서 자녀 세대 상층으로의 이동이 나타났다.

🔒 **함정 피하기**

②번을 제외한 다른 선지를 정답으로 선택했다면, (가), (나) 사회의 부모 세대와 자녀 세대 계층별 구성 표를 정확히 구성하지 못했기 때문이다. 계층 구조의 유형과 특징, 사회 이동의 유형과 관련된 문제는 매년 반드시 출제되므로 다양한 유형의 문제를 통해 부모 세대와 자녀 세대 계층별 구성 표를 완성하는 연습을 해야 한다.

실전 문제

본문 p.63~65

01 ①	02 ④	03 ②	04 ④	05 ⑤	06 ④
07 ①	08 ③	09 ③	10 ③	11 ①	12 ⑤

01 계층 이동 자료 분석   정답 ①

문제 분석 제시된 자료를 종합하면 다음과 같이 나타낼 수 있다.

(단위 : %)

구분		부모 세대			계
		상층	중층	하층	
본인 현재 계층	상층	8	6	6	20
	중층	0	30	0	30
	하층	2	24	24	50
계		10	60	30	100

(단위 : %)

구분		본인 최초 계층			계
		상층	중층	하층	
본인 현재 계층	상층	10	10	0	20
	중층	0	26	4	30
	하층	0	14	36	50
계		10	50	40	100

정답 찾기 ① ㉠과 ㉡을 모두 경험한 가구주가 ㉠과 ㉡ 중 어느 하나도 경험하지 않은 가구주보다 34%p 적다.

오답 피하기 ② ㉠을 경험하고 ㉡을 경험하지 않은 가구주가 ㉠은 경험하지 않고 ㉡을 경험한 가구주보다 10%p 많다. ③ 세대 내 하강 이동은 14%(=0%+0%+14%)로 세대 내 상승 이동 14%(=10%+0%+4%)와 같다. ④ 현재 계층이 중층(30%)인 가구주의 최초 계층은 중층이 26%, 하층이 4%이다. 따라서 현재 계층이 중층인 가구주의 최초 계층이 모두 중층이라고 볼 수 없다. ⑤ 가구주의 현재 계층 구조는 상층의 비율이 가장 낮고, 하층의 비율이 가장 높은 피라미드형 계층 구조이다. 부모의 계층 구조는 중층의 비율이 가장 높은 다이아몬드형 계층 구조이다. 따라서 가구주의 현재 계층 구조가 부모의 계층 구조보다 사회 통합에 불리하다.

02 사회 이동 자료 분석   정답 ④

문제 분석 제시된 자료는 표와 같이 나타낼 수 있다.

(단위 : %)

구분	갑국		을국	
	2018년	2019년	2018년	2019년
상층	20	30	25	40
중층	30	20	50	20
하층	50	50	25	40

정답 찾기 ④ 2019년 갑국과 을국은 모두 모래시계형 계층 구조이다.

오답 피하기 ① 2019년 갑국의 상층 비율은 전년 대비 10%p 증가했다. ② 2019년 을국의 상층 인구는 전년 대비 15%p 증가했으며, 이는 전년 대비 60% 증가한 것이다. ③ 2018년 갑국은 피라미드형 계층 구조이며, 을국은 다이아몬드형 계층 구조이다. ⑤ 갑국과 을국의 전체 인구를 알 수 없으므로 상승 이동한 갑국 인구와 하강 이동한 을국 인구는 알 수 없다.

03 계층 이동 자료 분석   정답 ②

문제 분석 제시된 자료에서 중층 부모를 둔 자녀 인구가 전체 자녀 인구의 30%라는 것은 부모 세대 중층 비율이 30%임을 의미한다. 제시된 자료는 다음의 표와 같이 나타낼 수 있다.

(단위 : %)

구분		부모 세대			계
		상층	중층	하층	
자녀 세대	상층		0		
	중층		24		40
	하층		6		
계		x	30	y	100

정답 찾기 ㄱ. 세대 간 계층 이동 표에서 부모 세대 상층 비율을 x, 하층 비율을 y라고 하면, x+y=70(→ y=70−x)이다. 한편 부모 세대 계층 구조가 피라미드형이라고 했으므로 상층 비율이 중층 비율보다 낮아야 하기에 x<30이 된다. 두 조건을 결합하면 하층 비율 y는 40보다 큰 값을 갖는다. 한편 자녀 세대 계층 구조는 다이아몬드형이라고 했으므로, 자녀 세대 하층 비율은 중층 비율인 40보다 작은 값을 갖는다. 따라서 하층 비율은 부모 세대가 자녀 세대보다 높다. ㄹ. 자녀 세대 계층 대비 중층에서의 계층 대물림 비율은 60%(=24/40)이다.

오답 피하기 ㄴ. 자녀 세대에서 중층 비율이 40%이고, 하층인 부모를 둔 중층 자녀의 비율은 최대 16%이다. 따라서 중층인 자녀 중 부모가 하층인 비율은 40% 이하이다. ㄷ. 중층인 부모를 둔 상층 자녀의 비율은 0%, 하층인 부모를 둔 중층 자녀의 비율은 최대 16%이다. 반면 하층인 부모를 둔 상층 자녀의 비율을 알 수 없으므로 세대 간 상승 이동을 한 사람이 과반인지의 여부는 알 수 없다.

04 계층 이동 자료 분석   정답 ④

문제 분석 제시된 그림에서 B는 세대 간 상승 이동과 하강 이동이 동시에 나타났으므로 중층이다. 자녀 세대의 하층에서는 부모 세대보다 계층이 높은 자녀가 존재할 수 없으므로 A는 하층이다. 또한 자녀 세대의 상층에서는 부모 세대보다 계층이 낮은 자녀가 존재할 수 없으므로 C는 상층이다.

정답 찾기 ㄱ. A는 하층, B는 중층, C는 상층이므로, A는 B보다 낮고, B는 C보다 낮은 계층이다. ㄴ. 자녀 세대 중 부모의 계층을 세습한 자녀의 비율은 사람 모양의 그림이 9개이므로 45%, 즉 50% 미만이다. ㄹ. 자녀 세대 계층 대비 부모와 자녀의 계층 일치 비율은 하층이 3/5로 중층의 4/11보다 높다.

오답 피하기 ㄷ. 세대 간 하강 이동을 한 자녀(30%)보다 세대 간 상승 이동을 한 자녀(25%)가 적다.

05 계층 이동 자료 분석   정답 ⑤

문제 분석 제시된 자료 중 〈부모 세대와 자녀 세대 간 계층 이동 현황〉의 '자녀 세대 해당 계층 대비 부모 세대보다 계층이 높은 비율'에서 B가 0%이므로, B는 하층이다. 또한 A는 C보다 높은 계층이므로 A는 상층이며 C는 중층이다. 제시된 자료는 다음의 표와 같이 나타낼 수 있다.

(단위 : %)

구분		부모 세대			계
		상층	중층	하층	
자녀 세대	상층	15	10	5	30
	중층	0	30	10	40
	하층	5	10	15	30
계		20	50	30	100

정답 찾기 ㄷ. 자녀 세대 계층 대비 부모 세대와 계층이 일치하는 비율은 중층이 30/40으로 가장 높다. ㄹ. 세대 간 상승 이동한 사람은 25%(=10%+5%+10%)이고, 세대 간 하강 이동한 사람은 15%(=0%+5%+10%)이다. 따라서 세대 간 상승 이동한 사람은 세대 간 하강 이동한 사람의 2배를 넘지 않는다.

오답 피하기 ㄱ. 부모 세대와 자녀 세대는 모두 중층의 비율이 가장 높은 다이아몬드형 계층 구조이다. ㄴ. 세대 간 계층을 대물림한 사람은 60%(=15%+30%+15%)이고, 세대 간 계층 이동한 사람은 40%(=100−60%)이다. 따라서 세대 간 계층을 대물림한 사람보다 세대 간 계층 이동한 사람이 적다.

06 계층 이동 자료 분석 · 정답 ④

문제 분석 제시된 자료는 다음의 표와 같이 나타낼 수 있다.

(단위 : %)

구분	부모 세대	자녀 세대
상층	10	20
중층	30	40
하층	60	40

정답 찾기 ㄱ. ㉠+㉣은 50%이고, ㉡+㉢은 70%이다. 따라서 ㉠+㉣이 ㉡+㉢보다 작다. ㄴ. 자녀 세대 중층은 40%, 부모 세대 중층은 30%이므로, ㉣은 4/3이다. ㄹ. 세대 간 상승 이동 비율은 최대 40%, 세대 간 하강 이동 비율은 최대 8%이므로 세대 간 이동이 최대로 발생할 경우 48%이다. 이때 세대 간 계층 대물림 비율은 52%(=100%−48%)가 되므로 세대 간 계층 대물림 비율은 최소 52%이다.

오답 피하기 ㄷ. 부모 세대는 피라미드형 계층 구조이지만, 자녀 세대는 중층과 하층의 비율이 같으므로 다이아몬드형 계층 구조로 보기 어렵다.

07 계층 이동 자료 분석 · 정답 ①

문제 분석 제시된 자료는 다음의 표와 같이 나타낼 수 있다.

(단위 : %)

구분		부모 세대			계
		상층	중층	하층	
자녀 세대	상층	8	a	b	10
	중층	d	36	c	60
	하층	e	f	6	30
계		20	60	20	100

정답 찾기 ㄱ. 부모 세대의 계층 구조는 '상층 : 중층 : 하층 = 20 : 60 : 20'이므로 다이아몬드형 계층 구조이다. ㄴ. a+b는 2%이고, c는 최대 14%이므로 세대 간 상승 이동(a+b+c)은 최대 16%이다. 또한 e+f는 24%이므로 d가 0%라고 할 때 세대 간 하강 이동(d+e+f)은 최소 24%이다. 따라서 세대 간 상승 이동보다 세대 간 하강 이동이 더 많다.

오답 피하기 ㄷ. 부모 세대와 자녀 세대의 중층은 각각 60%로 동일하다. ㄹ. 세대 간 계층 이동 비율은 '100%−세대 간 계층 유지 비율'이다. 따라서 세대 간 계층 이동 비율(100%−50%)과 계층 유지 비율(8%+36%+6%)은 각각 50%로 동일하다.

08 계층 이동 자료 분석 · 정답 ③

문제 분석 제시된 자료의 〈부모 세대와 자녀 세대 계층의 상대적 비율〉을 통해 부모 세대의 경우 A : B : C는 3 : 2 : 5임을 알 수 있다. 부모 세대는 피라미드형 계층 구조이므로 상층의 비율이 가장 낮고 하층의 비율이 가장 높다. 따라서 A는 중층, B는 상층, C는 하층이다. 이를 통해 부모 세대는 '상층 : 중층 : 하층=20 : 30 : 50', 자녀 세대는 '상층 : 중층 :

하층=25 : 50 : 25'임을 알 수 있다. 〈부모 세대와 자녀 세대 계층 간 일치 비율〉과 부모 세대 하층에서 자녀 세대 상층으로의 세대 간 이동은 없다는 조건을 통해 다음의 표를 만들 수 있다.

(단위 : %)

구분		부모 세대			계
		상층	중층	하층	
자녀 세대	상층	15	10	0	25
	중층	5	15	30	50
	하층	0	5	20	25
계		20	30	50	100

정답 찾기 ㄴ. 부모 세대와 자녀 세대의 계층 대물림 비율은 상층 15%, 중층 15%로 같다. ㄷ. 세대 간 상승 이동한 자녀는 40%(=10%+30%)로 세대 간 하강 이동한 자녀 10%(=5%+5%)보다 많다.

오답 피하기 ㄱ. 자녀 세대는 다이아몬드형 계층 구조이다. ㄹ. 부모 세대 상층에서 자녀 세대 중층으로의 세대 간 이동은 5%이다.

09 계층 이동 자료 분석 · 정답 ③

문제 분석 제시된 자료 중 〈자료 1〉에서 B 비율은 A 비율보다 20%p 작기 때문에 B=A−20이고, C 비율은 A 비율보다 30%p 작기 때문에 C=A−30이다. A+B+C=100이므로 A는 50, B는 30, C는 20이다. 자녀 세대의 계층 구조는 다이아몬드형 계층 구조이며, C는 B보다 높은 계층이므로 A는 중층, B는 하층, C는 상층이다. 제시된 자료는 다음의 표와 같이 나타낼 수 있다.

(단위 : %)

구분		부모 세대			계
		상층	중층	하층	
자녀 세대	상층	12	3	5	20
	중층	15	5	30	50
	하층	3	12	15	30
계		30	20	50	100

정답 찾기 ③ 중층 부모를 둔 하층 자녀의 인구는 전체의 12%이고, 중층 부모를 둔 상층 자녀의 인구는 전체의 3%이다. 따라서 중층 부모를 둔 하층 자녀의 인구는 중층 부모를 둔 상층 자녀 인구의 4배이다.

오답 피하기 ① 하층 대비 상층의 비율은 부모 세대가 30/50으로 자녀 세대의 20/30보다 낮다. ② 세대 간 상승 이동한 비율은 38%(=3%+5%+30%)로 세대 간 하강 이동한 비율인 30%(=15%+3%+12%)보다 높다. ④ 자녀 세대의 계층 구조는 다이아몬드형 계층 구조로, 부모 세대의 계층 구조인 모래시계형 계층 구조에 비해 사회 통합에 유리하다. ⑤ 자녀 세대 계층 대비 세대 간 이동을 경험하지 않은 비율은 상층이 60%로 가장 높다.

10 계층 이동 자료 분석   정답 ③

문제 분석 제시된 자료는 다음의 표와 같이 나타낼 수 있다.

(단위 : %)

구분		부모 세대			계
		상층	중층	하층	
자녀 세대	상층	10	5	5	20
	중층	5	20	35	60
	하층	0	0	20	20
계		15	25	60	100

정답 찾기 ㄷ. 자녀 세대 계층 대비 부모와 자녀의 계층 불일치 비율은 상층이 $\frac{10}{20}$으로 중층의 $\frac{40}{60}$보다 낮다. ㄹ. 자녀 세대에서 세대 간 상승 이동한 사람은 전체의 45%이고, 세대 간 하강 이동한 사람은 전체의 5%이다. 따라서 자녀 세대에서 세대 간 상승 이동한 사람은 세대 간 하강 이동한 사람의 9배이다.

오답 피하기 ㄱ. (가)는 $\frac{1}{3}$이다. ㄴ. 부모 세대 중층에서 자녀 세대 하층으로의 이동과 부모 세대 상층에서 자녀 세대 하층으로의 이동 모두 나타나지 않았으므로, 하층 자녀를 둔 중층 부모와 하층 자녀를 둔 상층 부모는 없다.

11 계층 이동 자료 분석   정답 ①

문제 분석 제시된 자료는 다음의 표와 같이 나타낼 수 있다.

(단위 : %)

구분		부모 세대			계
		상층	중층	하층	
자녀 세대	상층	12	4	4	20
	중층	5	20	25	50
	하층	3	6	21	30
계		20	30	50	100

정답 찾기 ㄱ. 부모보다 계층 지위가 높아진 자녀는 33%(=4%+4%+25%)이다. ㄴ. 부모 세대에서 하층 인구는 전체 부모 인구의 50%이며, '상층 인구+중층 인구'도 전체 부모 인구의 50%이다.

오답 피하기 ㄷ. 하층은 전체 자녀의 21%가 대물림하였고, 중층은 20%가 대물림하였다. ㄹ. 자녀 세대 하층 중에서 부모가 중층인 인구는 전체 자녀 인구의 6%이고, 상층인 인구는 전체 자녀 인구의 3%이다. 따라서 자녀 세대 하층 인구 중 부모가 중층인 인구는 부모가 상층인 인구의 2배이다.

12 계층 이동 자료 분석   정답 ⑤

문제 분석 제시된 자료에서 B가 상승 이동을 하면 A, 하강 이동을 하면 C이므로 A는 상층, B는 중층, C는 하층이다. 또한 〈부모 세대와 자녀 세대 계층의 상대적 비율〉에서 A/(B+C)는 1/4이고, C/(A+B)는 1/4이므로 A : B : C는 1 : 3 : 1임을 알 수 있다. 따라서 부모 세대는 '상층 : 중층 : 하층=20 : 60 : 20', 자녀 세대는 '상층 : 중층 : 하층=30 : 20 : 50'임을

알 수 있다. 또한 부모 세대 하층에서 자녀 세대 상층으로의 세대 간 이동은 없다는 것과 부모 세대 상층 대비 자녀 세대 상층이 차지하는 비율은 10%이라는 점, 그리고 〈부모 세대와 자녀 세대 계층 간 일치 비율〉을 통해 다음의 표를 만들 수 있다.

(단위 : %)

구분		부모 세대			계
		상층	중층	하층	
자녀 세대	상층	2			30
	중층		10		20
	하층			14	50
계		20	60	20	100

위의 표의 빈칸을 채우면 아래와 같다.

(단위 : %)

구분		부모 세대			계
		상층	중층	하층	
자녀 세대	상층	2	28	0	30
	중층	4	10	6	20
	하층	14	22	14	50
계		20	60	20	100

정답 찾기 ⑤ 부모 세대 계층 대비 자녀와 부모의 계층 불일치 비율은 중층 50/60, 하층 6/20으로 중층보다 하층이 낮다.

오답 피하기 ① a는 2이다. ② 세대 간 하강 이동은 40%(=4%+14%+22%)로 세대 간 상승 이동인 34%(=28%+0%+6%)보다 많다. ③ 부모 세대는 다이아몬드형 계층 구조, 자녀 세대는 모래시계형 계층 구조이다. ④ 자녀 세대 계층 대비 부모와 자녀의 계층 일치 비율은 상층 2/30, 중층 10/20, 하층 14/50으로 중층이 가장 높다.

킬러 문항 완전 정복

본문 p.66~67

01 ③   **02** ④   **03** ②   **04** ④

01 계층 이동 자료 분석   정답 ③

자료 분석

○ 자녀 세대에서 상층 인구와 하층 인구의 합은 중층 인구와 같고, 자녀 세대 중층 중 세대 간 상승 이동한 인구는 세대 간 하강 이동한 인구의 5배이다.
→ $x+y=50$

○ 자녀 세대에서 세대 간 이동한 인구가 차지하는 비율은 60%이다.
→ $0.6x+0.2y=20$, $0.4x+0.8y=30$

문제 분석 제시된 자료는 다음의 표와 같이 나타낼 수 있다.

(단위 : %)

구분		부모 세대			계
		상층	중층	하층	
자녀 세대	상층	0.6x	0.4x		x
	중층	5	20	25	50
	하층	0.8y		0.2y	y
계					100

x+y=50, 0.6x+0.2y=20, 0.4x+0.8y=30를 종합하면 x=25, y=25이다. 따라서 다음과 같이 표를 채울 수 있다.

(단위 : %)

구분		부모 세대			계
		상층	중층	하층	
자녀 세대	상층	15	10		25
	중층	5	20	25	50
	하층	20		5	25
계		최소 20, 최대 40	최소 20, 최대 50	최소 30, 최대 40	100

 ③ 자녀 세대 대비 부모와 자녀의 계층 일치 비율은 상층이 15/25로 하층인 5/25의 3배이다.

 ① 부모 세대 중 상층이 차지하는 비율은 최소 20%에서 최대 40%이고, 자녀 세대 중 상층이 차지하는 비율은 25%이므로 자녀 세대 상층이 부모 세대 상층보다 많다고 단정할 수 없다. ② 부모 세대 대비 자녀와 계층이 일치하는 부모의 계층별 비율은 중층이 최소 20/50에서 최대 20/20이고, 하층이 최소 5/40에서 최대 5/30이므로 중층이 하층보다 높다. ④ 부모 세대의 계층 구조가 자녀 세대의 계층 구조보다 사회 통합에 유리하다고 단정할 수 없다. ⑤ 자녀 세대에서 세대 간 상승 이동한 사람은 전체의 35%이고, 세대 간 하강 이동한 사람은 전체의 25%이다. 따라서 자녀 세대에서 세대 간 상승 이동한 사람은 세대 간 하강 이동한 사람보다 많다.

02 계층 이동 자료 분석   정답 ④

구분	세대 내 상승 이동	세대 내 하강 이동
A → 세대 내 하강 이동 비율이 없음(0%) : 하층	90	0
B → 세대 내 상승 이동과 하강 이동을 모두 경험 : 중층	40	40
C → 세대 내 상승 이동 비율이 없음(0%) : 상층	0	20

 제시된 자료에서 세대 내 하강 이동을 경험한 비율이 없고, 세대 내 상승 이동만 경험한 A는 하층이며, 세대 내 상승 이동과 세대 내 하강 이동을 경험한 자녀가 모두 존재하는 B는 중층, 세대 내 상승 이동을 경험한 비율이 없고, 세대 내 하강 이동만 경험한 C는 상층이다. 제시된 자료는 다음의 표와 같이 나타낼 수 있다.

(단위 : %)

구분		t년 부모 세대			계
		상층(C)	중층(B)	하층(A)	
t년 자녀 세대	상층(C)	10	0	10	20
	중층(B)	0	15	15	30
	하층(A)	0	25	25	50
계		10	40	50	100

(단위 : %)

구분		t년 자녀 세대			계
		상층(C)	중층(B)	하층(A)	
t+10년 자녀 세대	상층(C)	16	12	2	30
	중층(B)	1	6	43	50
	하층(A)	3	12	5	20
계		20	30	50	100

 ㄴ. t년 대비 t+10년 자녀 세대의 경우 세대 내 상승 이동이 57%(=12%+2%+43%)로 세대 내 하강 이동인 16%(=1%+3%+12%)보다 많다. ㄹ. t+10년 자녀 세대 계층 대비 t년과 t+10년 자녀 세대 계층의 불일치 비율은 상층이 14/30, 중층이 44/50, 하층이 15/20이므로, 중층이 가장 높다.

 ㄱ. t년과 t+10년 계층이 같은 자녀의 비율은 27%이다. ㄷ. t년에 부모 세대 상층에서 자녀 세대 하층과 부모 세대 중층에서 자녀 세대 상층으로의 이동 모두 발생하지 않았다.

03 계층 이동 자료 분석   정답 ②

〈자녀 세대와 부모 세대 계층 비율〉

(단위 : %)

구분	자녀 세대	부모 세대
상층	(가)	10
중층	(나)	(다)
하층	30	(라)

〈부모 세대와 자녀 세대의 계층 일치 비율〉

(단위 : %)

구분	상층	중층	하층
부모 세대 계층 대비 부모 세대와 자녀 세대의 계층 일치 비율	(마)	50	40
자녀 세대 계층 대비 부모 세대와 자녀 세대의 계층 일치 비율	25	40	(바)

→ 제시된 자료는 다음과 같이 나타낼 수 있다.

구분		부모 세대			계
		상층	중층	하층	
자녀 세대	상층	10의 (마)% (=(가)의 25%)			(가)%
	중층		(다)의 50% (=(나)의 40%)		(나)%
	하층			(라)의 40% (=30의 (바)%)	30%
계		10%	(다)%	(라)%	100%

 제시된 자료에서 (가), (나) 중 하나에 들어가는 수치를 알면 자녀 세대의 계층별 구성 비율을 파악할 수 있으며, (다), (라) 중 하나에 들어가는 수치를 알면 부모 세대의 계층별 구성 비율을 파악할 수 있다.

정답 찾기 ㄱ. (가)가 40이면, 다음과 같은 표를 만들 수 있다.

(단위 : %)

구분		부모 세대			계
		상층	중층	하층	
자녀 세대	상층	10			40
	중층		12		30
	하층			26.4	30
계		10	24	66	100

따라서 (가)가 40이면 (마)는 100으로, (바)의 88보다 크다.

ㄷ. (나), (라)가 모두 50이면, 다음과 같은 표를 만들 수 있다.

(단위 : %)

구분		부모 세대			계
		상층	중층	하층	
자녀 세대	상층	5			20
	중층		20		50
	하층			20	30
계		10	40	50	100

따라서 (나), (라)가 모두 50이면, 세대 간 계층 일치 비율은 45%로, 세대 간 계층 불일치 비율인 55%보다 작다.

오답 피하기 ㄴ. (다)가 40이면, 다음과 같은 표를 만들 수 있다.

(단위 : %)

구분		부모 세대			계
		상층	중층	하층	
자녀 세대	상층	5			20
	중층		20		50
	하층			20	30
계		10	40	50	100

따라서 중층 부모를 둔 중층 자녀는 전체의 20%이며, 하층 부모를 둔 하층 자녀는 전체의 20%이다. ㄹ. 전체 부모 중 상층 비율이 10%이므로, 모든 상층 자녀의 부모가 상층이라고 해도 전체 자녀 중 상층 부모를 둔 상층 자녀가 차지하는 비율은 10%보다 클 수 없다.

04 계층 이동 자료 분석　　　　정답 ④

자료 분석

○ 부모 세대 계층 대비 자녀 세대 계층의 비(比)는 상층이 가장 크고 중층이 가장 작으며, 부모 세대와 자녀 세대 모두 다이아몬드형 계층 구조이다. 또한 부모 세대 계층에서 자녀 세대 계층으로의 이동이 나타나지 않는 경우는 없다.

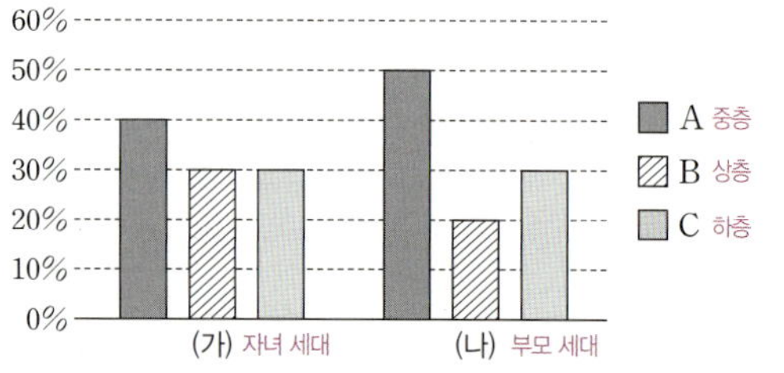

문제 분석 제시된 자료에서 부모 세대와 자녀 세대 모두 다이아몬드형 계층 구조이므로 A는 중층이다. 부모 세대 계층 대비 자녀 세대 계층의 비(比)는 중층이 가장 작으므로 (가)는 자녀 세대, (나)는 부모 세대이며, 부모 세대 계층 대비 자녀 세대 계층의 비(比)가 가장 큰 B는 상층이므로 C는 하층이다. 제시된 자료는 다음의 표와 같이 만들 수 있다.

(단위 : %)

구분		부모 세대			계
		상층	중층	하층	
자녀 세대	상층	15	10−x	5+x	30
	중층	x	30	10−x	40
	하층	5−x	10+x	15	30
계		20	50	30	100

정답 찾기 ④ 중층 부모를 둔 하층 자녀의 비율은 (10+x)%, 중층 부모를 둔 상층 자녀의 비율은 (10−x)%이다. x가 5인 경우에만 3배가 되므로 중층 부모를 둔 하층 자녀가 중층 부모를 둔 상층 자녀의 3배라고 단정할 수 없다.

오답 피하기 ① ㉠은 75, ㉡과 ㉢은 각각 50이므로, ㉠~㉢ 중 ㉠이 가장 큽니다. ② 부모 세대 하층 인구는 전체 부모 인구의 30%이며, 자녀 세대 하층 인구는 전체 자녀 인구의 30%이다. 그러나 모든 부모의 자녀는 1명씩이므로, 부모 세대 하층 인구는 자녀 세대 하층 인구보다 많다. ③ 세대 간 상승 이동한 비율은 (25−x)%이고, 세대 간 하강 이동한 비율은 (15+x)%이다. 부모 세대 계층에서 자녀 세대 계층으로의 이동이 나타나지 않는 경우는 존재하지 않으므로 x 값의 범위는 0보다 크거나 5보다 작다. 따라서 어떤 경우라도 세대 간 상승 이동 비율이 세대 간 하강 이동 비율보다 크다. ⑤ 중층으로 세대 간 하강 이동한 비율은 x%, 중층으로 세대 간 상승 이동한 비율은 (10−x)%이다. x 값의 범위는 0보다 크거나 5보다 작으므로 중층으로 세대 간 하강 이동한 자녀보다 중층으로 세대 간 상승 이동한 자녀가 많다.

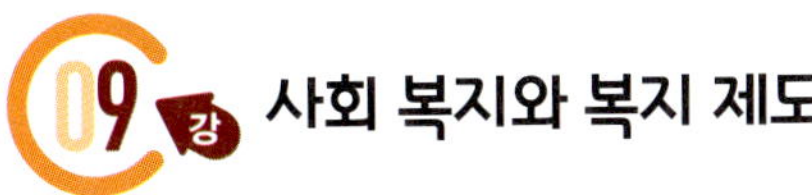

09강 사회 복지와 복지 제도

순한맛 우리나라 사회 보장 제도
정답 ④

문제 분석 제시된 자료에서 1번 사례는 기초 연금 제도, 2번 사례는 사회 서비스, 3번 사례는 노인 장기 요양 보험 제도에 해당한다. 따라서 (가)는 공공 부조, (나)는 사회 서비스, (다)는 사회 보험이다.

정답 찾기 ㄴ. 생활 유지 능력이 없거나 생활이 어려운 국민을 대상으로 하는 공공 부조가 사회 보험보다 소득 재분배 효과가 크다. ㄹ. 사회 보험과 공공 부조는 금전적 지원을 원칙으로 하고, 사회 서비스는 비금전적 지원을 원칙으로 한다.

오답 피하기 ㄱ. 공공 부조는 사후 처방적 성격이 강하고, 사회 보험은 사전 예방적 성격이 강하다. ㄷ. 사회 보험과 달리 공공 부조는 정부가 비용 전액을 부담한다.

매운맛 우리나라의 사회 보장 제도
정답 ③

	①	②	③ (함정)	④	⑤
	8.5%	18.5%	29.6%	35.4%	7.9%

자료 분석

〈자료 1〉 (가), (나)의 검색 결과

공공 부조 — (가)

생활이 어려운 사람에게 필요한 급여를 지급하여 최저 생활을 보장하고 자활을 지원하는 제도

사회 보험 — (나)

노령, 장애, 사망 시 본인 및 가족에게 연금 급여를 실시하여 기본 생활을 유지할 수 있도록 하는 제도

〈자료 2〉 ○○시의 지역·시기별 수급자 비율

(단위 : %)

구분	(가)		(나)	
	t년	t+10년	t년	t+10년
A 지역	4.8	5.0	3.4	4.0
B 지역	2.8	3.6	7.4	8.0
전체	4.4	4.3	4.2	6.0

* 해당 지역 수급자 비율(%) = $\dfrac{\text{해당 지역 수급자 수}}{\text{해당 지역 인구}} \times 100$

** ○○시에는 A, B 지역만 있고, t년과 t+10년의 ○○시 총인구는 동일함.

t년에 (가)의 수급자 비율은 ○○시 전체가 4.4%인데, A 지역은 4.8%(전체와의 차이는 0.4%p)이고, B 지역은 2.8%(전체와의 차이는 1.6%p)이다. 따라서 t년에 A 지역 인구는 B 지역 인구의 4배임을 알 수 있다. 한편 t+10년에 (가)의 ○○시 수급자 비율은 4.3%인데, 이는 A 지역의 5.0%와 B 지역의 3.6%의 평균값이다. 따라서 t+10년에 A 지역 인구와 B 지역 인구는 같음을 알 수 있다.

문제 분석 제시된 자료에서 (가)는 국민 기초 생활 보장 제도로 공공 부조에 해당하며, (나)는 국민 연금 제도로 사회 보험에 해당한다. 또한 t년에 A 지역 인구는 B 지역 인구의 4배이며, t+10년에 A 지역 인구와 B 지역 인구는 같다.

정답 찾기 ③ 강제 가입의 원칙이 적용되는 제도는 사회 보험인 (나)이다.

t년에 (나)의 A 지역 수급자 비율은 3.4%이고 B 지역 수급자 비율은 7.4%이지만, A 지역 인구가 B 지역 인구의 4배이므로 수급자 수는 A 지역이 B 지역보다 많다. t+10년에 (나)의 A 지역 수급자 비율은 4.0%이고 B 지역 수급자 비율은 8.0%인데 A 지역 인구와 B 지역 인구가 같으므로 수급자 수는 B 지역이 A 지역보다 많다.

오답 피하기 ① (가), (나) 모두 수급자가 수혜 정도에 따라 차등적으로 비용을 부담하지 않는다. ② 사후 처방적 성격이 강한 제도는 (가)이다. t년에 A 지역 인구는 B 지역 인구의 4배이지만, A 지역 수급자 수는 B 지역 수급자 수의 4배를 넘는다. ④ 상호 부조의 원리가 적용되는 제도는 (나)이다. B 지역 수급자 비율 대비 A 지역 수급자 비율은 t년에 3.4/7.4이고, t+10년에는 4.0/8.0이므로, t년이 작다. ⑤ (가)는 선별적 복지, (나)는 보편적 복지의 성격이 강한 제도이다. t년과 t+10년 ○○시 전체 인구를 10,000명이라고 가정하면, t년에 A 지역의 인구는 8,000명이고 B 지역의 인구는 2,000명이다. (나)의 수급자 수는 A 지역이 272명(=8,000명의 3.4%)이고 B 지역이 148명(=2,000명의 7.4%)이므로, 그 차이는 124명이다. 한편 t+10년에 A 지역의 인구와 B 지역의 인구는 각각 5,000명이다. (가)의 수급자 수는 A 지역이 250명(=5,000명의 5%)이고 B 지역이 180명(=5,000명의 3.6%)이므로, 그 차이는 70명이다.

함정 피하기

②번을 정답으로 선택했다면 t년 (가)의 수급자 비율에서 ○○시 전체가 4.4%, A 지역 4.8%(4.4%와 0.4%p 차이)이고, B 지역 2.8%(4.4%와 1.6%p 차이)인 것을 통해 A 지역 인구가 B 지역 인구의 4배라는 것을 파악하지 못했기 때문이다. 또한 ⑤번을 정답으로 선택했다면, t년과 t+10년 ○○시 전체 인구를 각각 10,000명이라고 가정하고 계산하지 못했기 때문이다.

실전 문제
본문 p.71~73

01 ②	02 ⑤	03 ⑤	04 ④	05 ⑤	06 ③
07 ②	08 ⑤	09 ②	10 ⑤	11 ④	12 ②

01 사회 복지의 의미에 대한 비교
정답 ②

문제 분석 제시된 자료에서 (가)는 초기 자본주의 사회의 사회 복지의 의미이고, (나)는 현대 복지 사회의 사회 복지의 의미이다.

정답 찾기 ㄱ. 사후 처방적 복지를 강조하는 것은 초기 자본주의 사회의 사회 복지의 의미와 관련이 깊다. ㄷ. 현대 복지 사회의 사회 복지는 삶의 질 향상을 목적으로 한다.

오답 피하기 ㄴ. 사회 복지를 모든 국민의 권리로 인식하는 것은 현대 복지 사회이다. ㄹ. 빈곤에 대한 사회적 책임을 강조하는 현대 복지 사회의 사회 복지는 빈곤의 예방과 구제를 국가의 의무로 인식한다.

02 복지에 대한 인식
정답 ⑤

문제 분석 제시된 대화에서 갑은 국가가 궁핍한 국민을 구제해야 하고, 미래의 위험에 대비해야 할 책임이 있다고 주장하고 있다. 그런데 국가가 국민의 모든 필요를 충족시킬 수 없고, 그래서도 안 된다고 주장한 것을 보아 갑은 기본적으로 개인도 자신의 안전한 사회생활을 위해 노력해야 한다고 보고 있음을 알 수 있다.

정답 찾기 ⑤ 갑은 국가가 국민의 복지를 위해 노력해야 하지만 국민 개개인도 저축에 힘써 빈곤을 예방하고, 빈곤으로부터 탈피하기 위해 노력

해야 할 책임이 있음을 강조하고 있다. 즉, 안전한 사회생활을 위해 기본적으로 개인이 노력하고, 국가가 그것을 보완하는 역할을 해야 한다고 보고 있다.

오답 피하기 ① 갑은 국가가 국민의 모든 필요를 충족시켜서는 안 되므로 빈곤에 대하여 개인에게도 책임이 있음을 인정하고 있다. ② 갑이 소득 감소나 상실에 대비하기 위해 고용 안정이나 의료 보장을 위한 제도를 마련해야 한다고 주장하는 것으로 볼 때, 실직이나 질병이 궁핍을 초래할 수 있음을 인식하고 있다. ③ 갑은 소득 감소나 상실에 대비하기 위한 제도를 마련해야 한다고 주장하였는데, 이러한 제도는 미래의 위험에 대비하는 것을 목적으로 하므로 사회 보험 제도에 해당한다. ④ 갑이 소득 감소나 상실에 대비하기 위한 고용 안정이나 의료 보장을 위한 제도를 마련해야 한다고 주장하는 것으로 보아 복지의 대상을 빈곤층으로 한정한 것은 아님을 알 수 있다.

03 우리나라 사회 보장 제도 　　　　정답 ⑤

문제 분석 제시된 그림에서 A는 비금전적 지원을 원칙으로 하므로 사회 서비스이며, B, C는 각각 사회 보험과 공공 부조 중 하나이다.

정답 찾기 ⑤ 상호 부조의 원리를 기반으로 하는 것은 사회 보험이다. (가)에 해당 내용이 들어가면 B는 사회 보험이며, C는 공공 부조이다. 공공 부조는 생활 유지 능력이 없거나 생활이 어려운 사람을 대상으로 한다.

오답 피하기 ① 사전 예방적 성격이 강한 것은 사회 보험이며, 사후 처방적 성격이 강한 것은 공공 부조이다. ② 모든 국민을 대상으로 하는 사회 보험은 공공 부조보다 대상자의 범위가 넓다. 따라서 B는 공공 부조이며, C는 사회 보험이다. 소득 재분배 효과가 가장 큰 것은 공공 부조이다. ③ C가 사회 보험이면 B는 공공 부조이다. 강제 가입을 원칙으로 하는 것은 사회 보험이므로, (가)에는 해당 질문이 들어갈 수 없다. ④ 국가와 지방 자치 단체가 비용을 모두 부담하는 것은 공공 부조이다. (가)에 해당 질문이 들어가면 B는 공공 부조이며 C는 사회 보험이다. 사회 서비스와 사회 보험은 대상자가 중복될 수 있다.

04 국민 기초 생활 보장 제도 　　　　정답 ④

문제 분석 제시된 자료의 맞춤형 급여 체계는 중위 소득 50% 이하에 해당하는 가구를 4단계로 구분하고 월 소득 인정액에 따라 교육 급여, 주거 급여, 의료 급여, 생계 급여를 차별적으로 제공하는 제도이다.

정답 찾기 ㄴ. 의료 급여 수급권자는 월 소득 인정액이 교육 급여나 주거 급여 수급권자보다 낮아 교육 급여 및 주거 급여 수혜를 받을 수 있다. ㄹ. 가구의 월 소득 인정액 기준이 한 단계씩 낮아질수록 교육 급여에서 주거 급여, 의료 급여, 생계 급여로 급여 종류가 하나씩 추가된다.

오답 피하기 ㄱ. 맞춤형 급여 제도는 일정 소득 수준 이하의 국민만을 대상으로 하는 것이므로 보편적 복지의 성격보다 선별적 복지의 성격이 강하다. ㄷ. 생계 급여 혜택을 받는 사람은 월 소득 인정액이 가장 낮은 수준이므로 모든 급여 혜택을 받을 수 있다.

05 우리나라 사회 보장 제도 　　　　정답 ⑤

문제 분석 제시된 자료에서 (가)는 공공 부조에 해당하는 국민 기초 생활 보장 제도, (나)는 사회 보험에 해당하는 국민 연금 제도이다.

정답 찾기 ⑤ 강제 가입 원칙이 적용되는 것은 (나), 사후 처방적 성격이 강한 제도는 (가)이다. (나) 수급자 대비 (가) 수급자의 경우 A 지역은 2.8/4.2이고, C 지역은 3.2/6.4이다. 따라서 A 지역이 C 지역보다 높다.

오답 피하기 ① 상호 부조의 원리가 적용되는 제도는 (나)이므로, 2.8%가 아니라 4.2%이다. ② 선별적 복지의 성격이 강한 제도는 (가)이지만, A~C 지역의 전체 인구가 주어져 있지 않기 때문에 B 지역의 수급자 수가 가장 많은지는 알 수 없다. ③ 소득 재분배 효과가 더 큰 제도는 (가)이다. (가)의 수급자 비율이 6.0%를 초과한 지역은 없다. ④ 수혜자 부담 원칙이 적용되지 않는 제도는 (가)이지만, A~C 지역의 전체 인구가 주어져 있지 않기 때문에 각 지역의 수급자 수의 크기를 비교할 수 없다.

06 우리나라 사회 보장 제도 　　　　정답 ③

문제 분석 제시된 자료에서 국가나 지방 자치 단체가 비용을 전액 부담하는 A는 공공 부조이므로 B와 C는 각각 사회 보험과 사회 서비스 중 하나이다.

정답 찾기 ③ 상호 부조의 원리가 적용되는 것은 사회 보험이므로 C는 사회 서비스이다. 사회 서비스는 민간 부문에 의해 제공되기도 한다.

오답 피하기 ① 사회 보험과 공공 부조는 금전적 지원을 원칙으로 하므로 B와 C 중 어느 것이 비금전적 지원을 원칙으로 하는 사회 서비스인지 알 수 없다. ② 공공 부조는 사전 예방적 성격보다 사후 처방적 성격이 강하므로 (가)에는 해당 내용이 들어갈 수 없다. ④ 사회 보험, 공공 부조, 사회 서비스 모두 소득 재분배 효과가 있으므로 (나)에는 해당 내용이 들어갈 수 없다. ⑤ 수혜 대상자에 대한 자립과 자활 보장을 목적으로 하는 것은 생산적 복지로, 세 유형으로는 특정되기 어렵다.

07 우리나라 사회 보장 제도 　　　　정답 ②

문제 분석 제시된 그림에서 (가)에는 사회 보험에만 해당하는 특징을 묻는 질문이, (나)에는 사회 보험과 공공 부조의 공통점을 묻는 질문이, (다)에는 공공 부조에만 해당하는 특징을 묻는 질문이 들어가야 한다.

정답 찾기 ② 사회 보험은 공공 부조와 달리 강제 가입의 원칙이 적용되므로 (가)에는 해당 질문이 들어갈 수 있다. 또한 사회 보험과 공공 부조 모두 소득 재분배 효과가 발생하므로 (나)에는 해당 질문이 들어갈 수 있다. 한편 공공 부조는 사회 보험과 달리 수혜 대상자를 선별하므로 (다)에는 해당 질문이 들어갈 수 있다.

08 우리나라의 사회 보장 제도 　　　　정답 ⑤

문제 분석 제시된 자료에서 (가)는 강제 가입의 원칙이 적용되지 않으므로 공공 부조이며, (나)는 사회 보험이다.

정답 찾기 ㄷ. A 지역 65세 이상 인구와 B 지역 65세 이상 인구의 비는 1:1.2이다. A 지역 65세 이상 인구를 100명, B 지역 65세 이상 인구를 120명이라고 가정하면, A 지역 65세 이상 인구 중 (나)의 수급자 수는 60명이고, B 지역 65세 이상 인구 중 (나)의 수급자 수는 60명으로 같다. ㄹ. A 지역 65세 이상 인구를 100명, B 지역 65세 이상 인구를 120명이라고 가정하면, A 지역 65세 이상 인구 중 (나)의 수급자는 60명(=100명의 60%)이고, 그중 남성 수급자는 24명(=60명의 40%)이다. 한편 B 지역 65세 이상 인구 중 (나)의 수급자는 60명(=120명의 50%)이고, 그중 남성 수급자는 30명(=60명의 50%)이다. 따라서 B 지역 65세 이상 인구

중 (나)의 남성 수급자 수는 A 지역 65세 이상 인구 중 (나)의 남성 수급
자 수보다 많다.

오답 피하기 ㄱ. 사회 보험에 비해 공공 부조는 사후 처방적 성격이 강하
다. ㄴ. A 지역 65세 이상 인구를 100명, B 지역 65세 이상 인구를 120
명이라고 가정하면, A 지역 65세 이상 인구 중 (가)의 수급자 수는 20명
이고, 이 중에서 여성 수급자 수는 12명이다. 한편 B 지역 65세 이상 인
구 중 (가)의 수급자 수는 36명이고, 이 중에서 남성 수급자 수는 7.2명
이다. 따라서 A 지역 65세 이상 인구 중 (가)의 여성 수급자 수는 B 지역
65세 이상 인구 중 (가)의 남성 수급자 수보다 많다.

09 우리나라의 사회 보장 제도 　　　　　정답 ②

문제 분석 제시된 자료에서 A는 고용 보험으로 사회 보험에 해당하고, B
는 기초 생활 보장 제도로 공공 부조에 해당하며, C는 노인 장기 요양 보
험으로 사회 보험에 해당한다.

정답 찾기 갑. 사회 보험과 공공 부조 모두 금전적 지원을 원칙으로 한
다. 병. 공공 부조와 달리 사회 보험은 상호 부조의 원리를 바탕으로
한다.

오답 피하기 을. 사회 복지 제도는 모두 사회 연대성의 원리를 바탕으로
만들어졌다. 정. 선별적 복지에 해당하는 공공 부조는 수혜로 인해 부정
적인 낙인이 발생할 우려가 있다.

10 우리나라의 사회 보장 제도 　　　　　정답 ⑤

문제 분석 제시된 사회 보장 제도는 모두 사회 서비스에 해당한다.

정답 찾기 ⑤ 사회 서비스는 복지 제공에 있어 민간 부문의 참여가 나타
나기도 한다.

오답 피하기 ① 사회 서비스는 비금전적 지원을 원칙으로 한다. ② 사회
서비스는 해당 서비스를 필요로 하는 사람의 신청에 의해 이루어지는 경
우가 많다. 의무 가입을 원칙으로 하는 것은 사회 보험이다. ③ 복지 수
혜자와 비용 부담자가 일치하는 것은 사회 보험이다. 사회 서비스는 비
용 부담 능력이 있는 국민에게는 수익자 부담 원칙을 적용하지만, 일정
소득 수준 이하의 국민에 대해서는 국가와 지방 자치 단체가 비용의 전
부 또는 일부를 부담한다. 따라서 사회 서비스의 경우 복지 수혜자와 비
용 부담자가 일치한다고 단정할 수 없다. ④ 사회 서비스는 도움이 필요
한 모든 국민을 대상으로 하는데, 필요로 하는 도움이 다양하므로 개별
서비스의 특성에 따라 복지 제공 대상자가 다르다.

11 근로 장려금 제도 　　　　　정답 ④

문제 분석 제시된 자료의 근로 장려금 제도는 저소득층을 대상으로 하므
로 소득 재분배 효과가 발생한다. 근로 소득이 없으면 근로 장려금도 없
지만 일정 근로 소득 구간에서는 근로 소득이 증가할수록 근로 장려금이
발생한다. 근로 장려금 제도는 근로와 복지를 연계했다는 점에서 생산적
복지 이념을 반영하고 있다.

정답 찾기 ㄱ. 을국의 경우, 근로 소득 0~8,000달러 구간에서 직선
의 기울기는 1,800/8,000이고 11,000~20,000달러 구간에서 직선의
기울기는 −1,800/9,000으로, 앞의 직선의 기울기가 더 크다. 근로 소
득 8,000달러와 11,000원일 때의 근로 장려금은 1,800달러로 같고 근
로 소득 0~8,000달러 구간의 직선의 기울기가 더 크므로, 근로 소득이

8,000달러에서 6,000달러로 될 때의 근로 장려금 감소폭은 11,000달러
에서 13,000달러가 될 때의 근로 장려금 감소폭보다 더 크다. 따라서 근
로 소득이 6,000달러인 경우보다 13,000달러인 경우가 근로 장려금 지
급액이 많다. (근로 소득 6,000달러일 때의 근로 장려금은 1,350달러이
고, 근로 소득 13,000달러일 때의 근로 장려금은 1,400달러임.) ㄷ. 근로
장려금은 근로와 복지를 연계시킨다는 점에서, 생산적 복지를 지향한다.
ㄹ. 근로 소득 크기에 따라 근로 장려금 지급 액수가 달라진다는 점에서,
갑국과 을국 모두에서 소득 재분배 효과가 발생한다.

오답 피하기 ㄴ. 근로 소득이 7,000달러일 때 근로 장려금은 갑국은
1,500달러이지만, 을국은 1,500달러가 넘는다. 실제로 을국의 근로 소
득 7,000달러에서 지급되는 근로 장려금은 1,575달러(=7,000달러×
1,800/8,000)이다.

12 복지 제도의 한계와 해결 방안 　　　　　정답 ②

문제 분석 제시된 대화에서 갑은 과도한 복지 혜택으로 인해 사회 전반
의 생산성이 저하되는 상황을 우려하고 있다. 반면 을은 무조건 복지 혜
택을 줄이는 것보다는 노동과 복지를 연계함으로써 갑이 우려하는 부작
용을 최소화해야 한다고 주장하고 있다.

정답 찾기 ② 갑은 과도한 복지 혜택이 부작용, 즉 복지병을 유발할 위험
에 대해 우려하고 있다.

오답 피하기 ① 갑은 과도한 복지 혜택이 불러올 부작용에 대해 우려하
고 있으므로 수혜 대상이 광범위한 보편적 복지를 선호할 가능성이 낮
다. ③ 을은 노동과 복지를 연계함으로써 생산성 향상과 빈부 격차 완화
를 동시에 달성할 수 있다고 볼 것이다. ④ 생산적 복지는 복지와 경제
성장을 함께 실현하려는 새로운 복지 이념으로 을의 견해에 부합한다.
⑤ 제시된 대화만으로는 을이 개인의 경제 활동에 대한 국가 개입에 부
정적이라고 보기 어렵다.

킬러 문항 완전 정복

본문 p.74~75

01 ④	02 ④	03 ③	04 ①

01 우리나라의 사회 보장 제도 　　　　　정답 ④

자료 분석

㉠	국민의 질병, 부상에 대한 예방, 진단, 치료, 재활, 출산, 사망 및 건강 증진에 대하여 보험 급여를 제공하는 제도 → 국민 건강 보험 (사회 보험에 해당)
㉡	65세 이상 노인 중 소득이 일정 수준 이하인 사람에게 생활 안정에 필요한 연금을 지급하는 제도 → 기초 연금 (공공 부조에 해당)
㉢	산모·신생아 건강 관리사가 일정 기간 출산 가정을 방문하여 산모·신생아 관리 서비스를 제공하는 제도 → 산모·신생아 관리 지원 사업 (사회 서비스에 해당)

문제 분석 제시된 자료에서 ㉠은 국민 건강 보험 제도로 사회 보험에 해
당하며, ㉡은 기초 연금 제도로 공공 부조에 해당한다. 또한 ㉢은 산모·
신생아 관리 지원 사업으로, 사회 서비스에 해당한다.

정답 찾기 ㄱ. 사회 보험은 강제 가입의 원칙이 적용되므로, 해당 질문은
(가)에 들어갈 수 있다. ㄴ. 사회 서비스와 달리 사회 보험과 공공 부조는
금전적 지원을 원칙으로 하므로, (나)에는 해당 질문이 들어갈 수 없다.

ㄷ. 선별적 복지의 원칙이 적용되는 것은 공공 부조이므로 ⓒ이 C에 해당하면, A는 공공 부조이며, B는 사회 보험이다. 따라서 ⑦은 B에 해당한다.

오답 피하기 ㄹ. (가)가 '상호 부조의 원칙을 기반으로 하는가?'이고 (나)가 '사후 처방적 성격을 가지는가?'이면, A는 사회 보험, B는 사회 서비스, C는 공공 부조이다. 사회 보험과 공공 부조 모두 소득 재분배 효과가 있다.

02 우리나라의 사회 보장 제도
정답 ④

자료 분석

제도	사례
A	발달 장애인 자녀를 양육하는 갑(45세)은 보건복지부가 제공하는 전문인 심리 상담을 받고 있다. → 발달 장애인 부모 심리 상담 지원 사업 (사회 서비스에 해당)
B	소득 인정액이 보건복지부장관이 정하여 고시하는 금액보다 낮은 을(69세)은 국가로부터 연금을 지급받고 있다. → 기초 연금 (공공 부조에 해당)
C	회사에서 제공한 차량을 타고 출장지로 이동하던 도중 교통사고를 당해 장해를 입은 병(29세)은 장해 급여를 지급받고 있다. → 산업 재해 보상 보험 (사회 보험에 해당)

문제 분석 제시된 자료에서 A는 사회 서비스(발달 장애인 부모 심리 상담 지원 사업), B는 공공 부조(기초 연금 제도), C는 사회 보험(산업 재해 보상 보험 제도)이다.

정답 찾기 ④ 사회 보험은 공공 부조와 달리 상호 부조의 원리를 바탕으로 하므로, (다)에는 해당 질문이 들어갈 수 있다.

오답 피하기 ① 사회 서비스와 공공 부조 모두 강제 가입을 원칙으로 하지 않으므로, (가)에는 해당 질문이 들어갈 수 없다. ② 사회 보험의 경우 가입자가 비용을 부담하고, 사회 서비스의 경우에도 부담 능력이 있는 국민은 비용을 부담한다. 즉, 두 제도 모두 수익자 부담의 원칙이 적용되므로, (나)에는 해당 질문이 들어갈 수 없다. ③ 저소득층의 최저 생활 보장을 목적으로 하는 사회 보장 제도는 공공 부조이므로, (나)에는 해당 질문이 들어갈 수 없다. ⑤ 공공 부조뿐 아니라 사회 보험도 국가가 복지 비용 부담의 주체이므로, (다)에는 해당 질문이 들어갈 수 없다.

03 우리나라의 사회 보장 제도
정답 ③

자료 분석

학생	질문	사회 보험 (가)	공공 부조 (나)
갑	금전적 지원을 원칙으로 하는가? → 사회 보험 : 예, 공공 부조 : 예	×	○
을	강제 가입의 원칙이 적용되는가? → 사회 보험 : 예, 공공 부조 : 아니요	○	○
병	선별적 복지 이념을 바탕으로 하는가? → 사회 보험 : 아니요, 공공 부조 : 예	×	○
정	상호 부조의 원리를 기반으로 하는가? → 사회 보험 : 예, 공공 부조 : 아니요	×	×
무	민간 부문에 의해 제공되는 것을 원칙으로 하는가? → 사회 보험 : 아니요, 공공 부조 : 아니요	○	×

문제 분석 〈자료 1〉에서 옳게 대답한 학생은 병이며, (가)는 사회 보험, (나)는 공공 부조이다. 2009년 (가)의 수혜자 비율은 A 지역이 20%, B 지역이 22%, ○○ 지역 전체가 21%인 것으로 보아, A 지역의 인구와 B

지역 인구는 같다. 2019년 (가)의 수혜자 비율은 A 지역이 30%, B 지역이 33%, ○○ 지역 전체가 31%인 것으로 보아, A 지역 인구는 B 지역 인구의 2배이다.

정답 찾기 ㄷ. 사전 예방적 성격이 강한 제도는 사회 보험, 즉 (가)이다. 2019년 사전 예방적 성격이 강한 제도의 수혜자 비율은 B 지역이 A 지역보다 3%p 높지만, A 지역 인구가 B 지역 인구의 2배이므로 (가)의 수혜자 수는 A 지역이 B 지역보다 많다. ㄹ. 사후 처방적 성격이 강한 제도는 공공 부조, 즉 (나)이다. 2009년 (나)의 수혜자 수는 A 지역과 B 지역이 같다. 2019년 (나)의 수혜자 비율은 A 지역이 B 지역보다 3%p 낮지만, A 지역 인구가 B 지역 인구의 2배이므로 (나)의 수혜자 수는 A 지역이 B 지역보다 많다. 따라서 2009년 대비 2019년 (나) 제도의 수혜자 증가율은 A 지역이 B 지역보다 크다.

오답 피하기 ㄱ. 사회 보험은 수혜자 비용 부담의 원칙이 적용된다. ㄴ. 2009년 대비 2019년의 인구 증가율은 A 지역이 B 지역의 2배이다.

04 근로 장려금 제도 관련 자료 분석
정답 ①

자료 분석

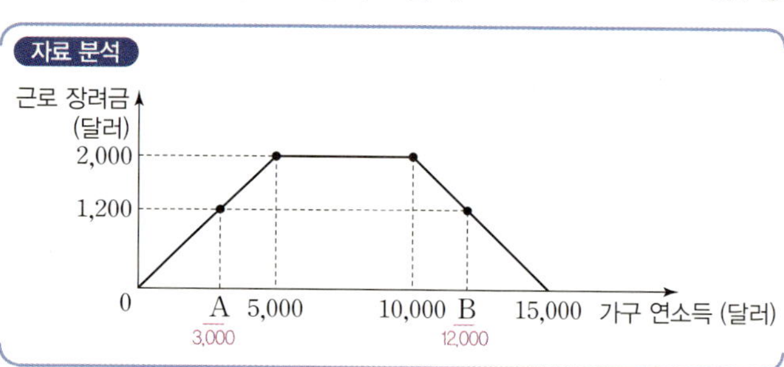

문제 분석 제시된 그래프에서 1,200/A와 2,000/5,000은 같다. 따라서 A는 3,000이다. 또한 (2,000−1,200)/(B−10,000)은 2/5(=2,000/(15,000−10,000))이므로 B는 12,000이다.

정답 찾기 ㄱ. A는 3,000이며, B는 12,000이므로 A는 B의 25%이다. ㄷ. 연간 가구 소득이 5,000달러 이상 10,000달러 미만인 경우 근로 장려금은 일정하므로 '근로 장려금/연간 가구 소득'은 감소한다.

오답 피하기 ㄴ. 해당 구간의 그래프 기울기가 일정하므로 연간 가구 소득이 5,000달러 미만인 경우 연간 가구 소득이 증가할수록 연간 가구 소득 대비 근로 장려금의 비(比)는 2/5로 일정하다. ㄹ. 연간 가구 소득이 10,000달러 이상 15,000달러 미만의 구간에서 근로 장려금은 최대 2,000달러이다. 해당 구간에서 연간 가구 소득의 증가액은 최대 5,000달러이며, 근로 장려금 감소액은 최대 2,000달러이므로 연간 가구 소득이 증가할수록 연간 가구 소득 증가액보다 근로 장려금 감소액이 작다.

대표 기출 vs 고난도 기출

본문 p.78

순한맛 ③　　　　　　매운맛 ④

순한맛 진화론과 순환론　　　　　　정답 ③

문제 분석 제시문 (가)의 '세 가지 문화 체계가 번갈아 출현한다.'에서 순환론, (나)의 '모든 문명은 완전성을 지향하는 시대정신을 향해 동일한 변동 과정을 밟는다.'에서 진화론을 추론할 수 있다.

정답 찾기 ③ 진화론은 서구 사회가 진보된 사회임을 전제한다. 이 때문에 진화론은 서구의 제국주의 역사를 정당화하는 수단으로 악용될 우려가 있다는 비판을 받는다.

오답 피하기 ① 사회의 안정과 조화를 유지하기 위해서 사회 각 부분들이 조정되는 과정을 사회 변동으로 보는 것은 기능론이다. ② 진화론은 사회 변동이 진보와 발전을 의미한다고 본다. ④ 급격한 사회 변동을 설명하기 용이한 것은 갈등론이며, 점진적 사회 변동을 설명하기 용이한 것은 기능론이다. ⑤ 사회가 이전보다 복잡하고 분화되는 양상으로 변동한다고 보는 것은 진화론이다.

매운맛 진화론과 순환론　　　　　　정답 ④

🔒 함정

①	②	③	④	⑤
8.7%	25.7%	9.2%	49.8%	6.5%

자료 분석　→ 진화론, 순환론

교사 : 사회 변동의 방향을 바라보는 관점에는 A, B가 있습니다. 이에 대하여 발표해 보세요.

진화론 ← 갑 : A는 사회 변동이 항상 발전을 의미하지는 않는다는 점을 간과합니다.

진화론 ← 을 : B는 서구 사회가 진보된 사회임을 전제합니다.

순환론 ← 병 : 　(가)　 → 옳은 진술이 들어가야 함

정 : B는 미래 사회의 변동 방향에 대한 예측에 한계가 있습니다. ← 을

교사 : 한 사람을 제외하고 모두 옳게 발표했네요.

문제 분석 제시된 자료에서 한 사람의 발표만 옳지 않으므로 A는 진화론, B는 순환론이다. A가 순환론, B가 진화론이라면 갑과 정의 발표가 옳지 않게 되기 때문이다. 또한 (가)에는 옳은 진술이 들어가야 한다.

정답 찾기 ㄴ. 순환론은 운명론적 관점에서 사회 변동을 설명한다. ㄹ. 진화론은 사회가 미분화된 상태에서 분화된 상태로 변동한다고 본다.

오답 피하기 ㄱ. 사회 변동 과정에서 나타나는 사회의 쇠락을 설명하기가 용이한 것은 순환론이다. ㄷ. 진화론은 사회 변동은 일정한 방향성을 갖는다고 보므로, 사회 변동의 유형이 다양하지 않다고 본다.

🔒 **함정 피하기**

틀린 내용을 발표한 사람이 을임을 파악하지 못했다면, 진화론이 미래 사회의 변동 방향에 대한 예측이 가능하지만, 순환론은 미래 사회의 변동 방향에 대한 예측이 어렵다는 점을 기억하지 못했기 때문이다.

본문 p.79~81

01 ③	02 ③	03 ④	04 ②	05 ④	06 ③
07 ③	08 ④	09 ②	10 ②	11 ④	12 ②

01 진화론과 순환론　　　　　　정답 ③

문제 분석 제시된 (가)는 진화론, (나)는 순환론이다.

정답 찾기 ㄴ. 진화론은 사회가 항상 진보한다고 보지만, 순환론은 사회가 쇠퇴하거나 소멸하기도 한다고 본다. ㄷ. 진화론은 서구화를 진보로 보며, 진화론자들은 개발도상국이 근대화 과정을 거쳐 선진국으로 발전해 가는 과정을 진화론을 통해 설명한다.

오답 피하기 ㄱ. 사회 변동을 동일한 과정의 주기적 반복으로 설명하는 것은 순환론이다. ㄹ. 순환론은 사회 변동 방향을 예측하여 대응하기에 부적합하다는 비판을 받는다.

02 진화론과 순환론　　　　　　정답 ③

문제 분석 제시된 자료에서 A는 사회 변동에 특정 방향, 즉 단일한 방향성이 있다고 보므로 진화론이며, B는 사회가 일정 기간 성장기를 거쳐 발전하다가 일정 기간 쇠퇴기를 거쳐 소멸하는 것을 반복한다고 보므로 순환론이다.

정답 찾기 ③ 순환론은 운명론적 시각으로 사회 변동을 바라보며, 진화론은 서구 강대국의 제국주의 침략을 정당화하는 근거가 될 수 있다. 따라서 (가)에는 '아니요', (나)에는 '예', (다)에는 '예', (라)에는 '아니요'가 들어가야 한다.

03 순환론　　　　　　정답 ④

문제 분석 제시문은 사회는 시작과 함께 끝이 예정되어 있다고 보는 순환론의 관점에서 사회 변동을 바라보고 있다.

정답 찾기 ㄴ. 순환론은 사회가 생성, 성장, 쇠퇴, 소멸의 과정을 밟으며 변동한다고 주장한다. 그러나 현존하는 사회가 사회 변동의 순환 과정 중 어느 단계에 있는지 설명하는 데 한계가 있어 앞으로 나타날 변동 방향을 예측하는 데 적합하지 않다는 비판을 받는다. ㄹ. 순환론은 역사 속에서 나타난 사회 변동 과정을 설명하는 데 적합하지만 미래에 나타날 사회 변동을 설명하는 데에는 한계가 있다.

오답 피하기 ㄱ. 순환론도 사회가 성장하고 발전하는 과정이 있음을 인정한다. ㄷ. 순환론은 사회가 생성되면 언젠가는 소멸할 것이라는 운명론적인 입장을 갖는다.

04 사회 변동에 대한 구조적 관점　　　　　　정답 ②

문제 분석 제시된 그림에서 A는 사회 변동을 사회가 균형 상태를 찾아가는 과정으로 보므로 기능론이며, B는 갈등론이다.

정답 찾기 ㄱ. 기능론은 사회 변동보다 사회 질서 유지를 강조한다는 점에서 사회 변동에 대해 보수적 관점이라는 비판을 받는다. ㄹ. 갈등론은 기능론과 달리 집단 간의 갈등이 사회 변동의 원동력이 된다고 보므로, (가)에는 해당 질문이 들어갈 수 있다.

오답 피하기 ㄴ. 갈등론은 기능론에 비해 사회적 모순과 대립에 의한 사회 변동을 설명하기에 용이하다. ㄷ. 갈등론은 기능론에 비해 혁명과 같은 급격한 사회 변동을 설명하기 용이하다.

05 사회 운동의 의미와 사례   정답 ④

문제 분석 제시된 자료의 A는 '사회 운동'이다. 사회 운동이란 사회 변동을 달성 또는 저지하기 위한 지속적이고 조직적인 노력을 의미한다. 따라서 일시적이고 개인적인 행동은 사회 운동으로 보기 어렵다.

정답 찾기 ㄴ. 길가에 쓰러진 취객을 구조하려는 사람들의 행동은 지속적인 행위가 아니라 일시적 행위라는 점에서 사회 운동의 사례로 보기 어렵다. 갑은 사회 운동의 사례에 대해 틀리게 발표했으므로, (가)에는 해당 내용이 들어갈 수 있다. ㄹ. 대체 에너지 지원 정책 마련을 촉구하는 시민들의 집회는 사회 변화를 지향하는 사회 운동의 사례이다. 을은 사회 운동의 사례에 대해 옳게 발표했으므로, (나)에는 해당 내용이 들어갈 수 있다.

오답 피하기 ㄱ. 여성 참정권 확대를 위한 여성들의 투쟁은 사회 운동의 사례이므로, (가)에는 해당 내용이 들어갈 수 없다. ㄷ. 화장장 설치를 반대하는 해당 지역 주민의 1인 시위는 조직적인 행위로 보기 어려우므로, (나)에는 해당 내용이 들어갈 수 없다.

06 산업 사회와 정보 사회의 특징 비교   정답 ③

문제 분석 제시된 자료에서 A 사회는 정보 사회, B 사회는 산업 사회이다.

정답 찾기 ③ 관료제 조직은 산업 사회에서, 탈관료제 조직은 정보 사회에서 상대적으로 비중이 더 높다.

오답 피하기 ① 면대면 접촉의 비중은 정보 사회보다 산업 사회에서 더 높다. ② 산업 사회에서는 자본과 노동, 정보 사회에서는 정보와 지식이 부가 가치의 원천으로 중시된다. ④ 다품종 소량 생산 방식은 정보 사회에서 더 확대된다. ⑤ 가상 공간의 등장으로 인해 소비자와 생산자 간의 공간적 제약이 극복되는 것은 정보 사회의 특징이다.

07 산업 사회와 정보 사회의 특징 비교   정답 ③

문제 분석 제시된 자료에서 A 사회는 산업 사회, B 사회는 정보 사회이다. 따라서 제시된 그림의 (가)에는 산업 사회보다 정보 사회에서 높거나 강한 특징이, (나)에는 정보 사회보다 산업 사회에서 높거나 강한 특징이 들어가야 한다.

정답 찾기 ③ 산업 사회에 비해 정보 사회에서 개인 정보의 유출 가능성은 높고, 2차 산업의 비중은 낮다.

오답 피하기 ① 산업 사회에 비해 정보 사회에서 직업의 동질성 정도와 가정과 일터의 분리 정도는 낮다. ② 산업 사회에 비해 정보 사회에서 비대면 접촉 가능성과 사회의 다원화 정도는 높다. ④ 산업 사회에 비해 정보 사회에서 업무 방식의 표준화 정도는 낮고, 산업 구조의 고도화 정도는 높다. ⑤ 산업 사회에 비해 정보 사회에서 다품종 소량 생산 방식의 비중과 쌍방향 매체의 비중은 높다.

08 산업 사회와 정보 사회의 특징 비교   정답 ④

문제 분석 제시된 자료에서 갑은 모든 질문에 대해 옳게 응답하였으므로 A는 다원화 정도가 높은 사회이며, B는 관료제 조직의 비중이 높은 사회이다. 따라서 A는 정보 사회, B는 산업 사회이다.

정답 찾기 ④ 산업 사회는 교통과 통신이 발달한 정보 사회에 비해 사회적 관계를 맺는 공간적 범위가 좁다.

오답 피하기 ① 정보 사회는 산업 사회에 비해 직업의 분화 정도가 높다. ② 정보 사회는 산업 사회에 비해 정보 확산의 시·공간적 제약 정도가 낮다. ③ 산업 사회는 정보 사회에 비해 구성원 간 익명성이 약하다. ⑤ (가)의 질문에 대해 갑은 옳게 응답하였고, 을과 병은 틀리게 응답하였다. 산업 사회는 정보 사회에 비해 가정과 일터의 분리 정도가 높으므로, (가)에 해당 질문이 들어가면, ㉠은 B, ㉡, ㉢은 모두 A이다.

09 산업 사회와 정보 사회의 특징 비교   정답 ②

문제 분석 정보 사회는 산업 사회에 비해 사회 변동의 속도가 빠르고 다품종 소량 생산의 비중이 높으므로, A는 정보 사회이며 B는 산업 사회이다.

정답 찾기 ㄱ. 정보 사회는 산업 사회에 비해 1인 가구의 비중이 크다. ㄹ. 산업 사회는 정보 사회에 비해 정보 생산자와 소비자 간 경계가 명확하다.

오답 피하기 ㄴ. 정보 사회는 산업 사회보다 3차 산업의 비중이 크다. ㄷ. 산업 사회는 정보 사회에 비해 대면 접촉의 비중이 크다.

10 고령화 사회 관련 자료 분석   정답 ④

문제 분석 자료에 제시된 전체 인구 대비 0~14세 인구 비율 및 노령화 지수를 활용하여 갑국과 을국의 t년과 t+80년 전체 인구 대비 연령대별 인구 비율을 도출하면 다음과 같다.

(단위 : %)

구분	갑국		을국	
	t년	t+80년	t년	t+80년
0~14세	60	30	50	20
15~64세	25	55	40	55
65세 이상	15	15	10	25

정답 찾기 ④ 을국의 경우 t년에 전체 인구에서 65세 이상 인구가 차지하는 비율이 10%로 고령화 사회였으며, t+80년에는 전체 인구에서 65세 이상 인구가 차지하는 비율이 25%로 초고령 사회로 변화하였다.

오답 피하기 ① 갑국의 경우 15~64세 인구 대비 65세 이상 인구의 비는 t년이 (150/250), t+80년이 (300/1,100)으로 t년이 더 크다. ② 을국의 경우 t년에 비해 t+80년에 65세 이상 인구의 비율이 증가하였으며, 이와 같은 노인 인구 비율의 증가는 합계 출산율 감소에 따른 현상으로 볼 수 있다. 그러나 t년과 비교하여 t+80년에 65세 이상 인구가 증가한 원인은 전체 인구의 증가 등으로 다양할 수 있기 때문에 합계 출산율 감소라고 단정할 수 없다. ③ t+80년의 15~64세 인구 비율 대비 0~14세 인구 비율은 갑국이 (30/55), 을국이 (20/55)로 갑국이 더 크다. ⑤ t년 대비 t+80년의 경우 갑국은 0~14세 인구는 변동이 없고 65세 이상 인구는 증가하였으며, 을국은 0~14세 인구 감소율보다 65세 이상 인구 증가율이 더 크다. 따라서 갑국과 을국 모두 65세 이상 인구의 증가가 노령화 지수 상승의 원인이라고 할 수 있다.

11 인구 부양비 자료의 분석   정답 ④

문제 분석 제시된 자료에서 A는 유소년 부양비이며, B는 노년 부양비이다. 갑국의 15세~64세 인구를 100명이라고 할 때 제시된 그림은 다음의 표와 같이 나타낼 수 있다.

（단위 : 명）

구분	1999년	2009년	2019년
0~14세 인구	40	33	20
15~64세 인구	100	100	100
65세 이상 인구	10	12	20
전체 인구	150	145	140

정답 찾기 ④ 전체 인구에서 65세 이상 인구가 차지하는 비율은 2019년이 약 14.3%(=20/140)으로 2009년의 약 8.3%(=12/145)의 2배가 되지 않는다.

오답 피하기 ① 1999년에는 전체 인구에서 0~14세 인구와 65세 이상 인구가 차지하는 비율이 약 33%(=50/150)이다. ② 0~14세 인구 대비 65세 이상 인구의 비(比)는 1999년이 1/4로 2019년의 1보다 작다. ③ 전체 인구에서 15~64세 인구가 차지하는 비율은 2009년이 약 69%(=100/145)로 2019년의 약 71.4%(=100/140)보다 낮다. ⑤ 전체 인구에서 0~14세 인구가 차지하는 비율은 1999년이 약 27%(=40/150)이며, 2009년이 약 23%(=33/145)로 1999년과 2009년 모두 30% 미만이다.

12 인구 부양비 자료의 분석　　정답 ②

문제 분석 제시된 자료에서 갑국의 15~64세 인구를 100명이라고 할 경우 다음의 표와 같이 나타낼 수 있다.

（단위 : 명）

구분	2017년	2018년	2019년
65세 이상 인구	12	㉢	16
15~64세 인구	100	100	100
0~14세 인구	㉠	㉣	16
전체 인구	12+㉠+100	136	132

정답 찾기 ㄱ. 15~64세 인구가 100명일 때 ㉠이 20이면, 전체 인구는 2017년이 132명으로 2019년의 132명과 같다. ㄷ. ㉠, ㉢이 모두 14이면, ㉡은 26, ㉣은 22가 되므로, 65세 이상 인구 대비 0~14세 인구의 비(比)는 2018년(22/14)이 2017년(14/12)보다 크다.

오답 피하기 ㄴ. ㉡이 36이면, ㉠은 24가 되므로, 2017년에 전체 인구에서 0~14세 인구가 차지하는 비율은 약 17.6%{=(24/136)×100}으로 20%를 넘지 않는다. ㄹ. ㉢+㉣은 36이다. 만약 ㉢이 ㉣보다 작다면 ㉢은 18을 넘을 수 없다. ㉢이 17, ㉣이 19라면, 2018년 전체 인구에서 65세 이상 인구가 차지하는 비율은 12.5%{=(17/136)×100}가 되어 14%를 넘지 않는다.

01 진화론과 순환론　　정답 ⑤

자료 분석

A : 사회도 생물체와 마찬가지로 자연 선택에 의해서 점차 높은 차원의 단계로 긍정적인 변화를 하게 된다. → 진화론

B : 인류 사회의 여러 문명들은 독자적 정체성을 가지지만, 결국 생존 주기에 따라 출생, 성숙, 노쇠, 몰락의 과정을 되풀이한다. → 순환론

질문
운명론적 관점에서 사회 변동을 바라보는가? → 진화론 : 아니요, 순환론 : 예
서구 중심적이고 단선적인 사고방식으로 사회 변동을 바라보는가? → 진화론 : 예, 순환론 : 아니요
사회 변동 방향에 대한 예측과 대응에 적합하지 못하다는 비판을 받는가? → 진화론 : 아니요, 순환론 : 예
사회 변동이 단순한 것에서 복잡한 것으로 분화되는 과정임을 간과한다는 비판을 받는가? → 진화론 : 아니요, 순환론 : 예

문제 분석 제시된 자료에서 A는 사회도 생물체와 마찬가지로 자연 선택에 의해서 점차 높은 차원의 단계로 긍정적인 변화를 하게 된다고 보므로 진화론이며, B는 인류 사회가 생존 주기에 따라 출생, 성숙, 노쇠, 몰락의 과정을 되풀이한다고 보므로 순환론이다.

정답 찾기 ⑤ 진화론과 달리 순환론은 운명론적 관점에서 사회 변동을 바라보며, 사회 변동 방향에 대한 예측과 대응에 적합하지 못하다는 비판을 받는다. 반면 순환론과 달리 진화론은 서구 중심적이고 단선적인 사고방식으로 사회 변동을 바라보며, 사회 변동이 단순한 것에서 복잡한 것으로 분화되는 과정이라고 전제한다. 따라서 제시된 질문에 모두 옳게 대답한 학생은 무이다.

02 산업 사회와 정보 사회 특징 비교　　정답 ④

자료 분석

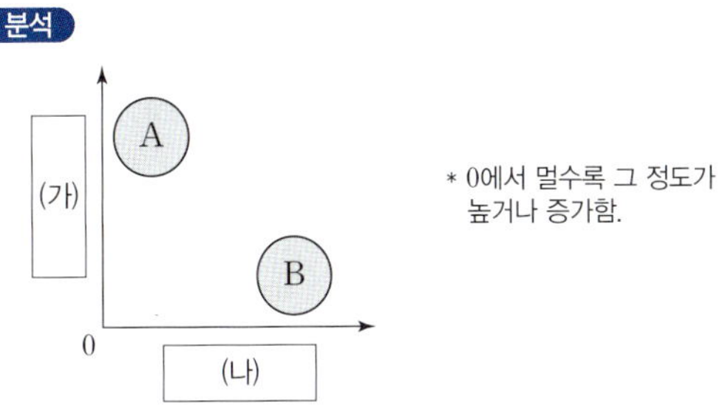

→ A가 산업 사회, B가 정보 사회라면 (가)에는 정보 사회에 비해 산업 사회에서 두드러지게 나타나는 특징이, (나)에는 산업 사회에 비해 정보 사회에서 두드러지게 나타나는 특징이 들어가야 함.

문제 분석 제시된 그림에서 (가)와 (나)에 각각 어떤 내용이 들어가느냐에 따라 A가 산업 사회, B가 정보 사회일수도 있고 A가 정보 사회, B가 산업 사회일 수도 있다.

정답 찾기 ④ (나)가 '직업의 이질성 정도'이라면, A는 산업 사회, B는 정보 사회이다. 산업 사회는 정보 사회에 비해 정보 확산의 시·공간적 제약 정도가 높다.

오답 피하기 ① 사회의 다원화 정도는 정보 사회가 산업 사회보다 높으므로 A가 산업 사회라면, (가)에는 해당 내용이 들어갈 수 없다. ② 구성

원 간 익명성 정도는 산업 사회에 비해 정보 사회가 높으므로, B가 정보 사회라면, (나)에는 해당 내용이 들어갈 수 있다. ③ 가정과 일터의 결합 정도는 산업 사회에 비해 정보 사회가 높으므로, (가)에 해당 내용이 들어가면 A는 정보 사회, B는 산업 사회이다. 산업 사회는 정보 사회에 비해 비대면 접촉 비중이 낮다. ⑤ (가)가 '대면 접촉 비중'이라면, A는 산업 사회, B는 정보 사회이다. 산업 사회에 비해 정보 사회가 다품종 소량 생산 비중이 높으므로, (나)에는 해당 내용이 들어갈 수 있다.

03 산업 사회와 정보 사회 특징 비교   정답 ④

자료 분석

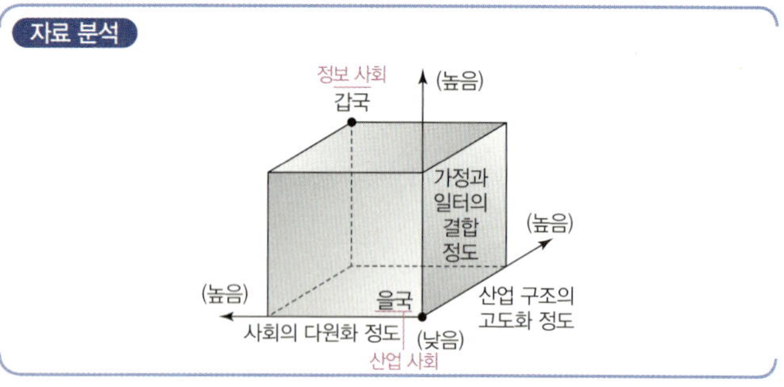

문제 분석 제시된 그림에서 갑국은 을국에 비해 사회의 다원화 정도, 산업 구조의 고도화 정도, 가정과 일터의 결합 정도가 높다. 따라서 갑국은 정보 사회이며, 을국은 산업 사회이다.

정답 찾기 ㄱ. 정보 사회는 산업 사회에 비해 쌍방향 의사 소통 구조가 중시된다. ㄷ. 산업 사회는 정보 사회에 비해 사회적 관계를 맺는 공간적 범위가 좁다. ㄹ. 산업 사회는 정보 사회에 비해 정보의 생산자와 소비자 간 구분이 분명하다.

오답 피하기 ㄴ. 정보 사회는 산업 사회에 비해 사회 조직의 관료제화 정도가 낮다.

04 인구 부양비 자료 분석   정답 ④

자료 분석

○ 갑국의 15세~64세 인구는 모든 연도에서 변함이 없으며, 2007년에는 갑국의 0~14세 인구와 65세 이상 인구가 같다. → 15~64세 인구를 100명으로 가정
→ 0~14세 인구를 10명, 65세 이상 인구를 10명으로 가정

구분	2007년	2010년	2013년	2016년	2019년
노년 부양비	2a	3a	3a	a	a
유소년 부양비	2a	a	3a	3a	a

→ a를 5명으로 가정하면 다음과 같은 표를 만들 수 있음

(단위 : 명)

구분	2007년	2010년	2013년	2016년	2019년
65세 이상 인구	10	15	15	5	5
15~64세 인구	100	100	100	100	100
0~14세 인구	10	5	15	15	5
전체 인구	120	120	130	120	110

문제 분석 제시된 자료에서 2007년 갑국의 0~14세 인구와 65세 이상 인구를 각각 10명, 15~64세 인구를 100명, a를 5명라고 할 경우 다음의 표와 같이 나타낼 수 있다.

(단위 : 명)

구분	2007년	2010년	2013년	2016년	2019년
65세 이상 인구	10	15	15	5	5
15~64세 인구	100	100	100	100	100
0~14세 인구	10	5	15	15	5
전체 인구	120	120	130	120	110

정답 찾기 ㄱ. 2016년 대비 2019년 전체 인구는 감소했으므로, 전체 인구 증가율은 음(−)의 값이다. ㄴ. 2007년 갑국의 0~14세 인구와 65세 이상 인구를 각각 10명, 15~64세 인구를 100명, a를 5, b를 15라고 할 경우 2010년 대비 2013년 전체 인구에서 65세 이상 인구가 차지하는 비율은 12.5%{=(15/120)×100}에서 약 11.5%{=(15/130)×100}로 하락했다. ㄷ. 2007년 갑국의 0~14세 인구와 65세 이상 인구를 각각 10명, 15~64세 인구를 100명, a를 5, b를 15라고 할 경우 2007년 대비 2010년 0~14세 인구 대비 65세 이상 인구의 비(比)는 1(=10/10)에서 3(=15/5)으로 상승했다.

오답 피하기 ㄹ. 2010년과 2016년의 전체 인구와 15~64세 인구는 같으므로, 2010년 대비 2016년 15~64세 인구 대비 '0~14세 인구+65세 이상 인구'의 비(比)는 변함이 없다.

Q2 자세한 해설은 p.02 매운맛 정답 ①

① 일·가정 양립 중시 정도가 높은 응답 비율은 여성이 180/300이고, 남성이 540/900으로 여성과 남성이 같다. 따라서 갑의 가설은 기각된다.

Q4 자세한 해설은 p.06 매운맛 정답 ④

A는 질문지법, B는 면접법, C는 참여 관찰법이다. ④ 질적 자료를 조사하는 과정에서는 연구자와 연구 대상 간 신뢰감 형성이 중요하다. 면접법의 경우 신뢰감이 형성되어 있을 때 보다 진솔한 대화를 나눌 수 있으며, 참여 관찰법 또한 신뢰감이 형성되어 있을 때 연구 대상이 연구자를 경계하지 않고, 실제성 있는 자료의 수집이 용이해진다.

Q6 자세한 해설은 p.10 매운맛 정답 ②

② 영화배우라는 갑의 지위에 기대되는 역할과 그러한 역할을 구체적인 행동 양식으로 나타낸 역할 행동에 대해 생각해 보았을 때, 극중 맡은 역할을 더 잘 수행하기 위해 직접 사냥한 고기로 식사를 하기도 하는 것은 영화배우로서의 역할 행동으로 볼 수 있다.

Q8 자세한 해설은 p.14 매운맛 정답 ③

A는 차별 교제 이론, B는 낙인 이론, C는 머튼의 아노미 이론이다. ㄷ. 낙인 이론은 2차적 일탈의 발생에 초점을 맞춘 이론이다. ㄹ. 머튼의 아노미 이론은 일탈 행동에 대한 대책으로 문화적 목표를 달성할 수 있는 제도적 방안의 지원을 제시한다.

Q10 자세한 해설은 p.18 매운맛 정답 ⑤

ㄷ. 문화 간 우열을 평가할 수 있는 문화 이해의 태도는 자문화 중심주의, 문화 사대주의이다. 따라서 C는 문화 상대주의로 특정된다. 개별 사회의 문화의 가치를 존중하는 문화 이해의 태도는 문화 상대주의이기에 제시된 질문은 (나)에 들어갈 수 있다. ㄹ. (나)에 들어갈 질문을 통해 C는 문화 상대주의로 특정되고, (다)에 들어갈 질문을 통해 A는 자문화 중심주의로 특정된다. 따라서 B는 문화 상대주의가 된다.

Q12 자세한 해설은 p.22 매운맛 정답 ⑤

(가)는 발명, (나)는 자극 전파, (다)는 직접 전파이다. ㄴ. ◎은 갑국의 문화 요소인 ○와 을국의 문화 요소인 ●가 결합하여 나타난 제3의 문화 요소이다. (다)로 인해 문화 융합이 나타났다. ㄷ. 갑국에서 발명된 문화 요소인 □이 직접 전파를 통해 을국에 전해졌다. ㄹ. 1차 변동 때 자극 전파를 통해 △라는 문화 요소가 등장하였다. △는 갑국에서 아이디어를 얻어 발명된 문화 요소이다. 그리고 2차 변동 이후 등장한 ◎에는 문화 융합의 사례로 갑국의 문화 요소가 녹아 있으며, 2차 변동 이후 등장한 □는 갑국에서 직접 전파된 문화 요소이다. 즉, 을국은 1차, 2차 변동에서 갑국의 영향을 받았다.

Q14 자세한 해설은 p.26 매운맛 정답 ⑤

A는 계층 이론, B는 계급 이론이다. ㄴ. 계급 이론과 달리 계층 이론은 다양한 기준에 따라 계층을 구분하므로 지위 불일치 현상을 설명하기에 용이하다. ㄷ. (가)에는 계층 이론에만 부합하는 진술이 들어가야 한다. 계층을 연속적인 위계 관계로 파악하는 이론은 계층 이론이므로, (가)에는 해당 내용이 들어갈 수 있다. ㄹ. (나)에는 계층 이론과 계급 이론 모두에 부합하는 진술이 들어가야 한다. 계층 이론과 계급 이론 모두 경제적 요인을 사회 불평등 현상의 원인으로 고려하므로, (나)에는 해당 내용이 들어갈 수 있다.

Q16 자세한 해설은 p.30 매운맛 정답 ②

② (나) 사회에서 중층 부모를 둔 자녀 중에서 세대 간 상승 이동 비율은 최소 19%이고, 세대 간 하강 이동 비율은 최대 5%이다. 따라서 (나) 사회는 중층 부모를 둔 자녀 중에서 세대 간 상승 이동 비율이 세대 간 하강 이동 비율보다 높다.

Q18 자세한 해설은 p.37 매운맛 정답 ③

(가)는 공공 부조, (나)는 사회 보험에 해당한다. ③ 강제 가입의 원칙이 적용되는 제도는 사회 보험인 (나)이다. t년에 (나)의 A 지역 수급자 비율은 3.4%이고 B 지역 수급자 비율은 7.4%이지만, A 지역 인구가 B 지역 인구의 4배이므로 수급자 수는 A 지역이 B 지역보다 많다. t+10년에 (나)의 A 지역 수급자 비율은 4.0%이고 B 지역 수급자 비율은 8.0%인데 A 지역 인구와 B 지역 인구가 같으므로 수급자 수는 B 지역이 A 지역보다 많다.

Q20 자세한 해설은 p.41 매운맛 정답 ④

A는 진화론, B는 순환론이다. ㄴ. 순환론은 운명론적 관점에서 사회 변동을 설명한다. ㄹ. 진화론은 사회가 미분화된 상태에서 분화된 상태로 변동한다고 본다.

MEMO

MEMO

MEMO

531
PROJECT

수능 영어, 15분 만에 가까워지는 법

15분 모의고사

절대평가 수능 영어
'15분 모의고사' 시리즈면 끝!

수능 독해 Beginner	All Clear 유형	영어 빈출 주제	Killer 유형
수능 영어 입문을 위한 수능 독해 입문서	100% 신출문항으로 모든 유형 실전 대비	평가원 기출 분석을 통한 수능 빈출 주제 선별	최고 오답률 문제 유형 선별 최상위권 맞춤 수능대비

'15분 모의고사' 이런 학생에게 딱!

- ✓ 곧잘 하던 내신 영어 모의고사는 당황스러운 학생
- ✓ 수능 영어 본격적으로 시작해보려는 학생
- ✓ 수능에 잘 나오는 주제로 훈련하고픈 학생
- ✓ 킬러 문제 때문에 1등급 불안한 학생